U0935318

珍藏本
纪念版

汉译世界学术名著丛书

印度与世界文明

下卷

〔印〕D.P.辛加尔 著

庄万友 等译

2017年·北京

D. P. Singhal
INDIA AND WORLD CIVILIZATION
1972 published by D. Mehra RUPA & CO.
根据 D. 梅赫拉·鲁巴有限公司 1972年版译出

汉译世界学术名著丛书
（120 年纪念版·珍藏本）
出 版 说 明

2017 年 2 月 11 日，商务印书馆迎来 120 岁的生日。120 年前，商务印书馆前贤怀揣文化救国的理想，抱持“昌明教育，开启民智”的使命，立足本土，放眼寰宇，以出版为津梁，沟通中西，为中国、为世界提供最富智慧的思想文化成果。无论世事白云苍狗，潮流左右激荡，甚至战火硝烟弥漫，始终践行学术报国之志，无改初心。

迻译世界各国学术名著，即其一端。早在 20 世纪初年便出版《原富》《天演论》等影响至今的代表性著作，1950 年代后更致力于外国哲学和社会科学经典的译介，及至 1980 年代，辑为“汉译世界学术名著丛书”，汇涓为流，蔚为大观。丛书自 1981 年开始出版，历时三十余年，迄今已推出七百种，是我国现代出版史上规模最大、最为重要的学术翻译工程。

丛书所选之书，立场观点不囿于一派，学科领域不限于一门，皆为文明开启以来，各时代、各国家、各民族的思想与文化精粹，代表着人类已经到达过的精神境界。丛书系统译介世界学术经典，引领时代思想，为本土原创学术的发展提供丰富的文化滋养，为推动中国现代学术和现代化进程做出了突出的贡献。

为纪念商务印书馆成立120周年，我们整体推出“汉译世界学术名著丛书”120年纪念版的珍藏本，寄望既利于文化积累，又便于研读查考，同时向长期支持丛书出版的译者、编者和读者致以敬意。

两甲子后的今天，商务印书馆又站在了一个新的历史时间节点上。我们不仅要铭记先辈的身影和足迹，更须让我们的步伐充满新的时代精神。这是商务人代代相传的事业，更是与国家和民族的命运始终紧密相连的事业。我们责无旁贷，必须做好我们这代人的传承与创造，让我们的努力和成果不仅凝聚成民族文化的记忆，还能成为后来人可以接续的事业。唯此，才能不负前贤，无愧来者。

商务印书馆编辑部

2017年10月

目　录

第一章　佛教的东部发展水平 [1]

佛教在中亚和中国一旦站稳脚跟，就必然会传播到诸如朝鲜、日本和蒙古等毗邻地区。这些国家同印度有某些直接联系，虽然佛教在蒙古的部分影响是同西藏接触的结果。尽管佛教渗入朝鲜的准确开端还不清楚，朝鲜像中国一样感受到两股巨大浪潮的影响是无疑的：一股来自北方，起源于中亚并经由魏帝国[①]传播到朝鲜和日本；另一股来自南方，起源于印度和东南亚，通过中国南方传向中国北方、朝鲜，可能也传到日本。

佛教传到朝鲜是在 4 世纪后半期。朝鲜此时分离为三个王国——北方的高句丽（Koguryu）、西南方的百济（Pekche）和东南方的新罗（Silla）。这些国家不断进行战争，它们的疆界变动不定。虽然所有这些国家欢迎佛教，并且朝鲜佛教的命运像朝鲜政治命运一样同中国的发展联系在一起，这三个地区佛教的历史还是并非完全一样。

佛教是受王室隆重邀请，由中国僧人顺道（即 Sundo）在 372 年传入高句丽的。他来自邻近于朝鲜北部边境的一个小王国——中国此时分裂为十六国。另一位中国僧人阿道（A Tao）

① 魏帝国指中国的北魏王朝。——译者

随他之后而来。国王在 375 年修建两座寺院，给他们每人一
座。通过一位名叫摩罗难陀的印度或者西藏僧人，佛教在 384
2 年从南方传入百济。据说，百济国王到京郊来迎接他。其他中
国僧人很快随摩罗难陀之后到来。寺院开始出现，佛教成为国
教。由于其孤立的地位，新罗是最后接受佛教的王国，在佛教
被传入高句丽之后三十多年。根据传说，靠向佛做祈祷治愈了
国王女儿疾病的佛教僧人墨胡子，说服了新罗国王从中国请一
些僧人。

甚至很有可能，佛教在被传入高句丽之前便由海路传到了百济，因为百济与中国南方有海上联系。这一事实难以证实，因为属于这一时期的佛教艺术在百济遗存下来的寥寥无几，高句丽的情况也是如此。两个王国的艺术品都毁于它们同新罗的王朝战争时期。确切资料的缺乏尤其令人遗憾，因为与日本建立联系并且在 6 世纪中期为佛教教义和艺术传入日本起到发射台作用的正是百济。

668 年，朝鲜统一在新罗王朝的统治之下。新罗王朝统治到 935 年为止。许多朝鲜僧人去中国学习佛教教义，有些甚至去了印度。根据义净的记载，五名朝鲜僧人在 7 世纪期间访问印度。朝鲜僧人慧超①由海路行至中国福建，然后在大信寺学习梵语和佛教达十年之久，在一名中国僧人伴随下继续前往印度。在去中国学习的人当中，法相宗的圆测（613—683 年）、华严宗的元

① 慧超，一作惠超，幼年来中国，后航海至天竺，遍诸佛迹，于公元 727 年取道陆路还至中国。撰有《往五天竺国传》三卷。——译者

晓（617—670 年）与义湘（625—702 年）最为著名。元晓是该时期著名的僧人，他奠定了朝鲜佛教的坚实基础，他的著作即使在中国和日本也十分受尊重。不过，他并没有去当时在唐王朝统治下的中国，尽管对学者们而言，去中国学习是风行一时的事。承认一切众生没有区别地具有佛性的华严宗的教义，最早在 7 世纪后半期传入朝鲜。叟信是积极与唐代中国学术界联系的朝鲜僧人，由于他的努力，瑜伽行派佛教的“唯识”教义在朝鲜传播。朝鲜大量借用中国文明，这种倾向当时有助于佛教的发展，虽然佛教的可怕对手儒学也在 8 世纪传入。

新罗的首都庆州（Kyongu）是繁荣的佛教文化中心和贸易中心，吸引着印度、西藏和伊朗的商人。随着佛教的发展，庙宇、寺院和印度塔出现了。今天，在庆州附近保存下来的若干 3
遗迹和某些早期新罗艺术，在风格方面明显是印度风格。

在 935 年取代新罗王朝的下一个王朝高丽（Koryo）虔信佛教。[1] 因此，佛教艺术和文化得到广泛的表现，11 世纪成为佛教在朝鲜最繁荣的时期。可是，这也是一个边境之外的民族不断进逼和入侵的时代。尽管成功抵抗了这些入侵者，一种不安全感还是继续在朝鲜存在，这使得在宗教解脱和慰藉中寻求安慰的需要增加。在这个世纪末，太子成为僧人，去中国学习，他回国便宣传天台宗佛教的教义。在他的创始下，大量佛经被从邻近地区引入，并且在朝鲜刊印。在高丽时期，佛教成为朝鲜宗教生活的全部基础，影响人民的思想意识、风俗习惯和道德，还有国家的政治和经济生活。宗教节日由宫廷隆重壮观地加以庆祝，华丽的庙宇被修建。许多佛教僧人甚至在行政部门占据显赫职位。可是，在高丽占支配地位的后半期，佛僧参政开始引起日益增多的反对。

迄那时为止一直是与新罗王朝相联系的作为朝鲜贵族的宗教的佛教，通过如义天这样的一些著名僧人的努力而成为老百姓的信仰：义天将禅宗（禅定或者禅）介绍到朝鲜，他因编辑汉文三藏的目录而出名。汉文三藏在朝鲜语中叫《大藏》（*Taejang*），刊印于1010年。禅宗在朝鲜广泛传播，在12世纪像智纳（Chinsul）所教导的那样变得格外流行。禅宗终于在朝鲜获得优势，虽然喇嘛教在蒙古统治中国期间被传入朝鲜。

高丽王朝1392年衰落之后，佛教一般受到国家压制，只有偶尔的缓解时期。体现中国新儒家的朝鲜李氏（Yi Chosun）王朝（1392—1910年）统治者鼓励儒家学说的复兴。儒家被王室给予如此热情的赞助，以致儒生对其他信仰变得极端不容忍。那些因为佛教强调人类平等而遭受权利和声望损失的封建贵族，站在儒家一边。尽管有国家的压制政策，佛教作为群众的宗教继续繁荣；国家的压制政策，在太宗国王（1401—1418年）的
4 统治下变得严厉。僧人处能（Hanho）刊印了谴责这次严厉迫害的著名书籍。下一个国王世宗（Sejong）设法结束了迫害，世宗实际上称自己为佛的捍卫者。他是一个明智、机警的统治者，认识到他所帮助翻译的佛教经典的巨大学术价值。他还被认为是朝鲜字母系统“谚文”（*Hangul*）的发明者。

15世纪，当朝鲜成为中国的藩属国时，朝鲜佛教的命运更加受佛教在中国的起伏影响。随着日本作为大国的兴起，朝鲜越来越受到日本的控制，并于1910年被日本兼并。日本佛教徒

利用变化了的政治环境，加强了他们鼓励朝鲜佛教的活动，并且根据自己的模式重建它。尽管朝鲜佛教保持了自己的特色，它肯定还是由于日本佛教僧人的活动而受益。根据 1926 年的数据，朝鲜有 1363 座寺院和 7188 名佛教僧侣。

佛教在朝鲜仍然深受尊重，尽管有儒家道德观对朝鲜思想和生活的影响，朝鲜仍然是佛教徒们积极参与公共福利活动，特别是教育活动的国家之一。现代朝鲜的佛教，是带有信仰阿弥陀佛和弥勒菩萨色彩的禅宗。虽然朝鲜没有为佛教贡献它自己的流派，在教义方面没有得到显著的发展，还是在中国和日本之间起着文化中介作用，从而将佛教传播到日本。

在佛教来到朝鲜之前，现存的本地信仰以萨满教的形式扎根，萨满教是太阳、大地和自然力崇拜还有祖先崇拜的混合体。在三国时代，朝鲜人相信人类的最终目标是了解、服从和崇拜天帝，天帝是人类一切事务的审判官。儒家将自己的道德准则带到这里，佛教将自己的神祇带到这里。不仅作为得到高度发达的哲学，也作为成熟的宗教，佛教很快渗透到社会的各个阶层，并且开始影响和丰富朝鲜文化、艺术、音乐和科学知识的所有分支。它赋予朝鲜人以他们最缺乏的东西：安全感和希望。在最初进入这个半岛的时候，按照与在中国和日本所采取的相同方法，佛教将本地神祇纳入到佛教的万神殿当中，它们被当作佛以前的化身而受到欢呼，并有了新名字。例如，长白山的精灵白袍贞女被称
为文殊师利菩萨，她住在长年不融化的积雪中。 5

朝鲜佛教常常是国家事务中的有力因素，它有时实际上控制着国家。这一现象的主要原因，除了它在老百姓中流行和其

组织中的某种军事性之外，还有它对于知识分子和文人的吸引力。佛教徒经常积极参加反抗侵略的爱国战争。这方面的重要例子，是由僧人西山（Sosan）组织的抗击日本军阀丰臣秀吉发动的入侵运动。佛教徒在战争及和平中以动员自己僧侣团体的劳动力从事公共福利的善行来与国家合作。例如，南汉山要塞是在僧人妙湛（Pyogam）的指导下，由佛教僧众修建的。佛教越来越多地与世俗事物联系，寺院和宝塔的建造以及经典的刊印，被认为是国家抵御敌对势力的象征；佛教建筑也是为防御和安全修建的，虽然它们的首要目的总是促进宗教。

在朝鲜统一在一个王朝统治下的新罗帝国时期，朝鲜文化在各方面取得巨大进步。这一时期在庆州东南修建的石窟庵[①]华丽的石窟是其中之一。这些石窟将从印度经中亚向朝鲜延伸和从中国向日本延伸的石窟寺长链连接起来。石窟庵是根据卓越的对称设计建造的，并且以耀眼的浮雕和塑像装饰。它可能建造于 8 世纪中期，虽然有学者给它确定的年代更早。可是，朝鲜寺院建筑的基础是在三国时期奠定的。

朝鲜佛教寺院和庙宇的地点与总的环境，同中国和日本的地点和环境极其相似。它们一般位于山冈或者高山之中，有令人产生敬畏与虔诚的、高大森严的树木环绕。寺院前面一定距离的地方，建有令人印象深刻的门径。寺院的名称有时用梵文字母刻写在正门的中楣上。金刚山 34 所佛教修养处当中最令人

---

① “石窟庵”的英文 Sokkulam 是对韩文的音译，不太标准，更多见的是 Seokguram。此地位于一俯瞰日本海的山坡，被韩国政府编定为第 24 号国宝，1995 年被联合国教科文组织列为世界文化遗址。——译者

印象深刻的是榆旃寺（Yu-Chom-sa），它以安放在翻转过来的树 6
木根部的 53 尊坐着和站着的小型佛像为特色。根据古代佛教的传说，这个结构是纪念 53 位印度僧人创建这座寺庙；他们在许多世纪以前来到朝鲜，靠将佛像放在每棵树的根上而战胜了一群敌对的龙。

朝鲜人发展的另一种艺术是铜钟的铸造，铜钟是每一座佛教寺院令人印象深刻、具有艺术性的特征，在佛教仪式中具有重要作用。它们在朝鲜的形式尤其精美，并且以有人物和装饰品的浮雕作装饰。新罗的佛教艺术由许多移居国外的人带到中国和日本。例如，中国山东省的寺院，便是按照朝鲜模式建造的。

在中国或者在中国文化渗透所及的那些毗邻国家，文化是少数贵族、官僚的特权，他们小心翼翼地不让老百姓接近它。但是，佛教突破了这些障碍。儒家经典构成了朝鲜宫廷和贵族教育的基础，佛教则吸引着知识分子和普通大众，并且构成大众教育的基础。的确，佛教靠有意识地从下层群众中吸收皈依者而在文化传播中做出了重要贡献。佛教徒走到哪里，宗教文学就在哪里以当地的语言刊印，甚至塑像、图画和卷轴都具有了本地的解释。

中国将自己的语言和表意符号给予朝鲜。印度贡献了梵语和构成音节表即字母表的语音字母，不仅有利于本地语言的书写和刊印，而且也是儒家学说推广的辅助品。朝鲜语里称为“吏读”（*nido*）的音节表像日语的“假名”（*kana*）一样，是一些音节的汇集，而不是真正的字母。吏读赋予某些较常用的汉字以音值，虽然其中有些准确代表朝鲜语语音的梵语字母可能令人联想到有一种本地的书写方法。朝鲜字母即共同语（*unmun*）是由名叫世宗（即 Syel-chong，或者 Sye-chong）[①] 的佛僧发明的，他是朝鲜历史上最有才干的学者之一。[2]

李氏王朝第四代国王世宗鼓励佛教经典的翻译，并被认为亲自做了一些翻译工作。不过，翻译方面真正的努力，是由虔诚的佛教徒和该王朝的伟大统治者、第七任统治者世祖做出的。他设立佛教事务部门，并且将许多佛教经典翻译过来。

佛教从朝鲜传播到日本。日本虽然是小国，在历史上却起
7 着极为重要的作用。尽管受到自然地理环境的限制，充满朝气和活力的日本人民仍然不仅在亚洲几乎全部屈服于西方霸权的时候保持自己的独立，而且在实现其工业和技术现代化又不失去自己传统文化特色的方面取得显著进步。这种传统与现代性独特融合的主要原因，是它愿意接受和适应外来贡献。日本证明愿意借用和吸收外国文化特征，不是文化低下的表现，而是文化有活力的证据。日本文化是神道教（Shinto）、儒家学说和佛教的混合体。奠定日本文明基础的圣德太子，将这三个体系比作日本文化之树的三个组成部分：神道教是栽种在民族传统和民族气质土壤里的根本，儒家学说是法律、教育制度和道德准则的主干和分支，佛教则是盛开的宗教感情的鲜花和精神生活的果实。日本人民可以信奉佛教、神道教或者儒家学说，或

---

① 根据原文内容，这里的朝鲜字母发明者与原文第四页谈到的“谚文”（the *Hangul*）创立者，应该都是“世宗”，即朝鲜王朝第四代国王世宗李祹（1397—1450 年）；他既信奉儒学，又信仰佛教；但是，在“谚文”创立过程中，他实际上只起了召集人的作用。——译者

者这些教义的任何结合形式。在 7 世纪初期，的确存在过提倡这样一种结合的叫作心学（Shingaku）的运动。日本人尽管为自己的传统文化感到自豪，还是经常有意识地努力从其他国家获得知识。日本领导人早在 7 世纪就认真挑选有才干、有前途的青年学者，将他们派遣到在国外的使馆特别是在中国的使馆，责令他们带回外国知识。在历史上，可以引证的与日本这种引进知识的做法相同的寥寥无几。尽管日本天皇有时在地位问题上与中国皇帝不一致，日本想获得中国一切有用知识的愿望还是没有减弱。[3] 因为日本人渴求外国知识并且格外细心地保护它并对它加以丰富，所以日本经常被恰当地描述为东亚文化的宝库。这个特点的确使史学家们可能对亚洲文化自身的演进过程进行有价值的透视。不借助于日本的资料，亚洲音乐史、戏剧史和宗教仪式舞蹈的历史就会是不完整的。有些在其他国家已经绝迹的文化形式在日本仍然保存：例如印度 7 世纪的音乐剧。

日本本地的宗教神道教反映本地人民生活的性格，与民族传统和社会风俗习惯密切相连。[4] 起初，它是不能言喻的宗教，不提倡固定的教义；它是一种对于一些神祇和对于自然精灵与死者神灵的杂乱崇拜，虽然有些权威人士否认神道教最初包括
对祖先的崇拜。尽管可能存在祖先崇拜的精神和保护家族与家 8
庭的愿望，还是没有像现在这样作为该民族道德生活的不可分割的重要组成部分的清晰的忠诚或者孝敬的概念。早些时候的宗教与管理没有区别，这种实践使皇族能够成为国家的家长，使天皇能够获得神性。

中国思想和宗教习俗在佛教之前的日本起了某些作用，但

是这些思想和习俗退化成了预测的方法。只是在日本接触了被佛教思想所修正的具有玄学背景的儒家道德之后，中国思想才对日本精神产生了影响。儒家学说在皇宫受到欢迎，后来对日本法律和教育制度产生了真正的影响，并且贡献了教学准则的系统方法。道家思想也对日本有一些影响，但是它从来都不太重要。日本思想文明的真正进展是在佛教到来之后才取得的。

佛教在艺术和科学、文学和哲学方面丰富的文化遗产与佛教一起进来，它们唤起更加高尚的思想，激励本地的艺术和文学。佛教为形而上学的思辨提供了丰富的材料，满足了日本人对无法看见之境界的向往之情。它的确给他们迄那时为止所未知的深奥的神秘主义以清楚深刻的了解，它导致详尽的精神训练方法的发展和教士制度的建立，导致对宇宙论和末世学体系的讲授。介绍到日本的佛教大乘形式，在其从印度越过中亚、中国和朝鲜的旅途中具有各种各样的思想和习俗，但是日本能使之具有独特的日本特色。

尽管对佛教最初从朝鲜来到日本这一点通常一致，对于它到来的确切日期的记载还是不同。在一些年代属于大约 300 年的铜镜上发现有佛教的人物，但是他们的真正意义是否为当时的日本人所知还不肯定。已知最早的著名佛教徒是司马达，他于 522 年作为逃难者去日本。后来，他的家族产生了包括第一个日本尼姑和 7 世纪最伟大的艺术家止利在内的更有名的佛教徒，止利在奈良铸造了法隆寺大像。

9 日本佛教史大致分为三个主要时期：从 6 世纪一直到 8 世纪的传入时期（叫作足助和奈良时期）；从 9 世纪一直到 14 世

纪的民族化时期（平安和镰仓时期）；以及从 15 世纪一直到 20 世纪的延续时期（室町、桃山和江户时期，以及现代时期）。

根据官方记载，佛教是由于外交原因与一个来自库达罗（百济）王国的代表团一起来到日本的。代表团中有佛教僧人随行，他们献给大和民族宫廷一尊镀金的佛像，还有其他礼仪物品、经、横幅和一封颂扬教义的书信。[5] 据记载，天皇对于他认为是"高雅的教义"和金光闪闪、绚丽多彩人物的佛像格外喜欢。这一事件一般被接受的年代是 552 年，在儒家学说传入日本之后 150 年。宫廷内的某些军事集团和宫廷外的某些保守阶层反对佛教，但是宫廷支持那些赞同进步政策的行政官员和外交官。随着佛教传法师、艺术家和其他移民日益增多的涌入，形势很快变得有利于佛教。总是与佛教传法团相伴的医学、艺术和科学特别是书法和天文学的传入，有助于进一步突破保守派的反对。

在 585 年短期继承王位的用明天皇，是第一个信奉佛教的日本天皇。他定制了一尊药师光王佛（Bhaishajyagura）即药师佛的像，该像在他死后完成，后来被安放在世界著名的法隆寺，现在还可以见到。在他统治期间，日本人止利第一次退隐脱俗而成为一名佛僧。

用明天皇之子圣德太子通过各种各样的法令和法律措施，保证了佛教的持久性。他在其姑母推古天皇（573—628 年）统治期间于 593 年成为摄政，极其受人民的欢迎。[6] 他和其他日本显贵们接受了佛教，因为他们相信它是当时哲学思想中的世界趋势。他在 594 年 2 月颁布了作为天皇摄政的第一道天皇诏谕，宣布佛教为国教，并且鼓励三宝（*Triratna*）即佛教的三项基本信条佛、法、僧的发展。它们是信仰和专一虔诚的主要目标，构成了正直生活的根本基础。

10 在圣德太子摄政期间（593—621年），国家修建了第一批佛塔、神学院、医院、诊疗所和敬老院、救济所。九州的寺院建于596年，法隆寺的寺院建于607年。[7] 后来，圣德太子亲自讲解大乘经文，特别是《妙法莲华经》、《维摩诘经》和《胜鬘天后狮子吼经》(*Srimala devi-simhanadasutra*)。后来，法隆寺成为唯识宗（*Vijnaptimatrata*），即瑜伽派佛教唯心论研究的重要中心。

官员们竞相向圣德太子表达他们对他建立佛教寺院的感谢。这些寺院及其艺术，是吸引人民对佛教赞美和尊敬的有效手段。壁画、镶板装饰、顶篷和作为纪念物的石柱为佛教崇拜和仪式提供了环境，这些崇拜和仪式在音乐的伴随声中，围绕着安放在寺院中部高台上的佛像举行。这样，所有艺术都是佛教崇拜的组成部分，它不仅吸引了信徒，而且也自动地、几乎令人难以察觉地释放和升华了其追随者们的审美力。日本人被这些寺院强烈吸引，到624年为止，在日本有46所寺院、816名僧人和569名尼姑。日本寺院常常被修建以向帝王和祖先表示敬意，虽然所有宗派的寺院主要起着学术中心、崇拜和发展佛教的中心的作用，它们也发挥了把葬礼和看守家族墓地联系在一起的作用。这样，日本人在家族制度、帝王和佛教之间创造了一种和谐。

圣德太子派遣使节去中国索取佛经，他亲自写下了至今保存完好的评注和讲解。他不是从字面上解释大乘哲学，而是根据他自己对它的真意的理解来解释它。他的努力对于日本佛教的价值，可能就如阿育王的努力对印度佛教的价值那样。他建立同中国直接的外交关系，引进行政改革，按照著名的“17 条宪法”（*Kempo*）奠定了国家组织的基本原则。这样，他为国家统一提供了基础，用佛教的精神思想指导和激励这个国家，用艺术和科学教育其人民。

随着新的令人印象深刻的奈良（字面意思是“和平之所”）都城[①]在710年的建立，佛教受到进一步的推动，佛教历史的新阶段开始了。元明天皇（701—756 年）在这一发展中起着核心 11
作用；他在统治 25 年之后放弃了皇位，一生中的最后七年是作为僧人度过的。的确，许多日本帝王躲避世俗权力的重压或者快乐，而过上了佛僧的苦行和宁静的生活。元明天皇的统治时期被称为天平时代，标志着宗教艺术还有政府行政发展的顶峰时期。他在全国建立寺院庙宇作为宗教仪式、修行还有社会工作特别是医疗服务的中心。他在奈良修建给人印象极深的寺院东大寺，该寺内供奉着庄严的大日佛像（即 Roshana），佛像神情安详冥思，十分端庄。这尊佛像的落成仪式在 752 年举行，许多印度僧人和观光者参加了这一仪式，这一事件被视为日本佛教史上最辉煌的事件。元明天皇还建造了高出地面 49 英尺的大铜佛像（the Daibutsu），这尊佛像被视为统一国家的象征。

794 年，雄伟的新都在奈良以北几英里的平安即现今的京

① 指在 710—784 年作为七代天皇首都的平城京。——译者

都建成。日本的首都 1868 年迁到东京之前一直在京都。佛教活动的新阶段随着首都的迁移开始，一些新的佛教建筑物在京都修建。假名字母系统的发明和广泛应用正是在平安时期（794—1191 年）。可能是日本最优秀的文学作品的《源氏物语》（*The Tale of Genji*）也在 11 世纪的这一时期写成；在这部作品里，佛教的悲观厌世观与耽于声色的生活交织在一起。

随着佛教开始渗透到日本社会，它的追随者们开始表现出对它引进的几种多样性中的一方面或者另一方面的偏爱，但是日本佛教后来开始形成自己独特的本地思想流派。两个新宗派在 9 世纪期间建立：最澄所创的天台宗和空海所创的真言宗。它们的主要目标是用日本术语介绍佛教教义，训导佛僧。两个宗派都不仅强调精神的解脱，而且也强调其在今世的实现。正是通过这两个宗派僧人的努力，佛教变得坚定地和通俗地民族化。

尽管佛教越来越成功，它仍然太学术化而不容易被普通人所理解；老百姓倾向于忽视其知识内容，只对其祈祷的、仪式的方面感兴趣。结果，在 10 世纪出现了一种宣讲信仰阿弥陀佛作为解脱最佳手段的新佛教运动。该派的信徒们只需背诵阿弥陀佛（Amidabutsu，日语的阿弥陀佛形式）的名字，祈祷在净
12 土（Jodo）再生，从而获得大觉（*satori*）。其他不同的宗派诸如融通念佛、净土宗、实宗等，在镰仓时期（1192—1333 年）出现，它们同样强调虔信阿弥陀佛。由于这些宗派努力净化和简化教义及其实践，它们能够在农民中拥有大批追随者。

在镰仓时期这个虔诚宗派得到流行、封建制实力壮大的时代，两个新的佛教思想派别在这个国家出现。一个是由荣西和

道元传入的禅宗（禅或禅那、禅定），另一个是由日莲创立的日莲宗。尽管这些流派具有同时代净土宗的一些派别的某些特点，它们还是以不同的原则为基础。净土宗信仰通过相信别人而得到解脱，而通过自己的大觉获得解脱的教义则是禅宗和日莲宗各宗派的基础。禅宗主要在武士（*samurai*）中接纳自己的信徒，产生了传统的习俗准则（*bushido*）即日本特色的武士精神，它是这一时期最显著的文化发展。武士赋予忠诚、自我克制、禁欲以及精神意志力量以特殊价值。尽管这些宗派的发展是日本传统思想与大量不同的往昔佛教经验之间适应过程的结果，宗派差异的出现反过来还是增强了宗教活动，加强了佛教被民众接受。

镰仓时期之后，在日本没有新的重大宗派建立。但是，作为已经被有力启动的文化进程的结果，由能乐[①]（即能乐剧）和茶崇拜所体现的文学活动在15世纪和16世纪期间发展起来，它们与禅宗结合在一起，是这一时期文化的象征。

后来，在江户即德川时期（1603—1867年），佛教被用来同基督教的影响作斗争。德川幕府将军要求每个人属于被称为"檀家"[②]的寺院，它意味着这一时期的所有日本家庭至少在名义上是佛教家庭。佛教僧人也被迫与幕府将军的封建社会合作。

1868年明治（意思是开明君主）复位之后，虽然新宪法保障宗教自由，但由于民族主义的神道教的敌视，佛教处于被剥

① 能乐（*kyogen*），是伴有合唱和乐队的抒情剧。——译者

② 檀家（*danka*），该词后来有了"以寺庙为单位的教区居民"的含义。——译者

13 夺公众支持的危险之中。可是，国家庇护的丧失和现代化的挑战，迫使佛教学者科学地研究佛教的教义，并且在旧的教义中找到新的意义。明治政府在给予所有宗教以宗教自由的同时，还是再次宣称神道教独立于佛教，并且将它立为国教。神道教多少被佛教吸收有一千年之久，佛教僧人根据他们自己的意志影响了神道教。即使神道教自己靠佛教的这种长期指导而大量获益，也并没有阻止新统治者使它独立和至高无上。另外，由于佛教受到被击败的德川幕府政权的喜爱，佛教被视为危险的政治对手。结果，佛教从 1867 年至 1872 年遭受了无情压制政策的迫害：佛教寺院被整顿，它们的经济基础被动摇；大量的寺院财产被没收；佛像、经典、绘画、雕刻和礼仪乐器均毁于受到误导的爱国热忱。佛教僧尼被迫从事世俗工作。他们不被允许参加神道教的仪式，并受到殴打和威胁。皇族成员不允许再继续留在佛教组织内，皇宫的佛教仪式被停止。但是，靠诸如义道、徹丈、日什、道远、雪舟、文麟和木礼等一些佛僧的热情努力，佛教在经过这个敌视和耻辱的时期之后幸存下来；这些佛僧认识到他们的团体需要进一步改革，使之适应变化着的时代。至于国家，则认识到了压制一种已成为日本文化和生活不可分割的组成部分的信仰是徒劳的。即使没有出现对这种反佛教政策的反现实的革命活动——这似乎不太可能——神道教—佛教的联系至多也只是在官方领域和在两个宗教的社会机构中被割裂，绝对不可能在家庭中被割裂。老百姓的信仰是神道教与佛教如此不可分割的融合，不会允许任何公开的迫害佛教的政策的继续。总之，排外主义的政策与日本的性格格格不入，即使是官方对于神道教作为国教的承认，在第二次世界大战之后也被废止了。

深刻影响了日本精神的西方文明的工艺进步，证明是对佛教的另一挑战。但是，它也激起了日本佛教徒强调其自身一开始就有的理性主义和探索精神，从而使其信仰与正在变化的时代要求合拍。同时，总是与欧洲人一起到来的基督教传教士的传教活动，给予佛教的复兴以强有力的激励。实际上，反对、 14
迫害、理性主义和福音传道等各种力量，有助于向佛教徒注入使自己教义现代化和精神振奋的新热情。

同时，欧洲已开始用科学研究的态度研究佛教，有些学者怀着同情和崇敬的心情，但是没有人怀着虔诚的心情。这种运动给予日本佛教以进一步的赞助，尽管改革的最大能量和努力来自自身内部。诸如姉崎正治（Masaharu Anesaki）、高仓顺次郎、南条文雄和松本文三郎这样的著名日本学者在欧洲从事研究，并且回国指导日本现代的佛教研究。尽管遭到正统派的一些反对，他们的活动还是取得巨大成功，在佛教居士学者、知识分子、艺术家和其他人推进新的科学佛教的运动中达到顶峰。

来到日本的印度佛僧寥寥无几；佛教在那里传播主要是靠日本僧人和中国僧人的活动。据说，博学的印度僧人法道（Hodo，即达摩波吒）在孝德天皇统治时期（645—654 年），从印度王舍城[①]来到日本。不过，为这次访问提供证据的材料缺乏说服力。日本编年史提到，菩提犀那是早期来到日本的一些印度僧人中最知名的。尽管他在印度生活的详细情况不被知晓，

① 王舍城（Rajagrha），又译罗阅祇城。——译者

他在日本还是十分受尊敬。他从文殊师利菩萨那里接受神秘主义的启迪，从印度前往中国，并且于730年抵达那里。他年轻但具有成熟的智慧，受到僧人和居士两方面的欢迎。有些当时正在中国访问的日本僧人和使节对其正直和声望印象深刻，劝说菩提屣那来到日本。菩提屣那在包括越南僧人福泽（Fu-che）和中国僧人道玄在内的僧人和乐师的陪同下，经过伴有暴风雨的海上旅程之后，于736年5月18日抵达日本。到此时，佛教在日本已有200多年，来访僧人如同预料的那样会受到盛情款待。菩提屣那定居日本，教授梵文，宣讲佛教，直至760年去世，时年57岁。当世界上最大的大日佛（Daigutsu）像在奈良被铸造和安置时，主持奉献宗教仪式的正是菩提屣那。为纪念他，修建了被称为婆罗门大法师（Baramon Sojo）的印度塔。

日本佛教有许多特征。例如，它废除僧人生活与世俗生活之间的一切区别，圣者的祈祷和普通人的祈祷具有同样的价值，人民只要诵祷便可立刻被阿弥陀佛所拯救。日本佛教的一个重要方面，是对作为观音（Kwannon）的观世音菩萨的崇拜不只是一个宗派独有的特点。

日本今天仍有13个有代表性的佛教宗派：华严宗（the Kegon）、律宗（the Ritsu）、法相宗（the Hosso）、天台宗、真言宗（密宗）、净土宗、净土真宗、融通念佛、实宗、临济宗、曹洞宗、黄檗宗和日莲宗。有其他三派——中观三论宗（the Sanron）、俱舍宗（the Kusha）和成实宗（the Jojitsu）——但是，它们多少消失了，没有什么独立的影响。这些宗派大多数起源于中国。华严宗、律宗和法相宗保持了它们的中国特色，其他宗派则是日本的创造。这三个中国宗派在奈良时期具有影响，但是由于它们反对新的佛教，后来便大大丧失了这种影响。法相宗是佛教理想主义的典型，它从瑜伽行派派生而来，认为一切均是基本的精神本源的显现。俱舍宗以对大日佛的崇拜为中心。

13 个宗派通常被划归为五大派——天台宗、真言宗、禅宗、净土宗和日莲宗。最澄（767—822 年）以传教大师一名更为知名，他于 804 年创立的天台宗，极大地影响了日本人的文化和精神生活。最澄力图用莲花经（*Hokke-kyo*）的教义来协调所有信仰；他教导一切人均能成佛，鼓励他们进行这种尝试。天台宗是中国天台宗的一个支派，它吸收了其他派别诸如密宗、禅宗和律宗等教义的思想和原则。它与中国的天台宗的不同之处在于其修持的方法，虽然它们二者的教义基本上都是以强调依果乘论理论的大乘佛经《妙法莲花经》为基础。

比最澄更年轻的同时代人空海（774—835 年），又叫弘法大师，建立真言宗；该宗是拥有大约一万二千所寺院的日本第三大宗教组织。空海是苦行僧、旅行家、有造诣的书法家和雕刻家，是多才多艺的、著名的学者。在日本佛教的记载和传说中，没有比他的名字更著名的名字。[8] 真言（Shingon）的字面意思是“真正的诺言”，即曼特罗（*mantra*）或者神圣的表白，它的主要以《大日经》为基础的教义，基本上是魔法教义和神秘主义教义。根据这一宗派的教义，通过诵祷咒文或者陀罗 16
尼[①]便可获得大觉。它是日本现在保持着密宗思想的唯一宗派，成功地避免了印度和西藏宗教的缺点。像天台宗一样，真言宗

① 陀罗尼（*dharani*），即长咒文。——译者

也努力实现佛教与神道教的统一。

净土宗包括净土真宗、真宗、融通念佛和实宗等诸派。其中最后两个派别远没有其他派别那么重要。所有这些派别都相信只有对阿弥陀佛（Amidabutsu）的拯救力的专一信仰才能获得拯救。这个体系的追随者默诵阿弥陀佛的名字（Nenbutsu），祈祷在它的被称为净土（极乐世界）的天国再生。不过，它强调在信仰方面，而不是在默诵方面。

净土宗是在平安时期，由以“法然”（1133—1212 年）一名更为人所知的源空（Genku）于 1175 年创立，主要受中国阿弥陀佛的善道（613—681 年）的教义的启迪。法然选择《阿弥陀经》（*Sukhavativyuha Sutras*）和《欢无量寿经》（*Amitayurdhyana Sutras*）作为其经典经文。亲鸾（Shinran）在 13 世纪对净土宗及其寺院组织进行了几项重要改革，力图消除僧人和居士之间的差别。据他所说，一切众生都将因为阿弥陀佛所立誓约而得救。因此，默诵该佛的名字只是表示感激。由亲鸾改革的净土宗成为真宗。它是一种简单的信仰，适合老百姓崇拜的需要，并且迅速流行开来。今天，它在日本拥有最为广泛的追随者。

禅宗（即 Zen）作为一种特殊形式的佛教最初由菩提达摩在 6 世纪初创立于中国，但是从根本上讲它是北印度大乘佛教的变种。禅宗在日本有三个支派：临济宗、曹洞宗、黄檗宗。曹洞禅宗拥有最多的追随者，仅次于真宗。临济禅宗由日本僧人荣西（即 Yesai，1141—1215 年）创立；曹洞禅宗由他的弟子道元（1200—1253 年）创立，黄檗禅宗由中国僧人隐元（Igen，即 Yin-yuan）在大约 1653 年创立。荣西和道元在中国学习了几年时间。道元不仅以其严厉的宗教戒律而知名，而且也是日本著名的哲学家之一。他过着严格的修行生活，专心于发现胜任传播禅宗教义的人物。他的传法言论在他死后被弟子们搜集刊印。其中最重要的《真义精要》(*Sho-bo-gen-zo*）被认为是日本最优秀的哲学著作之一。他宣讲：“一切有情众生已经 17
被开导。他们的本性是佛。冥思活动只是佛自己的活动，而不是任何别的活动。”

所有佛教宗派都强调思想的宁静，但是禅宗强调的最为强而有力。禅宗教导思想的宁静如同佛的理想一样。禅宗教义强调，只要冥想沉思便能获得大觉。禅宗的本质是：“审视思想，你就将获得佛性。”这一哲学在重视思想宁静的武士中受到极大支持。禅宗受到幕府将军们的赞助和鼓励，迅速在全国传播，并且对日本文化做出了深远的贡献。

日莲宗是由日莲（1222—1282年）于1253年创立的，日莲是一位成为日本爱国者和圣人的渔夫之子。他生活在日本处于中国蒙古大汗入侵危险之中的时期。日莲宣布：“我将成为日本忠诚的柱石，日本的双眼，日本的船只。”他在漫游全国和对不同教义信仰的多年研究之后，作出结论说《妙法莲花经》是对真理的最终揭示，将国家从苦难中解救出来最好是以遵循它的教义来实现。可能是为了抵制净土宗阿弥陀佛名字的影响，他采用了曼特罗表白“南无妙法莲花经”(*namu myoho remge kyo*，效忠于《妙法莲花经》)，对该语的默诵可以给人以将自己融入永生之中的力量。由于粗鲁和激烈的措辞，日莲不断与当局产生摩擦，他的经历中有一系列遭受迫害的事件，虽然他总是奇迹般地逃脱。

这些佛教宗派免不了竞争与冲突，寺院之间的争论常常靠武力解决。日莲宗的追随者和亲鸾的追随者之间在 15 世纪后半期有许多对抗，主要是因为日本佛教与国家的政治和社会事务联系太密切。结果，在政治动荡时期，宗教领袖将宗教野心与对权力的争夺结合起来。日本佛教常常是主要的政治势力，甚至像在藤原时期（858—1068 年）那样威胁国家的统治权。如同在教派分歧和强权政治的干预两种情况下所反映的那样，佛教的战斗性也受到普遍的封建割据所制约，这在政治动荡的时代变得更加明显。

不过，要是将好战和寻衅作为日本佛教的特点那就错了，
18 因为如果这是真的话，它的传法活动就会引起军事反应，它的高度发展的哲学和知识才能就会压垮许多原始信仰、神话故事和迷信传说。它从未宣布一场圣战（*jihad*）即宗教战争，虽然出于爱国原因，日本佛教允许将民族战争作为为了世界和平与亲善的宗教战争。正是因其调解精神，除了偶尔的几个短暂时期之外，佛教没有遭受来自传统信仰方面持久的敌视。

虽然佛教和神道教都保持下来并且相互产生影响，但是与中国形成鲜明对比的是，没有出现“民族主义”的神道教对“外来”佛教的迫害。神道（Shinto）是一个中国单词（Shen-tao），意思是“精神之道”；它在日语中叫作神道（*Kami no Michi*）。佛教奉行了对神道教宽容和吸收的具有特色的政策。它接受了神道教对祖先崇拜的信仰和神道教的一些神祇即*Kamis*——Kami 有广泛的意思，它可以表示一个自然物体、一个神或者原始精神本身——作为佛性在现世的显现。对于早期日本人而言，神祇超过了人，但是虽然它们强而有力（chi-haya-baru），却并非无所不知。相对而言，这使佛教徒将神祇称为佛的尘世化身要容易一些。佛教的众神一般被认为代表“不可摧毁的力量”（*Honji*），而神道教的神祇则被说成是它们的部分表现（*suijaku*）。这样，每一个神祇被认为是某一种神性的呈现。神道教的主神天照女神被等同于大日佛。佛教使徒在神道教的诸神祭坛前念诵经文成为惯例。他们公开膜拜明治天皇和其他神道教的神社，将神道教的神祇和教义结合到他们的信仰之内，包括从第二次世界大战以来已被放弃的天皇是天照女神的直系后裔并且受神之命进行统治这一教义。

神道教主要是一种原始的自然崇拜形式，以对自然力和任何被称为神祇的可引起敬畏的东西的敬畏这样一种质朴的感情为基础。它没有道德法规，它的祈祷与牺牲目标不是寻求精神崇拜。神道教像儒家学说一样，对死者的状况只字不提。神道教没有教育功能，它的祭司不传道或者讲学。这一实际上没有
哲学的简单信仰的理论家们，在试图解释神道教思想时极大地 19
依靠高度发展的佛教哲学。佛教如此影响了神道教，因此据称若没有佛教一千多年的荫庇，神道教就几乎不能作为一个有组织的宗教幸存下来：“佛教赋予古老的神道教神话以深度和意义，使它在哲学上值得尊敬并为有教养的人士所接受。换言之，佛教赋予神道教——一种原始宗教——以有价值的教义内容和道德内容。”[9]

尽管在佛教和神道教之间确实不存在持久、激烈的敌视，

但是否认这两个宗教之间存在不和谐是错误的。在中世纪期间，出现了几个新神道教运动，强调神道教和佛教思想之间的差异，并且坚持前者至高无上的地位。例如，15 世纪末著名的唯一神道教，是力图完全改变早些时候佛教对神祇的解释并且宣布佛教的诸神不是最早的超自然之物，而是神道教神祇的暂时表现的唯一派别。在 18 世纪，有一个相似的运动“返回古代神道教”（*Fukko Shinto*），它强调皇权的神圣起源，劝告人民返回纯洁的神道教。1868 年明治维新之后一个短暂的时期，佛教似乎会在神道教复兴主义者的煽动下遭损害，但是宪法保证所有人的宗教自由，对此的恐惧被证明是没有根据的。大多数有限而断断续续的宗教敌视，是佛教卷入国家政治活动的结果。可以有正当的理由说，激起偶尔怨恨的是佛教组织的政治活动而不是佛教教义。例如，在 6 世纪佛教正式到来时对其表现出的限制，无疑是皇宫的两个敌对派别——武家和行政官员——之间政治竞争的结果：武家力图利用对他们有利的起源于外国的佛教。这种冲突持续了大约四十年，已经到了足以对国家的稳定和统治者的生命构成威胁的程度。

神道教反对佛教，一般采取不满外来信仰的爱国主义表现方式。神道教徒倾向于颂扬佛教以前的文化，贬低佛教的贡献；这种长期不和虽然是真实的，却绝不可夸大。日本民族的绝大多数成员毕竟是佛教徒，日本是当今主要的佛教国家；佛教被密切地结合到了日本的国家结构之中。

如同在中国一样，在日本也存在儒家学说对佛教相当大的反对力量。但是儒家学说也是一种外来学说，并且在 17 世纪

之前似乎一直抑制着自己的对立情绪，尽管儒家在中国对佛教 20
的敌视已活跃了许多世纪。17 世纪，这两种体系在日本发生冲突，当时儒家信徒并非出于纯宗教方面的动机开始攻击佛教。他们的指责不是直接针对佛教思想；更确切地说，他们谴责佛教对国家和行政的政治影响。两者之间的对立在明治早期再次表面化，当时有些儒家学者与有强大力量的神道教徒组织密切合作，提出了自己的“打倒佛教”（*Haibutsuorn*）学说。但是，这个运动是短命的。

大约三分之二的日本居民宣称信奉佛教。佛教各个宗派一共拥有大约 8 万所寺院、15 万名僧人，有几所大学和机构主要从事佛教研究。毫无疑问，佛教是日本人生活不可分割的组成部分和国家的强大势力。无数被保存下来的佛像、菩萨、经文、绘画和其他圣物遍布全国，这既是为了观光客，也是为了信徒。佛教节日不仅在保持宗教精神的活力方面起了有吸引力的宗教作用，而且给国家的文化生活方面增添光彩。例如，佛教徒在每年 7 月 15 日庆祝盂兰盆会（*ulambana*），这是日本佛教生活中的主要事件，抚慰死者的灵魂是一种仪式，据信死者在那一天要返回自己的老家。春秋两季都有“彼岸”（*higan*）节，分别由以春分为中点的七天和以秋分为中点的七天组成，春分和秋分这两个在“彼岸”节中点的日子叫“中日”（*Chunichi*）。在“彼岸节”，佛教的仪式唤起人们对死者的追忆。在一年最后一天的午夜，佛教寺院里的钟声开始敲响。据认为，前一年的世俗贪欲，会通过阵阵钟声被完全消除。

佛教在印度文明与中国文明之间架设桥梁的同时，也将中

国文化和日本文化联系在一起。进入日本的那些印度思想通过中国或者中亚传播，虽然在印度和日本之间经过海路有一些直接的联系。根据人类学学者的观点，在三重府的志摩地区有印度居民出现过的证据。[10] 这些印度人被称为 *Tenjiku Ronin*，意思是“印度浪人武士”。

虽然中国和日本经常有联系，但是只是在佛教牢固扎根于中国人的生活中之后，中国才能影响日本文化。在佛教到来之前，日本简直过着孤立、原始的生活，不懂得书写，宗教信仰
21 以对自然力和祖先的崇拜为中心。但是，一旦佛教成为日本生活和思想的不可分割的组成部分，日本似乎就开始以令人惊异的能力寻求和接纳新思想。

铃木大拙提出，估价佛教思想和习俗对日本文化生活影响的最佳方法是将佛教寺院及其财富、图书馆、花园、逸事、故事和传奇等全部撇开，来看一看日本历史还剩下什么：“首先，就没有了绘画、雕刻、建筑，或者甚至没有了音乐和戏剧，循此线索下去，所有艺术的更小分支也将消失——庭院设计、茶道、插花艺术和击剑术（它可以被归于艺术类，因为它在道德方面也在身体方面，是精神锻炼和抵御敌人的艺术）。工艺课也将无影无踪，对它的最初激励是佛教所赋予的。”[11]

佛教的到来使日本有了印度意识，渴望了解这个国家和它的新信仰的原著经文。日本人对印度文化熟悉起来，并且研究梵语和梵语文学。即使今日，在印度之外“在世界上没有一个国家有这么多学生在学习梵语和巴利语的基本知识。有许多向他们教授这些语言的大学。在最近出现了大量这些语言的书

籍。”[12] 非常古老的梵文手稿在有些日本寺院被完整保存下来。具有意义的是，在日本发现的这些手稿中的许多，比在印度保存下来的要悠久得多。

空海首倡对被称为悉檀（*Shittan*）的梵语文学的研究，*Shittan* 是梵语单词 *Siddham*（悉檀）的日语对应词，印度古代的铭文和作品通常用它来开头。在此之前，在奈良时期，律宗、世宗创立的俱舍宗、师子恺创立的成实宗、龙树和圣天的著作、佛教唯心主义唯识宗和《大方广佛华严经》已受到研究。这些宗派被称为“古都六宗”。[13] 此外，佛教的逻辑学在 661 年由道昭（Dusho）传入日本。道昭在 7 世纪与慈恩（Jion）一起去中国，在玄奘的指导下研究佛教的唯心主义体系，这是当时佛教逻辑学中最新的体系。后来，在 8 世纪初，通过玄昉
（Genbo）的努力，给予逻辑学研究以进一步的推动。道昭的传 22
统在日本被称为“南方寺院的教义”，玄昉的传统被称为“北方寺院的教义”，因为他们分别在元兴寺（Gango-ji）和兴福寺（Konfuku-ji）弘法。从那时以来，这个逻辑学体系在法相宗中被作为仅次于对佛教唯心主义和《阿毗达磨俱舍论》研究的一门学科来研究。逻辑学的研究变得十分普及；在受西方影响之前，在日本似乎写了 200 多部关于佛教逻辑学的著作。[14]

在空海之后，日本梵语中的另一个著名人物是净空（1639—1702 年），他编辑了一部分梵文陀罗尼，并且为题名为《三密正论》（*Shittan-Sanmitsu-Sho*）的著名梵文著作排版。慈云（1718—1804 年）编撰了一部由一千卷经文组成的百科全书，其中许多由现存的梵文写经构成。

虽然日本老百姓不懂梵语，但是他们在一定的程度上熟悉天城体字母。在日本的墓地里，发现用天城体文字[①]刻写的木薄片并不是不常见的。日本寺庙中有佛像、菩萨和其他神祇，有天城体文字刻在它们下面。这些文字被称为“种子”（*bija*，梵文术语），每个字等同于一个神祇。在中世纪时代，有些日本武士戴着写有“祈神赐福”（*mangala*）的梵文头盔上战场。

日本文字的结构无疑与汉字的结构相似。汉字是表意文字或符号，而日本文字却像天城体文字一样是表音文字，并且在句子中按照与梵文相同的顺序排列——主语、宾语和动词。在语言中，词序本身不是语族共通之处的明白表示，但是有进一步的证据表明结构上的相似。日本人使用某些简化的汉字，来发展他们自己的音节表字母系统。较早的使发音相似的汉字，在语音上表示某些日语单词的方法，没有产生令人满意的效果，因为它既不简单也不是很有条理。一个汉字表示一个完整的音节，所以日本在接触印度字母系统之前，并没有想到用单独的元音和辅音符号来拼他们的语言的语音；印度字母系统认为辅音是最重要的字母，用在辅音周围安放另外的符号来表示元音。在日语的假名表中，元音正是按照与在印度字母系统中相同的顺序排列：a，i，u，e，o。然后有带有元音的辅音群，例如 ka，
23 ki，ku，ke，ko。空海被信以为真地认为是日本字母的发明者，

① 天城体字母（Devanagari alphabet），是中古印度-雅利安语第三阶段（约公元 600—1000 年）形成的拼音字母系统，从左至右书写，应用于印地语、马拉提语、尼泊尔语和近代实用梵语之中；对亚洲，特别是东南亚一些地区的语言、文字曾产生过重要影响。——译者

他所创编的日本歌曲伊吕波歌（*irohauta*）由 47 个字母构成，该曲只不过是对作于古代印度的一首佛教诗歌的意译。[15]

日本学者认为，日语假名表变为 50 个语音只是对梵语字母系统的改编。这个体系无疑是佛教徒——可能是菩提犀那——的工作。如果汉语和汉字在印度字母系统之前没有深深地渗入日本的话，毫无疑问日本人会发现采用印度文字要比采用汉字方便得多。[16]

日语不像汉语，而像朝鲜语，它有得到相当发展的动词系统。汉语和日语在语音系统方面毫无共同之处。汉语中不知道使词发生曲折的变化；如果必要的话，活动的时态和语气用一些孤立的单词来表示。在汉语中，句子的意思由字的意思的句法关系所包含；严格地说，不可能在名词和动词之间作区别。

简单书写方法的发展和奈良假名表的完善，加上佛教经文的传入，必然影响日本文学和学术。的确，一个引人注目的文学创作进程开始了，并在平安时代的日本文学的古典时期达到繁荣。日本人所写的第一部哲学著作是圣德太子对三部佛经——《法华经》（*Hokke-kyo*）、《维摩经》（*Yuima-kyo*）和《胜鬘经》（*Shoman-kyo*）——所做的注解，虽然使用的是汉语。第一部传奇故事《竹取物语》（*Taketori Monogatari*）是写于 9 世纪的仙女故事，它从诸如本生经故事之类的各种佛教作品中吸取了灵感，体现了佛教道德因缘、缘起的思想。物语小说最充分的发展是在日本第一部长篇小说《源氏物语》（*Genji Monogatari*）中发现的，这部小说写于 11 世纪初，是日本古典文学的杰作。世俗生活的声色之乐与佛教的厌世教义，交织在这部小说中。这部作品在世界文学中可能是同类作品中最早的一部小说，出自皇宫侍女紫式部之手。

佛教的影响及其对苦行主义和道德说教主义的强调，在 12 世纪的大约包括 200 个故事、名叫《宇治拾遗物语》(*Uji Shui Monogatari*) 的故事集中可以被看出，该故事集包含众多佛教道德故事。13 世纪的作品《十义精选》(*Jikkinsho*，十训抄)，包含有十个说明佛教道德原则的故事。

24 印度传说也进入日本文学之中。鹿角隐士（*Rishyasringa*）的传说是这方面的例子，在这个传说中，一个从未见过女人的隐士受到洛马帕达国王的女儿桑陀的诱惑。在《摩诃婆罗多》中，这是一个十分著名的故事。这个圣者在日文中名为 Ikkaku Sennin，即独角兽（Ekasrnga）。歌舞伎[①]戏剧《雷电之神》(*Narukami*，鸣神）便是源于这一传说。许多此类的印度故事被收编到佛教文学当中，并且传到日本。

绘画与文学有密切联系，这一媒体由于佛教热心于通过其传播知识而受到格外的促进。日本最著名的佛教女天皇之一光明天皇，有一百万个制作好的用来分发的袖珍塔。每个塔都有一句简短的佛教陀罗尼即经文的铅字。[17]

佛教徒在保存一些对立信仰的现有知识方面也获得巨大成功。日本的佛教机构起着日本文化保管员的作用，无论是神道教的知识、儒家知识、世俗知识还是宗教知识。没有佛教团体的保护，神道教的许多文献材料就不会保存下来。军阀势力在

---

① 歌舞伎（kabuki），是根据出云地方阿国的念佛舞蹈和民间集体舞婴儿踊、呵呵踊等创作的舞蹈。——译者

国家各个地区的增长，以及在中世纪时期交战的封建社会的出现，自然对军事技术比对知识学术更加重视。所以，佛教寺院而不是官方学院成为知识的珍藏所和保护者，成为教育的主要源泉。

众多的佛教神祇被介绍到日本，其中许多仍然十分流行。有些被纳入佛教万神殿的印度教神祇也在其中。例如，最初的雷雨之神，但是现在作为众神之王的因陀罗在日本叫作 Taishakuten（字面意思是"萨格罗大王"）；[18] 象头神在许多佛教寺院被当作圣神（Sho-ten，字面意思是"神圣的神"）崇拜，据信能给予其信徒以幸福。水手崇拜的海蛇称为龙精（Ryujin），是一个与印度的龙（*naga*）意思相同的汉字。哈莉蒂①和达姬尼②也受到崇拜，前者被当作子安鬼子母神（kishimojin）受崇拜，后者按她原来的名字受崇拜。毗沙门（Bishamon）是一个与印度的财富之神俱毗罗（Vaisravana）意思相同的日本神。

连神道教也接纳了印度的一些神祇，尽管它在明治维新之后不顾一切地努力系统脱离佛教，并维护其独立的身份。的确，神道教在受到佛教肖像画的影响之前，没有将众多神祇塑造成人形，而是用诸如镜子、珠宝、剑之类的象征物来表现。印度的海神伐楼那（Varuna）在东京被当作水神（Sui-ten）崇拜；

---

① 哈莉蒂（Hariti），据古代中亚大夏地区的传说，她原是吞食儿童的女罗刹，后受佛的感化而成为尼姑和儿童的保护者。——译者

② 达姬尼（Dakini），是印度密教神祇中一组六个萨克蒂之中的一个。——译者

25 印度的知识女神萨拉斯瓦蒂（Sarasvati）变成了辨天（Ben-ten，字面意思是“语言女神”），沿海岸和湖、塘边有许多为她修建的神龛。湿婆在日本极其著名，被称作大黑天（Daikoku，字面意思是“黑暗之神”），这是与湿婆的另一名字、印度的大黑天（Mahakala）意思相同的日文和汉字。大黑天是日本流行的神。在四国岛的琴平神社，水手们崇拜一个叫 Kompira 的神，该词是对梵语单词鳄鱼（*kumbhira*）的讹用词。《梨俱吠陀》中提到的设计并建造了世界的神圣建筑师毗首羯摩（Visvakarma），在古代日本被当作木工神（Bishukatsuma）。印度的死神阎魔（Yama）在日本被称为 Emma，是地狱之王，是最可怕的神。佛教传入了死后得善报和受惩罚的思想，早期神道教的经文没有涉及这一问题。[19]

身着传统白色服装的爬山者，以攀登圣山御岳（Ontake）作为一种宗教仪式，在他们的长袍上有时印有古代式样的梵文“完美无缺者”（*Siddham*）。他们有时戴上印有梵文字OM①这一印度教徒神圣符号的白色日本头巾（*tenugui*）。

日本火葬和祖先崇拜的习俗受到印度的影响。所有葬礼均由佛教僧人履行，直到明治维新为止；即使现在，许多不是佛教徒的日本人更喜欢佛教的葬礼仪式。怀着宁静的心情享受萦绕的清香，已成为受过教育的日本人的优雅艺术。在日本和中国流行的各种各样的香，部分是由印度提供的。来自印度的古

① OM 或者 AVM，是印度教中对主宰一切的上苍在默祷中所用的咒语。——译者

代香的样品，作为国宝被保存在帝国的正仓院[①]陈列馆。

日本神话和哲学深刻思想的根源，存在于自圣德太子时代以来便由佛教思想所支配的传统当中。日本人的个人气质和民族气质两者均受佛教教义的制约。即使是激励和指导日本人日常生活的普通思想观念，也是佛教思想的反映。每个人能获得佛性的见解是所有佛教共同的见解，但是它在日本特别流行。日本人精确的观察力、集中的思考、有效率的传播、谦卑和坚忍不拔等才能，以及对履行责任和民族义务的强调，都归功于无疑是“知识文化的最大推动者”的佛教。

在西田几多郎（1870—1945 年）的哲学中可以发现佛教影响日本现代思想的例子，他被认为是日本曾经出现过的最有激
励作用的思想家。在 19 世纪下半期，日本出现了一种将佛教哲 26
学与西方思想结合在一起的运动。这种哲学结合最杰出的表现大概是在西田的学说中，他在自己的学说中力图“给东方文化奠定逻辑基础”，即“在无形中见有形，在无声中见有声”。[20]他按自己的理论阐述，得出了佛教“空”的概念。

佛教的影响在日本政治理论中也可以发现。起初，佛教在日本是出于外交原因而被官方承认的，604 年由圣德太子颁布的第一部日本宪法受到了佛教思想的启示。佛教寺院制度在 10 世纪和 11 世纪的实际政治生活中起着重要作用。日莲在 13 世纪力图将宗教等同于国家，将民族主义等同于佛教。16 世纪的

---

①　正仓院（Shoso-in），位于奈良的日本古代木建筑，建于 756 年，保存有三千多件 8 世纪时亚洲各国的服饰、药品、艺术品、乐器等珍贵文物。——译者

佛教寺院制度被说成是当时日本最大的势力。勇敢的武士和大名（*daimyo*）阶层深受禅宗各派的影响。虽然禅宗的教义在奈良时代之前在日本已被教授，但是只是在镰仓时期，禅宗各派才深刻影响政府和军事阶层。佛教社团在 1916 年公开鼓励和结合民族主义精神，并且保护天皇家族和国家。当日本军国主义在 1937 年达到顶峰时，帝国之道的佛教运动变得十分强大。的确，中国佛教协会严厉批判了日本佛教如此热情地与日本的帝国主义政策合作。宗教要求和爱国主义的压力不是总能协调一致。日本佛教背离佛教僧团的原则，明显起了向极权主义的国家思想提供支持的作用。

日本的教育和社会服务起源于佛教。教育发端于法隆寺和其他佛教寺院，在空海于 829 年建立被称为综艺种智院[①]的学校时，一项普通教育规划被他首先制定出来。僧人不仅教宗教、哲学，而且也教实用艺术和科学。他们甚至教人们怎样读和写，创始了对日本历史的编撰；他们培育了对自然和人类的爱，拓宽了人们的宗教视野，在他们的思想和行动中都逐渐灌输了有同情心的理想主义；他们创办医院、商店、疗养院，教导医术，修建救济所，为穷人举行免费葬礼，在饥馑和瘟疫时提供广泛的救济。

27 佛教的社会福利活动继续给人以格外深刻的印象。佛教从 19 世纪神道教–儒家的攻击中恢复之后，致力于减轻资本主义

---

① 综艺种智院（Sogei Shuchi-In），所谓综艺，是指各种技艺；所谓种智，是指教授一切知识和智慧。虽然这所学校在 847 年后停办，但一般认为它是日本最早的民间学校。——译者

经济对社会造成的一些有害的后果。今天，佛教继续进行各种令人印象深刻的社会福利活动，诸如公共诊疗所、医院、医务室、产妇之家、救济院、保育室、幼儿园、学校、残疾人与老人之家、图书馆、问讯处、社会教育机构、调解处、业余补习学校、教养院、职业介绍所以及保护穷苦人的法律事务所。

不知疲倦的佛僧四处旅行，整个国家由此而得以开发，征服山脉，修建港口，铺设道路，架设桥梁，挖掘深井，抽干沼泽。这些僧人发展农业和林业，种植树木，修建灌渠，为原始的日本所未曾知晓的更进步的工农业开发新的大片的土地。例如，日本的棉花栽培，便追溯到一个在 799 年漂泊到爱知辖区海岸的一名印度人。日本人为了纪念这一事件，将这名遭遇船难的印度人登陆的村庄命名为天竺（Tenjiku）：天竺是日本对印度的称呼，意思是天堂。日本人还为纪念他而树立神龛，神龛里安放有他穿着印度服装的塑像。

以独特的美丽、灵巧和庄重而著称的日本艺术有印度风格的某些痕迹。“佛教对艺术的恩惠在日本甚至比在中国更大；因为从总的看来，佛教带给中国的礼物是思想而不是技巧，而在古代日本则没有值得一提的艺术。绘画、雕像和建筑，还有雕刻、印刷甚至书法的传入都与佛教联系在一起。”[21] 佛教以前的日本艺术对历史和理解当时的日本社会是重要的，但是它是人们最熟悉的丰富多彩的日本艺术十分遥远、几乎认不出来、没有什么价值的来源。佛教为日本人提供了要么精炼自己的传统艺术风格，要么引进中国的或者其他的艺术风格的精神启迪。

通常在墓冢壁室的墙面上发现的较早的日本绘画，主要是彩色图腾象征和几何图案。在早期的佛教绘画作品中，最著名的作品是在一个可移动的木神龛即王虫厨子[①]（Tamamushinozushi）的面板上发现的。它是在推古天皇（592—628年）期间完成的，
28 今天保存在法隆寺里。油画表现风景和四肢修长、瘦长脸的佛教人物，它们被认为是六朝时代中国艺术的典型特征。大量早期日本艺术品是在中国艺人和朝鲜艺人的帮助下绘制的，但是他们也主要是受到印度传统启迪的佛教徒。随着规模宏大、精心制作的佛教寺院被修建，建筑的发展也开始走向高峰。世界上最古老的木建筑法隆寺（奈良的宝库正仓院可能例外）的年代，属于7世纪初期。

在8世纪，当佛教几乎成为国教之际，在通过中国唐朝传播的印度明暗对照风格的影响之下，日本绘画开始了一个新的辉煌的发展过程。在法隆寺黄金大殿所作的与阿旃陀艺术极其相似的壁画中，也发现了这方面独特的例证。与前一段时期荒诞、抽象的人物相比，这种绘画中的人物圆胖而有人性。[22]在奈良时期，佛教徒受到皇室赞助和对自己信仰热忱的鼓舞，在艺术、建筑、雕刻、绘画和音乐方面做出了重大贡献。这一时期的成就如此辉煌，以至即使今天从艺术的观点看来，奈良也仍是日本最令人难忘的地方。奈良艺术卓越的典范是采取坐姿的、有太阳和月亮侍候的九英尺铜佛。

到此时，日本在艺术方面已经成熟，形成了本地传统。而且，它同中国的联系在大约9世纪中断。随着巨势金冈绘画作

① 这种神龛通常以中亚风格的绘画和甲虫图案来装饰。——译者

品的问世，日本艺术开始呈现自己的特色；巨势金冈在 9 世纪处于全盛时期，传统上被认为是日本最伟大的画家，他画世俗的场面，也画佛教题材。更多地被叫作卜部源信（Eshin Sozu，942—1017 年）的源信，尤其与对阿弥陀佛的极乐幻象有联系，他是深刻的思想家，持有这样的观点，即佛性是每个人所固有的，通过灵魂深处的冥想可以实现佛陀智慧和力量的显灵。这种哲学导致他逐渐以阿弥陀佛为中心，他用优美的线条和和谐的色彩描绘净土。的确，早期保存下来的绘画作品全是佛教作品，虽然艺术家们也画世俗题材。

鐮仓时期的绘画确实是最有民族性的绘画，深受佛教的启迪。该时期杰出大师之一信实[①]以给诗人们作的系列画像而著名，但是他的杰作是空海的画像，空海这位佛教圣者被描绘成 29
跪在莲花上的男童。大铜佛（Daibutsu）虽然是对奈良风格的模仿，实际上却是该时期艺术所特有的，反映了由佛教意识的拓宽所影响的净土宗的情绪。镰仓时期的寺院建筑出现风格的多样化，有些建筑与奈良特征结合，有些受到禅宗的出现的影响；禅宗在室町时期（1336—1753 年）成为日本生活中首要的精神力量。禅宗对艺术的影响在该时期的水墨画中可以出现，包括禅宗僧人雪舟（Sesshu，1420—1506 年）所作的大量作品以及明兆（即 Cho Densu，1341—1427 年）的罗汉即佛教圣者的画像在内。禅宗对冥想的强调降低了偶像在崇拜中的重要性。

① 全名滕原信实（Fujiwara Nobuzane，1176—1265 年），他保存至今的作品中最有名的叫《三十六诗流芳者》，是为诗人们作的肖像画。——译者

结果，雕刻的重要性下降。

这个时期之后，已经完全地方化的佛教的影响开始衰落；或者更准确地说，由于它呈现出日本特色而开始失去佛教个性。不过，在白隐和仙厓这样的禅宗僧人画家的作品中，在德川时期（1420—1868 年）的诗人画家的作品中，还是被大量地辨认出来。

在现代，当艺术开始脱离宗教走向世俗化的时候，佛教的启迪会失去许多效力是不可避免的。但是，现代日本艺术还是有佛教朴素、节制和端庄等观念的痕迹。佛教观念和传统在雕刻与建筑中可能得到更大程度的反映，原因是这些艺术在宗教生活和仪式中的实用价值。在日本达到异常完美程度的木雕刻艺术是佛教的副产品，因为木雕刻版起初是被用于印刷佛教经文和绘画的。实际上，现存的刻印经文的最早样品，是封闭在8 世纪日本寺院中分发的袖珍木塔中的佛教咒语。

在佛教到来之前，日本音乐和舞蹈处于原始发展状态，音乐在佛教的宗教礼仪中起着重要作用。年轻的日本乐师去中国和朝鲜学习。已知最早的日本音乐舞蹈是伎乐[①]，它是由味摩（Mimashi）在 612 年从朝鲜传到日本的一种原始假面舞剧。虽然味摩的艺术是在中国学到的，但是伎乐起源于印度，正如代表印度特征的假面具所表明的那样。这些假面具有 200 多个还
30 保存在奈良的寺院。戴假面具的舞蹈者由教授（*Chido*）领头，这个人物的作用是扫清道路。即使今天，日本的宗教队伍还是

① 伎乐（Gigaku），是从中国吴地（江苏省一带）和西域（新疆）一带传到日本的乐舞。——译者

由一名戴着长鼻子假面具的人率领，他被称为天狗（*Tengu*）。舞蹈中有扮演狮子和老鹰的角色，这也使人联想到与印度的联系，因为在日本（或者中国）没有狮子，称呼老鹰这一角色的词 *Karura* 是梵文 *Garuda*（大鹏鸟）[①] 的派生词。

尽管伎乐的大部分已经失传，它的有些片段后来还是与优雅而令人愉快的雅乐[②]结合。雅乐是一支乐曲名，但是它引起了与它相伴的叫舞乐的舞蹈。两者均由菩提犀那传入日本。这种宫廷舞蹈和音乐在 752 年庆祝奈良的东大寺开光庆典上首次演出。圣武天皇在这次庆典上为卢舍那佛的塑像举行揭幕仪式，数以百计的外国乐师——其中好几个是印度人——举行演出。这次演出中用过的许多乐器还保存在奈良的正仓院宝库。佛教是一股强有力的激励因素，日本管弦乐队最初组织起来毫无疑问是为了满足佛教的需要。虽然这一音乐剧有 1200 多年之久，它还是以原来的形式在日本保存下来，不仅存在于保存在法隆寺的记载、乐器和假面舞剧之中，而且存在于舞蹈形式自身之中。

从其产生以来，日本贵族就赞助这种舞蹈和音乐。结果，雅乐和舞乐成为宫廷自身的音乐，有礼仪和娱乐两方面的用途。在 8 世纪期间，创建了一所雅乐学校，由全国范围的专业乐师和官员加以辅导。雅乐出现许多地方性变化，但是在地方乐种和外国乐种之间做了清楚的区别。源于印度和中国的那些乐种

---

① 音译伽楼达，是印度教大神毗湿奴的坐骑，形象为一长着翅膀和人首的怪物，上天入地、漂洋过海无所不能。——译者

② 雅乐（Bugaku），是日本宫廷中祭祀宴享时的音乐舞蹈。——译者

成为舞乐能舞（*Sahono-mai*）。在 18 世纪，人们决定只将起源于外国的音乐称为雅乐，但是现在该术语包含外国舞蹈和本国舞蹈两者。舞乐仍然在某些佛教寺院和神社上演，不过这种艺术的正规演出只在皇宫可以发现。尽管如此，舞乐在自身从奈良时期以来的长期历程中，以多种方式影响了日本的音乐，包括国歌和流行的饮酒歌《黑田武士》（*Kurodabushi*）。这些宫廷音乐和舞蹈在其发源地印度现在已经消失。

日本舞蹈音乐由八段——可能更多——所组成：*Bosatsu*（菩萨）、*Garyobin*（佳友宾）、*Konju*（胡饮酒）、*Bairo*（倍臚）、*Bato*（拔头）、*Riowo*（即 *Ryo-o*，龙舞），*Ama Ninomai*（天二之舞）和 *Banshuraku*（班师舞）。这些段名的一部分容易被追溯到印度起源：例如 *Bosatsu*（菩萨）是日语对 Bodhisattva（菩萨）的改变形式；*Bairo*（倍臚）是对 Bhairava（巴伊拉瓦[①]）

31 的改变形式；*Garyobin*（佳友宾）是对声音洪亮、甜美的鸟 Kalavinka（加逻文迦）的改变形式。根据著名学者高楠顺次郎的观点，龙舞是印度古代歌剧《龙喜记》（*Nagananda*）的一部分，该剧出自戒日王之手。义净在去印度朝圣期间观看过这部音乐剧的演出，将它带回中国的大概是他；它后来从中国传到日本。

在 13—15 世纪期间，日本的“能乐”剧从一种被称为“田乐能”（*Dengaku-no-noh*）——意思是田间音乐表演——的剧种中发展起来。目前形式的能乐归功于两个人：观阿弥

① 巴伊拉瓦（Bhairava），是印度教大神湿婆的另一个名字。——译者

（Kanami，1333—1384 年），他是奈良附近春日神社的僧人；还有他的儿子世阿弥（Zeami，1363—1443 年），此人是杰出的演员、作者和作曲家。出现在世阿弥所有作品中的难懂术语“瑜验”（*yugen*），意思是“隐藏于表面之下的东西”；该术语源于禅宗文献。16 世纪，被称为能乐（*kyogen*）的喜剧插曲结合到传统的能乐表演里。能乐是用来消除长时间的宗教仪式而带来的疲惫的世俗娱乐的名字，这个词向念佛的人暗示：江湖骗子喋喋不休的默祷也可以变成赞美诗。

印度戏剧和日本的能乐剧之间的某些相似已被指出过了。正如印度戏剧最初是在宗教节日为表现灵感而演出的歌舞的结合一样，日本的能乐也是这样。再者，印度戏剧的展开是从叙述性的背诵到先唱后说的对话；正如在日本“削发出家的弹琵琶者”的叙述之后是能乐的歌唱和口头对话那样。还有，在印度戏剧中，叙述的连接通常是由一些解说员保持的，他们的作用与日本能乐中的合唱队的作用十分相似。两种戏剧都是在宫廷或者在寺院的露天院子里演出，人工舞台布景必然缺乏。没有哪种戏剧认为角色要在舞台上作旅行是怪事。两种戏剧都排除了对生活中一般行为的表演：演员不死、不吃、不睡或者不在舞台上做爱。印度剧作家们一律使用大多数观众一般难懂的古典用语，正如能乐剧是用当时古典语言写成的一样，虽然能乐也使用了当时的普通方言。

能乐剧到 17 世纪基本已成为贵族的艺术。可是，来自出云的佛教神社的女舞蹈家阿国，在那个世纪初成为一场解释佛教宗教舞蹈并使之在笛和鼓的伴奏下大众化的运动的领袖。通过

阿国的创造性解释，这种舞蹈采取了简单歌剧的形式，受到人
32 民的欢迎。新的流行的舞蹈形式被称为歌舞伎。歌舞伎大量借鉴了能乐剧；能乐剧终于变得更少地具有排外性，而歌舞伎变得更少地具有传统性。

象征欢乐、纯洁和好运的花朵，在佛教崇拜中起着重要作用。香、光亮和花朵被认为是对佛教诸神最好的礼物，据说这些神生活在美丽的花朵之中；佛像总是被人们安放在莲花座之上。慈悲女佛观音菩萨手中总持有一些花朵。不同的佛教思想被用不同色彩的花朵表示：例如白色的花朵表示安全和健康，红色表示敬重，黄色表示财富。日本人受宗教热情的激励，完善了自己的插花艺术。这一艺术的确是武士时期突出的结果之一。它的名称“插花”（*ikebana*，活花），解释了构成这门艺术的基础的基本原则：花必须如此布置，以表达生命的概念；它们应该看起来像正在成长，而不是像被割断。保持花朵鲜活的面貌，来源于佛教反对伤生的戒律。

日本的茶道也源于佛教。该礼仪来自中国，但是它在日本所采取的精心沏制方法和它的复杂性是中国所完全陌生的。它在中世纪的尚武精神时期变得非常流行。沏茶的原则由著名佛教僧人道元规定。茶道中遵循的礼节应当成为日常生活的组成部分，因为所有外部礼节仅仅是内心精神的表现。敬茶必须怀着尊敬、纯洁和宁静的心情：这也是禅宗的一种表达。日本茶的历史上溯到 8 世纪佛教圣武天皇时代。据说，茶被献给佛像，并且是在为僧人服务之后。鼓励饮茶可能是为了让僧人们不饮酒，也使他们在长时间的仪式中保持清醒。

在奈良统治的皇宫玩的、仍在日本流行、受到日本人喜爱

的 15 子游戏（*Sunoroku*，或者 *sugoroku*），起源于印度。该游戏在日本是当作纳得棋（Nard）玩的。一般以为纳得棋是伊朗游戏，但是 9 世纪的阿拉伯学者阿尔·雅库比认为纳得棋是印度的发明，是用来说明人对机会和命运的依靠。棋盘代表一年，有代表一天的小时数的 24 点。它被分为两岸，每个 12 点代表
一年的月数。30 个人代表一个月的天数。两颗骰子代表白昼 33
和黑夜，骰子对应面之总和是 7，代表每周天数。不过，拜占庭的希腊人也知道这种符号表示，这一事实对起源于印度的理论提出质疑。无论纳得棋的起源怎样，15 子游戏是从印度经过中亚和中国来到日本的。双陆（*Shwan-Liu*）是中国给 15 子游戏起的名字，它是 7 世纪也可能更早从印度传入中国的。根据《魏书》的记载，15 子游戏在古代从胡国传到中国，胡国在当时指的是印度附近某处的一个国家。另外，如卡尔·希姆莱指出的那样：写于宋朝时期（960—1279 年）的《洪遵书》中说“谱双”①——中国给 15 子游戏起的另外一个名字——发明于西印度，它最初的形式以四步（*chatushpada*）知名，它在魏时期（220—265 年）传到中国。[23]

① 本段中提到的“双陆（‘陆’同‘六’）”、“谱双”是相传于南北朝时，由天竺传入中国的博戏“握槊”。《魏书·艺术传》最早记载有其传入情况：“此盖胡戏，近入中国。……世宗以后，大盛于时。”后来，“握槊”演变为“双陆”，宋代洪遵在《谱双》一书中介绍：“因局如棋盘，左右各有六路，故名。棋中马作椎形，黑白各 15 枚；两人相搏，骰子掷采行马，白马从右到左，黑马反之，先出完者获胜。”另：原文作者提到的《洪遵书》应是洪遵所著《谱双》（t’shu-pu）。原著第一卷第六、第九章中的第 232 页、第 367—368 页中提到“谱双”和《洪遵书》，均可参考此处的说明。——译者

因为日本文化的整个框架由佛教提供，日本人对于印度的研究有极其浓厚的兴趣是很自然的。在近现代，没有几个国家的印度研究像在日本那么普遍。1881 年，东京大学正式开设印度哲学的固定课程。1904 年，东京设立了独立的印度哲学讲座。著名学者通次直四郎指导下的东亚文化研究中心也位于东京。像九州岛大学、北海道大学、名古屋大学和大阪大学这样的国立大学都在系统地从事佛教和印度研究。结果，日本出现了众多享有世界声誉的佛教著作和学者。

在第二次世界大战后印、日关系变化了的政治、文化环境下，日本重新产生了研究印度的兴趣，特别是对于探讨早期佛教的社会政治和知识背景的兴趣。所以，日本各大学对印度的社会和历史也进行研究。中村元在对印度研究兴趣的复兴中起了重要作用。

日本 20 世纪的工业和政治成就激励了印度人，日本在将佛教送还给印度以及在印度经济发展当中正起着重要作用。印度的佛教研究已经在大学层面展开，印度人现在研究的许多东西，包含了日本人和其他亚洲人对佛教思想和文献所作的贡献。印
34 度一些大学开设了日本语言和文学的课程：例如国际大学开设的课程。这几年，一流政治家和学者的互访有助于恢复文化联系。印度共和国的第一任总统拉金德拉·普拉沙德第一次出访外国是在 1958 年访问日本。一个日本-印度协会于同一年在印度创建，以推进两国之间的联系。独立的印度在第二次世界大战后不向日本索赔，它甚至提出将前英属印度政府所没收的日本财产全部归还。

第二章　红色印第安人或者亚美人[1] 35
——太平洋波浪中的印度浪花

历史充满用词不当，用来指两个美洲的新大陆便是这样一个词。哥伦布 1492 年的登陆无疑在这两个大陆上创造了新生活，但是它既没有创造也没有发现一个新世界。许多世纪之前，亚洲移民大量连续地运动，不仅越过白令海峡而且越过太平洋来到西海岸，后来，欧洲人在大西洋海岸线登陆。古代斯堪的纳维亚人即维京人，于 11 世纪在大概向南远达今天新英格兰的美国东海岸，建立了温兰殖民地。保罗·诺伦德在格陵兰发掘了穿着 15 世纪中期欧洲服装的尸体，根据他的考古研究，欧洲和美洲地区之间的接触一直持续至所谓美洲的发现为止。[2]

最初的玛雅帝国，在大约公元初创建于危地马拉。在罗马帝国崩溃之前，玛雅人正在精确地描绘金星会合的革命[①]；欧洲在中世纪黑暗时代徘徊之际，玛雅文明则达到辉煌的高峰。

古代美洲文化即亚美文化最重大的发展，出现在美国南部、

---

① 玛雅人当时已经确定金星会合周期为 584 天，并且知道五个金星会合周期之和等于八年时间。——译者

墨西哥、中美洲和秘鲁。亚美人的早期历史裹在重重迷雾和争论之中，这是由于缺乏明确的文献资料，这些资料被欧洲征服者出于错误的宗教热忱所毁灭。不过，看来在发现玉米之后，或者在玉米传入墨西哥之后，亚美人再没有不得不到处流浪寻找食物。美洲人像世界其他地区的人一样定居下来栽培食物，作为农业生活的副产品的文化必然随之产生。

36 在亚美人的文明之中，最著名的是玛雅、托尔特克、阿兹台克和印加。玛雅人可能是最早在那里建立文明的民族，他们从墨西哥高原迁移到危地马拉。后来，他们被排挤出去，大概是被托尔特克人排挤的；托尔特克人反过来又被阿兹台克人驱逐。

玛雅文明在公元前 7 世纪初肯定存在，有强有力的证据表明在那时之前便已存在。根据他们尚存的历法，玛雅人的时间记载始于公元前 613 年 8 月 6 日。它是以复杂的天文学计算和长期的观察为基础的准确日期。编制这种复杂的历法必定花费了两千多年时间来研究星体，亚美人必定是相当精明的观察者。玛雅历法被其他亚美人文明所采纳，其中有阿兹台克人。

的确，亚美人文化最有特色的特征之一，是这个历法在不同时期和不同地区作一定变通的使用；它将一年分为 18 个 20 天一个月的月份，另外有一个只有 5 天的月份用来补足太阳年的 365 天。玛雅人将一个月分为 20 天，可能是因为他们以 20 计数，而不是以 10 计数。每个月和每天都有名称，天是从 1 到 13 递进计数的，到 13 后便再从 1 开始。365 天被 13 除了之后剩下余数 1，但是 13 个数的每个数都可以开始新的一年。因此，52 年过后，才可能有以同一天的名字和数字开头的一年。13 个

20天一月的月份构成另一个由260天组成的完整的任意时期，阿兹台克人称这一时期为“托纳马特尔”（*tonalamatl*）。这一方法在本质上和天文学方面没有基础，是一种全新发明和划时代的方法。它与另一种365天的天文历法同时使用，作为时间的双轮并驾齐驱。这一双轮子在52年之后又合并为一轨。阿兹台克人采纳这种52年轮转，并且称它为“年代束”，称两个这样的轮转为“一个时代”。

亚美人缺乏准确的时钟，一定要花费长时期进行天文观察
以计算出一天的平均时间。他们意识到他们的历法与天体现象
之间越来越大的差异，成功地以惊人的准确性消除了误差。玛
雅人计算出一年的时间是365.2420天，现今正确的格里戈利历
法即新式立法计算的一年的时间是365.2425天。尽管亚美人没
有插入任何闰月，他们还是计算出了104年或者两个历法轮转
的25天中必要的补数。他们使月亮的公转与他们对白天的计算 37
协调一致，300年中的误差只有一天。除了对年的这种一般的
划分之外，玛雅人使用将他们的日期与自己的0点结合，与代
表一个月的每一天的“位置数”结合的长计算。这个0日期代
表某一未知事件，或者神秘事件，或者是创造出的一天，与基
督的诞生或者犹太人历法中所想象的公元前3761年的创造日期
有些相似。因为玛雅人不像阿兹台克人，他们并不满足于52年
的时期，而是用20卡顿（*katuns*，1卡顿等于20顿（*tuns*），1
顿等于360天）和400年的轮转来计算时间，玛雅铭文的日期
大多来自他们第八、第九、第十轮转，这些轮转大致相当于公
元的最初六个世纪；所以，他们所确定的0点日期即他们的第

一轮转的起点，应是公元前3000年之前的轮转。专家们一般将它定于公元前3113年8月12日，或者大约这一日期。不过，目前没有确实的证据，证实他们对时间的计算开始得那么早。

历法并没有耗尽玛雅人的天文和数学才艺。虽然他们并不知道地球和金星绕太阳旋转，但是他们计算出了8个太阳年几乎完全相当于5年，或者金星每次公转的时间是584天，计算出金星的65年恰好与104个太阳年相吻合。的确，亚美人特别是玛雅人，在天文学中达到了自己科学成就的顶峰。作为一个没有天文仪器，与其他文明没有任何真正联系的民族，他们取得了惊人的成就。

除印度人之外，尤卡坦的玛雅人是最早使用0的符号并且用基本符号代表数值的民族。印度人的0与玛雅人的0之间的相似的确惊人。就逻辑原理而言，两者是一致的，但是两者对原理的表达不一致。再者，印度的计数法是十进位计数法，这与欧洲计数法一样，玛雅人的计数法则，是20进位计数法。结果，他们的100代表400，1000代表8000，1234代表8864，如此等等。尽管0的位置在印度人和玛雅人各自的系统中不同，但是潜在的原理和方法是相同的，玛雅人和印度人的0的共同起源似乎是毋庸置疑的。但是，由于除了文化类似的证据之外缺乏任何结论性的证据，学者们之间的争论继续进行。今天，年代学的证据，接受玛雅人的0似乎比它的印度对应物早几个世纪。

38 玛雅人对物理学和几何学有实际知识，是杰出的制图人，并且使用了象形文字绘写法的方式。他们也是有造诣的建筑师和艺术家。他们的建筑、雕刻和绘画，特别是从 450 年至 600 年高峰时期的建筑、雕刻和绘画设计，制作精巧且富于艺术性。

具有重要意义的是：玛雅文明的顶峰，是在印度也登上空前的文化高峰的笈多时代这样一个时期达到的，印度此时与东南亚，还有与中亚和东亚的文化交流格外密切。实际上，笈多时代在玛雅古典时期之前一个多世纪的 320 年便开始，佛教和印度教在邻近地区享有盛名达几个世纪之久。如果在玛雅的美洲和印度化的东南亚之间有接触的话，同时出现的文化发展就不会令人惊奇。形成鲜明对比的是，这个时期是欧洲历史上的对罗马的劫掠与查理大帝兴起之间的最黑暗时期；中国则处于汉朝崩溃之后的长期政治动荡中。

在 12 世纪末，尤卡坦的玛雅人被来自墨西哥高原的魁扎尔科亚特尔[①]推翻。因而开始了托尔特克人即“建筑大师”在亚美人历史上占统治地位的时期。特奥蒂瓦坎的托尔特克人是有造诣的建筑师、木匠和机械工，他们的时代出现了统一的中美洲文明的空前发展；托尔特克人如此繁荣，以致他们的食物连价格都不标。魁扎尔科亚特尔是国王、英雄、祭司、天文学家，对其人民而言，他是所有智慧和同情的化身。他被等同于诸神，大量神话围绕他产生。他采纳玛雅人的历法，将它变成一种符号系统，使之为中美洲不同民族所理解。

亚美人历史上接下来的时代，是通常被称为阿兹台克人霸

① 魁扎尔科亚特尔（Quetzalcoatl），玛雅语为“库库尔坎”，意译为羽蛇。——译者

权时期的混乱时代，阿兹台克人的霸权以不同程度的权力持续到西班牙征服。在阿兹台克人衰落之前，他们获得了一些惊人的文化进步。他们建立以特斯科科湖上的岛屿为基础的湖泊文明，他们在这个湖中建起自己著名的城市墨西哥-特诺奇蒂特兰；该城由堤道与周围的岸边相连，被一些迷人的漂浮花园（*Chinampas*）环绕；这些漂浮花园是真正的人工岛屿，它们通过从湖的沼泽边缘处挖起泥土并将泥土用由芦苇制成的胸墙围在固定的地方而建造。栽种在这些花园上的树木的根群与地面牢固地连接起来。这样，阿兹台克人将这片贫瘠的沼泽地变成了水道纵横、出产丰富的地区。这座城市被西班牙司令官科泰
39 斯的同伴伯纳尔·迪亚士描绘成促使西班牙入侵者无拘无束地谄媚和残暴掠夺的梦乡。迪亚士写道：墨西哥人像罗马人一样，在西班牙没有建筑可以比得上蒙提祖马[①]的王宫。[3]

亚美人有发达的医学和草药系统，包括洋地黄在内。他们对人体、人体的肌肉、骨骼和神经系统有广泛的了解，玛雅人治疗眼疾的技术特别精湛。阿兹台克人有组织良好的医院，他们的西班牙征服者甚至都崇拜它；他们的卫生设备系统大大先进于生活在本地的西班牙居民留在欧洲的任何设备系统，以致生活在本地的西班牙居民不能操作它。

在西班牙征服之际，欧洲民族中没有一个在植物学知识方面比墨西哥人先进许多，他们的植物园比欧洲的任何植物园都更

① 蒙提祖马（Montezumz），指的是墨西哥阿兹台克人的皇帝蒙提祖马二世（1466—1520 年）。——译者

为精致。此外，他们发展了对植物的美学欣赏，墨西哥谷地满是栽培的花朵。他们对作物的栽培也具有高超技巧，非常先进。

不过，到 1519 年西班牙征服的时候，阿兹台克帝国衰退到了如此程度，以致西班牙人的胜利及相伴而至的残忍的屠杀和毁灭，看起来似乎并没有真正的那样残酷。科泰斯是诡计、背叛和乔卢拉大屠杀的头目（乔卢拉是前哥伦布时期美洲最重要的圣殿），在不到两个小时的时间里，他屠杀了聚集在一座神庙大院中的六千人。阿兹台克一些城市的毁坏如此彻底，几乎一切都倒在废墟之中。亚美人的精英分子被处死，几乎无一幸免。科泰斯在进入被征服的首都特诺奇蒂特兰之后，写道：“你下脚之处，不可能不踩到印第安人的尸体。”此外，几年之后，他的士兵像皮萨罗那样受贪求黄金欲望的驱使，在印加帝国成吨地熔化无法替代的艺术品以获得贵金属。阿兹台克文明就这样横遭毁灭，但是阿兹台克人现在仍然存在，因为如果没有他们的亚美祖先和遗产，就没有今天的墨西哥人民或者文明。

如果哥伦布之前美洲的历史模糊不清的话，那是因为在西班牙征服之后，第一任墨西哥主教胡安·德苏马拉加在特拉特洛尔科集市广场将特斯科科图书馆的资料当作“魔鬼的作品”全部付之一炬，是因为宗教狂热者毁坏了神庙和雕像。德苏马拉加心满意足地注视着自己的成功。他在 1531 年写信给自己的上司们说：他一个人便将 500 座神庙夷为平地，将 2000 尊偶像 40
摧毁。第二任尤卡坦主教迭哥·德兰达如法炮制，于 1562 年将尤卡坦的玛雅图书馆化为灰烬。这些图书馆中藏有古代历史、医学、天文、自然科学、宗教和哲学方面的资料。君士坦丁堡

皇帝提奥多西为从保存在亚历山大城的希腊和东方非基督教知识中拯救基督教而对那里的图书馆所做的一切，这些祭司们以同样的动机在中美洲做了，并且取得了更大的成功。焚毁手稿持续了几十年。士兵们受到鼓励，彻底搜寻宫殿、公共建筑以及私宅，以发现手稿。秘鲁耶稣学院院长巴勃罗·何塞·德阿里亚加以几乎前所未有的狂热，导致全部国家档案、风俗记载、皇室和帝王的档案、法典、神庙档案和历史记载遭到系统、大规模的毁灭。得以免于这场毁灭的只有不到 20 份手稿。

西班牙在美洲的居民摧毁了他们所能摧毁的一切，但是他们不能焚毁例如像大太阳金字塔和特奥蒂瓦坎遗址这样的说明辉煌的古代文明的东西。亚美人过去辉煌的记忆和物证，消失在对给移民带来繁荣的富饶新土地的发现和征服的兴奋中。无论历史学家们怎样驰骋自己的想象力，也绝不可能还这些发达的文明以应有的本来面貌，并且还使人们将其作为历史接受。因此，今天的墨西哥古代史资料包括大约十部主要用表意字，但是部分也用纳瓦特尔语的语音符号所写成的抄本或者著作，纳瓦特尔语是阿兹台克人和托尔特克人的语言；有些由亚美人用使用拉丁字母系统的纳瓦特尔语写成的对开本，力图拯救一些自己的民间传说、文学和考古发现。

墨西哥之外的南方，繁荣着秘鲁的印加文明。印加文明在被西班牙征服之前保持稳定和繁荣至少有 3 个世纪。古代安第斯文明或者秘鲁文明也有模糊不清的历史，虽然有足够的资料说明其存在和一般性质。第一位已知的印加首领是辛奇·罗加，他可能在 1105 年开始其统治。相较于自己的中美洲近邻，印加人在西班牙人手中遭受的命运更加恶劣。西班牙人对印加人的袭击，西班牙人对黄金的贪婪和胜利之后所犯下的暴行，包括当众对印加国王阿塔瓦尔帕[①]惨无人道的折磨，是历史上很少被超过的残暴的例证。对有关秘鲁文化的历史资料毁坏得如此
彻底，以致除了生活在本地的西班牙居民留下的资料之外，没 41
有资料保存下来；当然，这些资料是十分不够和片面的。印加人可能没有被公认的书面语言意义上的书面语言。

尽管有西班牙征服者，印加文化今天还是幸存下来。以独特的村社制度为基础的印加政府即使按现代标准来说也是杰出的政府。村社不仅是人民的共同体，而且是那些有土地的人民的共同体；人民和土地完全融为一体。他们是有技能的农夫，据说：印加人像他们第二天就要死去那样生活，但是像他们要永远活下去那样耕种。土地属于人民的共同体，但是地下的金属是国家财产。印加人在相当严厉的刑法中对由于贫困而进行的偷窃与蓄意或者因为贪婪而进行的偷窃作了区别。这两种偷窃之中，后者是死罪，但是前者却要将惩罚降到犯案者的村庄官员的头上，因为他让自己的管区产生了使盗窃成为必须的环境。

印加的通信和道路系统是精心设计的系统。两条主要道路贯穿整个王国，一条沿着海岸，另一条在高地，而其间的横道将重要的城镇连接起来。海岸大道即“御道”经过安第斯山脉向南，通过厄瓜多尔、秘鲁、玻利维亚、阿根廷和智利。它有大约

① 阿塔瓦尔帕（约1502—1533年），秘鲁印加帝国末代皇帝，被西班牙人俘虏、监禁后处死。——译者

3250英里长，这使它比从哈德良墙发端，将英格兰与苏格兰隔开直至耶路撒冷的最长的罗马大道更长。巴伦·冯·洪堡说它是工程学的壮举，印加道路系统胜过了罗马人的道路系统。[4]

除了从考古遗址搜集的资料之外，对前印加时代的莫契和奇穆文化几乎一无所知。但是这些资料雄辩地说明了他们的技术、独创性和成就。沿海地区干燥的沙漠气候，惊人地完好保存了其早期居民的遗物，包括骨骼、纺织品、陶器和神庙。莫契人可能发展了一种以雕刻在利马豆上的符号为标志的通信方式。他们的陶器特别有趣。将水从山区引去灌溉干燥的沿海谷地的灌渠和高架渠，有力地说明了他们的工程技术；阿斯科佩的高架渠几乎有1英里长、50英尺高。他们对田地水利系统的精心管理甚至可能更为杰出。如果水流得太快，可能冲蚀渠干；

42 如果流得慢，可能会使水道形成淤塞。靠对引入的水的管理、建造梯田和自然肥料，使沙漠变得多产，足以养活那里自古以来生活过的多得多的人口。

为什么阿兹台克人和印加人屈服于生活在本地的西班牙人的这种野蛮残忍的惩罚呢？一小撮雇佣兵和冒险分子是如何可能毁灭整个大陆高度发达的文明的呢？生活在本地的西班牙人有400人、15匹马和7条轻便枪支，而蒙提祖马有受自己指挥的数以千计的勇敢而有经验的武士，他们有弓、箭和锋利无比、挥手之间便足以割下人头的Macquaitl匕首。阿兹台克人和印加人起初并没有进行抵抗，他们允许生活在本地的西班牙人在大街上游逛，进入最神圣的地方，毁坏他们自己如此狂热崇拜的偶像，甚至在自己的人民面前俘虏国王蒙提祖马。使他们屈服的不是害怕，因为亚美人实际上并没有抵抗。看起来唯一有点说服力的解释是：亚美人相信在他们史前的某一时期，满是络腮胡子的白人在他们的海滨登陆，将自己的全部知识传授给了他们。那些人是白神，他们许下诺言有一天会重返。所以，西班牙的本地人被亚美人误当作自己传说中的白神而受到欢迎；如果他们带来痛苦，这种痛苦会被视为神的判决而接受。还有，西班牙征服者 1519 年入侵墨西哥时，正是阿兹台克人的祭司和传说所预言的白神重返的大致时间，这是悲剧性的巧合。[5] 阿兹台克人甚至向西班牙征服者赠送魁扎尔科亚特尔和其他神祇的法衣，并且考虑举行人祭以慰他们长途旅行所遭受的疲劳。生活在本地的西班牙人在整个印加帝国被当作维拉科查（*Viracocha*）受到欢迎，维拉科查是他们等待已久的大白神的印加名称。只是在野蛮行为和残忍屠杀使亚美人感到毛骨悚然和幻想彻底破灭之际，他们才认识到自己的错误。不过，生活在本地的西班牙人不是神而是野蛮人（*popolocas*）的这一认识，产生得太晚了。

南美洲和中美洲的欧洲征服者不仅实际上摧毁了亚美洲所有的记载和文献，而且还通过抓住其某些丑陋特点以过分夸张的手法对美洲历史制造极端歪曲的印象。例如，阿兹台克人进行的人祭被反复强调，而没有解释其情有可原的特点，没有指
出人祭对于其他人，如埃及和罗马人，而言并不陌生。还是用 43
这种方法，他们将这种印象与自己在亚美洲的所作所为相对照；在这样的对照中，欧洲人的不端行为、反复无常和犯罪行为被淡化而变得文明，人道的行为受到强调。难怪亚美人的过去没

有吸引太多的注意，即使今天仍然通常不被知晓，其历史上还有很多不确定。大多数人相信：亚美人是一群只具有一些特殊怪异知识的人，截至 1492 年他们没有对文明做出具有永恒价值的贡献。尽管有大量相反的资料，改变这种印象时还是有阻力。错误的观念繁衍迅速，但是消失却极为缓慢。

探险考察家们和历史学家们从 18 世纪后半叶开始对美洲古代史感兴趣。亚历山大·冯·洪堡[①]是按印加文明和阿兹台克文明的本来面目认识它们的第一个人，第一个对他们的宗教传统做了严肃的叙述。他还在阿兹台克的纪念物中看到艺术成就的表现。

随着兴趣的增加，许多探险考察家和作家将自己的终生时间甚至财力用于重建美洲历史。爱德华·金博罗勋爵试图证明亚美人是十个离散的以色列部落中的一个，但是没有成功；他辛勤地搜集了大量有价值的资料，在 1831—1848 年之间发表了 9 卷本《墨西哥的古迹》，但是最终因负债而成为阶下囚。不过，没有他的著作的话，美洲古代史将会苍白得多。

好运气帮助约翰·劳埃德·斯蒂芬斯于 1839 年 11 月发现了第一个重要的金字塔群、神庙群和覆盖 12 英亩的平台——洪都拉斯的科潘遗址[②]。他从当地的土地所有者手中买下这个区域只

① 亚历山大·冯·洪堡（Alexander Von Humboldt，1769—1859 年），德国近代科学家，著有 30 卷本《1799—1804 年新大陆热带区域旅行记》。——译者

② 科潘（Copan）遗址，位于洪都拉斯西部，是玛雅艺术、天文中心和古城址。——译者

花了 50 美元；虽然斯蒂芬斯并不是职业考古学家而是一名美国律师和文物收藏者，但是他的发现开创了通向亚美人考古学的道路。爱德华·赫伯特·汤普森于1855年发现了奇琴伊察①及其壮丽的神庙、金字塔和雕刻。其他人很快以同样的献身精神，同样的技术和能力进行相似的工作。[6]在开拓性的学者之中，威廉·普雷斯科特的著作是公认为权威的作品，他在 1826—1850 年间从事著述。[7]它们仍然具有不可估量的价值，在某些方面一直没有被超过，尤其在英语作品中。

可是，不可避免的不同见解和对立的观点才是发现和研究的本质。在这场论战中，不仅历史学家、人类学者，必定还有自然科学家特别是植物学家积极参加，而且像罗泽克卢茨派②神通学团体成员，像起源于约瑟夫·史密斯的宗教团体（摩门教徒）的耶稣基督教会这样的机构和宗教组织占有重要地位。44
人类对于最先种植其各地居民的食物的民族的起源和早期文明了解得如此之少，这的确具有讽刺意味；毕竟，文明是作为耕作的结果开始的。土豆、玉米、蚕豆、山药、南瓜、芒果、花生、腰果仁、菠萝、可可豆、鳄梨、胡椒、番木瓜、草莓和黑莓等，都是亚美人对文明做出的贡献。

大部分讨论围绕美洲人的起源和由此造成的古代美洲早期

① 奇琴伊察（Chichen Izsa），意为“伊察人的井口”，是玛雅古城址，在今墨西哥尤卡坦州中南部。——译者

② 罗泽克卢茨派（Rosicrucians），是始于 15 世纪的以创始人罗泽克卢茨命名的基督教秘密团体。——译者

文明的起源进行。一般同意人类是从外地进入美洲的，因为在美洲既没有发现类人猿这一人类的祖先，也没有发现其化石。不过，缺乏这样的遗物并不是它们不存在的明确证据，可是，直到这样的证据出现之前，本地美洲人的理论将一直是站不住脚的。韦格勒 1912 年提出大陆漂移说，这一学说最近受到岩磁学研究的大力支持，它主张地球曾经是完整陆地，后分裂为一些大陆和岛屿。即使这一学说可以解释地质学、地理学以及像南美猴这样的前人类生物学的某些事实，但是它无法解释人类在美洲大陆的出现。因为，在除了人类的类人猿祖先之外的任何其他种类的人存在之前，各大陆即已相互漂移离开。即使人类最初存在于美洲，这也不可能排除人类早期移民的可能性。关于人类早期移民有毋庸置疑的证据。但是，这场已经持续了几个世纪之久的大辩论仍在继续，在学术争鸣中还很少发现有如此尖锐激烈并且没有主要被民族主义情绪所左右的情形。

对亚美人在美洲大陆出现的有些解释，只不过是一些夸大的假设。在这些曾经流行一时的说法中，下面这些说法被认为是主要的假设。有些宗教狂热分子建议：亚美人是漫游到美洲的以色列离散部落的后裔。这一说法是最早的探险考察者们一时的爱好。另一方面，18 世纪和 19 世纪初的古典学者们喜欢在亚美文化中发现迦太基–腓尼基的特点。后来，起源于埃及的
45 说法受到支持，即使现在仍然偶尔流行。

在众多钟情于埃及的人当中，最投入的是奥古斯都·列·普隆吉昂，但随其智力傲慢和自高自大而来的好斗性、刻毒和争吵，持续充斥于美洲历史文化学家的多次会议以及历史作品

的字里行间等形式的学术争论中。但是，他死时感到失望和被抛弃。在他之后，埃及起源说的集大成者是埃利奥特·史密斯；他写了《大象和人类学家》，并且得到威廉·佩里的有力支持。他们收集了自己所赞同的多得令人惊愕的资料；但是，他们的说法在赢得普遍接受之前，受到了最严谨的一位学者罗纳德·B. 狄克逊的非难。狄克逊仔细审查了他们的资料。尽管狄克逊受到尖锐反击，他的结论明确反对这种受到严肃怀疑的说法。这种埃及说还完全漠视专家和学者的观点，是顽固的祭司观点，可能因为埃及考古学对欧洲学者而言是十分熟悉的，因为他们如此习惯将自己的早期文化溯源于埃及。它是那些逐渐对自己的解毒剂产生免疫力的学术非理性活动中的一种。

离散的以色列部落和沉没的亚特兰蒂斯大陆[①]这另外两个流派，同样拥有大量拒绝考虑相反资料的分量的支持者。这两种看法都利用埃及与古代美洲的相似之处，但是主张埃及仅仅起了中介的作用。在持离散的以色列部落的说法的人们当中，有摩门教徒和其他宗教组织的成员。沉没的亚特兰蒂斯大陆的说法几乎与哥伦布发现美洲本身一样早。它在 1535 年受到贡萨洛·费尔南德斯·德·奥维多·巴尔德斯的拥护，后来被许多著名欧洲学者支持。迟至 1925 年，它还被 H. 刘易斯·斯宾塞在其著作《美洲的亚特兰蒂斯》和《亚特兰蒂斯问题》中大力提倡。沉没的亚特兰蒂斯的说法长盛不衰，时常由于斯宾塞

① 亚特兰蒂斯（Atlantic）大陆，是普林尼和柏拉图提到的传说里大西洋中的一个大陆。——译者

和依格内修斯·唐利的畅销书的新版再度流行。有一个与亚特兰蒂斯对应的太平洋大陆，通常称为穆（Mu），即沉没的假想古大陆的说法。它最著名的阐述者是詹姆斯·丘奇沃德，他在1931年出版了自己关于这一问题的最后一本著作。这样的一些想法，比如消失的大陆亚特兰蒂斯提供了从欧洲或者非洲到美洲的部分大陆桥，或者越过大西洋的海洋移民——这可以方便地解释阿兹台克人和玛雅人的历法体系与尼罗河流域历法体系
46 之间模糊的相似，或者消失的太平洋大陆穆将亚洲与美洲连在一起，等等，都有太多的推测，不值得认真注意。

战后，索尔·海尔达尔以“康-提基号”①而知名的说法，受到大胆的乘木筏长途航行的有力支持，发展了亚美人向西航行越过太平洋，且居住在波利尼西亚的观点。不过海尔达尔并不否认，现在的波利尼西亚民族和文化起源于印度尼西亚或者美拉尼西亚，但是认为印度尼西亚文化向北绕道日本、美洲，然后抵达波利尼西亚。在海尔达尔之前，西班牙传教士J. 德苏尼加在1803年，英国传教士威廉·埃利斯在18世纪30年代，同样建议波利尼西亚群岛的东部岛屿由来自美洲的居民居住。

德博尔博尔格提出一种大西洋“康-提基号”观点，他论证说：埃及文明起源于来自美洲的亚特兰蒂斯殖民者。最近，人们提出一种观点：玛雅字母来自克里特岛，整个玛雅文明围绕

① “康-提基号”（Kon-Tiki），是挪威探险家、科学家索尔·海尔达尔等六人1947年从南美西海岸航行到塔希提以东时所乘的筏，该筏在三个半月内航行近8000公里；此次航行的目的是为了证明古代人有可能从美洲航行到太平洋中南部的波利尼西亚群岛。——译者

古代美洲白神的出现，白神可能来自西方世界。

某些像 A. 海厄特·维里尔这样的学者相信：人类以不同的方式来到美洲，有些从欧洲取道格陵兰而来，另一些越过大西洋，有些来自沉没的亚特兰蒂斯或者南欧，有些取道白令海峡，更多的则越过太平洋。他怀疑职业考古学家们隐瞒了与自己说法相反的资料。

著名的业余人类学家哈罗德·S. 格拉德温也不相信专业人员的共同看法，他在自己的著作《亚洲以外的人类》中描述了一系列从亚洲各地向外去古代美洲定居的移民浪潮。他还建议：在亚历山大于公元前 323 年去世之后，遇难船队的一些幸存者在奈阿尔科斯[①]的率领下向东航行，收容了一些来自印度和东南亚的工匠，越过太平洋抵达美洲；他们和他们的后裔在美洲创建了古代文明。尽管这样的航行的可行性不可能被完全驳倒，它还是没有被普遍接受。

如果不转移对细微差别的注意力的话，可以说：所有这些有分歧的观点可以分为两大组——相信越过大西洋的西方移民横渡大西洋的观点，和支持要么经过北道、中道或者经由这两条航道越过太平洋的亚洲定居者横渡太平洋的观点。在这两种观点中，前面一种观点受到最近研究的严重挑战，但是仍有影响力。

认为亚美人起源于亚洲的人当中也有分歧。巴伦·冯·洪堡 47

① 奈阿尔科斯（Nearchus，?—约公元前 312 年），亚历山大麾下的军官，曾率军入侵印度。——译者

在访问墨西哥时，发现了亚洲占星术和墨西哥占星术之间的一些相似之处。[8] 他奠定了对古代美洲文化系统研究的基础，接受了美洲–印第安高度文明的亚洲起源。他说："如果两个世界之间的古代交流在语言上的证据不够有力的话，这种交流被宇宙进化论、纪念物、象形文字以及美洲和亚洲人民的制度所充分证明。"[9]1761 年，法国学者德・吉尼埃斯发表了他的观点：有些佛教徒在 5 世纪被从中国派遣到墨西哥，这与中国早期编年史中的扶桑（Fu-Sang）一致。他好像以谈到佛僧慧深的中国传说为自己假设的基础，据说慧深来自古代美洲。后来，H. J. 冯・克拉普洛思以所谈论的这个和尚来自日本南部而不是美洲为理由，极力反驳这一说法。不过，自那时以来，许多学者特别是法国的学者和一些来自德国的学者，都集合在佛教影响的说法之下。H. 德・帕拉维在 1844 年重新提出了佛教影响的说法。一年之后，德国东方学家费里德里希・德・诺伊曼支持这一观点。里维罗和楚迪极力主张墨西哥的魁扎尔科亚特尔和秘鲁的曼戈–卡帕克是印度传教士。钱宁・阿诺德和 E. J. T. 弗罗斯特甚至将来自印度的佛教年代中的一段追溯到了中美洲。他们极力主张：由于佛教到 8 世纪为止已经传遍东亚，它已做好了充分准备越过大海进一步向东方前进。

考虑到佛教此时不仅在东南亚而且在中国和日本流行，并且受到像吉蔑人的王国这样强有力的亚洲王朝的支持，有些佛僧进行横渡太平洋的航行看来就不令人惊讶了。当时，约翰・兰金 1827 年在他所著的《关于秘鲁、墨西哥以及其他等等征服的历史研究》一书中建议，印加帝国是忽必烈汗的几艘失事的、漂泊到太平洋那边的船只上的水手们所建立的。悉尼苏格兰教会的一名牧师约翰·唐莫·兰宣布，波利尼西亚人在一场猛烈的西风中从复活节岛越过太平洋去了美洲，在智利的科皮亚多附近的某处登陆。他说，后来在从合恩角到拉布拉多的整个美洲大陆不断移民和建立文明的，是这些波利尼西亚人的后裔。[10]J. 麦金多施在1836 年支持这一观点：朝鲜人是最先访问古代美洲的人。法国建筑师维奥莱–勒–杜克①，也在1866年注意到古代墨西哥建筑和 48
南印度建筑之间惊人的相似。

所有这些学者还对印度教的三位一体——梵天–毗湿奴–湿婆，与墨西哥的三位一体——霍–维齐洛波奇特利–特拉珞克②之间的相似，对印度寺庙与美洲金字塔之间的相似，留下极其深刻的印象。后来，两位英国学者，钱宁·阿诺德和弗雷德里克·J. 泰伯·弗罗斯特在他们的著作《美洲的埃及》中，对横渡太平洋的接触做了详细的调查，加强了佛教影响中美洲的观点。哈诺德·S. 格拉德温在 1947 年提出：包括亚历山大的水手们在内的连续不断的亚洲移民的浪潮属于独特的考古文化和语言集团。最新的和最系统、推理最严谨又打动读者的说法是由著名考古学者 R. 海因–格尔德恩和戈登·爱科尔姆提出的，他们支持印度和东南亚文化通过越过太平洋的移民活动对古代美洲产生影响。

① 维奥莱–勒–杜克（Viollet-le-Duc，1814—1879 年），法国著名建筑设计师、建筑理论家。——译者

② 霍–维齐洛波奇特利–特拉珞克（Ho-Huizilopochtli-Tlaloc），是分别司掌太阳、战争和雨的阿兹台克人的神祇。——译者

最早来自亚洲的人有可能是在最后一个冰河时期，即可能在两万年以前和一万年以前之间，越过白令海峡来到美洲。他们可能是经过海路，但是更可能是从冰上过来的。水面的距离只有大约 60 英里，代奥米德岛几乎阻挡在缺口的正中间，当时可能沿路都结了冰。阿留申群岛也被当作一条移民路线提出，但是群岛的岛屿链长，并且在西端要灵巧地绕过有大约 100 英里的缺口。白令海峡这么南边的地方是否有大陆桥值得怀疑，因为海洋的深度有一万英尺到三万英尺。在很久以前的地质古代，有从西伯利亚到阿拉斯加的大陆桥，马匹、骆驼、牛、大象、鹿和其他物种越过了这座大陆桥。不过，这并不能解释人类的移民，因为人类的进入是在晚得多的后来某个时期，两个大陆可能已经断裂。

在关于白令海峡的说法上，存在和其他说法同样多的冲突意见。支持这一说法的论点是：许多亚美人具有亚洲北部居民的身体特征，即使今天，亚洲东北和阿拉斯加西北端点之间还有一些移民；还有，有特色的亚洲方言在许多阿拉斯加部落和美洲西北部落中被使用。与这一说法相悖的例证是：如果在移民过程中与其他种族相遇的话，种族的身体特征可能会因环境
49 或者与其他种族血液的混合而发生改变；并非所有北美洲、中美洲和南美洲的印第安人都具有蒙古人种或者亚洲北部人种的特征，一旦远离西北海岸部落，亚洲方言便完全消失。

亚美人广泛分布在这个广阔的大陆上，表现出巨大的种族多样性。一般而言，亚美人的肤色是黄色或者棕红色，通常有粗黑的头发、颧骨明显突出的宽脸，常常有尖长下巴。他们在

广义上被说成是蒙古人种，但是他们是一个混合种族。他们具有某些蒙古人种特有的特征，可是缺乏其他特征。例如，他们皮肤的色素积淀一般比亚洲人的积淀更深一些，有时更多的是红色而不是黄色；他们的发式和他们的脸型是蒙古人种的，但是蒙古人种的内眦赘皮只是偶尔显露，他们的双眼并不倾斜。他们的眉脊常常很发达，而蒙古人种的前额是典型光滑的。美洲印第安人的鼻子像典型的蒙古人种的鼻子那样扁平的十分罕见；它可以是钩着的，笔直的，或者有时是凹着的。亚美人中如此多人有的鹰钩鼻子，实际上被确认是雅利安人所固有的，雅利安人与伊朗高原的一些种族有联系。亚美人种也被等同于印度河流域的达罗毗荼人种。有具体的证据，支持早期亚美民族中的许多民族属于印欧血统这一看法。例如，像爱德华·泰勒指出的那样，托尔特克人除了与长络腮胡的白神有关的各种资料之外，还身材高大，皮肤白皙。对照之下，后来的阿兹台克人身材矮小，并且是黑皮肤。

再者，玻利维亚与世隔绝的原始部落西里奥诺人有卷曲的细发和大把络腮胡子，他们与任何其他已知的亚美人部落毫无相似之处，只与波利尼西亚人相似。也是在南美洲西部的几乎所有部落中，发现了一些词——不是一两个，而是许多——与太平洋方言十分相似，在很多场合，意思完全相同。波利尼西亚人与南美西部的亚美人之间，在艺术、习惯和宗教信仰的某些方面存在巨大的相似性。血型鉴定的证据，表明了北美洲的亚美人与波利尼西亚人之间的亲属关系。相对而言，他们具有高 M 抗原率，他们也有已知最高的恒河猴基因 cDE 出现率。

这种相似性可能暗示横渡太平洋的接触。

巴龙·埃兰·努登舍尔德在 20 世纪 30 年代，注意到南美
洲和太平洋群岛两者所共有的众多文化特点——确切地说有 49
种。这可能要么是由于非本质的属性，要么是由于偶然或刻意
50 从波利尼西亚去美洲的移民，要么是简单地由于平行独立的发
展。不过，具有意义的是这些共同特点中的五分之四是在哥伦
比亚和巴拿马发现的：如果波利尼西亚水手随赤道逆流漂行的
话，这将是他们登陆的准确地区。

这一证据看来证实这一观点：在无法计算的几千年时间过程中，连绵不断的移民浪潮扩散到美洲的两个大陆。移民显然穿越亚洲，给他们各自的特点——欧非人的特点、达罗毗荼人的特点，或者伊朗人的特点——增添了他们与蒙古人共同具有的特征。格拉德温指出，两个美洲由不同种类的人居住，他列举了俾格米人、澳大利亚种黑人、蒙古人种人和美拉尼西亚-波利尼西亚人等，不少于 5 次向美洲的连续移民浪潮。

在发现美洲的时候，可能有三千万亚美人分布在南北美洲，包括六百多个独特的社会集团。因此，增加和发展从北极圈绵延至霍恩角的民族混合所需要的时间，产生在美洲原始居民中所发现的部落、方言习俗和信仰多样性所需要的时间，要比几个游牧民族通常所需要的时间要多得多。

由于对古代美洲文化史的研究不得不大量依靠人类学资料，它的研究者们对于那些使人类学者们产生分歧的争论进行了深入的思考。大体上说，亚美文化史家们分为两大阵营：“传播论者”和“进化论者”。前者相信亚洲文化和太平洋文化通过美

洲的早期传播，而后者则主张美洲-印第安文化独立发展和在本地的发展。双方自然都有自己严厉无情的拥护者，其中很多人不惜改变历史研究的过程来为自己的结论捏造证据，而不是从实际材料中得出结论。双方都有一些似乎格外有道理的论点，但是看来越来越多的材料正在支持传播论者的说法。

根据进化论者的说法，人是一种创造性的动物，在一个地方能像在另一个地方一样容易地从事发明。分散在各地的人们在相似的环境和需要下，在相似的文化水平上，能产生相似的发明。所以，成就方面的同一性不是文化借鉴的证据。传播论者接受了这一主张的基本基础，但是在解释方面大大前进了一步。他们争论说：巧合是可能的，可是共同文化趋势中细节方
面相同的复杂发明不可能纯粹是巧合。总之，就每个从共同的 51
成分独立发展成为不同文化中的相似成分的实例而言，更加多得多的传播——几乎以1∶100 的比率——可在历史当中追溯得到。

以阿道夫·巴斯蒂安[1]的基本概念*Elementargedanke*即“人类的精神统一性”概念为基础的思想，在 19 世纪后半期控制了人类学家们的想象力。尽管巴斯蒂安承认地理环境对文化发展的重要性，他还是没有将任何创造力归因于它们，它们仅仅只能改变一种文化，而不能创造文化。所以，他将分散在隔绝地区的思想的相同性，归因于世界各地的人类的精神结构的相似性。不过，进化论者似乎并不重视巴斯蒂安对基本思想相似性

---

① 阿道夫·巴斯蒂安（Adolf Bastian，1826—1905 年），德国人种学家，主要著作是三卷本的《历史上的人类》。——译者

的强调，不重视他自己对在更高的阶段同其他文化的联系会构成高级的外来刺激的承认。按照他们对这种理论的解释，精神的统一性加上文化趋势在其中发展的环境的相似性，注定要导致产生相似甚至相同结果的平行和独立的发展。即使最高级复杂的信仰和神话，也被认为是人类精神的自然产物。这些概念的潜在思想是：文化集团生活的外化表现为一个时间系列，这个系列从简单的最初阶段向前发展到复杂的现代文明。

《物种起源》在1859年的发表和查尔斯·达尔文的进化概念的流行，也对文化史的写作产生了影响。文化史家从人种学家那里借用进化的概念，人种学家是从生物学借了这个概念，并且有些不加区分地将其应用于文化现象。19世纪的人类学者在热情地利用新创建的知识时，没有像达尔文自己所指出的那样，充分思考人类像所有生物那样对变化的环境做出反应并且改善自己的地位的能力。只是到现在，人类学者的研究才开始注意到作用和适应的概念。广而言之，按照进化论被应用到生物体一样的方式，进化论史家将其应用到文化中；一个物种形式从另一个物种形式中发展起来。灵巧的艺术、复杂的组织和
52 深奥的知识，都被当作是从更早的、更简单的形式中逐步发展而来的结果。

不过，文化进化论的最早前驱赫伯特·斯宾塞、爱德华·泰勒和摩尔根先于达尔文一些，虽然他们的思想在达尔文发表其论点之后才获得说服力。斯宾塞在1852年发表论文《发展的前提》，对奠定文化进化论早期阶段基础的生物进化理论做了有力的辩护。爱德华·泰勒开创了英国的文化进化论，将文化

这个词作为特定术语介绍到人类学文献中。不过，如果他对证据满意的话，常常还是愿意承认文化特点的传播。弗朗茨·博阿斯尽管接受生物进化概念的正确性，还是反对将它应用到文化史之中。他不可能接受文化的相似是完全相同的一些进程的结果这一论点，因为它以人类思想在一切地方完全相同地活动这一设想为基础。他在人类学同行中得到广泛的支持。

英国是进化论理论的主要故乡，尽管它拥有遥远的帝国，在进化论的影响在其他地方消失很久之后，它还一直处于对其岛上思想和孤立主义理论的偏爱状态。在欧洲大陆上，进化论概念到了上个世纪的最后 25 年受到严重怀疑，而进化论的第一流的英文阐述者 W. H. 里弗斯 1911 年才宣布他转向传播论。从那以后，进化论概念失去大量影响，虽然讨论在人类文化学者中或者在史学家当中根本没有结束，力图煽起民族主义–纯粹主义的作家们发现进化论概念十分适用。除了主要是在英国的某些例外之外，今天大多数历史学家似乎赞同 V. 戈登·蔡尔德在文化进化和生物进化之间所做的明确区别，反对在文化发展中完全平行发展的见解。[11]

对孤立主义理论的反对在 1949 年赢得信任，当时两位著名学者罗伯特·海因–格尔德恩和戈登·F. 埃科尔姆在纽约的美洲学家大会上提出了无数亚洲–太平洋–美洲相似之处的压倒性证据，像通常那样在遥远地区完全相同的独立文化发展的理论能被广泛接受。像任何其他民族一样，亚美人对文明有原创性的贡献，比如橡胶以及众多食物，包括从被称为木薯块根的毒根到木薯淀粉的发展；但是，独立地重复这些先前在世界的其他

地区做过的发明，又完全是另外一回事。进化论者准备将通常没有给予不列颠群岛的居民或者欧洲人的东西给予亚美人，这看来几乎令人难以置信。今天，严肃而无偏见的学者无一相信史前欧洲独立地发明了车轮、青铜的浇铸、文字、陶器、纺织，
53 或进行了类似的重要发明。欧洲人从亚洲借用它们。这样，尽管欧洲借助于亚洲的经验和遗产进行发明，古代美洲却还是被认为没从任何其他文化借用或者受到其影响。更令人迷惑的是这种观点的前提，即像失蜡方式铸造成型、从锡矿中提取锡、铜和锡的熔合、通过化学过程使黄金着色、纺织、捆染和巴蒂克印花法（蜡防印花法）这样一系列的复杂技术，得彼此独立地在世界的两个不同地区被发明两次。

尽管传播主义理论赢得了普遍支持，还是没有结论性的证据劝止孤立主义者或者进化论者。所有的证据都是零碎的、不充分的，采取的主要是亚洲和古代美洲文化之间相似的形式。但是，这些相似之处在细节上如此之多，如此密切，以致联系和交流的说法相当符合逻辑。被确定为从单一来源发源的这些相似之处中的许多属于相当晚的时期，分散在各个历史阶段之中，使人联想到从亚洲到美洲的周期移民持续进行到 1 世纪，可能到更晚的时期。亚洲与美洲的许多相似之处起源于印度。由于没有人提出从印度的直接移民，有人主张印度思想和文化特点的传播是通过中国，特别是通过东南亚的中介进行的。

在史前时期旅行到美洲的第一批亚洲人，可能是东亚人。自 1961 年以来，由像埃米利奥·埃斯特拉达、贝蒂·J. 梅格斯和克利福德·埃文斯这样的学者在厄瓜多尔太平洋海岸的瓦尔迪维亚

进行考古发掘工作，为南美与东亚之间的相似增添了大量的附加论据，使人联想到日本人在史前时代越过太平洋。由厄瓜多尔采集贝类的民族制造的陶器与日本（本州岛）的陶器——两者均属于公元前3000年和前2000年之间的相同史前时期——非常相似。瓦尔迪维亚陶器不同于其他早期的亚美人的人工制品和考古发掘物，却与日本绳纹文化时期[①]的陶器十分接近，这可能说明日本人在厄瓜多尔登陆。其他属于以后很久的时期即公元前最后两个世纪的物品，包括陶器、具有某些外来建筑特色的房屋模型、颈部撑架、坐着的小雕像、对称刻度的排箫[②]、网状砝码，耳饰品、用来拉驮的牲畜和装有升降板的远洋木筏。

历史上去美洲旅行的第一批亚洲人可能是中国人，正如秘
鲁较高文明中的最古老者查文文化的某些雕刻所使人联想到的 54
那样。这个迄今为止所发现的全美洲文明中最古老的遗址，是1941年才被发现的。它是由亚美考古学者朱利奥·C.特洛发现的，名称来源于秘鲁北部高原的查文·德·欢塔尔；查文雕刻展现的图案，与只在中国公元前9世纪和公元前8世纪（公元前848年 ±167年）发现的图案十分一致，它与被用碳14方法测定的查文文化的年代完全一致。

没有之前的本地传统，没有与更早之起源的联系或者直接过渡，可以对查文文化这一时期的演进给予满意的解释。它突然出现，遍布整个秘鲁，产生了由深厚的宗教感情所激励的艺

① 指从大约公元前3000年或者更早时期延续到大约公元前200年的日本新石器文化时期。——译者

② 排箫（Pan pipes），又叫口琴、潘神箫。——译者

术作品。玉米（放射性碳测定年代为公元前 714 年 ±200 年）和供仪式使用的装饰性陶器制品，也在这一时期在秘鲁出现。金属（仅仅黄金）和纺织的痕迹，在这一时期第一次在南美出现。金匠的艺术，要求像接连锤打、雕刻图饰、退火、焊牢、焊接、盖板接头、切开、制作景泰蓝的艺术和裁剪设计这样的冶金技术。这些技术是从哪里突然冒出来的？像海因-格尔德恩这样的一些学者认为是同中国的联系，维尔和克利福德·埃文斯则认为是同中美洲的联系，朱利奥·C. 特洛支持它在本地的演进。在一些令人迷惑的问题能被解决之前，还不得不做进一步的考古调查工作。

接下来的时期的艺术，即奇卡马河流域埃尔·萨利纳尔的萨利纳尔文化，又包含有与中国公元前 7 世纪和公元前 6 世纪的图案一致的图案。中国的影响可能来自长江下游的吴国和位于今浙江的越国这样一些古代东方国家。在可能由于中国的动荡环境所引起的某些中断之后，亚洲人似乎恢复了从越南海岸出发的移民航行，东山文化的痕迹在南美要比中国影响的痕迹多得多。这些移民活动可能随着东京和越南北部在 1 世纪期间被中国征服而结束。

越南人和中国人横渡太平洋向南美洲航行的停止所产生的真空状态，似乎被东南亚印度化的一些民族填补。这种观点从海因-格尔德恩和埃科尔姆最近的研究中得到鼓励。他们发现了在建筑和艺术、宗教象征、宇宙论理论、政府组织机构和宫廷、
55 国王和贵胄的徽章，甚至游戏方面的惊人相似之处。柬埔寨和

玛雅、奥尔梅克[①]地区之间的联系在7世纪至10世纪之间似乎特别密切，有可能或多或少地持续到甘孛智帝国在泰族入侵面前崩溃为止。

的确，印度的艺术和文化与古代美洲的艺术和文化之间相似之处太多、太密切，不能归因于独立的发展。墨西哥、印度、爪哇和印度支那[②]的各种艺术形式是共同的，其中最惊人的是逐层向上收缩、用切割石头铺面和有通往顶部石庙的梯道的角锥形土墩（*Teocallis*），即金字塔。许多角锥形土墩具有令人惊奇的如蛇形柱和栏杆、有拱顶的走廊以及用梁托支撑的拱门、半柱[③]，在石头上砌出的花格和阿特拉斯似的塑像这样的共同特征；这些是典型的尤卡坦的普科风格。海因-格尔德恩和埃科尔姆指出：哥伦比亚的神庙金字塔，在9世纪和10世纪这个刚好和普科时期的开端巧合的时间之后才变得重要。位于大门侧面的附柱的使用和嵌在镶板中的一组组小柱的使用，是哥伦比亚文明和玛雅文明两者的特点。阿特拉斯似的塑像出现在公元前2世

① 奥尔梅克（Olmec），位于墨西哥南部特旺特佩克地峡地区。——译者

② 印度支那（Indochina或者Indo-China），又译印度支那半岛，指位于中国南部、西南部与印度东部之间的东南亚大陆和半岛；此词源于法语Indochine，是近代法国人东来殖民后对于越南、老挝、柬埔寨（法属印度支那）和缅甸、泰国、马来西亚、新加坡这些古代受到印度文化与中国文化双重影响的国家的称呼。但在原著各章中，作者将该词的地理范围局限在法属印度支那。——译者

③ 半柱，指从墙面约有一半柱经凸出的半圆柱，即下文中的附柱。——译者

纪的印度，这种塑像在墨西哥中部的图拉和尤卡坦热带森林的奇琴伊察被发现。

被发掘的最古老的玛雅城市是瓦哈克通，在这里发现了第一座玛雅天文台，还有最古老的玛雅壁画。紧靠瓦哈克通是蒂卡尔市，考古学家们在这里发现了巨大的块石堆和巨大的建筑物，包括所曾见到的金字塔中最高的五座，最高的那座高达230英尺，神庙就屹立在其顶端。相似的高耸、陡峭的金字塔，在古代的柬埔寨城市吴哥通城也被发现。

玛雅艺术在亚斯奇兰、帕伦克和彼德拉斯内格拉斯等城市达到顶峰。在这些城市有为数众多的金字塔和雕刻作品被发掘。在彼德拉斯内格拉斯的金字塔神庙的最杰出的玛雅作品中，有一件好像是佛教场面。该场面的主题不清楚，但是题材有点违背墨西哥的艺术传统。它与爪哇中部婆罗浮屠塔中的本生经浅浮雕雕刻品极其相似，在构图中按几种标准安放塑像的技法，也与在婆罗浮屠所使用的技法十分相似。

奇琴伊察的建筑物表现了来自东南亚的某些影响；例如，在
56 奇琴伊察的梅卡多（有顶盖的市场）出现的莲花图案。梅卡多的样子是一边被一面墙封闭、另一边有一排柱子的有拱顶的走廊，它引人注目地使人联想到柬埔寨建筑中如此典型的长廊，这种长廊的发展以大约12世纪中期的吴哥窟长廊为最杰出——这也正是梅卡多和奇琴伊察的类似建筑物被修建的准确时间。更为重要的是：这些走廊的逐步发展，在柬埔寨和玛雅北部地区完全遵循着相同的模式。

点缀着坐着的人像的莲花图案在印度教和佛教的神话中具

有深刻象征意义，并且本身是早期印度艺术特别是阿马拉瓦蒂艺术不可分割的组成部分；在奇琴伊察发现莲花图案被当作老虎神庙南房浮雕的边缘。如同在框缘和边缘图案中描绘的那样，印度艺术中的莲花植物不仅表现花、叶，而且表现整个植物，包括一种在水下或者深埋在泥土中平行状态生长的根状主茎即根茎。花、叶一般与其自然形状相似，根茎则靠装饰性的起伏的爬行者来表现。这种图案也出现在奇琴伊察的艺术中。如果这两种表现不是以某种方式联系起来的话，那么这种通常不显眼的根茎，在印度，也在古代美洲，不仅构成整个图案的基本成分而且还以类似的非现实主义的方式被仿效，就一定是格外的巧合。

再者，如同在早期印度艺术中那样，奇琴伊察的莲花图案被用作富于想象力的景色的边缘，用作像人像这样的其他图案的花纹。甚至塑像的姿势和动作，也与印度的那些塑像相似。塑像在种族类型和服装方面自然有差异，图案基本上还是相同的。阿马拉瓦蒂艺术和奇琴伊察艺术之间的相似在抓住莲花根茎的斜倚着的塑像中特别值得注意。

在印度艺术中，莲花根茎常常从身体像鱼、鼻子像大象鼻的海怪马格那（*makaras*）的嘴里伸出。在奇琴伊察，在莲花植物的两边都发现有被仿效的鱼塑像，与印度的马格那处在相同的位置。“极其特殊的细节的这种结合不可能是偶然的。它使人联想到玛雅艺术和不只是一般意义上的佛教艺术，而且还特别与公元 2 世纪的阿马拉瓦蒂流派之间存在某种关系。”[12]

如果阿马拉瓦蒂时期和奇琴伊察之间几乎一千年之久的间
隔似乎显得漫长的话，是因为将它们联系起来的资料没有遗存 57

下来的缘故。总之，遗存得更长的装饰性图案或者象征性图案并不罕见。而且，莲花出现在比奇琴伊察浮雕的年代早几百年的古典时代中期的玛雅艺术之中。在中美洲有过继承了这一图案的传统但是没有遗存下来的木雕和建筑物，也是一种合理的设想。有证据表明在阿兹台克人中有木雕存在，几乎没有理由相信木雕在更早时期不是同等重要。

莲花图案在印度和东南亚两地实际上都获得了新形式：完全非现实主义的、纯粹装饰性的叶饰状旋涡饰图案。然后，它与另一种图案吉尔蒂穆加（*kirttimukha*）一起出现，吉尔蒂穆加结合了狮子、死人的头（*ka1a*）、蛇或者龙的特征；吉尔蒂穆加出现在印度笈多艺术中。第一次在 7 世纪的帕拉瓦艺术中发现的这种新形式，在东南亚特别是在柬埔寨和巴厘成为受欢迎的形式。在柬埔寨，代替了莲花的有装饰性叶饰的爬行者，在 9 世纪和 10 世纪之间时期的门楣上时常可见，他们从一个鱼身、象鼻的神秘海怪那张没长下颌的魔脸嘴两边涌出。从没有下颌的魔脸嘴两边生长出来的莲花根茎，也出现在奇琴伊察。对莲花图案的这种相似的使用，不仅表明南亚和美洲之间的文化交流，而且使人联想到它在 7 世纪之后持续了很久。

出自印度、爪哇、巴厘和苏门答腊的表现向上翻转的鼻部，在其嘴里有一张人脸的马格那头部的马格那图案，可以与墨西哥的胥赫考特尔（Xiuhcoatl）即在帕伦克发现的所谓火蛇相比。尽管玛雅艺术中的这种火蛇和它的阿兹台克对应物不同于相同地区对两栖动物为数众多的更加现实的表现，但是它们在与鱼相似的身体、像大象一样的鼻子和牙的形状这样的许多细节方面，还是

与马格那一致的。在印度和玛雅艺术中有爪子上的变化，它与其说与鱼相似不如说是与鳄鱼相似，在这两个地区人像常常从这个怪物的嘴里出现。

马格那和吉尔蒂穆加是印度国内外的古代、中世纪寺院中出现的最频繁的图案，似乎在国外在东西方都获得广泛流行。1931 年，阿兰达 · K. 库马拉斯瓦米在研究印度肖像画法时指出，马格那频繁出现于中世纪欧洲的艺术之中。在他之前很久，E. 维奥莱–勒–杜克于 1875 年提出，吉尔蒂穆加出现在一座 12 世纪罗马风格的大教堂普瓦捷，但是没有几个学者注意到这个主张。最近，西雅图艺术博物馆的一名主任，指出了更进一步 60
的例子："库马拉斯瓦米几乎毋庸置疑是正确的，而维奥莱–勒–杜克关于吉尔蒂穆加出现在普瓦杰的意见陈述没有充分表达实情。马格那和吉尔蒂穆加图案出现在建于 12 世纪的法国和西班牙的多数教堂，但是更早的罗马风格的教堂没有用这样的图案装饰。"[13] 这种马格那图案似乎被结合到中国的龙的概念中。像巴格达的古老魔门这样的伊斯兰教建筑，也保存了吉尔蒂穆加的变化形式。这种图案可能由金雀花王朝 ① 的王室成员从法国带到英国，所以出现在英国大约 23 个郡的罗马风格教堂中的以"绿人"著称的图案，最终还是起源于印度。

帕伦克著名的"十字形图案"是一棵在分叉处有一张魔脸的被仿效的树，似乎是印度雕刻中长在无边无际妙高山上的生

① 雀花王朝是 1154—1488 年统治英国的封建王朝，又称不兰他日王朝或者安茹王朝。——译者

命之树（Kalpa-Vrksa）的复制品。爪哇对这棵树的表现形式如同在影子戏中看到的那样，是在十字形的主干之间有一张阎魔的脸，与墨西哥的十字形图案相似，这一图案也以高度风俗化的形式出现在柬埔寨吴哥窟的浮雕之中。有怪物塑像、莲花墙和“制成十字形的神圣牌楼”的门廊，在帕伦克的神庙中被发现，如同在柬埔寨的寺庙中一样；在柬埔寨的寺庙中，神圣牌楼从 8 世纪至 10 世纪特别普遍。

尽管有许多金字塔被欧洲入侵者毁坏这一事实，古代美洲
遗址还是展现了一批金字塔。这些金字塔的大小各不相同，属
于不同的时期。因为被丛林掩盖，它们中的许多免遭入侵者的
袭击，在被考古学家们发现之前一直处于隐蔽之中。特奥蒂瓦
坎的遗址即使没有被丛林所掩盖，在本世纪初之前，也多少处
于被忽视状态；特奥蒂瓦坎意思是“诸神产生的地方”，被认
为是最辉煌、最古老的墨西哥城市。在这个遗址发现了两座世
界著名的太阳（Tonatiuh）和月亮（Meztli）金字塔。这些金字
塔被为数众多的更小的金字塔环绕。许多学者认为这些金字塔
的灵感来自埃及，但是美洲的金字塔与埃及的金字塔很不一样，
将它们说成是金字塔甚至可能是用词不当。古代美洲的金字塔
其实是多层金字塔，在这些金字塔中有几层长方形平台，每层
的面积向上递减，一个建在另一个的顶上，有外面梯道通向平
61 台。特奥蒂瓦坎的太阳金字塔有四层这样的平台，图拉哈斯的
神庙有五层。神庙在顶端，金字塔的其余部分仅仅起着其基础
或者底基的作用。埃及金字塔既无平台也无顶端的神庙，并且
没有外面的梯道。无疑，在很晚的时间以前，它们的边墙都没

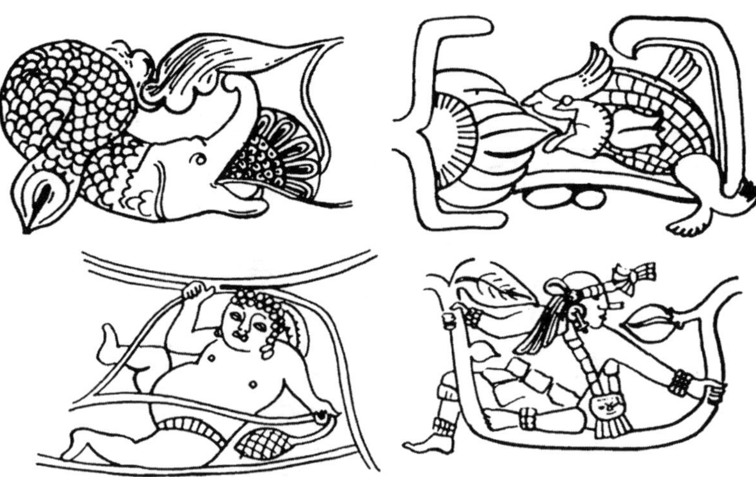

图 2–1　来自阿马拉瓦蒂的马格那（a）和来自奇琴伊察的马格那（b）；来自阿马拉瓦蒂的莲花图（c）和来自奇琴伊察的莲花图案（d）

模仿 R. 海因–格尔德恩和 G. F. 埃科尔姆

图 2–2　来自印度狮子宝座上的神（e）和玛雅的美洲虎宝座（f）
模仿 R. 海因–格尔德恩和 G. F. 埃科尔姆

图 2–3　来自爪哇皮影戏图案中的天树（a）和来自墨西哥帕伦科的所谓“十字形图案”(b)
模仿 R. 海因–格尔德恩和 G. F. 埃科尔姆

有装饰。存放法老尸骨的内室是经由一条通过石头径直往下的通道抵达的，它在国王被安葬之后就被用泥土封堵。但是，美洲的金字塔与柬埔寨的寺庙金字塔相似，使人想起在印度教–佛教世界流行的概念。它表达建造一种人造山的思想，即印度的妙高山，此山是通向天堂之山。

不过，关于东南亚和墨西哥金字塔的年代，还有一些困难。最早的美洲金字塔，比东南亚已知的最早的类似金字塔要早一些。例如，柬埔寨的寺庙金字塔年代确定为 8 世纪，而特奥蒂瓦坎的太阳金字塔，尽管难以获得可靠的放射性碳测定年代，再考虑到不时的增改建，其最初基础可能是在公元前 2 世纪奠定的。尽管要令人满意地证明柬埔寨的寺庙金字塔与墨西哥玛雅地区的神庙金字塔之间的相似之处可能有某些困难，要证明其他相似性是没有任何困难的。就东南亚与奇琴伊察的梅卡多的相似而言，也没有任何年代不符。

古代印度年代仍是有争议的问题，关于印度影响越过太平洋到达美洲的任何说法都肯定有一定的临时性。不过，东南亚和美洲之间的这种文化交流似乎在公元最初六个世纪的时期断断续续发生。尽管来自东南亚方面的证据使人联想到最可能的时期是从 3 世纪到 6 世纪，美洲的证据还是使人联想到联系一定在不晚于中美洲古典时期的中期发生，因为某些印度教–佛教的特点出现在那个时期的玛雅地区。不过，这并没有排除更早的年代。奇琴伊察的莲花图案，会证明在第一千纪前半期期间的文化交流。阿特拉斯巨人塑像和站在一些蜷缩的人像上的诸神图案，可能属于相同的时间。

马格那图案在漫长的时期中可能不止一次传入。的确，对
62 于出现在不同地区的各种形式做更加详细的比较，可能产生有价值的年代线索。至少，兼有马格那和莲花的图案看来表明在从 9 世纪到 12 世纪这一时期的联系。普科风格的建筑物和柬埔寨寺庙之间，特别是和伊斯瓦罗普那的寺庙之间的相似加强了大约在 10 世纪联系的证据。最后，奇琴伊察的梅卡多反映了 11 世纪和 12 世纪柬埔寨一些长廊的特点。

有些迹象表明，爪哇，可能还有苏门答腊、占婆，可能有跨太平洋与美洲的联系，但是亚美洲同柬埔寨要相似得多。航线的一些始发港口一定位于现在属于越南的海岸，这是柬埔寨 18 世纪失于其邻邦之手的一个地区。不过，在那之前很久，在大约 1200 年出现了空前的政治权力和文化成就时期之后，柬埔寨帝国的崩溃必定导致横渡太平洋航行的停止。[14]

几乎没有现成的资料可以使历史学者们将古代美洲人的思想哪怕只是其一般轮廓，具象化。他们的天文计算表明了他们的某些宇宙概念，但是它们对他们的诸神和宗教体系提示得很少。不过，中美洲的神和神庙与印度的神和寺庙之间的相似太鲜明，迫使人们不得不考虑，即使为某种多神教存在于所有原始社会、神被原始人类想象为各种形象和大小这一事实留有足够的余地也是如此。古代美洲同印度一样富于神祇和神庙。亚美人称呼神的词“teo”，与梵文的“deva”（神）相近。E. G. 斯夸尔注意到，南印度和东南亚的佛教寺庙的主要、次要两方面的特征与古代美洲这两方面特征的相似之处。在古代印度和墨西哥两地，它们都是半圆形，四个角落的每一个都使用不同颜

色。1866 年，维奥莱–勒–杜克指出了古代墨西哥建筑物和南印度建筑物之间某些鲜明的相似之处。

相似性也扩大到他们的神当中。印度教的三位一体，梵天–
毗湿奴–湿婆和墨西哥的三位一体霍–维奇洛波奇特利–特拉洛克
的类似，某些印度教神祇的标志和玛雅众神的标志之间的相似，63
令人印象深刻。最近一位学者保罗·科尔霍弗在讨论印度宗教向墨西哥传播时，认为它不简单只是多种影响从一个国家向另一个国家转移的问题，而是中国、印度、爪哇和墨西哥实际上具有共同的体系。[15] 科尔霍弗试图“证明 28 位印度教神祇的历法分类及其将动物分为 12 组、细分为四个集团——我们在其中的每个集团发现一组代表创造、毁灭、再生的神祇和动物，它们能被证明存在于印度和爪哇两地——一定是被从旧世界带到新世界的，因为我们在墨西哥发现有相同的细分为四个集团的诸神和动物（或者它们的代替物）的历法表，它们以相同的秩序不间断地相互跟随在一起，与 12 组印度和爪哇神祇的标志、作用或者意义有惊人相似。”[16]

美洲诸神的肖像画法与印度教和佛教艺术图案之间有一定的相似。做铁环用的日轮、画有幼苗的河蚌壳和毗湿奴的塑像，出现在太平洋的两边；毗湿奴尽管有墨西哥的特征，但是从他握在两手的狼牙棒（*Gada*）和权轮（*Cakra*）的确还是完全可以被辨认出来。此外，玛雅人使用作为高贵标志和等级象征的伞，伞来自东南亚；它在公元前第三千纪在东南亚被知晓。尤卡坦的查克穆尔通（Chacmultun）的起绒粗呢展现了两种与仍在印度和东南亚使用的伞相同的伞。口吐宝石的玛雅女神伊克斯·吐卜·吞（ix Tub Tun）拥有印度俱毗罗的龙即印度的财富之神的标志。[17]

E. B. 泰勒在 1894 年的一次演讲中，展示了与绘在日本寺院卷轴中的佛教阴曹即炼狱绘画高度一致的以梵蒂冈古书著名的四幅墨西哥绘画，以“排除除了从一种宗教到另一种宗教的直接传播之外的任何解释”。[18] 他还在古代美洲发现了印度乌龟神话的对应神话。

托尔特克人取得伟大成就，主要因为他们从自己传说中蓄白络腮胡子的神人魁扎尔科亚特尔那里获得灵感。魁扎尔科亚特尔美德出众，热爱科学，是所有农业繁荣的源泉，是所有艺术的发明者。他被授予的两种圣职，即祭司的职务和王子的统治权，是阿兹台克人所有社会生活和宗教生活的基础，产生了具有更高精神性的新宗教概念。魁扎尔科亚特尔的历史真实性有点不清楚。[19] 魁扎尔科亚特尔的神话，被说成来源于对为墨西哥干燥的大地借来多产暴雨的雨云之神的信仰基础。后来，许多故事和传说围绕他产生，人们相信他具有智慧力和英雄的品质。可是，他的谦卑，他对于自我净化的迫切需要，对于通
64 过默祷、博爱和忏悔的生活获得与神性的神秘同一的强调，不可能从一个像阿兹台克人那样屈服于武力征服和屠戮的社会中产生。据说，魁扎尔科亚特尔在他那朝向宇宙四个角落的宫殿里过着严格的禁欲生活，实行几种苦行。首先，他专心于冥想（*mo-teotia*），想象至高无上的神和存在的一切。因而，据认为，支持魁扎尔科亚特尔的是佛教灵感。考虑到托尔特克信仰的传统在佛教在东南亚和东亚的传播之后，在来自亚洲特别是印度

支那的新移民浪潮之后，所以，印度教–佛教的某些思想慢慢地进入托尔特克人的信仰是完全可能的。[20]

实际上，古代美洲几种新的思想方式的出现，还有来自亚洲的新移民证据的出现，正是在被当作古典时期提到的大约公元初期。这两个方面没有联系几乎是完全不可能的。新移民被说成是具有高度文化的民族，具有绘画、音乐和歌曲知识，崇拜至高无上的神；这个神是一切地方（Tloque-Nahuaque）的主宰，“被当作是我们肉体的男女主宰的二元神（Ometiol），它以神秘的宇宙结合和概念的方式创造了存在的一切。”[21] 至高无上的神生出他的四个神子，他们创造了产生世界历史的原始力量。他们的几个主要仪式，正是来源于这些神话和信仰。“对于至高无上的二元原则即众神和人类之母之父的信仰，还有宇宙有四个角落，四个角落有各自独特的颜色、四种元素、天堂的层次以及死者的阴间的世界概念，无疑类似于印度、中国、西藏等文明中的某些概念。这些只是简单的相似呢，或者还是在古代有某种文化传播存在呢？”[22] 根据莱昂–波蒂利亚的意见，还不能系统地作出明确的回答。但是，他提醒那些倾向于文化传播观点的人们：在哥伦布之前的世界里，除了其他东西之外，还令人费解地缺乏诸如轮子的实际使用、重量的概念和平衡秤的发展这样的文化成分。此外，不能忽视的是，人类固有的能力使其用相对类似的办法解决相似的问题。[23]

不过，麦肯齐和其他学者持有明确的观点：古代墨西哥人 65
和秘鲁人熟悉印度神话，并且引证了细节方面的相似之处加以支持。例如，玛雅人的大象象征的历史不能在本地传统中追溯，

而它在印度是著名的宗教象征。它不是从埃及带来的图案，因为在对非洲大象和美洲大象的表现之间存在一些差异。非洲大象的耳朵大些，头抬得不高，前额凸出，鼻根处没有锯齿形；鼻根处的锯齿形是印度大象的特点。印度大象的形象为象的长牙、较低的嘴唇、耳朵的形状，加上手持象钩、戴头巾的骑象人，发现于墨西哥–美洲雕像中。尽管非洲大象没有什么宗教意义，它还是在印度被驯养，并且从早期以来便与宗教习俗有联系。大象与龙即蛇神有联系，即“完全依靠水出现并且畏惧火，就像许多中国传说和日本传说中的龙”[24]一样的雨神。龙被视为财富特别是珍珠的守卫者，有大量关于龙和大象的崇拜在印度常常重合在一起的另外的资料。大象的宗教意义是典型的印度式的，玛雅对其的表现同样是宗教性的看来几乎毋庸置疑。[25]玛雅大象用在柬埔寨浅浮雕中使用传统的大象式的形象的装饰术来表现。即便是不赞同印度神话与美洲神话之间联系的说法的班克罗夫特，也认为这种大象图案值得注意。

在秘鲁印加人中盛行一种种姓制度。秘鲁人崇拜万能的、非肉眼可见的至高无上的存在维罗科查（Viracocha），它是世界的创造者和保护者。在秘鲁的诗歌中发现了《罗摩衍那》和《摩诃婆罗多》的特征。美洲的亚潘（Yappan）故事与《摩诃婆罗多》中的因陀罗故事如此密切地相似，以致肯齐评论：单凭这一份资料便可以作为印度教思想、神话和习俗向古代美洲传播的极为合情合理的例子。

墨西哥关于世界时期的理论——宇宙被连续毁灭四次——

使人联想到印度的宇迦[①]。即使这四个神秘时期的著名颜色白色、黄色、红色和黑色也与印度宇迦相同，顺序与印度宇迦两种形式中的一种的顺序相同。在两种神话中，第一个时期的时间确切地都同样是4800年。墨西哥的三位一体与这一理论相联系，正如印度教的三位一体与印度的宇迦联系在一起一样。[26] 66

古代希腊和印度只知道4种化学元素。它们是土、水、火和空气。印度教徒在《薄伽梵歌》中，将世界的四个时期说成与宇宙周界的四个点相对应，即土、水、火和空气的时期。玛雅人将自己四个时期的每一个分成五个阶段，每个阶段由一个神统治。这些神是玛雅神话的20个神，它们为玛雅月份的20天提供了名称。玛雅历法的这种方式，与印度教的宇迦有些相似。玛雅人分辨13层天，每两层由一个神统治；最低的一层是大地。大地之下是有九个主神的九层地狱；这些地狱中的最下层，由死神阿赫普克（Ahpuk）统治。

坚持哥伦布之前美洲的宗教、文明具有独立起源的学者们，有义务解释为什么古代美洲的神话、信仰和习俗在刚开始就呈现出这样的复杂特征，而在亚洲，它们则是在经历比美洲文明从开始到结束所用的时间长得多的时期之后，才从为数众多的民族的融合和运动中产生的。孤立主义者还必须解释，为什么美洲民族是最后一个从不文明状态中出现的民族，为什么一旦摆脱这种不文明状态，他们的进步就迅速得引人注目。

---

① Yugas，印度古代天文学名词。音译“宇迦”；意思有“时代”、“轮回”等；其具体内容，请参阅上卷第五章（原书第162—165页）的有关论述。——译者

考虑到印度僧人、祭司们的传教热忱和宗教事业心，他们似乎不可能错过传播各自宗教的机会。在墨西哥和在玛雅当中的印度教–佛教影响的痕迹，完全与佛教僧人和印度教祭司在东南亚所传入的那些文化成分一致。如果在西班牙征服时，在中美洲没有发现印度宗教的话，这本身并不能被当作它们在更早的年代不存在的证据。历史，特别是东南亚的历史，表明宗教可以多么容易地消失或者淹没在本地崇拜之中。印度教和佛教，在安南的占人中，从公元 2 世纪到 15 世纪牢固确立了几乎一千五百年。可是，在占人王国于 1471 年崩溃之后，佛教完全消失，印度教衰落得如此迅速，以致目前几乎不能承认其影响。印度教和佛教的痕迹在爪哇的非穆斯林巴杜伊人和滕格尔
67 人中极少保存，虽然这些宗教迟至 16 世纪一定还是占主导地位的宗教。苏门答腊的巴塔克人，从大约 3 世纪到 14 世纪在佛教和印度教的影响之下，但是他们在 19 世纪却是异教徒。“我们几乎毋庸置疑的是对墨西哥宗教和玛雅宗教作严肃而公正的分析，将揭示要么印度教，要么佛教，或者它们二者以前影响的许多痕迹。仅提一例，那里的地狱概念和遭受惩罚的概念，在一般方式和特别细节两方面与佛教和印度教信仰如此相似，以致历史关系的设想几乎是必然的。”[27] 不过，有趣的是，在墨西哥和在玛雅人中，尽管明显起源于印度教–佛教的特点，大量存在于艺术、宗教、建筑、政府、宇宙论、神话和肖像画法等领域，可是在技术领域却几乎没有印度影响。仅有的一点点，似乎是艺术和宗教信仰的副产品。

所罗门群岛的排箫和南美洲的排箫之间的相似之处，的确

令人惊讶。排箫是神话中与长着山羊脚的希腊潘神有联系的原始管乐器。但是，这里的箫是哥伦布之前的箫，与它们的波利尼西亚对应物有相同的音调和音高。单箫靠四度音程的间隔，区分一个与下一个。双箫在单箫之间的音高中间有一些音符，从而形成另一个“四度音程圈”。更加有意义的是，从两个地区查出的乐器的绝对音高是一样的。所以，箫连续振动的速度是557和560.5、651和651、759和749、880和879，这太相近了，不会是在偶尔结合的范围之内。

埃利奥特·史密斯多年生活在埃及，做解剖学教授的工作，他是一名英国传播主义者；他指出亚美人和东亚人实行相同的制作木乃伊的方法。有些学者注意到印度和东南亚皇族的象征、态度、服饰和礼仪，同墨西哥和秘鲁的这一切之间的其他相似之处。据指出，在最后一位阿亚尔的统治者被生活在本地的西班牙人杀死之后，他的四位皇后履行了萨蒂仪式。墨西哥的狮子宝座和莲花宝座使人想到印度的狮子宝座（*Simhasana*）和莲花宝座（*Padmasana*）。玛雅人、阿兹台克人和印加人中的皇族标志阳伞，可能是从最早的时代以来便在印度和印度化的亚洲使用的皇室华盖（*Chatra*）的变化。在尤卡坦的恰克木尔通的壁画中表现的两种形式的阳伞，都与东南亚仍在使用的形式一
致。宝座、轿子和用长杆支撑、像旗标一样用作贵族和皇族徽 68
章的风扇的用品，与东南亚皇族和贵族的类似用品十分相似。不仅阿兹台克人的宫廷仪式，甚至还有他们的政府形式，也与东南亚的相似：例如墨西哥四个首席官员的制度，与东南亚的四个国务大臣和帝国各地的一些总督一致。具有特别意义的是

在两种情况下，这种制度都以印度的宇宙论原理为基础。

威廉·麦肯劳德指出墨西哥的沃拉多尔（*Volador*）习俗与印度风俗钩吊仪式[①]、孟加拉和南印度的查拉克·普加（*Charak Puja*）相似。在墨西哥，一般是吊挂参加者的脚，在印度是吊挂参加者的肩膀。不过，海因–格尔德恩和埃克霍尔姆发现了古代对印度钩吊仪式的描述和例证，其中的参加者是脚部被吊挂。在柬埔寨吴哥通城巴荣寺的一幅浮雕，表现与墨西哥的沃拉多尔相似的习俗。

印度人和亚美人日常生活中一些相似的习惯也受到注意。例如，嚼含有石灰的槟榔和嚼古柯、烟草，还有用来盛石灰的葫芦容器是两个民族所共同的。秘鲁用来代替烟草这一用于医药目的物品的东西是被称为古柯（cuca）的灌木。古柯叶被先在太阳光下晒干，然后拌一点石灰，制成“用于咀嚼的制剂，很像东方的槟榔叶”。[28] 素食主义在印度和墨西哥两国都流行，印度食物与墨西哥食物相似。印度薄饼（*roti*，或者 *chapati*）与墨西哥玉米饼（*tortilla*）的大小、形状相似，用相同的方法制成。两个民族对玉米都特别重视，在饭前分出一点食物给神，以表示他们对神所提供膳食的感激的习俗。

二硫化铁制成的镜子，贝壳钱，桦树皮遮盖物，独木舟以及出自西伯利亚和北美洲的有相同曲线图案的容器，出自西藏、印度、阿萨姆、墨西哥和秘鲁的供祈祷用的绳形十字形用品，

---

① 钩吊仪式，是一种志愿参加的仪式性折磨，参加者被用钩子插入背上的肌肉中吊挂起来。——译者

用毒药垂钓的习惯，贝壳鱼钩，东南亚、秘鲁和玻利维亚农业梯田的运用以及棉花的栽培等，在亚洲和美洲两地从早期以来都是共同的。

印度和古代美洲之间某些语言方面的一致关系也被提出。迈尔斯·玻因德克斯特是美国前任驻墨西哥大使，他提出原始
雅利安词汇和民族经过波利尼西亚岛屿链来到美洲。墨西哥称 69
呼木船的名字是一个南印度泰米尔词 *Catamaran*，玻因德克斯特列出了一份长长的克丘亚语[①]词汇和它们在梵语中的相似形式。[29]学者们指出了秘鲁印加统治者的赞美诗和吠陀赞美诗之间的相似之外。[30]克罗伯也发现印欧语言结构和沿加利福尼亚西北海岸某些部落中的彭努蒂语之间惊人的相似之处。

泰勒在 1881 年写作时指出：阿兹台克人喜爱的古代墨西哥游戏帕多利棋戏（*patolli*），与在印度玩的双骰游戏（*pachisi*）十分相似。两种游戏在像靠抽签占卜、嬉戏性的打赌、对机会律的认识、将结果转到计数板上，以及移动和抓获的规则这样的一系列独立特点方面有联系。

相对而言，种族植物学是一门迄今为止还没有得到充分利用的最近的学科，它为东南亚和古代美洲之间的文化联系与横渡太平洋两者提供了结论性证据。哈奇森、西娄和斯蒂芬斯 1947 年发表《棉属的发展》，使许多历史学家清楚认识到了种族植物学研究在通过植物追溯文化传播和民族移民过程中的价值。

① 克丘亚语（the Quichua），是克丘亚族的语言；克丘亚族是构成印加帝国主要成分的民族。——译者

对文化交流的研究，将揭示知识的传播是缓慢、变化无常的过程，断断续续持续甚至几个世纪以上的联系可能也不会产生任何影响；另一方面，定居可能导致迅速传入众多的文化特点。就植物而言，它们的移植是一个十分复杂的过程。它要求接受关于该植物生态学要求的全部复杂知识，常常还有关于它在人类使用情况的知识。所以，即使一种被移植植物的出现，就意味着两个民族之间确立了相当有效和可能相对持久的联系。大量植物的出现，就表明比较重要的文化联系。

在世界经济中起了如此重要作用，现今在亚洲、非洲、南北美洲以及在欧洲一定范围种植的棉花，是历史和科学中最撩拨人的秘密之一。在埃及最早使用它的明确证据的年代被确定为公元前 4 世纪。但是，在此之前很久即大约公元前 3000 年，棉花在印度河流域被栽培。在摩亨焦–达罗的考古发掘期间，出土了一块小的棉织品残片和剩在银器颈部的一小段棉绳。这些残片是用与今天在该地区发现的本地孟加拉粗棉难以区别的原料制成的。织品和绳两者的质量，清楚地说明在印度河流域文
70 明中存在成熟的纺织工艺。东亚、非洲和西方多年生形式的棉花正是从这种棉花发展而来的。

虽然棉花首先在印度河流域使用是肯定的，但在印度没有发现它的野生祖先的证据。对细胞遗传学的证据有不同解释，可是据认为印度早期棉花的祖先可能是从阿拉伯南部或者非洲东北部传入的。这足以令人费解，但是当学者们和科学家们研究南美洲棉花时便完全迷惑了。美洲棉花的亚洲祖先的证据是无可辩驳的，而棉属迁移的大量证据是非结论性的。

在以瓦卡普列塔①而闻名的秘鲁北部海岸，出土了式样精美得出人意料、年代被确定为大约公元前 2400 年并且是用精心栽培的一种棉花制成的纺织纤维。关于棉花的考古学证据不完全，因为棉植物材料和棉花纤维两者仅仅在最干燥的地区遗存下来。因而，在确定美洲棉植物起源时所依靠的主要是植物学证据，还有所能发现的考古资料。

美洲棉花的染色体构造是四倍体，它们的染色体组由一套有二倍体亚洲棉花的染色体组的同源染色体和一套有二倍体美洲棉花的染色体的同源染色体组成。[31] 专家们在一系列艰苦试验之后同意：美洲棉花的一个母体无疑来自亚洲，换言之，它一定来自印度河流域地区。

各种各样被栽培的棉花可分为四种，相互间以各自的染色体数目来区别。草本棉属和树本棉属两种是二倍体（各有 13 个染色体），另外两种即轻度多毛棉属和硬而粗糙的毛被棉属是更复杂的种类，是四倍体，各有 26 个染色体。前两种起源于亚洲，树本棉属来自印度河流域地区，另一种来自非洲和阿拉伯。两种四倍体起源于美洲，并且是杂种，有一半亚洲母体。作为秘鲁四倍体棉花的亚洲祖先棉种的有毛绒的二倍体是树本棉属，它是一种在东亚广泛分布的、典型的印度河二倍体。

但是，这两者是怎样来到一起的？印度河祖先是经过非洲 71
越过大西洋去秘鲁的吗？这种观点被摒弃——不完全是因为不

① 瓦卡普列塔（the Huaca Prieta），又称奇马卡；哥伦布之前时期秘鲁北部遗址，位于今奇马卡河口的利伯塔德省。——译者

能解释其横渡大西洋旅程的可行性，这本身是一个难题——因为难以理解两个母体是怎样产生联系，亚洲棉种曾经怎样抵达南美洲。不仅已知最封闭的美洲野生秘鲁棉花的祖先局限于秘鲁海岸，而且也发现整个美洲野生棉属种的群落位于该大陆的太平洋一边。由于美洲的二倍体都是有限分布的不活跃的或者残遗的棉种，那么显然两者相遇是因为亚洲二倍体旺盛蔓延和快速的扩散。还由于这些主要的异源多倍体的变异性的一些中心位于目前靠太平洋一边的美洲二倍体所在的地区之内，它也就为印度河的二倍体从太平洋进入秘鲁这一说法提供了证据。如果这是真实的话，那么亚洲的二倍体一定是树本棉属或者是它的祖先种，因为没有别的有毛绒的二倍体棉种会被经过太平洋带到南美西部。“没有草本棉属曾经抵达太平洋的证据，目前树本棉属分布的东部界限显然与它最近被使用的地区界限恰好重合。”[32]

S. C. 哈兰的研究工作是对被栽培棉花的起源和发展历史的现代研究，他提出它们遇到了一座跨越太平洋的陆地桥。但是，反对这一说法的意见是难以驳倒的。没有什么鸟或者风能将棉花种子携带至少三千英里的路程，实际上从新几内亚到秘鲁的太平洋是大约一万英里宽。总之，鸟并不食棉属种子，海水会破坏种子胚层的机能。斯科夫斯特德最近将哈兰的研究工作向前推进了一步，他证明美洲棉花是两种结构（A D）的两系二倍体，这一结论使得母体 A 二倍体棉花一定是通过人类的努力抵达中美洲、在那里同母体 D 杂交成为基本前提。

还有，从关岛的经度地区到雷维亚希赫多群岛[①]的经度地区，没有澳大利亚北部的二倍体棉花出现的记录。这一事实加上暗示具有毛绒的异源多倍体的母体 A 的发展只是在人类起源以来才发生的这一科学证据，会得出一个结论：棉籽一定是由带着它们和人类自己的作物的其他种子以及自己的文明工具的人带来的。[33]

而且，亚洲和美洲棉种之间的接触不可能通过环太平洋的 72
迁移，即不可能通过北路取道中国和阿拉斯加或者通过南路取道南极圈进行。因为，如哈奇森指出的那样：“棉属是一种适应于干旱的热带地区旱生的、生存一季以上的灌木。这一种类中没有成员能在温带林木存活的生态环境中生长；在短期一年生的棉花在驯化之下的现代发展之前，这一种类中没有成员从有冬季霜冻的气候中残存下来。”[34]

科学的证据受到考古遗物的证实。在印加之前的秘鲁墓穴中不仅发现纺成的织品，而且也发现用于纺织的工具。这充分证实了棉花由文明的人们传入，因为从纤维到线进而进入纺织的发展在人类的技术中是一个重要进步，是文明史上重要的里程碑。秘鲁的纺锤使用的装置与印度达卡平纹细布的精纺纱机使用的装置相同，这一点也具有意义。它们的双杆型棉纺机在亚洲、欧洲、美洲和别的一切地方使用。但是，正如克劳福德指出的那样：这种双杆型纺机起源于亚洲、传播到欧洲和在南

① 雷维亚希赫多群岛（the Revillo Gigedo Is.），是属于墨西哥的太平洋群岛。——译者

美洲棉产区被发现以及它的织品结构的微妙技术这一事实，除了用印度和古代美洲之间的直接或者间接的文化联系解释之外，就难以解释。

亚洲和美洲之间的联系可能是双向的。如果亚洲人怀着在美洲永久定居的意图离开的话，这并不能排除有些人返回的可能性，随他们而行的可能有早期定居者的一些后裔。早期美洲文化由亚洲移民的影响而建立不是不可能的，但是它们后来主要在自己的促进下发展起来。后来，美洲化的亚洲文化可能越过太平洋传播回来，给予它们最早的故乡以新的推动。棉花就是这样的一个范例。印度河流域被栽培的棉花越洋到达美洲，与美洲棉花杂交之后，以新的、更加发展的形式返回亚洲。

另一种似乎从东南亚输入美洲的植物是椰子（*cocos nucifera*），椰子被认为是典型的太平洋植物。它是一个可能起源于沿印度洋海岸的泛太平洋的物种。由于它在从马达加斯加绵延到塔希提的整个地区专门名词的一致性，可以得出结论：它的分布一定是通过人为因素的作用。然而，由于“椰子”是
73 一个葡萄牙词，将它带到南美洲的可能是葡萄牙人。里德利在1930年提出的椰子的最早故乡一定是哥斯达黎加和巴拿马这一建议，可能以西班牙旅行者奥维多16世纪初的叙述为基础。这与马可·波罗在13世纪最后25年所提到的有关苏门答腊、尼科巴和安达曼群岛以及南印度的椰子的表述相悖。印度的资料从大约1世纪便提到椰子。此外，椰子在柬埔寨吴哥窟和印度尼西亚的婆罗浮屠两地的雕刻品中得到表现。在欧洲最初的接触前夕，椰子植物已经在波利尼西亚广泛传播。椰子可能在哥

伦布之前时期从美洲漂浮到波利尼西亚的建议，由于缺乏椰子漂浮到遥远的群岛和缺乏在遥远的群岛移植生长的任何证据而不可信。果实内的胚胎仅能在有限的时期内存活，波浪至多只能将它带到附近的岛屿，虽然没有证据表明这种情况曾发生过。它一定是在太平洋的欧洲人到来之前，由人们在整个波利尼西亚种植的。

玉米（*Zea Mays*）在亚洲和非洲被广泛种植。人们一度曾相信它起源于亚洲，但是在哥伦布之前美洲大量种植的证据使起源于美洲似乎最有可能。劳弗和梅里尔在本世纪得出结论：生活在本地的西班牙人在近代早期从美洲带着玉米经由菲律宾群岛到了亚洲。从那时以来，进一步的研究重新提出了玉米在哥伦布发现美洲之前在亚洲食用的主张。毫无疑问，玉米在哥伦布之前的美洲具有显著的重要性。那时候，像现在一样，玉米是墨西哥人的生活必备品。因此，对它的起源有各种说法，包括神秘的说法和推测的说法。阿兹台克人相信：他们的英雄神，用自己的血液创造了人类的魁扎尔科亚特尔，装扮成一只蚂蚁从蚂蚁藏玉米的山里偷出一粒玉米。他将这粒玉米交给人类栽培。尽管证实玉米起源于亚洲的主张的证据目前不是结论性的，断言玉米早在公元前3000年在秘鲁的瓦卡普列塔被栽培——例如就像范哈根最近所主张的那样——还是更使人误解和无根据的。实际上，尽管在秘鲁其他地区发现有最早玉米的证据，但瓦卡普列塔遗址以其缺乏玉米而著名。极端原始形式的人工栽培玉米的最早遗物来自曾经有人居住的新墨西哥巴特洞的岩石隐蔽处。这些遗物被赫伯特·迪克发掘于1948—1950年，经放射性碳测定分析确定年代属于公

74 元前三千纪中期，但是一千多年之后在墨西哥山谷才有玉米农业的证据。

从来没有发现过野生状态的玉米植物，尽管有几种推测的说法，也不知道它的最近祖先。一种说法是，玉米从一度是属于爆花玉米和荚壳玉米的野生祖先发展而来；另一种说法是，它从墨西哥蜀黍或者磨擦禾属[①]传下来。独立进行工作的两位科学家 C. R. 斯托纳和埃德加·安德森得出结论：被印度阿萨姆的那加人广泛栽培的某些特殊的玉米品种，从哥伦布之前时期便在那里栽培。总的看来，这些品种与那些在早期秘鲁和智利种植的玉米品种相似，爆花玉米、当作新鲜蔬菜的青玉米和酿造啤酒的玉米完全不与这种情形相符合。亚洲的爆花玉米根本不像美洲的爆花玉米。这两位科学家在一段时期的合作和进一步的实验之后，得出必然的结论：“亚洲至少有两种玉米，其中之一一定在哥伦布之前的时代越过了太平洋。不过，它行进的方向（或者几个方向）还不明确”。[35] 玉米在哥伦布之后会传到像那加山区、新几内亚内地这样的边远地区，被上缅甸和暹罗的山区部落、中亚的罗罗人[②]和海南岛的土著民族栽培而没有传到周边高度文明的国家，这似乎有点令人惊讶。可是，它是亚洲国家的重要作物。为什么印度、中国和其他亚洲国家要从山区部落获得玉米，而不是在其经过它们的领土进入这些穷乡僻壤

① 磨擦禾属，是南美洲和美国南部的粗糙禾草属，具有雌雄同序穗。——译者

② 罗罗人（the Lolo），又称诺苏人，是中国四川南部和云南东部地区的一个藏缅民族。——译者

之前从欧洲人手中获得呢？玉米像棉花一样在史前时代从亚洲越过太平洋传到美洲，后来被传送回来，这大概是可能的。

无论它的确切起源怎样，玉米植物在亚美人手中肯定经历了一个熟练栽培的漫长过程。用玉米面制成的被阿兹台克人称为 *tlaxcatti*，被今天的墨西哥人称为玉米饼（*tortillas*）的像薄煎饼一样的食物，掺和蚕豆和胡椒，搭配由龙舌兰属植物或者可可制成的饮料一起食用，是阿兹台克人和其他亚美人标准的饮食。

尽管有许多研究，主要在东南亚和中美洲栽培的甘薯（*Ipomoea batatas*）起源的证据，还仍然不是结论性的。支持起源于东南亚、中美洲、南美洲或者非洲的科学家们，提出了关于它的最早原产地的各种假设。在这些假设中，它的美洲起源的说法通常被接受，因为它在秘鲁可以测定的日期至少在公元初。不
过，最近的细胞学研究给这一说法带来相当大的疑问。尽管它分 75
布广泛，但是它是唯一的种类，正像单个形态学特点的连续分布区和一致的染色体数所令人联想到的那样。虽然甘薯在哥伦布之后时期广泛分布到欧洲和亚洲，但是，它在那之前很久就存在于波利尼西亚。据知，甘薯到大约 13 世纪中期存在于夏威夷，至多一个世纪之后存在于新西兰。美国史前史学家罗纳德·B. 狄克逊相信：甘薯在哥伦布抵达美洲之前传到了波利尼西亚。无论最早的甘薯种类从南亚或者太平洋地区传到美洲，或者反过来，它的共同起源和传播的事实，会导致对横渡太平洋联系这一说法的进一步证实。使这一植物对历史学家们而言更有重要性的是：如果横渡太平洋航行漫长而艰巨的话，甘薯的块茎要么会被吃

掉，要么会腐烂。但是，这种情形并未发生。单是甘薯的迁移就表明进行横渡的航行相对容易。[36] 无论如何，甘薯肯定是通过太平洋移植的，无论其旅行的方向怎样。这由于甘薯（*kumara* 或者 *kumala*）的名称在整个太平洋地区被发现，由于一些同源词在阿兹台克人和巴拿马、加勒比海的一些民族中流行的事实而得到进一步证实。

美洲文化的另一特点，绳文字（the *quipu*）是古代秘鲁用来记录事件、传递信息等等的方法，在夏威夷有它的对应物；结绳文字由以不同方式打结、各种色彩的绳索构成。与结绳文字相同的东西在中国早期使用过，并且在《道德经》中提到过。

尽管文化相似之处的重要性不能被过分强调，但是，将它们视为从东南亚进行的单个、偶然的横渡太平洋航行的结果，同样也是站不住脚的。为了证明文化相似程度的正确，在两个大陆之间必定有反复的、有意识进行的航行。但是，种族植物学的证据支持了在历史时期跨太平洋航行的论点。的确，接受亚洲越过太平洋移民到中美洲的说法，会解决在追溯世界棉花起源及其相互关系中的问题。科学家们提供了文化传播的明确证据；历史学家们现在必须提供迁移的证据。

76 唯一似乎有道理的，不同意从南亚到太平洋的文化传播的论点，是它所涉及的距离。据称，大量的人们要越过辽阔的太平洋，没有装备精良的船只和熟练的航海者是不可能的。不过，这种说法受到更严密的详尽研究。即使现在，大独木舟或者长筏从波利尼西亚越洋到美洲也根本没有困难；古代的亚洲人是熟练的、有冒险精神的以航海为业的人们。还有，太平洋在史前时代分成一些相对较小的区域，适合航行，岛屿呈布。在这些区域之内，200 英里左右的离岸航行是可行的。

不过，现在与移民关系最密切的理由，是这些移民发生在历史时期，此时文化特点得到充分发展，足以被传播。亚洲在那个时期的越洋能力是不容置疑的。印度和中国当时的造船术和航海术发达到足以进行越洋航行。航行于印度港口和东南亚港口之间的印度船只大且装备精良，可以驶过孟加拉湾。中国佛教学者法显从印度回国时所乘的船载有船员 200 余人，船不是沿海岸航行而是直接穿越大洋。这样的船只比一千年以后哥伦布用来航行大西洋的那些船只要大。《瑜克蒂·劫波塔鲁》（*Yukti Kalpataru*）是一部提供大量关于造船方面资料的中世纪著作；根据这部著作，印度从公元前 200 年到 16 世纪末一直建造大船。一位中国编年史家提到：南亚的船只可以装载一千人，主要由马来亚船员驾驶。他们利用太平洋北部的西风和海流抵达加利福尼亚，沿海岸向南航行，然后取更南方的航路、借助信风返回亚洲；不过，他们没有停靠波利尼西亚群岛。[37]

印度人在古代有卓越的造船技能，即使是关注与造船学有关的一切的英国人，也发现印度早期的船只模型值得模仿。印
度船只集优美与实用于一体，是精美工艺的典范。约翰·马尔 77
科姆爵士写道：印度船只“如此令人敬佩地适应人们对它们所要求的目的，以致欧洲人尽管在科学上领先，但是在与印度交往的两个世纪期间，还是未能建议或者至少未能成功地进行一种改进”。[38] 在 3 世纪，一种要求由大船运输的马匹抵达马来亚和印度支那，也是人们所知道的。

埃米莉奥·埃斯特拉达、克利福德·埃文斯和贝蒂·J.梅格斯，指出了厄瓜多尔的早期马希亚文明的考古遗存与保留在日本、印度和东南亚的大致同时期的早期贾马–科亚克文化（公元前最后两个世纪）遗址之间许多惊人的相似之处，他们也为横渡太平洋航行的可行性提供了证据。就在赤道北部向东流的赤道逆流，直接流向厄瓜多尔北部海岸；在更北方，日本海流向东流去与墨西哥海流汇合，沿太平洋海岸向厄瓜多尔漂流直下。亚洲船只已经从东亚取道南亚，同西方世界进行繁荣的贸易，维持频繁的交通。到3世纪，它们的船只能够装载600人和1千吨货物。19世纪的地理学家、联邦海军指挥官马修·方丹·莫里相信，中国航海者对美洲的发现不会有什么真正的困难。“人们可以从中国取道日本、千岛群岛、堪察加半岛海岸和阿留申群岛去阿拉斯加，其间有超过几个小时的时间看得见陆地。”[39]

新西兰史前学家S.珀西·史密斯在他的《夏威夷——毛里人最早的故乡》中，试图表明：古代波利尼西亚漫游者早在公元前4世纪离开印度，他们是大胆的航海者；他们多半以新的定居处为明确目标，进行冒险航行。[40]一个向东远达复活节岛的民族，不可能看不到就在他们面前的大陆。[41]

大西洋与太平洋形成对照。它相比之下要小，它的风和海流直接流向中美洲。因此，人们可能会问：为什么亚洲人而不是地中海人向中美洲移民更可行？答案在于造船的技术。太平洋民族最早产生先进的驾舟技术。他们的海上航行独木舟装备有桅杆、帆、桨，有舀水人和石锚；有些船甚至有三根桅杆。

地中海–大西洋的推进技术有很长一段时间是划行，在中世纪末期才完全让位于风帆推进。印度洋–太平洋民族由于自己的两件高级航行装置——装在从船头到船尾桅杆上的帆和船底中心垂直升降板——而在早得多的时候实现了这种转变；这种帆由与有木制的桁、帆杠的三角形缝在一起加强三角形长边力量的卷曲席子制成，席子由露蔸树叶制成的纤维编成；这两件装置像飞机机翼一样，都利用了相同的空气动力学升降原理，因而它们能更加轻快有效得多地向前推进。就在维京人用自己的长船 78
席卷北海时，波利尼西亚人正在用自己装有加固的三角形帆的长形独木舟，完成数千英里的海上航行；如果得到有力的风力相助的话，常常达到每小时 7 海里的速度。

是什么动机驱使亚洲人进行驶向美洲的远距离航行呢？动机可能是黄金，黄金最初吸引印度冒险家和商人驶向东南亚。东山文化遗址主要是在黄金产地发现的。也有可能，古代大胆的航海者仅仅是在为新地区寻找食物和定居点。但是，似乎更有可能的是他们在寻找贵金属、宝石和珍珠以满足古代文明中心的需求。这种观点在实质上被 W. J. 佩里所加强，佩里是指出世界珍珠层的分布，并且指出为什么在发现珍珠的地方也发现有相似、复杂的宗教神话、信仰和习俗的第一位学者。因此，哥伦布之前美洲文明的神话“被在旧大陆的探宝者中流行的宗教信仰、风俗和生活习惯所深刻影响”是具有重要意义的。[42] 同样有意义的是这个事实：玛雅人宁愿居住在中美洲的那片不卫生，但是却富于宝石和黄金的地区。亚美人有点像印度人一样积聚宝石和黄金，并且用它们制作象征性的装饰品。墨西哥的神庙和偶像像印度的一样，被用黄金和宝石奢华地装饰。

无论动机如何，横渡太平洋的航行似乎是在从大约公元前8世纪到公元12世纪期间，周期性地进行了大约二千年。亚洲移民的数量可能不是很大，并且被同化到由早期亚洲拓居者组成的本地居民中，但是，他们的文化影响是深远的。由小股移民植入较原始的土著文化中的外来文明，很快被本地同化，结果是诞生一些新文明；这些文明尽管有自己本来的特点，却还是展现了外来来源和土著来源两方面的特征。

鉴于在基本概念和细节上，在神话、礼仪、肖像画法、建筑学、宗教信仰、王冠、宝座、植物等方面有如此之多的相似，加上移民的证据，孤立主义者继续坚持亚美文明独立发展看来是令人难以置信的。除了几个非常罕见的情况之外，每一种单
79 个现象一致本身可能不会有很大的意义，但是作为一个整体看，
文化传播的证据就令人震惊。海因-格尔德恩和埃科尔姆明确地宣布：

> 如此众多的领域里大量十分明确的一致，排除了任何纯粹偶然巧合的可能性。它也不会助长我们求助于任何一种以某些据说的心理学法则为依据的解释。没有心理学法则会引起太平洋两岸的民族用同样的方式仿效莲花植物的风格并且使它从一个无颌的恶魔头部的口中冒出，引起他们发明阳伞并且用它作为贵族的标志，引起他们发明相同的复杂游戏。除了设想文化关系之外，别无解释。我们必须尊重事实证据，即使这在我们对美洲印第安更高文明的起源和发展的评价中，可能意味着一个崭新的开端。[43]

第三章　苏伐剌蒲迷：印度文化的亚洲化 80

东南亚一词仅仅自第二次世界大战以来，才被用来描述印度以东和中国以南的地区；该地区包括印度-支那半岛、马来群岛和菲律宾群岛，大致构成一个从缅甸经过印度尼西亚，再到越南的圆弧形地区。在东南亚一词变得常用之前，该地区常被说成是远印度或者大印度，一般将印度尼西亚地区或者马来群岛说成东印度。[1] 原因可以在这个事实中发现：在西方统治之前，东南亚在文化和商业方面与印度联系密切。

该地区被古代印度人泛称为苏伐剌蒲迷（黄金地）或者苏伐剌提波①（黄金岛），虽然学者们对其确切界限有争议。有时，该词被解释为仅仅指印度尼西亚或者苏门答腊。据建议，该词主要适用于缅甸，但是这种解释没有说服力。像比鲁尼这样的阿拉伯作者证明：印度人称整个东南亚地区为苏伐剌提波（*Suwarndib*）。希腊地理学家知道这个地区叫黄金半岛。中国

---

① 苏伐剌蒲迷（*Suvarnabhumi*）、苏伐剌提波（*Svuarnadvipa*）是《罗摩衍那》等古代印度文献对东南亚部分地方的称呼。——译者

人称它为金邻[1]，金意思是黄金。虽然该词所指的确切地区不清楚，但是适用于整个印度–支那半岛和马来群岛不是不可能的。

东南亚是民族和语言的集合体。在它的山脉和丛林中，生活着形形色色的发展程度各不相同，历史经历各异的民族。在过去两千年期间，这一地区实际上受到了世界上所有主要文明的影响：印度文明、中国文明、伊斯兰文明和西方文明。其中，印度文化似乎与本地文化结合得最好。

81 印度和东南亚之间什么时间开始接触无法准确了解，因为印度作家很少准确地记载历史或者地形的详情。现代的史学家不得不根据文学资料中的片断材料、考古遗迹和非印度作品来重现当时的情形。考古资料仍然没有得到充分发掘。考古发掘工作也并非总是由专家进行，因为容易进入遗址和丰厚报酬的机会常常吸引伪科学家。

同时代本地的历史记叙明显不足，希腊文献中的材料随随便便并且有缺陷。9 世纪以前的阿拉伯旅行家们和马可·波罗所提到的材料虽然很重要，也还是印象主义的和不充分的材料。对于在地理上相邻及历史上与其关系密切的地区，中国的资料提供了大量情况，但对于像马来亚和印度尼西亚这样有距离的国家，则涉及得不够。

现代对东南亚的历史研究处于发展阶段，对其古代史所给予的关注要比对后来各个时期所给予的关注少得多。西方学者

[1] 金邻（Kin-Lin），即中国史籍《梁书》（卷五十四）中提到的金邻国。——译者

主要受到他们在该地区殖民地事务的纷繁的刺激，一般将注意力集中在他们自己的活动上。一名欧洲学者在 1891 年写道，除了缅甸之外，“位于恒河以外的印度国家几乎不应受到历史学的注意”；[2] 从他这里，可以获得他们对东南亚了解的程度的概念。缅甸被除外，可能是因为英国人到那时为止已成功地对它发动了两次战争，将下缅甸兼并到了他们的印度帝国之中；像约翰·克苏福德、亨利·尤尔和阿瑟·法耶这样的几个英国行政官员写下了他们的使命和对这块地区的记叙。斯坦福德·拉弗尔斯根据一群合作者搜集的资料在 1817 年写出《爪哇史》，但是这似乎并没有在英国作家当中激起多大兴趣：几乎直到第二次世界大战结束，英国作家们一直过度沉湎于英国在印度的情况。无论是对古代印度文化与东南亚之间古老而紧密的联系的认识，还是缅甸、马来西亚及他们在东南亚占有的其他领地与印度的行政管理有联系的事实，都没有激起英国研究早期东南亚的兴趣。即使今天，除了像里查德·温斯特特、G. H. 卢斯、H. G. 夸里特克·韦尔斯、雷金纳德·勒·梅和罗兰·布雷德特这样的几个著名东方学家和文化史学者之外，英国史学家们几乎没有对这些亚洲国家的文化史做认真探究。恐怕不能期望一个自己没有悠久文化史的民族，被其所统治的民族的古代文化所吸引。可是，令人奇怪的是，英国对亚洲文化知识的兴趣，甚至比法国和荷兰的兴趣都要少得多 82
和局限得多；法国和荷兰的文化史至多也只稍强于英国，但其在亚洲的政治、经济利益比英国小。

印度史学家对东南亚文化史的态度，同样令人费解。以印度学者们对知识的欲望，他们被寄望对亚洲文化做令人印象深

刻的研究。但是总的来说，他们一般处于无动于衷的状态，甚至不打算将他们自己的古代史与邻国的古代史结合起来。这大概是因为他们一般遵循指定的研究方向并继承了既定的学院训练方法，只是逐渐适应新意识和新需要。的确，在其新近被发现的独立和亚洲化的热情之中，他们有过于依赖民族主义的倾向，虽然有像 K. A. 尼拉坎塔、夏斯特里、R. C. 马宗达、B. R. 查特吉、B. 查・查伯拉、H. B. 萨尔卡尔和曼莫罕・戈什这样的显著例外。不过，印度对这一领域的兴趣在增长，在近几年出现了几种刊物。

虽然法国和荷兰学者们在早期东南亚史方面的兴趣也有限，但事实上正是他们的工作为其进展铺平了道路。有关印度–支那古代史的研究，受到 1862 年吴哥寺庙群的发现和杜特拉格莱、弗朗西斯・安邺[①]的探险航行的刺激。后来，E. 埃莫尼耶、维克多・戈卢贝夫、乔治・戈岱司、H. 帕尔芒蒂耶、M. G. 马伯乐、雷内・格劳塞特、G. 德科拉尔–雷米萨、菲利普・斯特恩、S. 莱维、B. P. 格罗利耶和其他学者的著作陆续出版。

荷兰于 1778 年在爪哇建立一个协会研究印度尼西亚民族的文化，这鼓励了在印度尼西亚早期历史文化方面的众多研究。亨德里克・克恩、布兰德斯、科恩・斯图尔特和霍尔发表了关于印度尼西亚碑铭的重要研究成果。后来，N. J. 克罗姆、W. F. 斯图特海姆、R. 戈利斯、P. V. 范斯泰因・卡伦费尔斯、F.

① 弗朗西斯・安邺（Francis Garnier，1839—1873 年），法国海军军官、探险家。——译者

D. K. 博施、C. C. 贝尔赫、J. C. 范洛伊尔、H. J. 德格拉夫、J. G. 德加斯帕利斯和许多其他荷兰作家，对印度尼西亚早期历史研究做了杰出贡献。该领域较著名的印度尼西亚学者有 N. 额·波尔巴特贾拉格、萨努西·潘恩、穆罕默德·雅明、普里约诺和侯赛因·查亚迪宁拉特。

但是，印度文明的向东扩展还没有完全理清。尽管史学家 83
们开始理解其结果、其起源、其在不同国家的各自发展，在对整个地区现象做出实质性估价之前，还有一段漫长道路。当然，对详细解释达成一致的期望不大。在有些印度学者中存在过分强调印度对东南亚文明影响的倾向。其中某些人坚持用文化统治或者殖民化这样的词分析这一过程。另一方面，某些非印度学者，特别是用第二手材料的现代作者，倾向于贬低印度在东南亚文明演进过程中的重要性。一种理智而不带偏见的解释既不应过分强调印度影响的程度，也不应过高估计本地的创造力。不过，史学家们当中的争论并不总是出于民族主义立场；经常有一些经过深思熟虑的、确实的意见分歧。例如，F. D. K. 博施、帕尔芒蒂耶和 E. B. 哈维尔认为本地的贡献有限，而像戈岱司、夸里特克·威尔斯、斯图特海姆这样的其他学者，则看到了更多的本地文化的残存影响。

近来进入该领域的社会学家倾向于轻视文学资料、历史比较语言、考古学和碑铭方面的证据，过高估计某些不确切的、过于牵强的人类文化学表述和残存的前印度文明特征。乔治·戈岱司简要地讨论了这种方法的缺陷，并且强调需要花更大力气研究地方语言的铭文，他说：“我相信，这种研究将揭示大量

材料，这些材料表明，大众印度化的程度之深，比社会学家们目前所承认的要多得多。”[3]

印度人来到东南亚，在历史上几乎史无前例。它不可能与欧洲人抵达美洲等量齐观，因为印度人不是作为陌生人前往东南亚的。似乎总是存在某种形式的联系。但是，大量商人和移民在目前还不能确定的某个时刻和由于现在还没有弄清楚的环境而进入东南亚，引起建立了一些当地王国；这些王国实行印度艺术、风俗和宗教，使用梵语作为宗教语言。如果东南亚的印度化似乎是大约公元初的一种新现象的话，那是因为印度人在这个时期抵达的数目众多，并且可能第一次有能够用梵语传播印度宗教和文化的受过教育的人士相随。实际上，东南亚最

84 古老的梵语铭文不会在最初印度本土梵语铭文之后。不过，在这些地区的最早考古发现，不一定就是最早的印度影响的证据。在最初的印度教或者最初的佛教寺院里担任圣职的祭司们和写下第一批梵语铭文的学者们，必定有航海者、商人或者移民作为先导，这些人建立了第一批印度人的住所。这些住所，例如印度-支那的奥埃奥和霹雳的瓜拉塞林辛，并不完全总是新建的，而是建立在新石器时代的遗址之上，印度航海者自远古以来，可能经常去这些遗址。

考虑到印度的史前南亚语族的民族与苏伐剌蒲迷民族之间的种族相似，两个地区之间的接触可以一起追溯到遥远的古代。不过，对这一问题的观点绝不一致。例如，施米特和库赫主要以他们的马来亚和印度某些部落之间的语言的相似——他们相信这种语言的相似属于南亚语族——的证据为基础，赞成马来

民族在史前时期移民来到半岛的观点。有些学者对这一理论提出质疑，甚至否认南亚语族的存在。还有其他一些说法，其中有一种认为第一批马来人去了印度，然后这个过程又颠倒过来。

无论印度和东南亚之间在史前时期的种族和文化关系怎样，印度文化植入东南亚始于有贸易接触的历史时代。佛教本生经讲述了许多有进取心的商人和王子航行到苏伐剌蒲迷从事贸易的故事。例如，摩诃贾纳格本生经中，维迪哈的被废黜国王的儿子摩诃贾纳格，为赚钱以同篡其父位的仇敌作斗争而从事贸易。他搜集包括珍珠、宝石和钻石在内的货物之后，和一些商人一道乘上开往苏伐剌蒲迷的船只。船上有七支带有野兽的商队（或者按最早的经文的说法，有 350 人），该船只七天内航行 700 里格[①]。讲述这个故事是出于宗教说教的目的，偶尔才提到贸易和海上旅行，因而地理和年代材料十分不足。

在阿育王统治期间于公元前 247 年在华氏城举行的第三次佛教结集（大会）的记述中，也发现提到苏伐剌蒲迷。包含在《大史》中的传说，提到苏纳和尤陀罗这两位传法师，据说他们身怀佛教使命被派往苏伐剌蒲迷，可能是去了缅甸。不过，在东南亚国家没有发现材料来印证这一传说，在阿育王的铭文中 85
没有发现提到过这一事情。

海上航行——其中有些以遇难而告终——的记述在其他古代经文中也有出现，诸如佚失的德富的鬼语故事集《故事广记》、《故事瑰宝》和耆那教的《智法论》（*Jnatadharmakatha*）

① 里格（league），约 2.4—2.6 英里的长度单位。——译者

之类。《故事瑰宝》讲述与500艘船只一起去苏伐剌提波从事有利可图的贸易的纳加达塔的故事。虽然这个故事与相似的浪漫、冒险、说教故事一样一定有讲故事者的想象的特点，并且商船队的规模可能有些夸大，它还是使人联想到两个地区之间的贸易是相当大的。《智法论》提到一群商人冒着风雨抵达一座叫卡利耶提波的岛屿，并且发现金、银、钻石和其他珠宝的矿床。《政事论》中有许多地方提到东部和东南亚的那些地区和地方，从经济、商业和政治的角度看，这些地方值得一提。例如，它提到一种叫泰罗帕尼格（*tailaparnika*）的檀香木，它出产于苏伐剌蒲迷。《罗摩衍那》透露了关于大海那边的东部地区的一些知识，例如妙项派遣其部下到耶婆提（Yavadvipa）即爪哇岛或者苏门答腊去寻找悉达。它说到缅甸是银矿之乡。

泰米尔语文献中，有资料提到高大宽敞的船只满载货物从东方港口返航。往世书的宇宙论和分成地区或者大陆和岛的地理单位，表明了印度对这一地区的了解，虽然往世书编撰者的了解模糊而不确切。

《弥兰陀问经》(*Milindapanha*）和《大缘生经》（*Mahaniddesa*）都是最晚属于公元1世纪的佛教经文，它们提到了去东方港口的贸易航行。《唱导疏》(*Niddesa*）列举了一系列梵语地名或者梵语化的地名，西尔万·莱维提出它们与东南亚一些地方等同。目前，既没有考古学和碑铭方面的证据，也没有非印度文学资料可以使史学家们即使并不确定地追溯到比《唱导疏》更早。不过，如果《唱导疏》包含有较早的传说的话，那么印度航行的时间就可以向前推到公元前几个世纪。

印度由海路同中国的接触也含有印度同东南亚的联系。《汉
书》提供了属于汉武帝（公元前 140—前 87 年）时期的以东京 86
（越南）海岸为起点、以印度海岸为终点的海上旅行路线，它还包括一条与王莽统治（公元 1—6 年[*]）时期有关的相反路线。巴格奇以此为根据提出，从恒河流域到东京的固定航行出现在公元前 2 世纪和 1 世纪。[4] S. 莱维是第一个分析这样的航行路线的证据的学者，他认为这些记述中包含的关于海路的详细知识在 2 世纪前不可能获得；他没有利用巴格奇借以构成自己观点的基础的汉语材料。

第一个在菲律宾群岛进行系统考古调查的拜尔，发现有力的证据来强化这一观点：印度和东南亚之间在公元前有接触。他得出结论：20 世纪 20 年代末在诺瓦利切斯考古发掘期间发现的所有制造品，包括陶器、铁器和武器、念珠以及手镯、脚镯等，都是在两个国家之间长期的贸易中从印度运到菲律宾群岛的。发现的铁器和玻璃器皿均相似——在有些场合还完全相同——于在南印度发现的史前玻璃器皿和铁器。1948 年，拜尔重新审视了自己的理论及对他的批评，实质性地重申了他早期的观点。如果在公元前的几个世纪里印度的接触已远达菲律宾群岛的话，那么就有理由得出结论：在途中的国家也与印度有联系，可能还更为密切。如果这个材料被认可的话，早在公元开始之前，在东南亚沿海一定就有印度拓居地。

不过，1 世纪印度移民的材料还不明确。这些材料是考古

* 通常为公元 9—23 年。——译者

材料而不是历史材料，它使人联想到印度人航行到远至巽他群岛的地方。印度艺术品沿着从印度开始的整个航路都被发现，更有意义的是，大约在同一时期在该地区出现的所有文化都具有清楚明白的印度影响的痕迹。只有为什么那种现象会发生仍然不清楚，因为没有文献资料对它做解释。[5]

在中文和希腊文资料中，发现有关于印度和东南亚之间的贸易路线的情况。希腊和罗马作者在 1 世纪之前不知道包括中国（*Sinai* 或者 *Thinai*）在内的恒河流域以东的世界，但是他们却印证了关于贸易路线的汉文材料。波姆波尼乌斯・梅拉[①]在大约 1 世纪中期时提到克利西和阿尔吉拉[②]，即恒河以远的金银岛。存在一条经过东南亚去中国的海路的大量证据出自《红海
87 漫游记》的匿名作者之手，此人做了去印度的航行。[6] 但是，现存最早的、对东南亚的全面描述是在托勒密的《地理学》中发现的，该书写于 2 世纪中期。

印度和东南亚之间的陆路经过东孟加拉、阿萨姆和曼尼普尔。旅行者经过曼尼普尔的几条山路行至上缅甸，经过阿拉干抵达下缅甸。这条路线的一部分与印度通往中国南方四川、云南的道路相同，它虽然崎岖艰难，还是经常在使用。

从印度向东南亚航行出发的二个端点是西海岸的巴努格恰（布洛奇）和东海岸的耽摩栗底（今孟加拉米德纳波地区的塔姆

① 波姆波尼乌斯・梅拉（Pomponius Mela），是用拉丁文撰写的唯一古代地理学论文《世界概述》的作者，活动于公元初期。——译者

② 克利西（Chryse），阿尔吉拉（Argyre），原意为“金子”，“银子”。——译者

卢格）。在它们两者之间，两个海岸均有许多良港。船只从耽摩栗底出发，沿着孟加拉和缅甸海岸定期开往马来亚、印度尼西亚和印度–支那。有些从印度开往马来亚及其以远的一些港口的船只，首先沿着海岸航行直到根贾姆地区的帕卢罗，然后做越过公海的航行开往马来半岛。开往东印度群岛和印度–支那半岛的更远的航行，取道马六甲海峡。不过，考古材料使人联想到许多航行者登陆，并且完成了短途越过克拉地峡的陆地旅行，去了泰国南部的东海岸。海上旅行从那里重新开始，越过暹罗湾开往印度–支那。可能也有一些从南印度通过安达曼群岛和尼科巴群岛之间的水道，开往暹罗的达瓜巴或者马来亚的吉打的直接航行。航行也从安得拉海岸开始，要么沿着海岸航行，要么直接开往下缅甸的土瓦。旅行者们从那里通过三塔关的山区，前往湄南河三角洲。绕道新加坡，通过暹罗湾抵达现在的曼谷地方或者越过中国海抵达扶南和占婆，是一般不用的一条航路。在所有这些登船和上岸的地点以及所有陆路的沿线，考古发现的收获极为丰厚，使史学家们能够做出印度和苏伐刺蒲迷之间航行的连续完整的叙述。

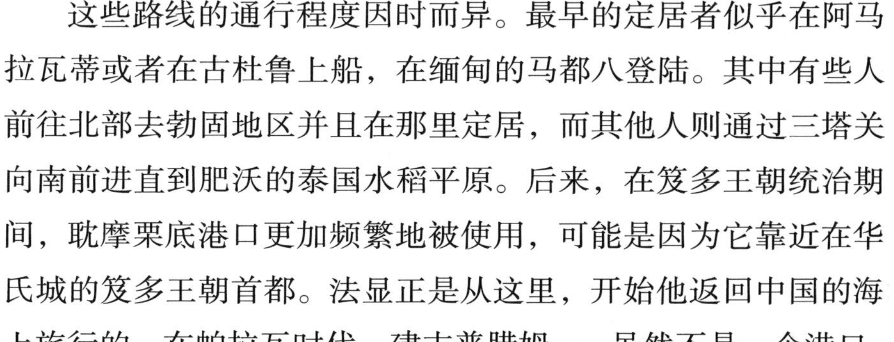

这些路线的通行程度因时而异。最早的定居者似乎在阿马拉瓦蒂或者在古杜鲁上船，在缅甸的马都八登陆。其中有些人前往北部去勃固地区并且在那里定居，而其他人则通过三塔关向南前进直到肥沃的泰国水稻平原。后来，在笈多王朝统治期间，耽摩栗底港口更加频繁地被使用，可能是因为它靠近在华氏城的笈多王朝首都。法显正是从这里，开始他返回中国的海 88
上旅行的。在帕拉瓦时代，建志普腊姆——虽然不是一个港口，

位于内陆大约40英里——因为同缅甸、马来亚、爪哇或者苏门答腊的航行而更有名。

从印度到缅甸的陆路旅行如此艰难，以致航行者们一般喜欢走备用路线。印度-支那半岛遍布山脉、荒凉茂密的丛林、湍急的河流和其他危险。内陆交通少并且困难。内陆交通的主要手段是河流——红河、湄公河和湄南河；陆路交通路线过去少，现在依然不多。缅甸和暹罗湾之间唯一固定的陆路通过三塔关，虽然有些缅甸武装人员和移民有时的确从北部穿越去了暹罗。老挝、东京和安南之间没有固定的陆路联系，今天仍然没有。大自然如此不友好，以致印度-支那五分之四的地区几乎荒芜和不适宜居住。

尽管有艰难险阻，印度商人和拓居者仍然不断从事去东南亚的旅行，即使考虑到获得的大量利润，也充分证明了他们的体力、勇气和决心。这一点由这一事实能证明：他们没有国家帮助、有计划有组织的支持或者政治统治，而是依靠个人的自发努力，基本上移入了整个文明。为印度宗教和拓居地开拓地区，维持印度与东南亚的文化交流的正是印度商人。在中亚和中国，一旦变化交流的过程开始，文化传播的主要任务便落到学者、香客和僧人身上；与此形成鲜明对比的是，印度拓居者和商人的文化作用在东南亚持续不衰。在印度和东南亚，都有大量经常相互联系的沿海商人定居点。否认他们无疑具有的精神和身体素质，是极大的偏见。过去提出过、最近仍在重复一些建议即印度商人穷困、没有受过教育、不能有效地传播思想。[7]考虑到有大量的考古学证据和像戈岱司、温斯特特和格罗利耶这样的该领域的专家学者们的观点，这种没有任何重要论据支持的建议还会被提出来，真是令人惊讶。

印度人不是当时唯一在东南亚从事贸易的民族，但是，正 89
是印度人证明自己在获得土著民族的信任和友谊方面，在传播自己的文化影响方面最有本领。在古代印度社会里，贸易社团是富裕阶层，是仅次于统治家族的对祭司和知识的主要赞助者。商人和劳动者之间的区别即使是在今天，对有眼力的观察者来说也是十分清楚的。在古代时期，那些来到东南亚并且在那里建立无论属于临时的或者永久性的住所的是富裕的商人，或者是他们的负责外国仓库的代理人：有技术、有进取心、有文化的人。考虑这些旅行所遇到的非同寻常的困难并且记住他们常常具有机智敏捷、毅力和坚韧不拔等本领的话，人们就不得不认为早期的印度商人具有传播思想的充分准备。他们是诚实的商人和合格的水手，爱通过冒险和诚实的讨价还价获得财富。不仅商人是世界这一地区的文化的传播者，而且贸易在一切地方都是文化传播的主要因素。印度同西方国家的商业关系便是其中一个例证。作为商人的阿拉伯人是文化的最杰出的传播者。从事类似课题研究的阿瑟·韦利明确断言，商人无疑是外部世界信息的主要传带者，他还对将东西方做错误类比而得出的断言——商人不可能对哲学感兴趣——提出质疑。与欧洲商人形成对照的是，印度或者中国的商人“素有讨论形而上学问题的能力”，在佛教传说中有这样的商人的大量例证。[8]

文化联系无疑受到人类天生的冒险精神和给予与索取的欲望的刺激；印度扩张和印度文化最终传播的主要原因是获利，

而不是传教的热忱。到公元初，印度贸易已经活跃，它后来变得更为频繁。季风的发现使印度和西方世界之间的海上航行安全准确，罗马对东方奢侈品的奢求达到难以置信的程度——远远超过印度一国所能提供的。结果，越来越多的印度人去东南亚寻找那些可以以如此高昂的价格卖给罗马人的货物，以致老普林尼悲叹这是罗马经济遭受的失血。香料、檀香、樟脑、安息香树胶均属于恒河以远国家的物产之列：投拘利（Takkola）即“小豆蔻市场”，卡普罗提波（Karpuradvipa）即“樟脑岛”，那利格罗提波（Narikeladvipa）即“椰子岛”，还有多得多的梵语地名提示了印度人对这些地区所感兴趣之所在。日益增长的

90 海上贸易的需要，刺激了印度航海业的发展。由此产生的经济革命如此具有活力，以致它被与 14 个世纪之后那场划时代的变革相提并论，那场变革由发现从欧洲直达印度的海路而引起，改变了整个世界的商业地图。

有厚利可图的贸易的吸引，无疑被东南亚富有黄金资源的名声进一步加强。按现代的标准，东南亚可能似乎远没有富裕到与此名副其实，但是黄金在古代更为稀有，发现黄金的前景与对有利可图的贸易一定程度的预期相伴。印度在公元初失去了她最主要的黄金来源地西伯利亚，因为在公元前最后两个世纪里，中亚的政治动乱和民族大规模移动切断了商路。

印度尼西人对各种印度数字的接受进一步支持了这样一个观点，即印度同东南亚的贸易特别是同东印度的贸易格外活跃。数目、表示家庭关系的术语及对身体各部分的称呼，在受到外来影响的语言中一般保持不变。

由于是利润而非宗教热情是推动印度文化发展的动力，争论是印度教还是佛教先来到东南亚就有点多余了。无论怎样都不可能给予明确的答案，因为两个宗教在思想和文化方面不可分割地相互联系，区别至多是次要的。印度教可能先抵达，但是肯定同时存在。印度教的传播一定是由于来自印度的教徒的到来和当地土著民族对印度教文化的潜移默化的吸收，而佛教作为一种有组织的弘法的宗教则一定是由僧人传入的。印度教不是一个劝人改变宗教信仰的宗教，但却在东南亚产生有力的控制达几个世纪之久，这使人联想到大量印度教社团的存在，或者逐渐改宗的民族的存在。

虽然据记载，佛教导其弟子们“你们任何人都不得两个人去同一个方向”，但是早期佛教不是一个劝人改变信仰的宗教；实际上，它完全不是作为宗教发端的。不过，它很快发展成为一个具有前所未有的劝人改变信仰的热情的宗教。在阿育王统治期间，热情的传法师们将佛教带到外国的土地和辽阔的孔雀
帝国的边远地区。无数的印度塔在全国各地树立起来，其中最 91
精美的是迄今仍然屹立的山奇印度塔。[9]随着北印度和南印度之间交通的改善，佛教移向南印度。孔雀帝国崩溃之后，萨达瓦哈纳人建立了历史上第一个西部和南部的帝国。正是这时，将帝国政府的本部首都乌贾因与孔雀帝国的首都、东部的华氏城联系起来的主要交通动脉，古代北印度的大干道，被扩展到了在普纳蒂什塔纳的萨达瓦哈纳王朝首都。这条路从普纳蒂什塔纳向南延伸，向东西两个方向分叉。这样，政治权力、弘法的宗教和海上贸易的中心被前所未有地密切联系的道路运输联系

起来，将佛教带到国际贸易活跃的印度海岸地区。对于像佛教这样无疑具有活力的宗教而言，从那里到东南亚国家只有咫尺之遥。

印度教的萨达瓦哈纳王朝起初只是容忍佛教。后来，佛教受到积极赞助，所以在整个萨达瓦哈纳时期得到繁荣。不过，佛教在南印度获得最大的成功是在公元初的两个世纪期间，即在萨达瓦哈纳王朝从短期的政治倒退（约 35—90 年）中恢复过来之后。这也是一个主要来自南印度的印度同西方的贸易达到鼎盛并且发展到东方的时期。萨达瓦哈纳人及其在西方的对手克沙哈拉塔人，竞相修建佛教寺院、赞助僧人，向佛教寺院赠赐土地和钱物。在帝国的东部，尤其在沿印度东南海岸的地区，佛塔和其他建筑通过民间的努力大量修建起来，这使人联想到佛教在这些地区甚至更为流行。阿马拉瓦蒂的遗址和龙树穴的遗址，为这种观点提供了有力证据。两座城市均位于克利希纳河畔；两地之间陆地的距离大约 60 英里，水路的距离有 100 英里多一点。阿马拉瓦蒂与萨达瓦哈纳王朝属于同一时期，龙树穴则是在它们衰亡之后产生的，并且与佛教大师龙树有关。印度人多半从这一地区和在这一时期航行去东南亚港口，这使他们要么是佛教徒，要么至少熟悉佛教教义这样的事情成为可能。

印度教可能更受拓居者、宫廷和贵族的欢迎，具有简朴和人类平等教义的佛教，则可能像在中国那样获得老百姓更多的关注。不过，在整个东南亚承认佛教、印度教是两者的混合或者是这两者与他们自己的本地信仰的混合之前，两种宗教以各
92 自的方式帮助了文化交流。实际上，从吠陀崇拜到密教信仰的

所有印度教和佛教教派和流派，都进入了这些国家。一般说来，湿婆是比毗湿奴更受喜欢的印度教神祇。许多柬埔寨和印度尼西亚国王让人将他们的肖像装饰得和他们所崇拜的神一样，将他们所喜欢的神的品质加在自己的个性上。在有些国家，例如在印度尼西亚，印度教与佛教如此融合，以致湿婆和佛被说成是两兄弟。的确，在以巴厘印度教为宗教的巴厘寺庙群中，湿婆教僧人和佛教僧人在为俗人做法事时，虽然装束各异，却还是并肩而坐。上座部佛教在东南亚比大乘佛教所拥有的信徒要多得多。在诸如印度尼西亚和马来亚这样的在14、15世纪变为穆斯林的国家，较早的信仰仍然残存，大多数被赋予了伊斯兰教的外貌，但是它们在有些场合仍然保留原始形式。在相对较偏远的印度尼西亚内地山区，本地信仰与印度教和佛教习俗结合；在诸如日惹和泗水这样的许多城市，可以发现，从理论上说来不应该崇拜偶像的穆斯林，在9世纪和以后就在优美的印度教–佛教雕像面前跪着祷告。

看来，印度移民没有有意识地尝试去使本地民族改信他们的信仰和文化；他们肯定没有用武力强制实行它。劝人改变信仰正是印度教信仰的本性所摒弃的，这可能会解释印度人对东南亚印度化的普遍不关心，还有印度文献中有关这一变化过程的材料的缺乏。不过，还是有为传播自己信仰而工作的佛教传法师，有一些中心和寺院以其知识赢得了广泛的名望。

这些印度人无论是僧人还是商人，他们的文化深刻影响了他们访问或者定居的国家。格罗斯莱尔对随西南季风来到香料群岛、寻找出口到地中海世界的货物的印度商人们，作了生动的描绘。他们不得不临时在荒岛定居，等待有利的风向返回，日益增加的贸易需求逐渐迫使他们在这些地方建立永久性的仓库。

93 相互通婚在这种文化综合中一定起着重要作用。居民和文化的彻底融合很快实现。这一事实会消除印度种姓在当时僵化的任何说法。很久以前由戈岱司最先提出，几乎被某些其他学者机械重复的是由于作为印度教社会组织中不可分割组成部分的种姓制在东南亚不存在，印度文化的影响一定不完全；这种说法否认了这一事实：在国外传播的印度文化是印度教和佛教的融合，种姓制在那时没有如此僵化。还有，许多定居者和水手是佛教徒，并且反对种姓制。

尽管商人、祭司、僧人和定居者不断进入东南亚，尽管印度学者和商人不断去其他国家宣道或者谋利，可是与葡萄牙人或者其他欧洲人不一样的是，没有任何有关纯粹为了聚敛财富而谋求在当地宫廷受聘的印度冒险家或者商人的报道。不过，一旦印度人成为东南亚生活的一个组成部分，他们就经常受到本地统治者的雇佣。后来，印度化的王国或者作为印度人依从本地居民的结果出现，或者作为本地统治者采纳这种外国文明的结果出现。随着时间推移，不可避免地会出现有进取心、有雄心的谋求权势的杰出人物。那些成功地确立了自立的统治地位的人们，至少在最初将所需的祭司、文书、金饰工、纺织工、吟游诗人、雕刻家、学者、保镖和诸如此类的人员以及法律、艺术等等方面的印度文本带到了宫廷和家庭。统治者文化的所有方面渗透到他们采纳的社会之中。最后，本地人民被雇用于各种职务，本地影响被印度统治者和定居者吸收。

尽管各个经济阶层和知识阶层的印度人长期大规模进入，还是没有任何本地抵抗他们到来的证据。印度定居者受到的友好接待与欧洲定居者和商人实际上在每个地方遇到的、不仅来自高度文明高级社会而且也来自原始土著民族的强烈不信任和反抗，形成了鲜明的对照。没有证据表明印度人将这些新国家当作自己过剩人口的输出渠道，或者当作自己正在增加的贸易的独占市场，或者他们坚持自己的文化至高无上。印度人无论在哪里定居，他们总是给予自己所有的东西，取回自己所能取回的东西。这样，靠相互同意便逐渐形成一种主调是印度特征 94
的新文化。

访问印度的东南亚商人或者香客带回印度传统。结果，与印度教–佛教的王权宇宙论相联系的以国王为中心的印度政治制度、印度史诗和宗教经文、印度数学和天文学、印度的耕作和手工业技术，在新的国家变得日益牢固。梵语成为官方语言，并且与巴利语一起被用于经文。印度教和佛教的各个教派在这些国家赢得信徒，甚至伊斯兰教也进入了东南亚。印度文明的影响达到如此程度，以致它不是像运输落后的时代的人们所预料的那样，局限于定居点或者沿海地区，而是渗透到东南亚大陆和内地的中心及偏远的角落。

根据夸里特克·韦尔斯的观点，印度化虽然是延续不断的过程，还是以一阵一阵高潮的形式进行的，他称这些高潮为文化发展的四大浪潮。[10] 这些与印度教–佛教文明的高峰时期相吻合的浪潮是：2 世纪和 3 世纪的阿马拉瓦蒂浪潮，从 4—6 世纪的笈多浪潮，约 550—750 年的帕拉瓦浪潮和约 750—900 年的波罗浪潮。他增加了第五浪潮作为第四浪潮的补充，即那烂陀大学废弃后，12 世纪和 13 世纪波罗王朝晚期的影响。可能伊斯兰教的第六次浪潮也可以被加进来，因为进入东南亚的主要是伊斯兰教。这是对不适宜于归于明确范畴的一个复杂过程所作的简单归类，但是它的确反映了这个事实，即印度文化与东南亚在不同时期相遇，呈现出不同形式，并且它与变化的社会形式密切相连。印度的影响是一种连锁反应，移民的每一阵连续浪潮在这种连锁反应中与包括本地化的印度人在内的本地民族，产生一种浓度和同化程度不同的文化综合。

推动这个由今天并不特别以其冒险精神和对物质的追求而闻名的民族，进行有力、持久、非同一般的海上扩张的原因，除了商业利润和文化扩张之外，还有其他原因。一个显然的结论是：古代的印度人在商业进取精神和传教热情方面与他们现代的后裔大不相同。他们毫不犹豫地出去寻找能与之交换货物
95 和思想的民族。不过，人们也提出了其他不同的解释。例如，可以发现的远因，是公元前 3 世纪阿育王征服羯陵伽，以及作为其结果的居民大量出逃。其他人相信：大量居民因为贵霜人在 1 世纪的入侵而倍感压力，这导致了印度移民；这从年代学方面说似乎更有道理。也有人建议：沿海人民大批移民可能是由于沙摩陀罗笈多征服南印度引起的，这会解释东南亚一些印度教国家的同时兴起。不过，这些解释看来没有一个是正确的，因为可得到的资料清楚地表明：印度在公元初几个世纪的扩张属于商业性质，而不是一群群逃避动乱、寻求避难的人群的盲目运动。没有人提出表明有计划地驱逐大量印度居民的证据。

如果通常是入侵或者内乱引起印度人出走到外国的话，那么将会有多得多的移民浪潮，特别是在以加兹尼的马茂德的灾难性入侵为开端的时期期间。

印度文化的传入是一个渐进的过程，以本地文化得到充分发展足以交流知识为先决条件。本地文化只采纳那些它们赞同的印度特征。本地成分可能服从于印度影响，但是它绝没有消失。本地民族从来没有完全丧失自己首创精神的自由。一个能感受到外来文化刺激并且根据自己的需要作出反应的民族，必然具有一定的文明程度。印度人能驾轻就熟地在东南亚发展自己的文化，可能给这样的观点增添了一定的说服力，即本地民族在自己的信仰和态度中可以发现自己传统的反映。

在印度文化的传播到来之前，在东南亚存在什么样的文明呢？由于最早的种族和文化运动，看来到新石器时代的阶段，整个地区有人种学上相互混杂的一些民族居住。这个时期已知的最典型特征，是不同形状的有四边形切面的扁斧。这些扁斧在北印度、缅甸、马来亚、中国和日本均被发现。这种四边形扁斧文化，可能是在大约公元前 2000—前 1500 年之间通过中国和印度-支那中部（老挝和暹罗）到达马来半岛和印度尼西亚。它将被称为南岛语族的一些语言（它们后来发展为印度尼西亚的语言）带到印度尼西亚，并且传入舷外装有桨叉托架的独木舟、水稻栽培、家内饲养牲口或者水牛、割取敌人的头颅作为战利品以及建造巨石坟墓的风俗。[11] 由于它的艺术技巧方
面的发展，特别是陶器和纺织方面的发展，这种文化是该地区 96
石器时代文化中最广泛、最重要的文化。

海涅-格尔德恩认为最早的印度尼西亚人从云南和中国西南移民而来，而在1889年写作并以语言学材料为根据的亨德里克·克恩则提出：它属于印度-支那和邻近地区，这些地区出产甘蔗、香蕉、椰子、竹子可能还有藤条。水稻是这个以航海为业的民族的主食。不过，新石器时代的移民浪潮，似乎没有越过摩鹿加群岛，没有抵达新几内亚。

这些国家发展的下一个阶段以东山文化而知名，发生在公元前5世纪至公元前2世纪之间；东山文化被解释为安南沿海地带的印度尼西亚民族的文化。它以大量使用青铜和对铁有相当多的了解为特色。青铜器相当先进，青铜鼓是这个时期特有的特征。它们具有高超的工艺技巧，广泛用于宗教仪式。它们的内壁非常薄，青铜像汉代中国一些制造所的一样是铜和铅的合金。后来，一般的铜-锡合金在印度时期恢复使用。除了全部用青铜铸造的鼓、剑、匕首和头盔、家用器皿和小塑像之外，还发现有贝壳装饰品和半宝石。发现的第一批鼓，是在安南的清化附近得到的。后来在这个海岛地区的各处都有所发现。

东山民族是有技术的农夫、渔民、造船工和水手。他们的航海术比他们前辈的航海术有更多的进步，他们有一些关于天文学方面的知识。他们是善于旅行的商人，具有重要意义的是他们给有些度量衡所起的名称，诸如卡蒂（*kati*）和塔希尔（*tahil*）等，仍然在马来亚和印度尼西亚被使用。

最近，据建议，东山文化能被追溯到大约公元前2000年中国沿海地区居住的越族；根据埃伯哈德的观点，该族的典型特点是：“发达的航海术；延续木船竞赛的风俗以及作为其结果的龙舟节；使用青铜鼓，其装饰传达出与这种风俗的联系；以及龙作为河神的概念。这种文化的一些要素是崇拜蛇、圣山——后来发展成重要的寺庙节日——和某些树。”[12] 不过，像埃伯哈德自己指出的那样，太平洋地区这些早期文化的附属性问题，只能以一种试验性的方式处理。[13] 97

关于南亚语族或者南岛南亚语族文化——一种越过印度-支那半岛向印度东北端发展的文化——与前雅利安印度文化之间的关系，有其他各种存有争议和悬而未决的说法。如果有些说法有根据的话，印度与东南亚的接触开始于公元前很多世纪，并且一直有力地持续到大约 1500 年。即使史前时代时期文化接触的可能性——对此只有零碎的、不明确的考古材料和传说记述——受到怀疑的话，印度同东南亚国家的直接接触也持续了大约 1500 年。在中世纪期间，印度教在印度停滞、佛教在印度几乎消失之际，它们两者在东南亚兴盛。即使今天，缅甸、泰国、锡兰、老挝、柬埔寨和越南还是佛教占统治地位的国家，马来亚和印度尼西亚——除仍然信奉巴厘印度教的巴厘岛之外——在 15 世纪伊斯兰教兴起之前一直是印度教国家。不过，伊斯兰教并没有驱逐印度文化；它变成了马来文化河流中的另一条支流。虽然古吉拉特、孟加拉和马尔瓦也贡献非凡，南印度对东南亚的影响还是更伟大得多。

中国和印度文化在东南亚的影响，其分界线可以从西藏中部以东向南，穿过印度-支那半岛，然后向东南方向进入印度尼西亚；同时有大量相互的渗透交叉。台湾、东京和菲律宾群岛处在中国一边，老挝、柬埔寨、暹罗、缅甸、马来西亚和印度

尼西亚则在印度的范围之内。不过，中国的影响似乎并不是特别大。台湾确实是中国的一部分，在菲律宾群岛和还有包括其西方在内的其他地区，印度和中国两国都做出了贡献。即使是地理上、人种学上，经常还在政治上同中国有密切关系的东京，也保留了佛教和大量的印度文化。

印度影响和中国影响的性质和程度差异甚大，它们发展的过程也是如此。中国移民几乎不愿意与本地人心甘情愿相混合，尽管他们之间有种族方面的密切关系；印度定居者都自由地与土著居民通婚。即使在印度影响的范围内，在选定的贸易点定居的汉人也保留有几乎不愿意与本地居民相混的外国人的殖民地。中国文化的发展是政治统治的次要结果，因为中国很

98 少为文化而输出文化，而是将其作为缓和征服带来的打击而给予。除了在锡兰的一些政治干预和拉金德拉·朱罗 1025 年派出的对室利佛逝[①]帝国进行的海上远征之外，没有印度国家作过任何真正的努力将政治条件强加给东南亚人民，将文化强加给他们就更加少得多。中国文化局限于这些地区的汉人后裔的居民之中，可能除了东京之外，没有地方有任何完全吸收中国文化的迹象。

印度文化和中国文化在其他地方相遇过，但是它们在印度–支那的相遇是大规模的相遇，它们同现存文化的相互交流是历史上的独特现象。虽然印度远离印度–支那，可是这似乎并非

① 室利佛逝（Sri Vijaya），是印度尼西亚苏门答腊 7—13 世纪的古国；我国唐代史籍中称之为“室利佛逝”，宋代以后的史籍称之为“三佛齐”。——译者

巨大的障碍。长期在中国统治之下的东京是整个东南亚地区中本地居民吸收中国文化比印度文化更多的唯一地区。即使如此，它也吸收了佛教，并且反过来将它传到了中国南方。格罗斯莱尔在描述这两种影响的方式和效果之间的关系时说：“中国十分简单地征服和兼并东京，写下清清楚楚的强加其文明的历史，最终将这个国家变成自己的省份之一，变成一个很难发现与其庞大帝国的其他省份有区别的省份。而印度则只接触到印度–支那的南部海岸，并且在它的航海活动在大约公元 5 世纪实际上结束之际，再次从这里消失。但是，这里的人民在这段短暂的时间不仅摆脱了孤立、主动接受了其文化，并且很快反过来创造具有深刻原创性的新文明。中国统治，印度则撒播种子，两者塑造了印度–支那的不同方面。”[14]

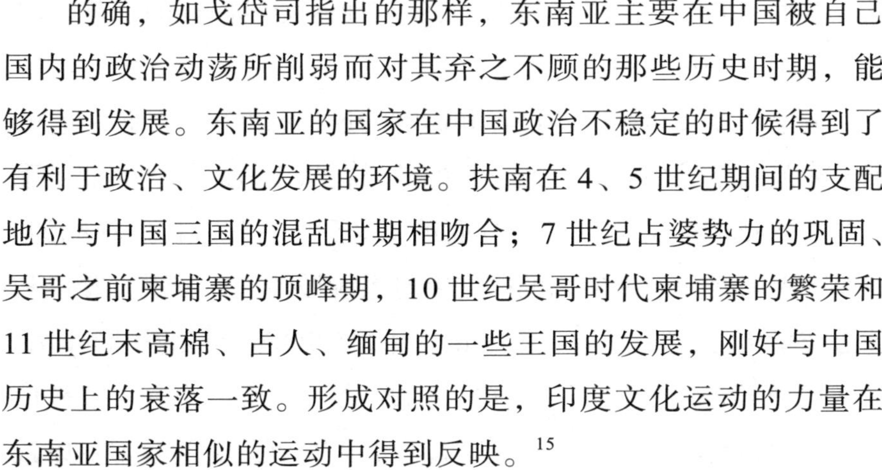

的确，如戈岱司指出的那样，东南亚主要在中国被自己国内的政治动荡所削弱而对其弃之不顾的那些历史时期，能够得到发展。东南亚的国家在中国政治不稳定的时候得到了有利于政治、文化发展的环境。扶南在 4、5 世纪期间的支配地位与中国三国的混乱时期相吻合；7 世纪占婆势力的巩固、吴哥之前柬埔寨的顶峰期，10 世纪吴哥时代柬埔寨的繁荣和 11 世纪末高棉、占人、缅甸的一些王国的发展，刚好与中国历史上的衰落一致。形成对照的是，印度文化运动的力量在东南亚国家相似的运动中得到反映。[15]

即使地中海世界惊人的希腊化，也无法与东南亚的印度化
相比。印度远离东南亚，从未统治过任何一个地方王国；与埃 99
及或者叙利亚的希腊人不一样，没有纯粹的印度王朝曾经统治

过该地区。希腊文明在那些与希腊毗邻和被希腊君主统治的地区直接发展。东南亚的印度人比希腊化世界的希腊人要少得多，那些印度人不得不在一个中国人经常大量出入的地区，与同样强有力的中国文明做斗争，这里的大多数本地居民在人种方面同中国的联系比同印度的联系更密切。另一方面，希腊文明并没有遇到这样的文化类型和种族类型反差。实际上，希腊人在影响波斯人、西亚人或者印度人方面并不成功。相反，他们自己却受到了后者的很大影响。即使从效果方面看，东南亚的印度文化所留下的比地中海世界的希腊文化所留下的也要多。希腊化世界里没有什么文化能与吴哥窟或者婆罗浮屠相比。希腊文化融入了希腊化文化并且吸收了其他文明的许多特点，印度文化则相当独特地继续发展。再者，印度人不仅贡献了哲学和思想，而且也贡献了在东南亚大多数地区仍然保存的宗教。希腊宗教则是一件古董。

无论印度文化结合的过程和影响的过程的准确性如何，它的程度和范围是深刻而广泛的，它的效果在从宗教思想到农业、手工业技术技能的文化的各个方面被感受到。首先，仍然在缅甸、暹罗、柬埔寨和老挝使用的印度字母系统被传入；其次，梵语和梵语文学传入，“正好起着拉丁语在中世纪欧洲所起的相同作用。印度还教导自己的以国王为中心的政治制度和它的主要宗教信仰。它的宗教经文，它的伟大史诗在海外受到很好的学习，以致它们在这些地区的每一个国家本土化。最后，印度逐渐揭开它的数学和天文学的秘密，使得历法计算比过去更加准确得多成为可能；它还逐渐敞开在耕作和手工业方面的全部技术技能。”[16]

锡　兰

斯里兰卡、僧伽罗或者锡兰是印度南部最紧密的邻邦，可能是感受到印度移民影响的第一个南亚国家。常常被密切的政治联系所加强的锡兰同印度的文化关系，几乎一直延续至今。
严格地说，锡兰不能算东南亚的一部分，但是，它的确作为印 100
度文化和宗教向东运动的中介和基地两者发挥作用。在佛教和印度教的历史上，以及在同时代的印度世界，楞伽（Lanka）占据着显著的地位。印度教史诗《罗摩衍那》讲述的是以罗摩同楞伽王罗婆那[①]的斗争为中心题材的故事。虽然古代锡兰在印度被称为楞伽时期的历史主要是神话、传说和貌似合理的猜测的集合体，最早移民群的早期阶段不明确，但是锡兰的最初定居者来自印度是不容置疑的。[17]

瓦达人可能是锡兰最早的居民，但是在此之后的雅利安人移居才被证实。雅利安人的语言引起僧伽罗语的产生，僧伽罗语现在是现代锡兰的国语。雅利安移居者即僧伽罗（*Sinhalaa,Sinhalas*）或者“狮子部落”的成员称他们的新故乡为僧伽罗岛（*Sinhaladvipa*），由此派生出它后来的不同名称，葡萄牙语的锡兰（*Ceilao*，或者 *Zeylan*），以及英语的锡兰。

雅利安人的到来，在《大史》中通过在公元前 6 世纪来自

---

① 罗婆那（Ravana），即十首王，是居住在楞伽岛的魔首，受其妹巨爪的蛊惑前往罗摩等人流放所在的印度南方森林，劫持罗摩的妻子悉达，引发罗摩与猴军结盟，攻入楞伽岛。——译者

北印度的毗阇耶僧诃王子的故事得到表现。尽管他湮没在传说的迷雾中，他在历史上的存在一般还是被承认的。不过，印度和锡兰之间密切的接触只是在阿育王统治期间佛教传入的时候才开始。这种接触变得如此频繁，以致常常不可能将南印度的历史同锡兰的历史分割开来。葡萄牙人 1505 年到来之前的时期，有时的确被称为锡兰历史的印度时期。

在佛教到来之前，并没有完全同他们在印度的亲属断绝往来的雅利安人创建国家，在干燥地带建立住所，传入铁的使用，组建政体，并且传播印度教教义。印度教的存在是不容置疑的，但是其流行的程度无法准确了解；其他如耆那教和生活派这样的信仰也被信奉。已知如种姓制这样的印度教的某些成分，存在于佛教之前的锡兰。也有可能在公元前 3 世纪阿育王派遣由自己的儿子（或者兄弟）摩晒陀率领的传法团之前，佛教的声

101 望已传入锡兰；摩晒陀是锡兰的第一名外国传法师和佛教的真正创立者。根据《大史》的记载，锡兰国王天亲帝沙王（公元前 247—前 207 年）隆重款待阿育王派来的传法团，并且对新信仰留下深刻印象：他和他的臣民很快信奉了佛教。摩晒陀起初待在首都阿耨那陀城的 26 天期间进行了一系列传法活动，当他离开时已经有 62 名僧人。无论他获得辉煌胜利的这个故事的准确性如何，毫无疑问的是：这位年轻人的造访，标志着我们所了解的僧伽罗文化和佛教在这个国家全国勃兴的开端；这位年轻人一生中后来的 48 年在锡兰工作。

由于不允许僧人授予尼姑的职位，阿育王后来派遣摩晒陀的妹妹僧伽蜜多去锡兰授予皇后阿鲁娜和其他表示愿意加入僧

团的女子以尼姑。据说，她随身带去一棵佛陀在其树下获得大觉的菩提树秧。这根树秧在隆重的仪式中被栽在首都，成长起来的这棵圣树至今犹存。[18] 这种移植菩提树秧的思想归功于阿育王。对于那些刚刚信奉佛教的人民而言，这棵树起了灵感作用，成为佛教在锡兰占支配地位的标志，并且加强了同印度的文化联系。后来，其他圣物被从印度输入锡兰。一个从华氏城返回的使团带回佛陀的布施钵，该钵存放在图帕拉马舍利子塔（Thuparama Dagoba）；佛陀的一颗牙齿被供奉在一个专门修建的寺院，即法轮寺里。锡兰早期佛教历史上的这些事件给僧伽罗人民留下深刻印象，并且仍在数以百万计的佛教徒中唤起虔诚的热情。

关于这颗佛牙有不同的传说，但是当法显在5世纪访问该国时便知道它在锡兰。这颗佛牙历经沧桑，因为锡兰内外有势力的君主们都渴望占有它，有些敌对势力则力图毁坏它；葡萄牙人声称缴获了它，并且在其自1517年至1600年作为锡兰的宗主国期间在果阿的市场将其焚毁。它在经历了所有这些企图之后幸存下来，现在保存在坎迪的圣牙寺，这里每年举行一次多姿多彩的宗教节庆。

婆罗含摩尼王的统治（大约公元前29—前17年）在锡兰佛教历史上是一个重要里程碑，因为在那时编出来背诵的宗教经典，经数百名背诵者和抄写员的努力被抄写下来。保存到今天的巴利文宗教经典三藏，便是这次大规模努力的结果，巴利文三藏的原著在印度早已佚失。佛教在锡兰变得如此强大，以
致国王们罕见地与之发生密切往来，对它给予专门的赞助。僧 102

人们开始从印度涌入锡兰，慷慨的捐赠使寺院在全国各地建造起来，并得以维持运转。数以十万计的男女信奉了新的信仰，数以千计的人加入了僧团。

锡兰对佛教的特别热情的反应，可能是因为佛教正在在种族和文化方面已经与印度密切联系的人民当中寻求支持。到佛教来到锡兰时，它已呈现流行的形式。它没有强调其深奥的教义，而是力图强调佛陀作为有启发性的导师和具有超自然力的救星的个性。老百姓最受吸引和最容易理解的正是这个形象。佛教文献丰富多样，足以满足僧人和居士两方面的需要。因此，佛教传法师们容易和锡兰的老百姓交流。

佛教被奉为国教以后，人民的社会生活、宗教生活发生重大变化，王室和宫廷也发生重大变化。此外，宫廷受到印度的影响，因为锡兰王室与南印度王室联姻，并且继续维持。在以后的某些时期，锡兰和印度几个地区统一在一个王朝之下，印度和锡兰之前的贸易联系得到进一步加强。巴利语——还有大量梵语——成为锡兰的书面语言，锡兰文学与其印度的对应作品有密切的相似之处。书法可能是在佛教传入之前随同雅利安人一起传入锡兰的；不过，已知最早的书写样品与佛教有关。[19]无论锡兰的字母系统是在阿育王时期传入的还是在此之前传入的，它毫无疑问起源于印度。

佛教的兴起也见证了锡兰艺术和建筑的兴旺时期。天亲帝沙王是提倡修建宗教纪念物的第一人，最早的宗教纪念物是建于阿育王时期，位于阿耨那陀城的图帕拉马舍利子塔。他的一位后继者都叉含摩尼王（公元前 101—前 77 年）修建了黄铜宫

罗哈帕萨达（Lohapasada），并且动工修建努万维利萨亚舍利子
塔，该塔在他死后竣工。以其大灌溉储水池而闻名的国王摩诃
犀那（334—362 年）也修建了通常称为胜林寺[①]的位于阿耨那
陀城的最大舍利子塔（或者印度塔）。251 英尺高的胜林寺，屹 103
立在一个用院墙围住的 14 英亩围场内的平台上，平台占地大约
8 英亩。几乎同样大规模的无畏山寺，被认为修建于公元前 1
世纪。

主要建筑遗址是在阿耨那陀城和波隆那努瓦，这两个古代和中世纪锡兰最著名的首都被发现的。前者在大约 8 世纪被后者取代之前的一千多年时间里一直是皇城，后者作为都城一直到 13 世纪。因此，锡兰古代历史分属于截然不同的两个时期。阿耨那陀城的建筑追溯到公元前 3 世纪，虽然其中大多数属于公元最初几个世纪；而波隆那努瓦的一些重要建筑则属于 12 世纪后半期。阿耨那陀城最引人注意的建筑物是佛教的一些印度塔，它们的面积大大超过了印度现存的任何印度塔。但是，阿耨那陀城宏伟的宝塔、装饰性的建筑、侏儒和龙神的雕刻、月长石和石制围栏，使人回想起山奇和阿马拉瓦蒂的这一切。这一时期的后一阶段以受典型的安陀罗艺术影响为特色，如同在阿马拉瓦蒂的佛教雕刻中所见到的那样。

在波隆那努瓦时期，锡兰建筑主要受 7 世纪的和南印度帕拉瓦艺术影响。帕拉瓦时期的宗教神龛在锡兰的样板，是特宁

① 胜林寺（Jetavanarama），又译祇园寺、祇多林寺或者逝多林寺。是一所以祇树给孤独园命名的寺院。——译者

科马尔的科尼斯瓦罗寺和蒂努基提斯瓦罗的古庙。由帕罗格拉马·巴胡（1153—1186年）修建的波隆那努瓦的蒂瓦格寺院，有属于达罗毗荼风格的高耸的金字塔顶；波隆那努瓦的建筑一般的确具有明显的达罗毗荼特色。

印度教的一些神祇在佛教的神殿中享有受尊敬的地位；毗湿奴在僧伽罗佛教寺院中特别流行，因为他没有被认为是佛的对手，而是当作锡兰的保护者，并且被当作佛陀的下属受到崇拜。印度教庙宇也被修建，例如，可能属于11世纪或者12世纪的波隆那努瓦的湿婆庙与南印度的朱罗王朝建筑相似。不过，锡兰的宗教纪念物和寺院的某些部分，与印度-支那的佛教建筑有相同的特点，不同于印度的宗教纪念物和寺院。

锡兰的绘画和雕刻虽然受到本地影响的修饰，一般还是遵循印度的模式。但是，锡兰的痕迹在某些艺术品上常常留得这样深，以致它的印度起源并不十分明显。锡兰的“月长石”是一种安放在楼梯口脚下、刻以精制的低浮雕的半圆形厚板，它虽然明显是从阿马拉瓦蒂风格的月长石发展而来的，却格外具
104 有锡兰艺术的特色。它的设计总是以开放的荷花为基础。

印度对佛教肖像画法的影响是清楚明白的。佛陀坐着、站着及躺着的大雕像在这个国家比比皆是，它们中有些可以追溯到公元初。已知的在锡兰的较早的佛像风格是安陀罗流派的风格，早期偶像的带折褶衣饰风格与阿马拉瓦蒂的风格十分相似。[20] 在阿耨那陀城的多鲁维罗废墟出土的有一名本地信徒坐在其旁边的石制佛像，可以与最优美的笈多时期雕刻相媲美，帕拉瓦时期的影响在波隆那努瓦的雕刻中可以发现。有些锡兰雕刻作品可能是

在印度铸造的。画在墙上的富有人性的人物一般与山奇的那些相似，虽然它们在风格方面更先进。

据说，僧伽罗早期的绘画艺术受到阿马拉瓦蒂艺术的启迪，锡吉里亚的绘画艺术与阿旃陀的艺术具有惊人的相似之处。锡吉里亚位于一处孤独的山坡旁，是在 5 世纪最后 25 年期间在位统治的迦叶国王一世修建用来作为坚不可摧的避难所用的；包括 21 幅女性画像在内的绘画作品，被安放在通常被称为洞穴的两个不规则的石室里。有些最近的观察者注意到了阿马拉瓦蒂的风格和技法在锡吉里亚艺术中的反映。无论有什么样的外国影响，锡吉里亚的壁画作品是它们自己时代的杰出产物。没有线索表明艺术家们是谁，他们来自哪里或者他们是怎样学到自己的艺术的。

除了古代巴利文编年史《大史》之外，锡兰舞蹈史和音乐史的主要资料来源是艺术和文学。雕刻的舞蹈人物细节和木雕、象牙雕作品，无疑揭示了锡兰舞蹈艺术同印度舞蹈艺术特别是婆罗多的《乐舞论》的关系；《乐舞论》是从南印度传入锡兰的。《大史》提到像姆里登伽腰鼓（*mridanga*）、卡哈罗长号（*kahala*）、摩陀罗（*maddala*）和七弦琴（*Vina*）等乐器，这些乐器在印度仍广泛使用。大部分在《塔史》和《佛齿舍利史》（*Dalada Sirita*）中列举的、大致属于 13—14 世纪的乐器来源于印度。有些鼓与南印度的鼓完全一样。在印度音乐中流行的大量技术术语，都在僧伽罗语诗歌《诗海》（*Kavislumina*）中提到。[21] 在僧伽罗民歌中，例如在丰收歌当中，可以发现在水田里插秧时唱的马拉巴尔民歌的反映。

105 反过来，锡兰以细心保存原始佛教教义和习俗，为印度和世界作出了巨大的贡献。世界正是从锡兰获得了最可信的关于佛教兴起的记载。巴利语经文对缅甸、柬埔寨、泰国和老挝产生了巨大影响；今天，上座部佛教在这些国家仍然兴盛。

缅　甸

缅甸的面积有 25 万平方英里，是东南亚大陆最大的国家。在印度和缅甸之间虽然从很古的时候就有陆路，两国之间贸易和联系的发展还是靠海洋而不是靠陆地，因为缅甸位于十分难以进入的阿萨姆和曼尼普尔山区那边和阿拉干山脉。相比之下，去下缅甸的海路相对来说要容易一些。它是从印度到中国去的路程中的重要一段，虽然缅甸今天远离了世界商业的要道；这条要道取道马六甲海峡经海路而行。

印度思想和文化主要通过佛教对缅甸的生活和文明产生了深远影响。锡兰编年史谈到阿育王派出的传法师苏那（Sona）和嗢呾罗（Uttara），他们是被第三次佛教大结集派遣到缅甸去复兴佛教的。这就使人联想到佛教存在已有了一段时间。尽管对这一记载的准确性存有疑议，它的可能性还是不能被完全否认的，在缅甸的佛教传说中几乎没有别的传说如此广泛，并且被如此深信不疑地坚持。有一个缅甸传说提到，佛教是通过两位孟族商人多补沙（Tapussa）和跋梨加（Bhallika）的斡旋，才进入这个国家的；这两个商人因亲受佛发八茎而增光，他们将这些发丝供奉在辛古塔罗（Singuttara）山的山顶，著名的宝塔瑞德宫（Shwe Dagon）塔现在仍屹立该处。在其他强调缅甸佛教的古老性的传说记载中，一个故事与5世纪巴利经文的评注者佛鸣有关；据说他出生于缅甸，向西去锡兰，最后带着一部完整的巴利文三藏回国。尽管这一事件的历史真实性不清楚，缅甸编年史还是坚决坚持其真实性。

在佛教传说之外，最早提到缅甸佛教的资料是在3世纪的汉文编年史中发现的，它们提到在缅甸中部的林阳有一个十余万户、僧人数千的佛教王国。中国对缅甸的兴趣被唤起，因为 106
在汉朝时期该国的部分地区落入中国统治之下，偶尔有从中国派出的军事远征队。在汉朝统治崩溃之后，中国放松了对缅甸的控制。

尽管中国控制缅甸的许多地区达几个世纪之久，可是正如我们现在所知的那样，印度文化影响到来之后缅甸文明才成形，没有任何中国影响缅甸文明的材料。除了其佛教内容之外，中国文化一直是同缅甸文化不相容的。缅甸人主张他们的文化和文明的最初阶段与释伽族（Sakyan）移民一起来自印度。根据缅甸的传说，他们的第一个首都太公（Taganng），是由来自伽毗罗卫的释伽族王子们在上缅甸建造的。[①]中国的文献也注意到

① 按这一说法，是佛祖诞生地（迦毗罗卫城）与佛祖同族（释伽族）的王子们建立了缅甸最初的首都；但据历史资料，印度影响缅甸的证据不早于在茅沙发现的巴利佛藏残本（约公元500年），可参见（英）D. G. E.霍尔《东南亚史》(上)，商务印书馆1982年中译本第181页。另，此句中的太公原文拼为Taganng，英语中一般拼作Tagaung。——译者

印度人的到来为缅甸文明的最初阶段做了准备，佛教在缅甸的中部昌盛，印度教则在缅甸南部获得一定的发展。

印度人沿缅甸海岸和河口内地定居。《红海漫游记》提到通过塞萨太（Sesatai）民族的中国-印度贸易，塞萨太民族可能生活在位于中国和阿萨姆之间的缅甸北部。托勒密在2世纪提到的某些梵文地名，被认为是缅甸的一些地方。虽然他的描述特别是对内地的描述有些错误，他还是列举了大量地名，有时候就像是一个数学家在列举数目一样。Takkola（投拘利）和Vesunga（维森加）的港口好像是托勒密提到的Takola和Besynga。托勒密谈到2世纪的伊洛瓦底三角洲。他提到恒河河口那边的基尔哈迪亚（Kirrhadia），在这里发现了最好的桂皮，在它的北方生活着蒂拉带（Tiladai，有不同的拼法）民族。这些民族被认为是在龙树穴发现的铭文中提到的基拉塔人（Kiratas，或者Cilatas）。他们居住在现在叫阿拉干和下缅甸的地区，一些来自塔姆巴帕纳（Tambapanna）的僧人在大约250年使他们皈依了佛教。

虽然印度文化一定很早以前——可能在公元前——就进入了缅甸，印度-缅甸文化联系的证据还是在从大约公元5世纪往后才明确。它的最大影响的到来，正是在缅甸的民族精神获得成熟之前的初期。“缅甸将其文字、文学、艺术、思想、宗教的基础及其大量的经济产品归功于印度。”[22]

缅甸的民族大致分为三个种族，孟人、缅甸人和掸人。今
107 天，缅甸人是最大的民族集团，但是与高棉人有关系的、一度占据下缅甸的宽阔地带和马来半岛的孟人是缅甸历史上已知最

早的民族。最初，他们占有泰国的大部分地区，在缅甸则占有从皎克西的东部平原到大海，又从那里直到克拉地峡的地区。在1757年以前，勃国一直是他们主要的权力中心和活动中心。缅甸人与喜马拉雅山区的西藏人、尼泊尔人和其他民族属于同样的种族血统。他们移民到缅甸的准确日期不可知，但是到9世纪已成为上缅甸的主要势力。当他们到达这里时，都城在室利差呾罗（Sri Ksetra）的骠人的佛教王国正在兴盛；他们在832年骠人被推翻之后在皎克西定居，在这里采纳了孟人的语言、宗教和文化。后来，他们建立了阿拉干的王国，但是他们的主要中心在蒲干（阿利马达纳，Arimaddana）。

与泰人有关的掸人出现在缅甸人之后，并且在下缅甸获得公国。他们与缅甸人一样信仰佛教。在中世纪和近代早期，孟人经常遭受缅甸人的迫害，被迫大量逃跑到泰国。今天，他们的人数相对而言占少数，主要集中在毛淡棉附近，并且与缅甸人同化。

不过，孟人是一个有造诣的民族，将书写和宗教传给缅甸的正是他们。他们可能是在公元1世纪通过南印度安陀罗–帕拉瓦地区航海的得楞伽那人，是最先与印度文化取得联系的居民。在泰国的华富里石柱上发现的最早的孟人铭文，使用的是5世纪的帕拉瓦文字。

迄今为止，只有距卑谬大约5英里的骠人都城遗址得到了详细些的发掘。考古发现的文物的时间从大约6世纪初到10世纪末，包括大量的佛教纪念物。石制和铜制雕像，有铭文的赤陶片和圣骨盒。最早的遗物是在骠人遗址磨札（Moza）和貌贡

（Maungun）发现的巴利文经文残片。这些残片大致属于公元500年，是用与同一时期的南印度卡达姆巴文字相似的文字书写的。它们第一次发现是在1897年，后来受到在茅沙[①]的包括20张金页的手稿和具有笈多风格特征的佛陀石像在内的进一步考古发现的补充。这些石像中的一部分，有用骠文和梵文刻写的铭文。这些遗物表明：佛教到此时在缅甸已广泛、牢固地确
108 立，巴利文有知名度且被掌握——在都城肯定如此，佛教从南印度中心地区的像阿马拉瓦蒂、龙树穴、建志普腊姆和科佛里帕蒂纳姆这样的安陀罗-帕拉瓦地区传播过来。具有意义的是，所有这些地方都与关于佛音[②]的传说有密切联系。

碑铭文献表明佛教上座部占据优势，上座部强调教义和玄学思辨方面超过了其他方面。虽然此时缅甸佛教占统治地位的是上座部，并且受到在诠释者达摩波罗指导之下的建志、普腊姆上座部佛教中心出现的极大影响；但是，可能来自印度的大乘佛教也存在于那里的证据也被发现。

骠人王朝的国王和其他国王拥有印度的跋摩（Varman）和毗讫罗摩（Vikrama）称号：例如，苏利耶·毗讫罗摩（死于688年），诃梨·毗讫罗摩（654—695年）和阇耶梅陀罗·跋摩。他们的都城室利差呾罗是按印度的宇宙论信仰修建的，形状像因陀罗的城市苏达尔萨那（又叫阿马拉瓦蒂）；苏达尔萨那位于妙高山之巅，有32座大门和一座位于城中的金殿。骠人的

---

① 茅沙（Hmawza），是对卑谬（Prome）的旧称。——译者

② 佛音（Buddhaghosa）是公元5世纪很有影响的佛教评论家。——译者

王国分为31个省并且由国王统率，这就使人联想到：都城的布局是按照与因陀罗的天国一模一样的格局来组织的。在7世纪，中国学者玄奘、义净都提到骠人国家是佛教王国。唐朝的中国编年史，提供了关于佛教在骠人王国兴盛状况的进一步资料。

除了各种佛教遗物之外，毗湿奴、湿婆、象头神、梵文和其他印度教神祇的肖像都在茅沙、墨吉（丹老）和缅甸的广大地区被发现。在卑谬，废弃的印度塔和其他追溯到6世纪的遗物被发现。有一座印度塔是屹立于五层叠加的平台上的宏伟建筑。安放在这些寺院中的石制人塑像和从圣物室的废墟中复制的赤陶还愿匾，不仅揭示了同时代南印度帕拉瓦艺术的影响，而且也揭示了北印度笈多风格的影响。

骠人南部的主要印度化邻邦是勃固（罕礁瓦蒂）和直通（泰达摩伐底）的两个孟人王国，印度教和佛教在那里并肩繁荣。直通在11世纪之前的某个时期，成为一个重要的佛教中心。也有一些关于室利·达摩罗阇努阇旺夏（Sri Dharmarajanujavamsa）的印度教王朝的资料，他从600至1000年统治着阿拉干。[23]

更早些时期，一种被曲解的宗教形式似乎在卑谬北部盛行：阿利崇拜盛行于穆拉马人①之中。穆拉马人是文明程度 109
不太高的藏人–达罗毗荼人部落，在蒲甘的王国建立了一个都城。阿奴律陀（阿尼鲁陀）于1044年获得蒲甘王位，从而开始了缅甸佛教历史上新的、独特的时代。我们对11世纪往后

① 穆拉马人（Mrammas），一般认为是缅族最早的名称。——译者

的缅甸人及其文化的了解更加可靠和完整。[24] 阿奴律陀公开致力于破坏阿利崇拜，他自己因一名孟族僧人信阿罗汉（驼摩达西）而皈依上座部佛教。他是艺术和文化的赞助人，以一名新改宗者的热情修建了众多寺院和庙宇。他开始动工兴建瑞德宫（Shwe Dagon，或者 Shwe Zigon）舍利子塔，该塔在其子江喜陀（1084—1113 年）统治期间竣工；他从锡兰引进了全套三藏。在 1057 年，他甚至向拒绝为他提供经文的直通孟族国王摩奴哈宣战。摩奴哈战败，阿奴律陀带着 32 头满载宗教经文、佛教圣物的白色大象和佛僧们回朝。

洗劫直通的结果，对缅甸的宗教和艺术具有极其重要的意义。上座部佛教从那时往后成为该国的主要宗教，巴利文成为宗教经典的语言。结果，缅甸法律以佛教大师解释和润饰的《摩奴法典》为基础。缅甸人采纳了孟人的字母系统，来自直通的大量工匠涌入蒲甘，开创了一个持续 200 多年的宗教和教育改革时期。

在直通盛行的佛教形式中有许多印度教特征，包括在寺院中给予印度教的一些神祇以显著的地位。这导致 G. E. 哈维称它为精神上主要是印度教的佛教形式。来自直通的艺术家们影响了蒲甘王国的寺院建筑。在建于 12 世纪用来珍藏从直通运来的宗教经典的藏经（Bidgat Tail）馆里描绘有十个印度教神祇的化身，佛陀是第九个；该建筑是献给毗湿奴的。

在江喜陀统治的 28 年间，他继续父亲的未竟之业。他修建包括杰出的阿难陀寺在内的众多寺院的印度塔，修复了比哈尔菩提伽耶著名的大菩提寺；佛陀正是在这里获得大觉。由于佛教当时正在印度衰落，这种修复正当其时，到 11 世纪末，东印度的波罗王朝正在走向衰亡；佛教和印度教艺术在波罗王朝 350 年的统治下双双获得繁荣，那烂陀大学声名鹊起。

蒲甘的阿难陀寺有闪闪发光的镀金尖顶，是缅甸最美丽的
风景之一。在寺院外面，有 1500 块展现本生经故事的匾，每块 110
匾上有用巴利文或者蒙文刻写的铭文；在侧廊内有 80 个反映佛的每一生的雕刻（匾）壁龛。这些作品由印度艺术家或者遵循印度风格和模式的艺术家所作，具有印度灵感。江喜陀的母亲是印度人，他也赞助印度教，在他的顾问当中有许多婆罗门。江喜陀的统治被认为是缅甸历史上最有创造性的时期。江喜陀死后，他的儿子阿隆悉都[①]登上王位。他也是一位杰出的寺院修建者，修建了蒲甘的冰瑜寺，根据哈维的观点，该寺在外形的雄伟方面胜过了其他所有寺院，它是按照与印度同时代寺院的模式建造的。

在 12 世纪的最后 25 年中，缅甸佛教史上发生了一件意义重大的事件，当时缅甸由于卡帕塔（Capata）领导的锡兰僧人组织的建立而被分裂。从那时候起，锡兰佛教是对缅甸宗教的主要影响。锡兰那时经历了上座部佛教在帕拉格拉马·巴胡一世领导下的复兴，它在接下来的四个世纪中被像泰国、缅甸和柬埔寨这样的其他上座部佛教国家以最崇敬的眼光相待。印度在这些世纪期间与缅甸的贸易同以往一样活跃。蒲甘的一份铭文提到了纳纳德什商人修建的毗湿奴庙，并且提到某些马拉巴

① 一说阿隆悉都（Alaungsithu）是江喜陀的外孙。——译者

尔商人在13世纪献给该庙的赠品。

尽管佛教正在印度衰亡，许多佛教僧人还是越境来到缅甸，随身带来波罗王朝艺术和密教。但是，缅甸同印度的这种联系在突厥–阿富汗统治者占领北印度的时候被削弱了。缅甸自身也并非处于十分稳定的状况。蒲甘于1287年落入蒙古入侵者之手，缅甸陷于政治崩溃、长期无政府和混乱的状态。佛教普遍衰落，僧团分裂，派别林立，印度塔虽然仍在修建，但是没有一座比得上蒲甘的小寺院。这种状况一直持续到15世纪后半期陀达哂迪（Dhaddacedi）登上王位时为止：一个更加稳定的王国被建立，并且实行宗教改革，恢复了僧团以前的声望和权力。从那时起，佛教牢固地扎根于缅甸社会，虽然在细小琐事上有些不和，但是其主导地位从未受到怀疑。

后来的像东吁王朝（Toungoo，1531—1752年）和阿隆帕
111 耶[①]王朝（1753—1886年）这样的一些王朝的统治者是虔诚的佛教徒，佛教及其文化继续在缅甸发展，对世界佛教做出了杰出贡献。佛教在曼同（Mindon）王统治期间在缅甸将得到进一步发展。曼同王是一位杰出的政治家，他在英国人对上缅甸的压力与日俱增的关键时候，英明地统治着自己的国家。在曼同王的赞助下，宗教研究以日益增长的活力和热情进行，缅甸佛教的某些最优秀的著作问世。曼同王召集第五次佛教大结集来校订三藏，以光大阿育王的传统。此次结集在国王的亲自指导下于1868—1871年在曼德勒举行，所接受的经文被雕刻在729

① 阿隆帕耶（Alaungpaya）王朝，即雍籍牙王朝。——译者

块石板上，这些石板被细心地保存下来。在1954—1956年期间，在仰光举行的第六次佛教大结集主持下对三藏进行修改的基础，便是这一份经文。

佛教不仅主导人民的文化生活，而且在缅甸政治史上起着重要的作用，有时是关键的作用：通过将孟族、缅族和掸族融入国家统一的宗教、文化和意识，帮助了缅甸各民族的团结。它鼓励了艺术、教育、文学和社会、文化生活的发展。虽然缅甸文化吸收了其他影响，佛教还是缅甸民族传统的结晶。它在缅甸开创了一个以社会标准平等为基础的社会，只有为数不多的社会像缅甸那样，享有这种民主的社会生活。

泰　国

暹罗（Siam）或者如它现在所被称呼的那样叫泰国，其历史的独特之处在于：虽然这个国家具有悠久的历史，可是今天它的泰族只有大约7个世纪的众所周知的历史。泰人被忽必烈汗的几次军事活动逐出他们在中国西南的故乡，在13世纪来到暹罗。在大约7世纪，他们便在云南建立了一个强大的王国南诏，南诏在他们被驱逐之前在东南亚的历史上起着重要作用。[25]

南诏是印度化的骠国的近邻，当印度与中国两国之间的相互交流活跃时，它一度位于这两国之间的大道上。因此，它受到印度文化影响达几个世纪之久。[26]佛教在南诏流行，年代大致属于11世纪、有用汉文和梵文刻写的佛教铭文的两只

钟在那里被发现。在他们的民间传说中，提到了政府的一些
112 婆罗门顾问。在南诏有印度人的定居点。云南最重要的泰族王国是犍陀罗（Gandhara），它的一部分又称为毗迪诃拉杰亚（Videharajya）。[27]他们的都城叫米提罗（Mithila），称号叫“大君”（Maharaja）的国王号称是阿育王的后裔。南诏的人民使用起源于印度的字母系统；根据本地的传说，观世音菩萨来自印度，使这里的人民皈信了佛教。云南的一些地名和象征与佛教有联系：例如，圣山格里陀-库塔（Gridhra-kuta）、菩提树和菩提洞。根据一位10世纪的中国旅行家的记载，甚至有一个本地传说断言佛陀是在云南获得正觉的。在13世纪写作的拉喜杜丁不仅称这一地区为犍陀罗，而且断言其人民来自印度和中国。[28]巴利文编年史和汉文编年史也赞同这一观点：泰族虽然在种族学上与中国人有关，但是在被驱逐出故乡之前，他们获得的印度文化比中国文化要多。暹罗北部是他们最初定居的地方，这里毗邻中国南方；在这里既没有中国在风俗、服饰、文学、艺术方面的影响和痕迹，也没有其在宗教方面影响的痕迹。

即使在蒙古入侵之前，有些泰人已开始离开自己的国家，逐渐向南、向西进入到诸如骠国、掸国和暹罗东北部无人居住的西双版纳等毗邻地区。根据北暹罗权威的暹罗史书《暹罗史记》（*Pongsawadan Yonaka*）的记载，最初具有重要性的定居点是在860年出现的，当时一名叫布拉马的泰族王子越过湄公河，在暹罗遥远的北方清莱[①]地区的猜·波罗迦（Chai Praka）建立

① 清莱（Chierngrai），原文误排为Cheingrai。——译者

了一个公国。[29] 1215 年，泰人在八莫北部建立孟拱（Mogaung）王国，80 年之后建立博奈（Mone 或者 Muong Nai）的公国。不过，他们开始从南诏大规模地移民，是在 1253 年蒙古人征服他们的王国之后。

到这些印度化的泰人抵达暹罗时，这个国家与印度有密切的文化联系已达一千余年。有考古学的材料表明印度对早期暹罗文化的影响，印度古代文献中专门提到暹罗之处却寥寥无几。不过，不断地提到苏伐剌蒲迷，的确使人联想到古代印度人熟悉湄南河流域。暹罗学者丹龙亲王的研究以暹罗编年史和铭文还有中国编年史为基础，他曾经建议苏伐剌蒲迷实际上在暹罗南方靠近湄南河·昭披耶河（Menam Chao Phya）河口的地区。戈岱司也持这样的观点：这个地区有许多像索班（Supan）、北 113
碧（Kanburi）、乌通（U Thorg）这样的表示黄金或者黄金地的地名，它代表苏伐剌蒲迷比缅甸代表苏伐剌蒲迷更有道理。

泰国由四个不同的地理单元构成——包括巴亚卜（Bayab）环形地带的北部地区，由湄南河流域构成的中部地区，东北部高原地区和南部半岛地区。暹罗最早的居民是拉瓦人——其中一部分仍然生活在北部山区——和孟人-高棉人，他们遍布在从现在的柬埔寨经过湄南河流域和马来地区直到勃固的广大地带。所有这些地区，受到印度文化的深刻影响。北部最初受到影响是它在 8 世纪被暹罗中部的孟人征服的时候，看来暹罗中部有可能甚至在孟人从下缅甸到来之前便与阿马拉瓦蒂发生直接接触，就像在蓬迪（Pong Tuk）和帕巴吞（Phra Pathom 或者 Nagaram Pathama）的考古发现所令人联想的那样。佛教的象征物法轮（*dharmacakra*）在帕巴吞的遗物中被发现，它使人联想到佛教可能甚至在公元前已传到暹罗，因为法轮属于很早时期的印度艺术品，那里的佛不是用人的形象表现而是用象征物表现的。在帕巴吞发现的遗物样品可能没有这么古老，但是它不可能迟于 1 世纪或者 2 世纪。

东北部地区在很早的时候便受到扶南的印度教王国的影响。后来，当暹罗东北部落入高棉人之手时，它的印度特色进一步增强。不过，暹罗南部同印度的接触最直接，时间最有延续性。大量的印度商人、拓居者和大师连续不断地要么直接从印度，要么通过缅甸直到暹罗南部。暹罗南部到处都有印度文化的遗迹，最杰出的遗迹是那空是贪玛叻[①]城。

印度和暹罗之间商路沿线的交通情况因时而异。最早来到暹罗的印度移民似乎是从阿马拉瓦蒂地区经海路而来。他们在马都八登陆，通过三塔关进入暹罗中南部向南前进。后来，在首都位于华氏城的笈多时期，从像耽摩栗底这样的孟加拉港口出发的路线更为忙碌，东南亚旅行者要么前往马都八，要么前往实兑（Akyab）和阿拉干的缅甸港口，从那里登陆取道直通去暹罗。在帕拉瓦王朝统治南印度期间，始于建志的航路要么直航去墨吉和丹那沙林（Tenasserin），要么通往马来半岛的暹
114 罗部分的达瓜巴（Takuapa），这条航路经常使用。此外，还有绕新加坡岛直上北部暹罗湾的海路，那里有今天的曼谷；这条

① 那空是贪玛叻（Nakhon Srithammarat），即中国的有关史籍中提到的洛坤（Ligor）。——译者

海路虽然漫长，却经常使用。

大量的考古发掘，获得了印度化的广泛证据和一些杰出的艺术品。由于暹罗越来越多地将印度艺术和文化吸收到本地形式之中，所以纯粹印度特征的遗物比那些反映本地影响的遗物要早一些。

1927 年在暹罗的蓬迪和帕巴吞发掘出土的最古老的文化遗物，全部是印度文化遗物。蓬迪位于曼谷以西不到 30 英里、离北碧很近的湄公河畔，处在通往马都八的三塔关的道路上，因而直接同阿马拉瓦蒂联系。印度人的定居点在这个遗址兴旺了几个世纪。考古发掘展现的文物，包括一座寺院内殿和其他建筑的遗迹，一座站立的小佛像，十分奇妙的是有一盏庞培式的希腊-罗马灯。这盏灯在暹罗的发现，被认为是印度和希腊航海者在印度以东进行合作的象征。戈岱司认为这盏灯来源于地中海，不是在亚洲制造的，并且将它的时间定在 2 世纪。[30] 这个年代也被 2 世纪的阿马拉瓦蒂风格的青铜小佛像所证实。像菩提伽耶风格的还愿匾和青铜佛像这样的其他遗物表明笈多王朝的影响，并且不可能晚于 6 世纪。由于在这个遗址没有发现高棉人或者泰人的肖像或物品，而且所有遗物都是佛教的遗物，这使人联想到在蓬迪从公元初直至 6 世纪或 7 世纪存在一个佛教崇拜中心。如果考虑到在帕巴吞发现的用法轮表示佛的话，佛教完全可能更早就传过来了。暹罗西部很早的居民一定长期是佛教徒，因为在这一地区没有早期的印度教遗物被发现。不过，印度文化的影响继续到处发展：起初是通过它与南印度阿马拉瓦蒂的联系，后来是在临近湄南河流域的堕罗钵底；堕罗

钵底是暹罗的一个印度化的王国，蓬迪很有可能是其中的一部分。玄奘提到：堕罗钵底（Dvaravati）是缅甸室利差呾罗（骠）和柬埔寨的伊奢那普罗（高棉–朗）之间的一个兴旺的王国。

堕罗钵底位于暹罗中部，是由孟人或者来自下缅甸的得楞
115 人在 2 世纪或者 3 世纪建立的。它在扶南衰落之后变得著名。堕罗钵底到 7 世纪已经显要到足以派遣使节去中国，并且将它的疆界从柬埔寨边境扩展到孟加拉湾。这个王国兴旺到甘孛智（Kambuja）的统治者在 10 世纪将他们的统治权扩展到湄南河流域下游为止。在那里发现了阿马拉瓦蒂风格的青铜佛像、来自恒河流域的笈多王朝肖像、印度塔和寺院的废墟以及用帕拉瓦文字书写的承载佛教信仰的匾。堕罗钵底的艺术明显来源于笈多王朝艺术。毗湿奴、湿婆和佛等印度教和佛教的肖像似乎反映了萨尔纳特、马土腊和阿旃陀的艺术。即使在泰人推翻孟人政权并且建立自己的统治地位之后，堕罗钵底还保留了它的一些印度教特点。在泰人的统治下，该城市以大城府[①]而知名；在 1757 年被缅甸人占领、摧毁之前，它一直是泰人的都城。

属于接下来时期的考古遗物和雕刻遗物有些不足，不过，它们还是表明暹罗中部的人民在 8 世纪、9 世纪期间信奉上座部佛教，表明他们的艺术受到笈多艺术的影响。在这一时期，由于他们在政治上是甘孛智（柬埔寨）的一部分，看来他们进一步受到印度教的影响；对此已经发现了许多线索。

暹罗中部最古老的遗址之一，是曼谷北部 80 英里的华富

---

① 大城府（Ayuthia），音译为阿瑜陀耶、优地亚。——译者

里（Lophuri，即 Lavo，罗斛）；它现在是一座小城，可是有几个世纪之久是孟族–印度文化中心；后来在 1002 年成为甘孛智王国的暹罗中部省份的都城。这里有古代的纪念物、包括大塔（Maha-tat）寺、站立的佛像等，其中有一尊站立的佛像刻有梵文铭文。

暹罗中部最著名的遗址之一是室离叠卜（Srideb，即 Crip-tep），在这里发现了刻有 5 世纪或者 6 世纪梵文铭文的印度神像。室离叠卜的艺术极其优异，在印度艺术和印度–支那艺术之间提供了纽带。夸里特克·韦尔斯认为室离叠卜是印度–支那已知最古老的印度教庙宇。不过，莱梅有点疑虑，不是因为那明确是印度教的建筑观念，而是因为它的红土墙基。

在暹罗的半岛部分和在马来亚，存在迄那时为止无疑义的印度教国家和定居点的材料最近显露出来，有些佛教和印度教肖像被发掘出来。目前的了解以考古发现和汉文记录为基础，不容易依靠它们做出解释。在汉文编年史提到的这个地区的几个国家，
有一个是都城在洛坤（Ligor）即现代的那空是贪玛叻的卓马令 116
（Tambralingo）。在这里发现不晚于 6 世纪的一份梵文铭文。由于巴利文《义释经》提到了这一王国，它一定是在 2 世纪兴盛。虽然它是强大的佛教中心，在这里还是出土了许多印度教遗物。在这个遗址进行的考古发掘，发现了三座寺院——有大量湿婆林伽的博布隆，供有湿婆、雪山神女和象头神[①]的青铜塑像的山帕伊

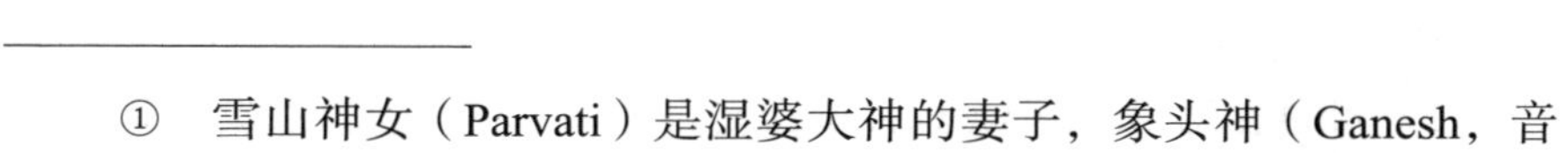

① 雪山神女（Parvati）是湿婆大神的妻子，象头神（Ganesh，音译加内什）是湿婆与雪山神女所生的两个儿子之一。——译者

松（San Pra Isuon），以及有著名的毗湿奴塑像的那帕那莱（Na Pra Narai）。这个国家的政治史模糊不清，可是，它的王公的一次雄心勃勃的举动开创了一个印度文化的时代，这个时代被称为暹罗的柬埔寨时期。

根据《梁书》的记载，该地区在1世纪或者2世纪可能存在一个叫狼牙修的印度教国家，该国几次遣使去中国。这个国家可能是马来和爪哇编年史中的朗加苏卡（Lankasuka），它位于洛坤南部的马来半岛东海岸。[31]

除那空是贪玛叻外，克拉地峡也出土了十分丰富的考古发现。三佛齐时期的猜也（Chaiya）的窟帕（Vat Phra）塔是按《艺术论》中的印度古典建筑学原理建造的。受到波罗艺术启迪的精美的黑色世自在佛①的半身雕塑像在这附近被发现。

靠近10世纪末，华富里被来自那空是贪玛叻的亲王、统治孟族的国王所占领，从而将整个暹罗中部和南部置于一个权威之下。他的儿子苏利耶跋摩一世于1002年在一场内战中夺取了吴哥的甘勃智王位。虽然他来自暹罗南部，可是他的王朝声称同高棉族有亲戚关系，苏利耶跋摩索取了高棉王国的权利。这样，暹罗中部和南部与甘孛智一起统一在高棉王国的统治下，暹罗的东北部已经成为这个王国的一个组成部分。

高棉人即柬埔寨人从11世纪开始渗入暹罗东北部，但是直到高棉统治地位建立之后，暹罗才受到高棉文化的全面影

① 世自在佛（Lokesvara），又译大自在如来，在泰国古代被等同于观世音（Avalokesvara）。——译者

响。两个地区都属于相同的印度文化。高棉人赞助佛教和印度教二者，在不同的时期倚重有所不同。他们在帕农隆（Panom Rung）和孟松（Muang Tam）的寺院具有清楚的印度教特色，可是刻画在一根方形大石柱上的一个画面却具有佛教特点，这个特点与巴尔胡特山桑奇的浮雕相似。

高棉人统治暹罗东北部和中部之际，泰人开始渗入这一地 117
区。他们起初作为吴哥宫廷的属国定居在北部。他们早先无足轻重的移民到 13 世纪中期变得不可阻挡。他们的一次进攻导致在上缅甸建立了一些掸人国家，素可太（Sukhotai）的王国于 1229 年建立。泰族势力的兴起与拉玛甘亨（即甘亨）有关，他大约在 1276 年继承王位。泰族王国在他统治期间扩展到包括勃固和那空是贪玛叻在内的地区，开始建立同中国的政治关系。拉玛甘亨是佛教的赞助者，通晓三藏和印度教仪式、占星术。他为印度祭司和佛僧建立了一所学校，派遣一个使团去锡兰取佛教遗物和经文。佛教在素可太繁荣，并受到来自锡兰的激励：泰族国王说服锡兰僧人大沙弥·僧伽罗阇来到暹罗。拉玛甘亨是锡兰国王帕拉格拉马·巴胡的崇拜者，力图将其业绩发扬光大。在甘亨的影响之下，佛教文学和巴利语文学在素可太牢固确立，毗邻的印度教王国甚至也越来越多地落入到佛教的势力范围。印度教后来衰落了，只在仪式和风俗中留下了自己的影响。素可太的佛教学派常被说成以昌盛派（Chiengsen School）与锡兰的上座部的融合为特点，昌盛派可能来自中国。在素可太的许多寺院和出众的青铜站姿佛像中，可以发现泰族艺术的开端，泰族艺术是高棉族艺术与泰族从北方带来的遗产的综合。

到 14 世纪中期，素可太衰落，权力中心转移到大城府。一位泰族王子在 1350 年加冕为王，称号“拉玛底帕提”[①]，他在传统上被认为是泰国的第一位国王。与锡兰的宗教联系继续着，在大城府时期特别是 15 世纪，佛教活动在僧伽罗佛教的影响下大大加强。在政治方面，它是一个在一边同缅甸作战，在另一边同柬埔寨作战的战争时期。高棉王国在 15 世纪被泰族摧毁，泰人使其沦为暹罗的藩属；暹罗人三次占领吴哥，最终于 1460 年将其兼并。暹罗 1431 年对吴哥的胜利，导致柬埔寨学者和祭司的涌入。暹罗国王利用柬埔寨学者和政治家重新组织国家的行政管理，按照柬埔寨的方式重建宫廷礼仪，这一改革至今犹存。

118 泰人在种族上属于汉人，隋朝的编年史详细描述了南诏的宫廷生活，南诏的宫廷生活与汉人的宫廷生活相似。许多单词在泰文和汉文中是相同的，例如大多数暹罗数字来源于中国。今天，中国对泰国唯一明显的影响存在于建筑当中。特别是暹罗寺院的宝塔顶层方面。泰族文化的其他方面没有什么可以追溯到中国。实际上，即使是在泰人抵达暹罗的时候，他们好像也没有吸收很多的汉族文化。例如在他们最初定居而且紧靠中国南方的暹罗北部，在风俗、艺术、文学或者思想方面没有中国影响的痕迹。没有佛教作为媒介，中国文化一般吸引不了非汉族的民族，即使在中国的近邻地区也是如此。泰人来到暹罗的时候，在文化上似乎并不先进。当他们发现自己面对一个十

① “拉玛底帕提”（Ramadhipati），又常拼为“Ramathibodi”，梵文的大意为“对罗摩的正觉”，这是一个同时体现了印度教与佛教影响的称号；这位国王就是乌通王，又称拉玛底帕提一世。——译者

分先进的柬埔寨王国时，他们简直感到敬畏和神魂颠倒。

泰族热情地接受了孟族–高棉文化的流行形式，一段时间之后对其做出自己的卓越贡献并不令人感到惊奇。今天，泰国寺院遍布。现在的首都曼谷一地便有许多著名寺院，其中有些寺院在整个亚洲也属于给人印象最深的纪念物之列；例如紧靠皇宫埃默拉尔德佛寺的窟·帕·胶（Vat Phra Keo）。该寺中的主要崇拜物是一座用整块碧玉雕刻的佛像，其年代属于很古的时期，围绕它产生了许多传说。该像最初是 1436 年在暹罗北部的清莱发现的。壁画、浅浮雕和其他雕刻艺术品增加了这座寺院的艺术美。

泰国虽然主要是佛教国家，但也还是存有印度教影响的痕迹，这在宫廷礼仪中最明显。素可太的国王们从柬埔寨招募宫廷婆罗门，采用大量柬埔寨印度教徒的宫廷礼仪。后来，在大城府时期，当柬埔寨的印度教进入衰亡的时候，婆罗门是从暹罗南部招来的。直到最近，宫廷的婆罗门都以占星术算命，指点预兆并且举行对印度教和佛教两宗神祇的崇拜。加冕仪式、削发仪式、火葬仪式以及与农业有关的更次要的仪式，都是由婆罗门发展起来的。暹罗人用加冕的古代梵语 *rajabhiseka* 称呼自己的加冕仪式。像霍玛祭（*homa*，即火祭）、涤罪仪式、沐浴、涂油和实际的加冕这样的一整套复杂的加冕仪式，都完全以印度教礼仪为模式，并且由布拉·马哈·罗阇·古鲁[①]主

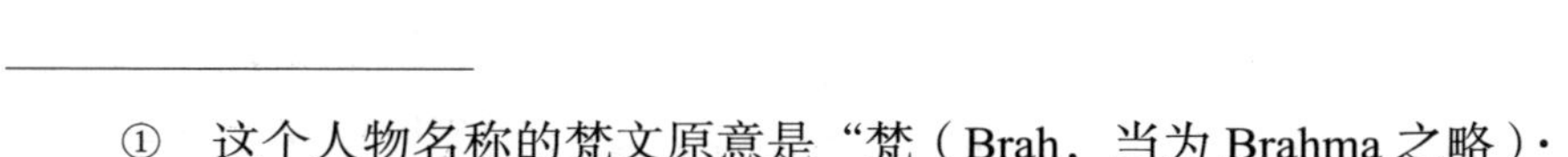

① 这个人物名称的梵文原意是“梵（Brah，当为 Brahma 之略）·大王（MahaRaja）· 师尊（Guru）”。——译者

119 持。佛还有主要的印度教神祇，在这些仪式中均得到表现。暹罗的削发仪式是进入青年时期的仪式，这与印度教的削发仪式（*Cudakarma Mangala*）相同，它是一项十分重要的印度教圣礼。火葬这个古老的吠陀仪式，在泰国是处理死去的皇族成员遗体的唯一方式，是处理所有其他死者的主要方法。泰国人民十分严肃地对待这些古代仪式，这就部分解释了为什么国家的一些仪式仍然由婆罗门来举行。

大约八个泰国宫廷婆罗门家族声称，他们的祖先最初来自印度的圣城瓦拉纳西[①]。由于似乎没有婆罗门女子与他们同来，他们便与本地人通婚。今天，他们只说暹罗语，对梵文的了解十分有限且多有讹误。在他们的大多数属于曼陀罗的经文中，有一种用印度文字书写的泰米尔赞美诗。

在暹罗举行的某些国内仪式起于印度教。王号是印度教的一个化身（*avatara*）即罗摩。曼谷的王庙有《罗摩衍那》的一些插图。像杜尔伽节这样庆祝罗摩战胜魔王罗婆那的一些印度教节日还在泰国举行。在清迈，冬至（*Sankranti*，称为*songhurant*）还在作为春节被庆祝。泰人像印度教教徒一样，还相信毗湿奴即那罗延天（Phra Narain）、大天即湿婆，厌恶神的敌人阿修罗（*asuns*）。

暹罗人将自己的思想注入佛教雕刻之中。这引起了典型的暹罗佛像的发展，佛以具有热情、充满奇妙微笑的椭圆形脸蛋的

---

① 瓦拉纳西（Varanasi），即现代印度北方邦的贝拿勒斯（Benaras）。——译者

苗条人物形式出现，引起了特殊的舍利子塔风格的产生，这种风格是印度灵感和中国建筑学的奇妙结合。

要将印度在泰族语言和文学中的影响与暹罗的精神分开，常常是不可能的。由 42 个辅音和 32 个元音组成的暹罗字母系统直接来源于甘孛智的字母系统，甘孛智的字母系统反过来则来源于 6 世纪和 8 世纪期间南印度铭文中的字母系统。大量的泰语单词直接取自梵语：例如空间（*akas*）、火车（*rath*）、大（*maha*）、王（*racha*）、轮（*cakra*）、场所（*sathani*，或者 *sthan*），这种语言的发音当然有极大的差异。

暹罗人的故事和神话文学大量吸收了印度故事。他们的宗教文学几乎全是佛教文学。像《罗摩衍那》、《摩诃婆罗多》和《沙恭达罗》这样的著名印度作品构成一些优秀的暹罗文学作 120
品的基础。《罗摩衍那》在暹罗叫《罗摩传》（*Ramakien*，或者 *Ramakirti*），被认为是一部暹罗的经典。对有文化的暹罗人而言，了解这部著作是必须的，正如荷马之于欧洲人那样。罗摩和悉达这两个人物为各地各阶层人民所了解。印度的史诗和往世书文学不仅构成暹罗灵感的主要源泉，而且构成整个东南亚灵感的源泉。它为古典戏剧、皮影戏和活动木偶表演提供了题材。

印度人的影响在暹罗舞台、戏剧和音乐中清楚可见。许多暹罗不同舞蹈剧（*lakhon-ram*）的题材取自印度神话：例如萨维特丽和萨蒂亚万的故事。许多泰族乐器与印度乐器十分相似。与印度不一样，舞蹈是泰国社会生活不可分割的组成部分，取材于印度史诗、几乎割断了与印度艺术界的联系的古代戏剧和故事，继续被搬上泰国的舞台。暹罗舞蹈一般以极为缓慢、从容的动作表演，就像它在古代皇族面前被演出一样。

暹罗法律制度直接来自《摩奴法典》。印度教的一些法论，为暹罗司法提供了框架。现存最早的法典年代确定为 1805 年，但是许多更早的原稿集在暹罗当时的首都大城府被缅甸人洗劫时被毁坏。这种著作的第一卷，被合理地取名为《大法论》（*Phra Dharmasastra*）。

印度–支那

印度–支那被分成几个具有与众不同的特点、相互连接的地区，它的一些国家在整个历史进程中易发生周期性的边界变化，易受到外来干预和统治。这些因素赋予它以文化的复杂、丰富和多样，使它具有统一性中多样性的品格。

在北部是东京三角洲（北越），它同印度有直接的海上联系，在将佛教传播到中国中起重要的作用。被几乎难以通过的山脉分开的东京南部是安南（南越），在这里产生了东山文化，接着出现了东南亚最早、几乎最光辉的文明之一占婆。老挝位
121 于东京西部，老挝南部是柬埔寨。这两个国家都是印度文化与中国文化之间发生联系的重要地区。

由于几乎不可克服的地理障碍，印度–支那被与亚洲大陆的主要部分隔离。通往印度的唯一陆路是经缅甸通过交通不便的阿萨姆地区。通过八莫关前往中国的旅行也单调乏味。逆河流而上意味着抵达云南和四川的荒野之地。然而，印度和中国两国的海路都是畅通的，是主要的交通形式。[32]

对于中国人和印度人在大约公元初先后到达之前的印度－支那的历史，我们的了解十分零碎。东山文化主要沿安南海岸一带繁荣，在公元前5世纪到公元前2世纪之间显著发展。这是中国大力扩张其边界并最终统治东京的时期。结果，中国影响了东山艺术和文化，特别是公元初。不过，直到印度文化进入该地区后，印度－支那文明才获得真正的机缘并且获得力量。

印度文化和中国文化在其他地区已相遇，但是范围不像在印度－支那这么大，它们同印度－支那充满活力的地方文化相互影响。中国长期统治东京，印度则只接触到印度－支那南部海岸，并且当其航海活动于大约5世纪实际结束时便从这里消失了。但是，印度－支那人民在那段短短的时间里如此受到印度文化的激励，以致他们志愿接受了它，并且反过来创造了具有深刻创造力的新文明："中国统治，印度则撒播种子，两国将要塑造位于它们之间的印度－支那的双重面貌。" [33]

被印度同化的国家中最古老、最重要的是扶南（Funan）。扶南位于湄公河下游，大致相当于现代柬埔寨和越南南部。[34] 扶南可能是一些部落联盟的结果。菲洛特建议：扶南是古代吉蔑语单词 *bnam*（意思是山），即现代吉蔑语中的 *phnom* 的汉语变化形式。有关扶南的汉文原著，最初是由伯希和和戈岱司收集并且作出恰当解释的，正如在印度－支那考古学的许多其他学科中一样，他们开始对考古学材料做出严肃认真的解释。关于扶南民族及其文明的确切资料仍很缺乏。与得到发展的东山风格的文物一起的印度文物的发现，使人联想到与印度非常早的接触。不过，一般认为文明始于印度商人的到来：扶南富有印度商人所寻找的一切物品；

122 此外，它还是从海上旅行去中国的理想中间站。

在 3 世纪中期——在那个国家发现的四座梵文碑铭中最早的时期——访问扶南的中国作家康泰转述说，印度婆罗门、摸趺（Ho-fu）①的混填（Huen-Chen）由一个梦所吸引，在扶南登陆，与当地女王柳叶结婚并且在 1 世纪建立了这个王国。在柬埔寨编年史中发现了这个故事的变化形式。这个文学的传说被在占婆发现的 7 世纪碑铭[35]所证实，这个印度人在那里被证明是素马瓦姆萨的憍陈如（Kaundinya）。在憍陈如的继承者们的统治下，扶南的统治到 3 世纪扩展到大多数邻近国家，同印度和中国建立了外交联系，扶南的一个使团在 3 世纪访问了印度。据说，憍陈如的直系后裔在大约 200 年被部队的司令官范师蔓②所推翻，范师蔓创建了扶南的政治伟业。

在 5 世纪以前，扶南的历史零碎不完整，但是已知的历史足以使人联想到它的日益印度化。例如，已知在大约 357 年，一名印度人在统治扶南。由提供了准确日期和事实的《梁书》所证实的当地梵文碑铭，谈到另一位印度婆罗门的憍陈如-阇耶跋摩的到来，他在 478—514 年统治扶南。36 他在将一些佛像和其他礼品带给了中国皇帝的印度僧人龙军③的帮助下，同中

---

① 康泰的原书已佚，摸趺一名见于《太平御览》卷 347 引《吴时外国传》。——译者

② 范师蔓是我国史籍《南齐书》卷 58 中使用的名称，另一部史籍《梁书》中用的是范蔓。有的学者认为“范”这个姓是对梵文词“跋摩”（Varman）的汉语音译，但是法国学者戈岱司认为它是一个族的称号。——译者

③ 龙军（Nagasena），一译那伽仙。——译者。

国建立良好的关系，寻求中国帮助以击败邻国真腊。虽然扶南的国王们信奉湿婆教派印度教，龙军转告中国皇帝说印度教和佛教两宗在扶南共盛。扶南僧人精通梵文，他们有些去了中国，并且将佛经译成了汉文。

阇耶跋摩之子律陀罗跋摩在 514 年登上王位，并且统治接下来的 25 年。在他统治期间，他至少派遣六名使节去中国。他是热情的毗湿奴信徒和最后一位扶南的伟大国王。他负责保存了在印度-支那最早的伟大雕刻艺术品。在长期的斗争之后，扶南被邻近的印度化国家真腊征服。

该国富庶，其活跃的贸易从罗马直至中国。即使中国人对扶南的物质繁荣也赞不绝口。根据他们的记载，该国到处是黄金、白银、珍珠和香料。考虑到印度人已经发展了灌溉和垦荒技能，可能是他们对该国的农业繁荣做出了贡献。

扶南的艺术品没有多少保存下来。扶南的考古遗址奥埃 123
奥[①]出土了各种重要文物，包括年代断定为 152 年，刻有安敦尼·比乌斯的肖像的金质奖章。罗马的奖章和各种印度教文物、刻有属于同一时期和往后时期的梵语铭文的著名的有凹雕的玉石和印章一起被发现。奖章是印度-罗马密切关系的突出证据，这种密切的贸易关系是印度去东南亚探险的一个原因。

在许多扶南建筑中发现笈多建筑物或者后笈多建筑物的影响，从扶南的一些遗址发掘出土了大量佛像及像毗湿奴和湿婆

① 奥埃奥（Oc-eo），古港名，位于今越南南部西海岸迪石之北。——译者

这样的印度教神祇的塑像、黄金饰品、有毗湿奴和湿婆象征的锡制护符，以及刻有梵文铭文的商人印章。这些物品中的一部分直接从印度进口，其他则在当地按印度模式复制。在巴德（Ba-the）发现的，显然具有犍陀罗灵感的一尊佛头可能是最早的印度物品。在扶南南部发现的，现在保存在金边博物馆的哈里哈拉和半纳利斯瓦拉①的肖像，在观念和技巧方面都是杰出的雕刻艺术样品。

扶南的铭文是用纯粹、无瑕的梵文刻写的。它们的内容表明印度宗教、哲学和神话受到广泛的理解，像语音学（*sabda*）、逻辑学（*nyaya*）和政治理论（*arthasastra*）这样的印度世俗知识在扶南被学习。

位于安南海岸的占婆是另一个印度化国家，关于这个国家可以获得更多的资料。它与在汉朝时期在东京建立的一些中国殖民地不断发生冲突，因此中国史学家经常提到占婆。这个王国（被称为林邑）最初在190—193年被提到。占婆这个名字，无论是以恒河流域下游的鸯伽人国家的首都命名，或者还是如夏斯特里建议的那样以相同名称的科拉的首都命名，显然是一个印度名称。[37] 占人可能与更北方的东山文化的创造者一样，具有相同的印度尼西亚血统。

占婆位于从印度和爪哇去中国的主要海路上，在出产香料

① 哈里哈拉（Harihara，旧译诃里诃罗），是印度教传说中由大神毗湿奴的一半和大神湿婆的一半合为一体的神，受到毗湿奴派和湿婆派双方信徒的崇拜。半纳利斯瓦拉（Ardhanarisvara），意译为“半女主”，是湿婆与雪山神女结合在一起，以半男半女形式出现时的名字。——译者

的群山脚下；它很快吸引印度商人的注意，并且在印度文化在东亚的传播当中起了重要的作用。室利末罗是占婆的第一位印度教国王，大约在 200 年，在包括东京和安南北部一部分在内的广大地区建立了他的王朝。占婆同扶南保持着密切的关系，这个事实一定是印度影响在那里渗透的主要原因。由于占 124
婆的早期历史是根据汉文资料重建的，我们获得了占婆一些国王名字的汉文词源。它们都以“范”（Fan）字开头，如范熊（Fan-hiong）、范文（Fan-wen）；“范”可能是印度王族通常的后缀“跋摩”（*Varman*）的讹误。范文死于 349 年，他实行有力的、富于侵略性的政策扩张了他的帝国的疆界。他的孙子范胡达可能是梵文碑铭中提到的叫作拔陀罗跋摩的国王，他是著名的指挥官和学者。他在媚山为湿婆建庙，该庙被称为拔陀利首罗斯瓦米[①]，且在往后的世纪中成为王族崇拜的中心。据说，拔陀罗跋摩放弃王位，去恒河西岸度过自己的晚年。

占婆经历了一些不同的王朝，同中国的战争继续时起时伏，特别是在 3 世纪和 4 世纪期间。这是中国的政治动乱时期，这个时期可能给了占婆扩张进入中国领土的机会。可是，一旦中国在靠近 6 世纪末统一在隋朝之下，占婆便受到中国皇帝的打击，其势力被摧毁。中国人带回 18 个占婆国王的金匾和 1350 卷佛教经文。占婆继续作为中国的进贡国存在，但是它再也没有恢复自己往日的势力。

① 拔陀利首罗斯瓦米（Bhadresvarasvami）一名，由梵文“拔陀罗”（Bhadre）、“自在天”（Isvara）和“苦行师”（Svami）拼在一起。——译者

最近在占婆最古老的都城茶乔的考古发掘，提供了以湿婆教派神龛、毗湿奴教派神龛和女性浮雕形式出现的印度影响的大量证据。该地区发现的最早碑铭，可能也是整个东南亚发现的最早碑铭，是用南印度文字刻写的、年代确定为2世纪或者3世纪的武康碑铭。在占婆发现的最古老的青铜塑像是东阳（广南）佛像，它是最优美的阿马拉瓦蒂艺术样品之一；那个地区甚至有个公园叫阿马拉瓦蒂。拔陀罗跋摩用梵文和占文两种文字刻写的碑铭被发现；它们属于大约350年，是占婆国内发现的最早碑铭。这尊阿马拉瓦蒂流派的青铜佛像说明佛教到3世纪在该国已获得地位，中国人在605年俘获了1300多名佛僧。义净也提到佛教在占婆的优势。由于偶尔得到国王的赞助，大乘佛教可能被最普遍地信奉。

杰出的雕刻作品和最初的砖壁寺院在这段时间出现，它们以自己的装潢和装饰而著名。寺院的门口立柱用复杂得令人难
125 以置信的草、芽和花卉状的石头装饰，镶有隐居修道者和天上舞蹈者的圆雕。媚山婆那加[①]和东阳这三组寺庙群赫赫有名。占人在其辉煌时代是湿婆派信徒，湿婆、湿婆的萨克蒂[②]和他的两个儿子加内什与塞犍陀在受到崇奉的神祇中都是著名的。占婆的雕像不仅在主题方面而且在技巧上都遵循笈多模式，它质朴高贵而又庄严。梵文碑铭也被发现，其中之一刻有塞种纪

① 婆那加，原文拼为 Ponagar，似应为 Po Nagar，位于今越南南部芽庄（Nha-trang）附近。——译者

② 萨克蒂（Sakti），是印度教徒崇拜的某些神祇的配偶（女神）所具有的神力和活力。——译者

元的年代。

真腊这个推翻扶南并且后来发展成吉蔑帝国的印度化王国的最初情况模糊不清。真腊是汉文原著中发现的这个王国的名称，但是这个名称的来源不知道。真腊到 6 世纪末肯定存在，并且开始在湄公河中游一带的柬埔寨东北部地区出现，此时正是扶南兴盛之际。真腊有可能在 5 世纪之前局限于被塞蒙河（Semun）浇灌的高原，而巴塞河地区则由占人统治。它是扶南的藩属国，定都于华富（Vat Phu）附近的斯雷逝塔普罗（Sreshthapura）。

真腊据称是甘孛智民族最早的故乡。不过，甘孛智王族却将自己的祖先追溯到阿利雅德萨（印度）的国王甘菩 · 斯瓦亚姆蒲瓦仙人和米萝仙女，它们是反复出现的关于南印度王族建国的神话故事主题的另外一种变化形象。已知两个最早的国王是斯鲁陀跋摩和他的儿子斯雷逝塔跋摩，他们从扶南手中争得真腊的自由。大约 6 世纪中期，当扶南的末代国王律陀罗跋摩去世之际，真腊国王拔婆跋摩——可能是扶南的律陀罗跋摩的孙子——在自己的兄弟质多斯那的帮助之下，进行征服扶南的活动。他们对扶南的部分征服，使拔婆跋摩成为湄公河流域无可争议的主人；他的继承者们完成了对扶南人的征服。真腊的吉蔑民族与扶南的民族不一样，他们好像不在三角洲耕作，而更愿意依靠高地的雨水。因此，他们可能受到扶南南部富饶平原的吸引。

从碑铭中得知关于拔婆跋摩的大量情况，其中一块用梵文韵文刻写的碑铭说到这位名叫特尔耶姆巴格的湿婆林伽国王的

献祭。另一块碑铭说他是王中之王，强大如妙高山。当他在
598 年去世之际，两个王国的统一大大向前推进；因此，他被
126 说成是甘孛智德萨辉煌的奠基人。他去世之后，其兄弟质多斯
那登上王位，称号摩诃因陀罗跋摩①。他在自己的领土修建大量
的湿婆庙。所有已知的摩诃因陀罗跋摩碑铭都与 7 世纪初的帕
拉瓦碑铭相似。[38] 与扶南和其他频繁派遣使节去中国的其他东
南亚国家形成鲜明对照，真腊在质多斯那统治期间，在 616—
617 年，才派遣自己去中国的第一个使节。

质多斯那去世后，他的儿子伊阇那跋摩统治了整个柬埔寨、交趾支那②和直到扁担山脉北方的蒙河流域。他在湄公河畔现代的松博·波·雷古（磅同）遗址建立了一座以他的名字命名的新都城的伊阇那堡。就是在这座直到 9 世纪一直是甘孛智王国都城的城市里，产生了以松博风格而知名的真腊艺术和吉蔑艺术的早期阶段。他的碑铭中的一块，是为纪念薄伽梵派或者潘查拉特拉派③祭司们而对哈里哈拉塑像和四行期所作的献祭。这些碑铭证明了这位国王的权力和他的统治时期的繁荣，但是对于他的征服活动言之甚少。

---

① 摩诃因陀罗跋摩（Mahendravarman），是 3 个梵文词 Maha（大）、Indra（因陀罗）和 Varman（王）的合拼。——译者

② 交趾支那（cochin china），是以印度西海岸地名“科钦”和中国命名的古王国，大致位于今越南南部；公元 15 世纪以前印度文化在此占主导地位，15 世纪以后中国的影响居主导地位，19 世纪 80 年代至 20 世纪中期其是法国的殖民地。

③ 薄伽梵派和潘查拉特拉派是毗湿奴教徒中的两个派别，起源于印度笈多王朝时期。——译者

甘孛智或者吉蔑王国在真腊和扶南的联合中渐露头角，并且成为印度-支那最强有力的国家。它存在大约七个世纪，享有无与伦比的政治名望和文化成就，一直到 15 世纪被泰人所摧毁。大约在这个帝国出现的同时，缅甸室利差呾罗的骠人王国、暹罗堕罗钵底的孟人王国和印度尼西亚的室利佛逝帝国在兴盛。7 世纪是东南亚的发展时期。

吉蔑国王们集中力量巩固自己对湄公河下游地区和洞里萨湖周边地区的控制，一直到这个世纪末。印度教和佛教两者都被信奉，前者占优势；湿婆教似乎是宫廷宗教。对湿婆和毗湿奴在其中统一为一个整体的哈里哈拉的崇拜，是这一时期的主要特征。大多数碑铭是用梵文刻写的，文学方面的文化以《罗摩衍那》、《摩诃婆罗多》和《往世书》为基础。

8 世纪在吉蔑历史中完全是空白，可能它是整个东南亚动
荡和混乱的时期。但是 9 世纪初，整个国家统一在阇耶跋摩二
世的权力之下，他长达 52 年（802—854 年）的统治标志着吴
哥时期和吉蔑古典艺术的开端。这一时期的碑铭表明，吉蔑帝 127
国局限于柬埔寨和交趾支那的东部和南部地区。

甘孛智的都城，一直到阇耶跋摩二世兴起之前都在南部的伊阇那堡，一些最早类型的吉蔑寺庙在这里被发现，它们都是为印度教修建的。印度模式特别是具有后期笈多风格的模式被普遍地模仿。但是，印度最早的木制样品已经腐烂。印度对早期吉蔑艺术即松博艺术的影响如此显著，以致有些学者提出这些艺术家来自印度。这些塑像格外优美，但是只有几件保存下来。这些当中最精巧的是金边博物馆的哈里哈拉、乌玛、吉祥天女[①]的塑像。松博的这一时期是吉蔑艺术中最优美的一个时期，并且是后来的辉煌时期的重要先驱。

关于阇耶跋摩二世的准确出身有些神秘色彩。据说，他是柬埔寨一个古老王朝的后代，曾经生活在爪哇中部夏连特拉王朝的宫廷，带着对爪哇文化颇深造诣返回自己的祖国。根据一块碑铭，他来自爪哇，在因陀罗堡进行统治；但是另一块碑铭，说他简直就像一朵鲜荷一样出现。B. R. 查特吉持这样的观点：阇耶跋摩二世不是来自印度尼西亚的爪哇，而是来自老挝一个名叫爪哇的地方[39]；但是格罗利耶接受他的确来自爪哇的说法。的确，印度尼西亚的印度文化的影响，点燃了柬埔寨的复兴之火。[40]

阇耶跋摩在婆罗门师尊希伦亚达马的帮助下，将神王（Deva Raja）崇拜传入柬埔寨；神王崇拜有点相似于夏连特拉国王的大山崇拜。这个崇拜声称国王拥有普遍的至高无上的权力，并且产生了柬埔寨修建寺庙的时期。根据像戈岱司这样的学者们的观点，夏连特拉王朝恢复了以前是扶南国王的象征的国王的大山称号。如果是这样的话，那么，阇耶跋摩只是将夏连特拉王朝从他自己的先辈那里借去的东西归还回来。具有重要意义的是，将他称为神王的公告，说明柬埔寨再也不依附于爪哇，这可能如格罗利耶建议的那样，意味着夏连特拉王朝在

---

① 乌玛（Uma），是印度教大神湿婆配偶雪山女神的化身之一，但该女神在古代甘孛智（今柬埔寨）和尼婆罗（今尼泊尔）等地有自己的特点。

吉祥天女（Lakshmi），音译“拉克什米”，是印度教大神毗湿奴的配偶。——译者

8 世纪期间占领了柬埔寨的部分地方。阇耶跋摩将其权力建立在宗教的基础之上。他管理国家，建立了几个都城——哈里哈拉洛耶即现代的罗卢奥斯，阿摩罗因陀罗补罗可能是修建在阿古姆（Akyum）附近的一座城市，最后是位于荔枝山脉的摩诃因陀罗跋伐多——这些都城是阇耶跋摩的成就的明证。阇耶跋摩在松博·波雷·古、班迭波雷诺哥、罗卢奥斯和荔枝山脉等地的统治留下了许多遗迹，最后一个地区的遗迹最重要。在荔枝山脉顶峰的考古发掘，发现大量寺院，它们完全掩藏在茂密的 128
森林里，主要是由菲利普·斯特恩和亨利·莫霍特发现的。它们为前吴哥艺术和古典吴哥艺术之间，提供了风格方面的纽带。

吉蔑人是有造诣的建筑师；阇耶跋摩的继承者们热情地修建寺庙。对国王的大山崇拜激励每一位国王竖起巨大的神龛，来使对他的记忆永垂不朽。这样，出现了复杂的吴哥通城。耶输跋摩一世（889—901 年）是该王朝杰出的统治者之一，是吴哥第一座城市的建造者。这座城市占地面积比吴哥通城更大。吴哥通城由阇耶跋摩 7 世修建于 12 世纪末。这两座城市部分重叠，但是前者位于吴哥通城的南墙之外。耶输跋摩刻印了大量用诗体写成的梵语碑铭，修建了巴庚山的湿婆庙。他的继承者有六位在 10 世纪在位统治，这是一个大兴土木在政治活动中占支配地位的时期。这个王朝的最后一位国王是阇耶跋摩五世（968—1001 年），大乘佛教在他统治期间占优势，大量的佛经从国外输入；他被来自暹罗的苏利耶跋摩（1002—1050 年）接替。苏利耶跋摩开创了一个有一些伟大国王出现的新王朝。他主要是一名佛教徒，据说他修建了湿婆庙和毗湿奴庙。柬埔寨在苏利耶跋摩二世（1113—1152 年）统治期间达到顶峰。苏利耶跋摩二世是无与伦比的，是用石头写成的史诗吴哥窟的建造者。这个王国随着阇耶跋摩七世（1181—1220 年）去世而开始衰落，最终在向前推进的泰人面前崩溃。

在吉蔑王朝于 15 世纪崩溃之后，寺庙逐渐废弃不用。其废墟在 1860 年才被发现，它也许是可能发现的废墟中最令人敬畏的。它们散布在一块面积约一万英亩的柬埔寨群山和丛林之中，合计还有六百多座吉蔑遗址废墟。其中 20 座具有重要性。这些废墟中包括从寺庙、宫殿到水库、桥梁，时间绵延二十多位国王的统治时期。重要的遗址靠近都城吴哥通城，仅吴哥通城就占地二千英亩；吴哥（Angkor）是梵文 *nagara* 的派生词，意思是城市；通（*thom*）是一个吉蔑单词，意思是伟大。

吴哥通城的废墟是阇耶跋摩七世修建的最后城市的遗址。他设计整座城市，赋予它以宇宙的意义。根据印度教的信仰，世界由一圆形的中央大陆（赡部洲，Jambudvipa，即印度的古
129 代名称）构成，周围有七个环状大陆环绕。在海洋外面，有一座巨大的山脉将世界封闭。妙高山在赡部洲的中心，为月亮、太阳和其他行星所环绕。众神之城位于妙高山的顶峰，四周是八名罗格波罗（*Lokapalas*）即世界的守护神的住所。佛教的观念基本是相同的，只有细节的差异。两个宗教都将妙高山作为与它具有同心环带的环形宇宙的中心。因此，这种宇宙论排列的微型图，对印度教徒和佛教徒而言都具有象征意义。

吴哥通城的中心是巴荣寺，这是宇宙之王观世音菩萨的寺庙，这座城市由每边几乎有二英里的呈正方形的城墙和护城河

所环绕。护城河上面通往城门堤道的栏杆由两排在膝上抱着一条巨龙的巨人塑像构成，一边是一些神即提婆，另一边是一些恶魔即阿修罗。因此，整座城市是往世书故事中诸神和恶魔搅远古乳海（kshirasagara）的故事的体现，用远古的蛇婆苏基（Vasuki）做绳索，用妙高山做搅杆。

在吴哥通城外面是占地500英亩的吴哥窟。这是世界上最大、令人印象最深刻的寺庙。按照为现代世界发现它的亨利·莫霍特的说法："在地球表面上，可能没有，并且可能从来没有比这一建筑品更好的建筑品"。[41] 从他那个时代以来，无数的人们——崇拜的人们和怀疑它的人们——在这座雄伟的毗湿奴寺庙面前都出神入迷。设计这座寺庙的天才，像所有吉蔑其他艺术家们一样，为我们所不知。

一条凸起的、旁边有龙栏杆的石板堤道，从一条护城河上的大道通向这座寺庙的大门。这座门楼是一座构成环绕围墙正面部分的宽敞建筑物，它本身就是一个惊人的创造。一条400码长的铺砌的大道通往该寺。寺庙的台基长223码，宽242码，它的主塔大约80码高。在结构方面，它是三层金字塔。每层的四个角落都建有宝塔，中央有亭榭。主塔位于第三层。这座寺庙以三重同心长方形走廊的形式陡峭上升，每层的高度是下一层的两倍，由台阶和间隔的宽敞台地连接。最里边的走廊在五个高高的穹窿之下，五个穹窿中的中心那个俯视下面的旷野。整个建筑物用沙石建筑，如果使用过木材的话，那它也早已腐烂。

这座建筑物镌刻有似乎无穷无尽的浅浮雕和优美的图案， 130
花、鸟和舞女装饰着墙壁。数以百计的吉蔑艺术家们一定终生献身于这一建筑品，可是在这数英亩雕刻的板面上，不可能找到他们的蛛丝马迹。以《罗摩衍那》、《摩诃婆罗多》和《诃利世系》为题材制作许多场面的吴哥雕刻家们，一定熟悉印度史诗文学。毗湿奴占主导地位，但是其他神祇也以自己不同的化身和表现为这座寺庙添色。国王们被接纳进来，吉蔑文字被发现铭刻在某些地方。作恶者被展示出来受到谴责，善行受到阎魔的奖赏，质多笈多是档案管理者。环绕整个建筑物的外面本身的后墙，有半英里长的浅浮雕和有大约 1750 尊真人大小的仙女（*apsaras*），几乎每位仙女都戴着不同的、庄严的头饰。

吉蔑人以其卓越而令人崇敬的艺术成就被铭记，他们也资助印度知识的各分支学科。所有的王子都要接受印度哲学和文学方面的教育。大量明显出身于印度的人物出现在甘孛智王国，婆罗门受到尊敬。例如，来自印度贾纳帕达的希兰亚达马给王族祭司湿婆迦伐利耶教授密教经文。根据中国的传说，仅在扶南的顿逊地区就有一千个婆罗门。如此之多的印度教徒的出现，可能影响了甘孛智德萨种姓家族方面的社会结构，引起一些分裂与组合。甘孛智记载提到四个种姓，提到产生于婆罗门与刹帝利之间近族通婚的婆罗门刹特罗（*Brahmaksatra*）这一新阶层的出现，在阇耶跋摩五世统治期间，产生了像格姆格（Khmuk）和卡曼塔罗（Karmantara）这样的其他阶层。婆罗门似乎享有特权地位，他们的社会生活以及婚俗、葬仪受到印度习俗极大的影响。虽然印度教仍是占主导地位的宗教，可是佛教也兴旺。耶输跋摩国王在 9 世纪为佛教僧人竖起了索加塔斯拉马[①]（Saugatasrama）。来自暹罗的苏利耶跋摩一世可能信奉了佛教；他的碑铭记载了一次对佛陀以及对湿婆的祈祷，他死后被命名为涅槃师。

阇耶跋摩七世是一名热情的佛教徒，他所完成的公共建筑
工程数量惊人。他的塔勃珑碑铭，包含有 145 首表达他对整个
宇宙的博爱和同情情感的梵文韵诗。他的恢宏才智和浓厚的宗 131
教情感，体现于他的捐赠与慈善事业。大约六万七千人受雇于这些寺院，从大约三千五百个村庄征收来的贡赋，用来支付他们的费用。一千四百多名教授、学者在这些寺院从事研究，他们的日用必需品得到供应。根据他的碑铭中的材料，这个王国有大约八百座寺院和一百多所医院，每年需为其供应三千余万磅稻米。尽管这些数字一定有夸大成分，但是它们确实告知了他虔信佛教的概念。尽管他虔诚，他却是“所有国王中最傲、最贪图荣誉的国王，具有他们都拥有的品质。”[42] 他修建了如此之多的寺院，以致据说他搬走的石头的重量比他的先辈们搬走的总和还要多，并且在各王国的主要寺院中供奉自己的塑像。

佛教什么时候成为柬埔寨首要的宗教还不清楚。它长期兴旺，偶尔受到王室庇护，但它从不是国教，从没有占据统治地位。看来，似乎是最初受到柬埔寨影响的暹罗后来帮助柬埔寨皈依了佛教。这次变革几乎是彻底的：今天，印度教除了在某些仪式和节日中保留残余的形式之外，实际上已在柬埔寨消失。

① 当地语言，意为“寺院”或者“隐居处”；耶苏跋摩国王在位的时间为 889—900 年。——译者

例如，被称为巴古（*Bakus*）的宫廷婆罗门在王室家庭中履行家庭仪式。这些婆罗门虽然是印度教的残余，但是却像其他柬埔寨人一样是佛教徒，他们履行王室仪式，与其说是一种信仰不如说是一种职业。印度教的神祇被佛教所吸收，并且被降到了从属地位，甚至像吴哥窟这样的一些大庙里的印度教神祇，也早已被佛的一些肖像取代。在这座寺庙里发现大量佛像，似乎到 1550 年，它便成了佛教徒的朝觐地。

柬埔寨不像某些其他国家那样，将印度对本地文化的影响尽量低估。相反，这个国家的人民慷慨地承认这一点。例如，1965 年 5 月 10 日诺罗敦·西哈努克亲王在摩诃·维泰·贾瓦哈拉尔·尼赫鲁林荫大道建成时，回忆了印度和柬埔寨之间存在两千年的紧密文化联系。他说：“当我们说到我们与印度联结在一起的两千年之久的联系时，这绝不是一种夸张。实际上，正是在大约 2000 年以前，第一批航海者、印度商人和婆罗门将他们的神祇、他们的技术和他们的组织带给了我们的祖先。简而
132 言之，印度对于我们而言，就像希腊对于拉丁语的西方一样。”

马来亚

马来亚在历史上是不同民族和文化的汇合处。包括现代马来亚和泰国南部的马来半岛，在印度同东南亚诸国的海上贸易，还有在印度文化通过东南亚的传播中，肯定起了核心作用。投拘利即现代泰国南部的达瓜巴，是来自于印度的商人和定居者最早的靠岸地。旅游者们从这里前往不同的方向。有些越过山

脉到达东海岸富饶的平原，然后要么走陆路，要么走海路前往暹罗、柬埔寨、印度-支那的其他地方以及更远的东方。其他人去缅甸，或者通过陆路向南去马来亚，或者通过海路经马六甲海峡去往该群岛的其他目的地或者东亚。但是，所有希望进一步向东方旅行的旅客，都不得不要么通过陆路，要么通过绕海岸的航行，完成在马来亚的旅行。因此，这一地区相当程度的印度化便不足为奇。神龛的废墟、肖像、梵文碑铭和印度文化的其他遗物，都在整个半岛被发现。

马来亚的陆上交通是足够的，包括河流和穿过丛林的象径。吉打在东北方与洛坤相连，东海岸被北大年·塞、美南和伯甘等河流环绕。彭亨的采金地，可以从陆路和从吉兰丹河及其支流航行而下两方面抵达。由于大多数像单马令、迦陀呵和投拘利这样的重要地方及港口位于北方，紧靠商路，包括今天泰国南部一部分地区在内的马来亚北部，比其南部更先进。也由于苏门答腊的强盛和繁荣，马来亚南部始终处于被忽略的状态。

马来亚的命运常常受到外部压力的影响，马来亚的富裕足以吸引外部注意，但是又没有强大到足以拒绝他不想要的客人。在西方统治之前，马来亚受其北部邻邦——先是扶南，后来是泰王国——控制。三佛齐和满者伯夷帝国长期从南部控制马来亚。所有这些政治联系都影响了它的文化生活。

在追溯印度-马来亚联系的古代史的一些书面记载中，人们
不得不依靠中文编年史，它们涉及该半岛的印度化王国，虽然 133
其中许多地名没有明确确定。古代印度文献中，有关马来亚的资料极少。

汉文编年史中几次提到的朗迦斯迦（朗迦戍、狼牙修或者顿逊），在 1 世纪或者 2 世纪被建立在与北大年毗邻的东海岸。关于朗迦斯迦是位于马来亚的西海岸还是东海岸，有一些对立的观点，但是最近的观点似乎赞成后一种观点。[43] 四百多年之后的 515 年，朗迦斯迦的巴伽达塔（婆伽达多）国王派遣使节阿撤多去中国①。在6世纪期间，至少还有另外三个使团被派往中国。像盘盘这样的其他国家的资料也被发现，盘盘与朗迦斯迦有共同边界，并且是来自印度的婆罗门常去的地方。有观点认为憍陈如正是从这里去了扶南。盘盘的东南是箇罗（箇罗富沙罗）。它被戈岱司定位在吉打或者克拉地区；这个地区在 6 世纪和 7 世纪闻名到足以吸引来自中国使节的程度。汉文的记载谈到 6 世纪从马来亚去中国的使团，谈到统治那里的印度国王和使用梵语。

印度文献也提到箇罗沙补罗和箇马兰加（卡马兰加）等王国，它们可能位于马来半岛、箇罗（吉打）和彭亨。在《往世书》中，常常提到的是迦陀呵洲（迦陀呵），它被包括在诸海彼岸的世界九部分之中，在耽摩栗底从事前往该洲的定期航行。有关迦陀呵洲的其他各种资料，在梵文戏剧和故事中被发现。2 世纪的泰米尔语史诗《脚镯的故事》中，有对满载各种货物和香料的高大、宽敞船只驶入南印度城市的描述，这些船只来自被叫作通迪（Tondi）的马来亚港口。

印度和中国的文献中都有关于吉打的资料，它位于西海岸，

① 关于阿撤多来中国的记载，见《梁书》卷 54。——译者

是马来亚本地最重要的印度化公国。吉打从 3 世纪至 5 世纪是重要港口。2 世纪或者 3 世纪的著名泰米尔语诗歌《帕蒂妮之歌》，提到可能是吉打的箇罗加姆和普哈尔（加韦里伯蒂纳姆）之间的固定贸易。后来，11 世纪的朱罗王朝①碑铭以像吉打罗、迦荼罗和迦陀呵这样的不同形式提到吉打。

虽然中国人较早就知道了朗迦斯迦，但是在唐朝以前他们既没有提到也没有记载吉打，这可能是因为它没有同中国保持 134
联系。义净是第一位提到吉打（Chiech-cha）的中国学者，他于 671 年访问了这里。后来，阿拉伯作者也将它作为 Kalah（箇罗）提到，将其位置确定在从印度去中国的途中，有些作者提到它是 Zabaj，即三佛齐的附属国。

在马来半岛发掘出土的遗物一般证实了从文献资料方面所作的推论，虽然还有大量工作有待完成。迄今为止的考古发掘，还没有获得任何属于朗迦斯迦诸王国时期的实质性材料。发现的梵语碑铭不能确定 4 世纪以远的年代，虽然文学资料确定的马来半岛的印度化国家的时期要早得多。不过，最近积累起来了一些资料，它们是根据对文学资料的强化得出的结论。将公元前 5 世纪的一只雅典式花瓶带到玻璃市（Perlis）的可能是一艘印度船只。在柔佛（Johore）的哥打丁宜（Kota Tinggi）发现的罗马念珠，可能是由印度商人在公元初带来的。[44] 夸里特克·韦尔斯在吉打峰脚下一处坡地发掘的湿婆庙的遗物，被解释为

① 朱罗（Chola）王朝，又译为注辇王朝，是中世纪印度南部一个有影响的封建王朝。——译者

从南印度的墓庙向爪哇的陵庙（*Chandis*）转变过程中的重要环节。因此，印度文化在 7 世纪的吉打似乎已存在几个世纪之久，并繁荣到足以成为向爪哇作文化传播的中心。马六甲也一定是一个早期印度中心。一块被安放到葡萄牙教会的墙壁中的马格罗（海怪）残片，一定是来自被基督教征服者所摧毁的一座古代寺庙。[45]

不过，吉打是马来亚遗址中最为重要的遗址。夸里特克·韦尔斯在詹姆斯·罗和后来由伊文斯于 1925 年进行的考察之后，在吉打的大约 30 处遗址进行了深入的调查研究。最近，马来亚大学的成员在这些遗址进行了进一步的考古发掘工作。在被夸里特克·韦尔斯发掘的 30 处遗址中，8 处好像是佛教遗址，12 处可能是湿婆和印度教遗址，3 处是世俗建筑物的遗址。

帕拉瓦人在吉打的布江河畔建立了定居点，在其寺庙废墟内发现了加内什和湿婆教信仰的其他文物。吉打在 5 世纪或
135 者 6 世纪是重要的印度文化中心；印度人，包括印度教徒和佛教徒，络绎不绝地前来定居达几个世纪之久，吉打逐渐成为印度艺术风格和文化特征的陈列室，这些风格和特征到一定的时候会进一步传播。他们主要来自南印度，但是许多人来自该国的其他地方。在吉打的蛤洞（Guak Kepah）发现的石碑铭文提到一位字面意思是“伟大的水手”（*mahanavika*）的人物佛陀笈多。他被说成是 Raktamrittika（拉格塔姆里提格）的居民，Raktamrittika 就是 Rangamati（兰加马蒂），它位于孟加拉的穆尔希达巴德以南 12 英里处。

有一些碑铭证明小乘佛教徒和大乘佛教徒两者在 4 世纪都

出现在吉打。在吉打发现的一尊按阿马拉瓦蒂风格塑造的青铜佛像和在霹雳的坚打河流域发现的两尊笈多风格的佛像属于5世纪。在吉打附近发现的、被确定为6世纪的一块刻字的陶匾中，有三首体现大乘哲学学说的韵诗。这三首韵诗中的两首在中观派经文的汉译本中被发现，所有这三首韵诗都应该在《沙揭罗摩所问经》(*Sagaramatipariprccha*)的汉译本中被发现。在8世纪，东印度的波罗王朝加强了马来亚的大乘佛教的力量。

霹雳的木威（Bruas），应该有在马来编年史的布拉格登修订版中提到的古代恒伽·那加罗（Gangga Nagara）的遗址。霹雳的瓜拉塞林辛雄踞西海岸，伊文思根据在一枚光王玉髓印章中发现的梵文铭文“塞利·毗湿奴跋摩斯耶”，将它当作一个古代印度人定居点的遗址。[46] 这份铭文的拼写是错误的，用的是大约6世纪或者更早的一种南印度的带边框线的标题的文字；所以，它一般被视为帕拉瓦印章。这一遗址出土了许多其他重要文物，它们表明在那里存在连续不断的定居点达几个世纪之久。这些文物包括各种各样的念珠，其中像结构复杂的石念珠这样的一些东西，好像是对印度念珠或者更西边一些的文化的模仿。

有些重要的佛教遗物也被从霹雳发掘出来，霹雳自古代以来就是资料丰富的矿区。在庞卡兰出土的一尊精美的青铜佛像和在红毛丹角一个60英尺深的锡矿中发掘的另一尊青铜佛像，反映了5世纪的笈多风格。

可能属于4世纪的七块梵文碑铭中的几块，被詹姆斯·罗在威斯利省吉打西南角中部的新路头（Cherok Tokun，朱洛·

笃公）发现，另外四块在北部被发现。在比多尔，出土了一尊具有 8 世纪或者 9 世纪的波罗王朝风格的密教符号的精美的观世音菩萨的青铜像。还有两尊同一个菩萨的青铜肖像在和丰[1]
136（Siput）的露天锡矿被发现，其中一尊是站立的四臂肖像。最近在霹雳和丰的廷库斯河流域的一处遗址发现的表现一位婆罗门苦行者的青铜肖像，与吠陀时代的圣者阿伽斯塔的一些肖像相似；在南印度、锡兰和爪哇都发现了阿伽斯塔的大量肖像样品。尽管在印度尼西亚盛行阿伽斯塔崇拜，可是这是它出现在马来亚的第一个证据。在柔佛的哥打丁宜发现的 600 个左右的念珠当中，大约有 80 个产自早期印度，100 多个产自罗马（可能是印度商人带来的），1 个产自赫梯，2 个产自腓尼基。

对其文化史而言，马来亚和泰国之间目前的政治边界，不是具有意义的分野。暹罗南部的一些遗址——诸如猜也、达瓜巴、那空是贪玛叻（洛坤）和也拉（北大年附近）这样一些地方的遗址——是本地印度化艺术的令人印象深刻的样品，与帕拉瓦建筑艺术或者笈多建筑艺术相似。在该半岛的所有印度化国家中，最重要的是洛坤，即今天泰国南部的那空是贪玛叻。它基本上是一处佛教定居点。环绕着印度塔的 50 座寺庙中的一部分属于非常早的时期，可能在博他伦也有印度人后裔的婆罗门，他们追溯自己祖先是从印度越过马来半岛经过陆路到达的。此外，在这一地区还发掘出土了大量起源于印度教的遗物。

马来地区 8 世纪以后的历史知道得更多一些，因为它受到

[1] 和丰，原文拼为 Sungei Siput，似应为 Sungai Siput。——译者

室利佛逝的印度尼西亚帝国和夏连特拉王朝的统治，属于这个几乎持续到 13 世纪末的时期的废墟，在整个半岛都有发现。在 14 世纪，当印度化的满者伯夷[①]帝国取代室利佛逝的地位时，吉打、北大年和吉兰丹受到满者伯夷文化极大的影响；例如，吉打的语言影响和吉兰丹的皮影戏，仍然包含有爪哇印度教的特点。

虽然马来亚与印度密切联系达一千多年，印度教和佛教的影响强烈，但是出土的遗物却少得惊人，马来亚本地没有发掘一座大致上可与泰国或者印度尼西亚的寺庙或者印度塔相媲美的建筑，哪怕是小型建筑物。可能是不利的气候和腐蚀性的土壤，侵蚀了那些大概是木质结构的早期建筑物。再者，马来亚作为其一部分所组成的一些帝国的统治中心在半岛之外，特别是在印度尼西亚。对此的另一种可能的解释，如温斯特特指出的那样，是穆斯林对偶像的破坏：“《吉打编年史》记载了马来人是怎样毁坏所有他们习惯崇拜的偶像及从他们的祖先传下来
的偶像，去皈依伊斯兰教的。”[47]伊斯兰教的确是毫不妥协地反 137
对偶像崇拜，在其他国家有毁坏偶像和寺庙的漫长历史记载，包括印度尼西亚——和印度自己——在内，在这些国家，从穆斯林时代之前的历史时期幸存的许多塑像，大多数都被砍掉了头颅。

作为在该群岛发展的文化的整个现象中的一部分，在此期

---

① 满者伯夷（Majapahit），中国宋代以后的史籍常称之为麻喏巴歇国。——译者

间印度同马来亚的联系能得到更好的研究。不久，伊斯兰教和欧洲人来到马来亚，引起他们的文化和生活的深刻变化，可是伊斯兰教马来亚的文化背景显然是印度化的背景。马来人仍然举行许多具有印度教痕迹的仪式；某些梵文单词仍然在仪式中使用。马来仪式“摇滚祈子”（*Melenggang perut*）是在怀孕第七个月举行迎接儿子诞生的仪式，它使人想起印度教的习俗。与婴儿诞生相联系的各种其他礼仪是印度教历史的遗风。有关学生生活的复杂仪式、规范家庭生活、继承权和社会生活、婚礼习俗的法则和习惯以及性格的相似之处等，都使人联想起两种文化和谐的融合。

马来亚的国家和王权观念，像室利·帕杜格（*Seri Paduka*）这样的一些王号，与加冕典礼相联系的礼仪和王族特权等，明显是受印度的启迪。马来亚的文学和民歌受到印度教史诗《罗摩衍那》和《摩诃婆罗多》的深刻影响。它的语言中有许多从梵文中借来的词汇，在阿拉伯文字和后来罗马文字传入之前，印度文字在马来亚和该群岛被使用。

印度尼西亚

印度与东亚之间的海上贸易在 1 世纪开始兴旺，印度在东南亚的一些定居点已经建立；苏门答腊的巨港[①]是从印度去中国的航路上的停靠地点。

---

① 巨港（Palembang），中国史籍中常译作巴邻旁。——译者

关于印度尼西亚的最早记载，是在于1世纪的最初25年统治中国的王莽皇帝的汉代编年史中发现的。在苏门答腊发现的汉朝时期的陶瓷制品的样品，证实了中国与印度之间在那时固定联系的存在。汉文资料提到叶调国王便（调便）132年遣使去中国；①该名是汉文对叶调国（Yavadivpa，即爪哇岛）的提婆跋摩王的翻译。

在爪哇存在一个势力强大到在2世纪初足以向中国派遣使节的印度化王国的事实，使人联想到印度影响在此之前的存 138
在。G. 费南德相信爪哇到132年已经印度化，并且假定这种印度化只是长时期中的缓慢结果，他相信印度教在印度-支那和印度尼西亚的最初阶段一定是在公元之前。在大约414年访问爪哇约五个月之久的法显，将该国说成是印度的据点。法显从爪哇乘坐一艘载有200名印度教商人的商船向广东行驶。之后不到二十五年，佛教僧人求那跋摩在前往中国的途中停留爪哇，并且奠定了那里佛教的基础。关于以后时期的印度化爪哇的资料，在中国编年史中是大量而确切的。

托勒密在2世纪提到*Iabadiou*，肯定表达的是梵文耶婆提（Yavadvipa，爪哇岛）的俗语形式。他也提到该群岛和半岛的几个地方的梵文名称。这个证据表明，印度文明到此时已在爪哇牢牢扎根。[48]

早期的爪哇史的主要资料，是一些精心编制的当地叙事韵文和诗歌。爪哇人相信阿伽斯塔（Agastya）仙人来自印度并且

---

①　关于叶调王便遣使东汉的记载，见《后汉书》卷86。——译者

在那里定居。阿伽斯塔一般被称为印度师尊，在印度尼西亚是一位格外受欢迎的传说中的人物，受到广泛崇拜和尊敬；以艺术和雕刻形式出现的他的肖像的众多复制品在该国被发现。根据爪哇编年史的记载，两万个家族在 2 世纪从羯陵伽来到爪哇。他们的王子迦罗（Kano）一个世纪之后出现。其他各种爪哇传说故事，与最早的定居者和他们的领袖阿吉 · 塞种（Aji Saka）以及《摩诃婆罗多》中的一些英雄有关。爪哇纪元从 78 年的阿吉 · 塞种开始，是印度塞种纪元的开端。另一个爪哇传说提到一个印度教王国在 56 年被创建。[49]

迄今为止发掘出土的考古遗物，有点早于与印度尼西亚的印度文化有关的文学资料。在发现的最早的文物中，有在西里伯斯的桑帕加发现的属于阿马拉瓦蒂风格的佛像；有在东爪哇任抹省的南部发现的佛像；在苏门答腊巨港的塞贡丹山发现的佛像。将婆罗洲固泰的牟罗跋摩国王的年代断定为 4 世纪或者 5 世纪初的梵文碑铭，也被发现。这些碑铭没有断定年代，但是，它们的文字与南印度帕瓦拉王朝早期的碑铭文字以及占婆
139 和甘孛智早期碑铭中的文字十分相似。接下来的一系列碑铭来自西爪哇，并且提到补尔那跋摩国王；这些文字使人联想到它们是在 5 世纪中期刻写的。苏门答腊因为和印度靠得更近些，所以它可能是印度人在该地区访问的第一个岛屿，但是这还有待考古学者们严格的调查研究。

不过，最近在印度–支那和马来亚各地发现了大量属于 3 世纪的石头碑铭，这些涉及几个世纪时期的碑铭具有明晰可辨的语族相似性，一般是用梵文组成和用南印度文字写成的。这些

碑铭中最早的是年代断定为 3 世纪，或者甚至可能是 2 世纪用梵文写成的在占婆的武康发现的岩石碑文。因此，假设在印度文化传播到占婆以前，它可能在像马来半岛、苏门答腊和爪哇这样较靠近印度的岛屿找到立足点。

印度尼西亚最早的主要印度化王国是室利佛逝，它的首都在苏门答腊的巨港。中国人称之为室利佛逝（三佛齐、甘特里或者简称为佛逝国）。一般相信这个王国是在 7 世纪建立的，但是马宗达像费南德一样相信：它是在 4 世纪或者 4 世纪之前建立的，在 7 世纪末显示出重要性。[50] 无论如何，最初明确提到这个王国是在 7 世纪最后 25 年的碑铭和文献中。夸里特克·韦尔斯在承认室利佛逝在 7 世纪存在的同时，建议它是被一个刚刚来自印度的在夏连特拉人的大乘佛教王朝统治下的叫做爪哇格（Javaka）的强有力的王国所取代的。无论室利佛逝和爪哇格是一个国家还是两个国家，印度化的文化模式都保持着相同性。

至少在从 7 世纪至 12 世纪可能至 13 世纪，室利佛逝统治着从爪哇绵延至马来半岛和暹罗南部的广大地区。在巨港发现的一组碑铭，其中有一些的年代断定为 683—686 年；它们提到詹卑（末罗游）的征服和邦加岛。得自那空是贪玛叻的一块年代断定为 775 年的碑铭，提到室利佛逝国王的威力和根据这位国王的命令修建的几座佛教寺庙。这样，室利佛逝到 8 世纪似乎统治了整个苏门答腊、西爪哇和马来半岛的大部分。对马来亚北部和两个海峡的控制，促进了室利佛逝的日益繁荣。选择海路通过两个海峡之一的印度商人和那些取陆路去印度支那和

140 中国的商人，不得不越过马来半岛的北部。按照戈岱司的说法，室利佛逝继承了扶南的商业霸权和对其南部地区的控制。

物质生活的进步加速了知识和艺术的发展。义净在 671 年在巨港停留 6 个月，学习梵文语法；14 年之后在从印度归国的途中，又在此花费了 4 年时间将几部梵语经文抄写和翻译成汉文。巨港的佛教研究给他留下如此深刻的印象，以致他劝告中国僧人在前往印度之前先去那里经过一个预先学习阶段。他自己便和四名同事一起从广州第三次回到巨港，并且在那里撰写他的两本《回忆录》。[①] 当时，室利佛逝佛僧的数量超过一千，佛教从 7 世纪到第 11 世纪在印度尼西亚保持了最大势力，吸引了像达摩波罗这样的一些来自印度的著名学者；达摩波罗是那烂陀大学的学者，他在 7 世纪访问了印度尼西亚。阿底峡燃灯佛（11 世纪）这位成为毗俱罗摩什罗大学主持和开创西藏佛教第二个时期的僧人，早年就曾去那里学习佛教。

就在室利佛逝处在自己势力的巅峰之际，另一个王国即夏连特拉王朝正在爪哇的中部出现；室利佛逝起初同它有友好关系。在夏连特拉王国 8 世纪兴起之前，在爪哇有几个印度化国家。这些印度化国家中有两个被中国人称之为诸薄和诃罗单 [②] 的国家，在 5 世纪派遣一些使团去中国。在西爪哇最早的考古遗物中，有四块是 5 世纪统治的多罗摩的补尔那跋摩国王的石制碑铭。由于这些碑铭提到他的祖父是王仙（*rajarshi*），另一位祖先是王中之

① 这两本回忆录，指的是义净的《南海寄归内法传》和《大唐西域求法高僧传》。——译者

② 分别见《梁书》卷 54 和沈约《宋书》卷 57。——译者

王（*rajadhiraja*），看来在 4 世纪和 5 世纪期间，在爪哇就繁荣着一个印度化社会。

中国历史著作提到爪哇和另外一些岛屿的一些王国，虽然并不是所有这些王国都容易确定。唐朝时期爪哇最重要的国家是诃陵；诃陵是对印度尼西亚的羯陵（Kaling）或者羯陵伽（Kalinga）的汉语变音，羯陵伽也是印度东海岸一个地区的名称。据说，大量羯陵伽的印度人大约此时向海外移民，他们可能定居在爪哇的部分地区，他们的数量肯定多到足以用自己家乡的地区来给这个国家起名。

有过一些尝试，将印度的羯陵伽与爪哇夏连特拉王朝起源的一些说法联系起来。据论证，羯陵伽的两个王朝即恒伽王朝和夏洛特拔婆王朝，在 7 世纪被南方的遮娄其王朝击败。被击 141
败的统治者从那里前往东方的一些著名的岛屿，并且建立夏连特拉王国。不过，尼那甘陀·夏斯特里发现这种说法值得商榷，并且提出夏连特拉人可能是南印度潘迪亚人的一支。关于他们的确切起源的其他一些说法被人们提出来，但是没有一种推测被明确承认。在爪哇好像存在众多的权力中心，这些中心一般称作格拉通（*kratons*），该词的意思是国王及其宫廷。势力大一些的格拉通为夺取政治霸权而斗争，在这种冲突中出现了 8 世纪位于爪哇中部的夏连特拉王朝，该王朝要获得的不仅是重要的政治权力，而且是在历史上很少被超越的文化进步的程度。

像伊本·古尔达比、阿布·扎伊德·哈桑、阿尔·马苏迪和阿尔·比鲁尼这样的阿拉伯作家的记叙，证实了夏连特拉王朝的政治、商业和文化成就。夏连特拉帝国被阿拉伯作家们写作札巴格（*Zabag*，札巴吉，*Zabaj*）即大君的帝国；有些学者相信该名称指的是室利佛逝帝国的大君。对札巴格做最详尽叙述的是阿布·扎伊德·哈桑，他写于大约916年的叙述以苏莱曼851年亲身经历所写的记叙为基础。苏莱曼记叙了构成该王国组成部分的各个岛屿，谈到其土壤的丰沃和稠密的人口。国王被描述得如此富有，以致他每天都要将一块金砖扔进水里，说“那里是我的财宝”。他每年的贡赋达到二百金“曼”（*mans*），其中50%来自斗鸡。大君本人是大量岛屿的君主，根据阿尔·马苏迪的说法，他的帝国如此之大，即使最快的船只也不可能在两年内完成绕它一周的航行。

重建这个帝国历史的资料不足，它与室利佛逝关系的详细情况不清楚。我们不知道夏连特拉王朝是否是室利佛逝的一部分，它是否将后者置于自己的保护之下，或者它们是否和睦相处。不过，一般同意一个被逐出故乡或者凭借王权的夏连特拉王子，于9世纪在巨港成为室利佛逝的统治者，他的王朝在那里延续到13世纪。

夏连特拉王朝将马来群岛的最大部分置于一个中央政权之下。他们的帝国的疆界扩展到占婆和甘孛智；夏连特拉的舰队在8世纪不止一次地袭击遥远的海岸。这在东南亚特别是印度－支那的历史上是一个动乱的时期，我们对它的了解比对别的地方的了解更模糊。为什么要进行这些海上袭击并不清楚。为什
142 么夏连特拉王朝一度将柬埔寨置于自己的统治之下？已知阇耶跋摩在802年宣布甘孛智从爪哇的统治下独立出来；虽然还不肯定，但是有些理由使人相信，夏连特拉不断远征和入侵引起

了占婆的王朝的崩溃。

夏连特拉王朝实际上是一个强大的海上国家，他们同孟加拉信奉佛教的波罗王国的关系十分密切；早在782年，波罗帝国的鸠摩罗戈沙便是夏连特拉诸王的王族导师、师尊。在那烂陀发现的、年代断定为大约860年的一块铜板铭文记载：苏伐剌蒲迷国王波罗普陀罗提婆[①]在那里修建了一座寺院。从印度尼西亚去那烂陀寺的访问者和学者如此众多，以致不得不修建专门的寺院为他们提供住宿。在南印度发现的一块朱罗王朝碑铭记载：两个夏连特拉国王——朱达曼尼跋摩和他的儿子室利·马罗毗阇耶通加跋摩[②]——在那加帕塔纳（现代的尼加帕塔姆）修建了一座佛教寺院。当时在位的印度国王分别向这两个寺院赠予了田地和村庄。

夏连特拉王朝同南印度的朱罗统治者保持着友好关系。朱罗王朝也是一股强大的海上势力：到11世纪初，在罗阇罗阇大帝（985—1014年）和其更加有权力的儿子拉金德拉·朱罗（1014—1044年）的统治下，它们成为南印度首要的国家。这两个国家之间的友好关系在11世纪恶化，1024年和1030年的两块朱罗王朝碑铭说到，拉金德拉在包括室利佛逝和夏连特拉王国在内的几个东南亚国家进行远征和征服。另一位朱罗国王维罗拉金德拉（1063—1070年），据说也成功地领导了一次对

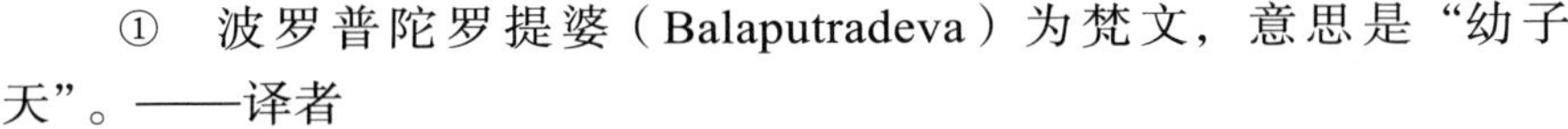

① 波罗普陀罗提婆（Balaputradeva）为梵文，意思是“幼子天”。——译者

② 这父子两个国王在《宋史·三佛齐传》中分别译为朱啰无尼佛麻调华和思离麻啰皮。——译者

夏连特拉的军事入侵。朱罗王朝和夏连特拉王朝之间在整个 11 世纪持续不断地冲突，极大地削弱了双方的力量。

夏连特拉王朝时期是东南亚历史上最重要的时期之一。受到大乘佛教和波罗王朝密教启迪的佛教艺术达到新高峰。夏连特拉王朝时期的印度尼西亚文明，成为其他东南亚国家的模式。夏连特拉王朝采用一种新字母即北部的天城体字母，修建了像拉罗·宗格朗[①]和婆罗浮屠这样的一些世界著名的建筑物，给马来西亚起了新的名字羯陵伽。尽管大乘佛教在宫廷和统治阶层中拥有信徒，湿婆教还是在老百姓中盛行；婆罗浮屠代表印度尼西亚佛教艺术的顶峰，巴兰班南的拉罗·宗格朗则属于湿婆教的艺术。

143 权力和文明的舞台在 10 世纪转移到东爪哇。就在夏连特拉王朝在中爪哇作为最重要的国家出现之前，一个强有力的王朝正统治着那里，其都城在马打兰；在其统治者珊阇耶的领导下，该王朝对苏门答腊和柬埔寨发动了几次成功的远征。据说，珊阇耶是一个大征服者，他被神化为神珊阇耶。在克杜地区的章卡尔发现的一块碑铭提到，珊阇耶于 732 年在那里为湿婆林伽建立了一座纪念物。在他死后，中爪哇被夏连特拉王朝征服，他的继承者们被排斥到东方。到 9 世纪，马打兰看起来已摆脱夏连特拉王朝在东爪哇的政治霸权，东爪哇成了因其后 500 年印度文化在此的丰厚沉淀与保存而著名的地区。

---

① 拉罗·宗格朗（Lara Jonggrang），意思是“苗条的少女”，是巴兰班南当地居民对本地印度教建筑群中一座庙宇里供奉的一尊湿婆配偶难近母的塑像的称呼。——译者

在 929 年登上王位的蒲·辛铎是定居在东爪哇的马打兰王朝的第一个著名国王，他的王号是室利·伊阇那·维格拉马·达摩通加提婆（*Sri Isana Vikrama Dharmottungadeva*）。中爪哇的文化和文明到此时显而易见地衰落。辛铎是爪哇历史上杰出的名字，后来的国王们渴望证明自己的血统源自于他；但是给他带来这一声望的确切成就已无从查考。

辛铎杰出的孙女摩诃因陀罗公主，与巴厘的王子优陀耶那成婚。他们的儿子，从 1010 年至 1049 年统治马打兰王国的爱尔棱加，是爪哇最伟大的国王之一。他将整个爪哇置于自己的权力之下，同其他国家建立了商业和政治关系。根据一块碑铭的记载，他修建了一座大坝阻止布兰塔斯河泛滥。他被认为是毗湿奴的化身，在他的火葬地婆罗罕有一尊精美的乘在其坐骑迦楼达身上的毗湿奴塑像。他是文学的赞助者，甘华的诗歌《阿周那的婚姻》（*Arjunavivaha*）便是在他的赞助下写成的；此书是同类诗歌中的第一部。

在他去世之前，他将自己的王国平分给儿子们中的两个。由此产生的两个国家迦迪里和詹加罗，在东爪哇一起保持到一个新王朝新诃萨里出现的 13 世纪初。迦迪里在这一时期是知识活动的中心。

新诃萨里由庚·安禄所创建，他称自己为婆罗多师尊的化身；他是许多流行传说故事中的核心人物。但是，该王朝在克里塔那加罗（1268—1292 年）的统治下获得最强的势力和名望。人们在文学作品中对其的描写对照鲜明：爪哇编年史《列王志》（*Pararaton*）对他作反面描写，而著名史诗《爪哇史颂》 144

（*Nagara-Kritagama*）则将他歌颂为佛教经典和佛教国家组织的专家。他肯定是一名热忱的佛教徒，并且信奉瑜伽和入定。在此期间访问爪哇的马可·波罗，将新诃萨里描述成由一个伟大国王统治的繁荣的王国。克里塔那加罗制定了富于侵略性的帝国政策。他征服苏门答腊、巴厘、婆罗洲的部分地方以及马来半岛。在成功的鼓励之下，他甚至找机会和忽必烈汗争吵；但是，在中国的惩罚性远征抵达爪哇之前，他被由迦迪里的总督所领导的国内叛乱赶下了王位。[51]

在新诃萨里发生叛乱之后的动荡和混乱之中，在爪哇中部出现了在克里塔那加罗的女婿毗阇耶领导之下的满者伯夷王国；中国人的远征在这场动荡与混乱中起了助长作用。毗阇耶在制伏了其他王位竞争者之后，于 1299 年宣布自己为整个爪哇的国王，采用了克里塔那加罗·阇耶跋陀罗这一王名。不过，这个王朝最著名的名字不是国王的名字，而是将军卡查·马达的名字，卡查·马达从 1331 年至 1364 年成为首相和有力的统治者。他将满者伯夷的权力扩展到苏门答腊，在苏门答腊完全摧毁了衰弱的三佛齐王国，还统治了巴厘和其他岛屿。据信，他开创了巴厘的“爪哇化”。

这个帝国在拉查沙纳卡拉（1350—1389 年）的统治下达到势力的顶峰，拉查沙纳卡拉通常以其本名哈奄·务禄而知名。他统治着群岛的所有主要群岛和马来半岛的大部分。他同像甘孛智、占婆、中国、暹罗和印度这样的邻国建立了文化和贸易关系，它们派遣了大量婆罗门和沙门到他的都城。这个王国在他去世之后崩溃，对于包括苏门答腊和马来亚的一些国家在内的一些岛屿的霸权，逐渐转到中国明朝手中，明朝成为该群岛的宗主国。

不过，满者伯夷王国继续到1520年为止。伊斯兰教在大约15世纪中期开始渗入到爪哇；这个新宗教逐渐变得强大到足以导致爪哇最后的伟大印度化王国的崩溃，导致印度尼西亚其他国家的崩溃。仅仅只有一个小国家巴兰邦安保持自己的独立，并且继续达两个世纪。今天，只有巴厘仍然宣称信仰一种称为印度人-巴厘人宗教的印度教。

欧洲商人、士兵和传教士来到后不久，印度尼西亚社会的
模式发生变化。事实上，西方文化和伊斯兰文化大约同时来到 145
印度尼西亚，但是前者起初很少影响印度尼西亚的本地文化，后者很快开始在印度尼西亚的社会土壤扎根。对于这种对照的解释可能是：西方文化完全是陌生的文化，而伊斯兰教文化则是熟悉的文化并且完全不与外来军事力量为伍。

主要来自南印度、在古吉拉特和马拉巴尔起船的印度穆斯林商人和阿訇，将伊斯兰教带到了马来群岛。他们主要是对利润感兴趣，并不是宗教狂热者。他们不愿意为神圣的事业献出生命或者财产，他们也不是伊斯兰教会的传教工具。即使是后来来自埃及、麦加和阿拉伯半岛的阿訇们，也是在丰厚的赞助之下寻求利益。他们的语言是印度的语言——印度斯坦语、古吉拉特语、马来亚拉姆语、泰米尔语或者一些其他的语言，他们带来的书籍是阿拉伯文原著或者波斯文原著的印度文译本。根据这些印度译本，将它们翻译为马来文译本。

伊斯兰教使改宗成为易事，主要原因在于其信仰的简朴性，

这同印度教和佛教复杂的教义和传说形成鲜明的对照；纷纭复杂、多样的哲学学说在印度教和佛教的无数世纪之久的时期中，吸收了各种可怕的传说和迷信；苏菲派在印度化的印度尼西亚也迅速被接受。尽管伊斯兰教进行宗教改宗，它却不可能强制实行一种新文化，因为印度尼西亚文化在当时太发达、太有特色。宗教的变化注定要影响现存宗教文化的特点，伊斯兰教即使在这个领域也接受了印度尼西亚文化的许多特点。例如，印度尼西亚伊斯兰教的斋戒仍然被称为 *puwasi upavasa*（以折磨方式靠拢神），这是一个起源于梵语的词汇；穆斯林阿訇被称为师尊（guru）；穆斯林苏丹拥有像大君（*Maharaja*）、斯利那罗（*Srinara*）和曼杜利格（*Mandulika*）这样的称号。

今天，印度尼西亚是世界上最大的伊斯兰国家，可是，印度尼西亚文化可能是唯一一种伊斯兰教的渗透只停留在其表层的文化。马来亚的文化也没有什么伊斯兰教的特点，但马来人至少还有穆斯林的名字，而大多数印度尼西亚人则保持了自己原来的名字。伊斯兰教不是一种名副其实的文化，但是它有可以确认的、从阿拉伯文化和波斯文化中获得的特征，它总是力图将它们强加到其信徒头上。法国旅行家朱尔·勒克莱尔见过哈吉（*hajis*，从麦加朝拜归来的穆斯林）加入对古代印度教神祇的崇拜，他评论说：穆斯林信仰的出现，没有使爪哇人脱离他们以往的信仰。[52]

146 印度尼西亚的语言、艺术、社会习俗、法律和政治制度、文学、民间传说和哲学都受到印度文化潮流的影响。夏斯特里说："要知道该群岛受印度教文化之影响的程度的正确概念，必须将苏门答腊、爪哇和巴厘同没有被这种影响触及的、位于更东部的岛屿相对照。可以清楚看到：所有更高级文化的成分，如有组织的国家生活形式、贸易和工业、艺术和文学，实际上是印度教对这些岛屿的馈赠，该群岛清楚地分成了两部分——一部分接受新文化并且与之一起跨入文明，另一部分则落后了。”[53]

本质上是印度尼西亚语的卡威语，充满从梵语中借来的词汇。马来群岛现在的最古老的字母，是所谓帕拉瓦字母——梵语中的一种语言——以帕拉瓦王朝命名。爪哇到 8 世纪产生了自己的来自帕拉瓦的卡威字母即古爪哇字母，这种字母被起了梵文名字阿格沙罗·佛（Akshara Buddha），意思是佛教学问。在该群岛使用的另一种印度字母是早期形式的天城体字母，它可能是在 8 世纪作为波罗王朝和夏连特拉王朝之前相互密切交往的结果而采纳的。马都拉字母、巽他字母和巴厘字母也是从帕拉瓦字母派生出来的。苏门答腊中部的巴达文字可能由于所使用的书写材料——树皮或者边材——而经过了大量简化，但它也是派生自相同的起源。苏门答腊南部、拉让和览邦①的民族使用与卡威字母十分相似的文字。布吉斯人和西里伯斯的望加锡人的古代字母系统，是从古马来字母或者属于帕拉瓦语族的苏门答腊字母派生出来的。在葡萄牙人 16 世纪最初与他们相遇时，塔加洛格人和菲律宾群岛的其他人使用的字母系统，同样与苏门答腊字母有密切的关系，虽然字母的数目大大减少了。所以，印度字母曾经一度在整个马来群岛使用。随着伊斯兰教

① 览邦（Lambong），即今楠榜。——译者

传入，它们部分被阿拉伯字母所取代；随着欧洲人的到来，又部分被罗马字母所取代。

在一种受到外来影响的语言中，其数字通常保持不变，但是印度尼西亚人采用了不同的印度数字。在印度人到来之前，印度尼西亚人有自己表示 1—10、100 和 1,000 的词汇。不过，比那更高位的数字用意思是“数不清”、“不清楚”的单词表示，或者使用借来的词汇表示。梵文词 *laksha* 意思是 100,000，在
147 整个群岛使用却指代 10,000；这样，需要用恰当的专门名词表示 100,000 时，群岛采用了表示 10,000,000 的梵文单词 *koti*。

梵文单词 laksha 和 koti 被给予比原意低的数值；但是，表示 10,000 的梵文 *ayuta*，在马来语和爪哇语中则获得 1,000,000（*yuta*）的更高值，在塔加洛格语中获得的是 100,000（*samyuta*）的更高值。不过，有可能 *yuta* 源于梵文的 *niyuta*，表示很大的数字。在巴厘文中，*ha-laksa* 代表 10,000，*ha-koti* 代表 100,000，*ha-yuta* 代表 1,000,000，*ha-bara*（在梵文中，*bhara* 的意思是重、大量）代表 10,000,000。该群岛采用的较小的印度数字大多数在复合词中使用，例如：五面（*pancanana*）或者十倍（*dasaguna*）。

来自基数的序数的构成饶有趣味。在印度，（最前面的或者第一）被从序数词列中排除，因为第一的作用与其他序数词的作用不同。马来人以 *pertama*（即 *Prethama*）并且在它之前缀以表示第一的 *yang*，来区分第一和接下来的序数词，对于所有其他序数词则仅仅只在原来的基数之前使用前缀 *ke*；例如 *ke-dua* 是第二，*ke-tiga* 是第三，如此等等。

塔加洛格语靠使用来自梵语 *bhaga*（一份）的 *bahagi*（部分）表示分数。在马来语中，*bahagi*（部分）意思是分享或者分配。至于数字系数 *biji*，在马来语和群岛的某些其他语言中意为“种子”，其起源可以在梵文 *bija*（种子）中寻找。爪哇语 *siji* 是意思为一个或者某一的 *sa-wiji* 的缩写。*Wiji* 一词在计数时表示一个，或者表示种子，在文学意义上表示后代。同样，在马来语中，它不仅表示种子或籽，也有睾丸的意思。爪哇语的 *wiji* 可能与口语的起源相同。达亚格语的 *ije*（一个）可能表示一个在词源学上与梵文 *bija* 在词源上一致的词。至于 *bija* 和 *biji* 之间的联系，一般发现梵文中的“a”在马来群岛的一些语言中变成了“i”。

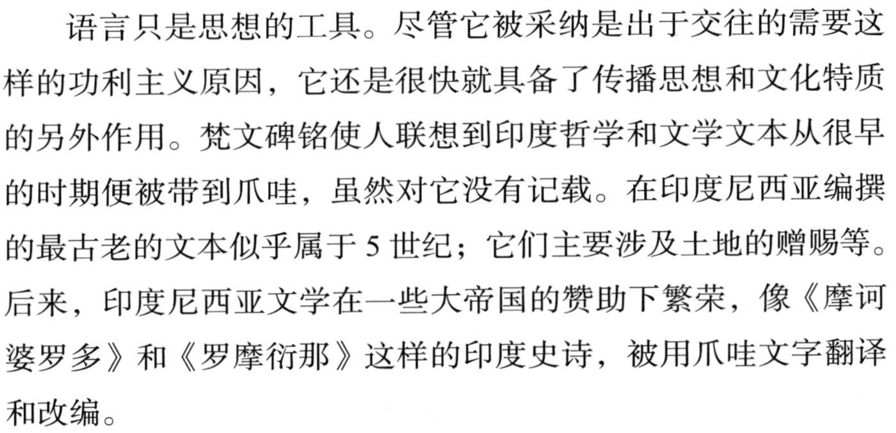

语言只是思想的工具。尽管它被采纳是出于交往的需要这样的功利主义原因，它还是很快就具备了传播思想和文化特质的另外作用。梵文碑铭使人联想到印度哲学和文学文本从很早的时期便被带到爪哇，虽然对它没有记载。在印度尼西亚编撰的最古老的文本似乎属于5世纪；它们主要涉及土地的赠赐等。后来，印度尼西亚文学在一些大帝国的赞助下繁荣，像《摩诃
婆罗多》和《罗摩衍那》这样的印度史诗，被用爪哇文字翻译 148
和改编。

印度尼西亚有韵文和散文两种形式的《罗摩衍那》的几种修订版。来自其中的一些情节在流行的印度尼西亚皮影戏（*Wayang-kulit*）中被当作主题使用。印度尼西亚人对蚁蛭的版本做了修改，将它与《罗摩衍那》的其他印度版本中的素材和他们自己的富于想象力的润饰结合。像斯图特海姆这样的一些

学者相信：印度尼西亚版本中保存的某些传说，甚至可能比蚁蛭的《罗摩衍那》更早。不过，主要是以印度形式出现的罗摩传说仍然是印度尼西亚活生生的力量。印度尼西亚骑士品质概念，是准确按照这部史诗和罗摩的理想展现的。在印度尼西亚女子教育中，经常提到悉达崇高的榜样行为。爪哇中部重要河流沙罗瑜（Sarayu），是以罗摩的都城阿瑜陀位于其岸边的那条印度河流命名的。

另一部印度史诗《摩诃婆罗多》甚至更流行。它在 11 世纪或者最初被译为爪哇文，不断被翻译和改编。《摩诃婆罗多》像一部包含丰富多彩的英雄行为和业绩故事的印度教百科全书。它似乎吸引了印度尼西亚各民族的想象力，他们视自己为《摩诃婆罗多》中英雄们的后裔，并且相信剧中的一切均发生在自己的国土。他们竭力按书中英雄们的思想和榜样来展示自己的生活和行为。史诗中的主要人物阿周那是印度尼西亚的民族英雄。印度尼西亚领袖苏加诺（Sukarno）的名字，便取自《摩诃婆罗多》中的英雄苏卡纳（Su-Karna）。

早期爪哇文学的风格严格遵循梵语文学的风格，印度尼西亚宫廷诗歌始于对印度史诗和其他作品的改编。古爪哇语著作《长寿鬘》（*Amaramala*）以梵语的《长寿字库》（*Amarakosa*）和其他印度字典为模板。这样的改编作品作为一个类别以帕瓦（*Parva*）著称。帕瓦作品之后是格卡温（*Kakawins*）作品，它们是对印度诗歌作品的改编。这些作品在爪哇被称为正道论–卡温（*Nitisastra-Kawin*）作品，在巴厘干脆被称为正道论。印度尼西亚的第一部重要文学作品《阿周那的婚缘》，是在爱尔棱加（Erlanga，或者 Rake Halu Sri Lokesvara Charmavamsa Erlanganantavikramottungodeva，他是唯一的一位统治巴厘和爪哇两地的巴厘王公）统治期间写成的，并且涉及取自《摩诃婆罗多》的情节。这部作品的主题和风格使印度史诗在印度尼西亚格外流行，并且在其他文学作品和民间故事中得到反映。两部优秀的诗歌作品，描写克利希纳与贾纳桑陀作战的《克利希纳衍那》和以迦梨陀娑的《罗怙世系》为基础的《苏摩那百咏》，149
在迦迪里时期写成。另一部杰作《婆罗多大战记》，表现般度族和俱卢族之间的冲突，它由普·塞达创作于12世纪后半期，可能由普·帕鲁卢完成。许多其它的爪哇作品，如《诃利世系》、《婆摩诗》、《爱神的被焚》（*Smaradahara*）和《爪哇史颂》等，受印度文学影响颇多。《益世嘉言集》和《五卷书》在印度尼西亚和东亚的其他地方享有盛誉，这两部作品如此深刻地影响了西方世界的寓言和神话故事。它们中的故事，构成了以坦特利（*Tantri*）而著名的印度尼西亚寓言和民间故事的基础。

印度皮影戏（*Kathaputali*）传统不仅被很好地保存，而且在世界上没有一个地方的皮影戏像在印度尼西亚一样，是人民社会生活不可分割的组成部分。在整个爪哇和巴厘，以及在现在印度尼西亚和马来亚的其他地方，皮影戏表演时经常有大量观众观看。它是一门经过几个世纪时间发展起来的精湛艺术。切割得十分漂亮的皮影，由表演者以令人难以置信的机灵和技巧表演，表演由爪哇乐团伴奏。皮影表现的是印度史诗中的男女英雄，每个角色的大小、外貌、肤色和佩戴的首饰依习俗而定。皮影戏对人民生活的影响是巨大的，即使伊斯兰的统治也没有降低其流行性。瓦格纳说，对爪哇而言，“皮影戏不只是一种演出，而且还呈现了一个思想有人的形态、想象成为现实的抽象世界。”[54] 斯坦福·拉弗尔斯在19世纪初发现大量如饥似渴的人们整夜整夜欢天喜地、全神贯注地听皮影戏。民族主义者在夺取政权的斗争中采用皮影做爱国主义演出，没有它，他们可能不会赢得大众对他们的运动的支持。

皮影戏的起源是有争议的问题，但是毫无疑问的是从印度传入的文化极大影响了它。印度神话、故事、英雄传奇越来越多地被采纳；印度诸神、英雄和恶魔也很快进入皮影之中。正如可以预料的那样，故事和英雄在数个世纪之久的时期中被完全结合起来。从各种长期被遗忘的故事中吸收的印度人物和环境，可能被结合到具有地方特色的新环境之中。印度传说也与本地神话和故事融为一体，不过，印度的影响不仅在根据故事所改编的剧本（*lakons*）之中被发现，也在整个艺术的技巧中被发现。

150 在爪哇音乐、乡村组织、农村经济以及财产习惯法中，也可以看到印度的影响。印度教对印度尼西亚音乐的影响，比对印度-支那音乐的影响可能稍晚一点。夏连特拉王朝时期印度教和佛教神龛中的浮雕，解释说明了那时的乐器。这些乐器，特别是雕刻在8世纪的婆罗浮屠的乐器，包括了构成现代乐团的当地乐器和印度乐器的大多数；这种乐团几乎全部由打击乐器组成。在印度尼西亚统治阶层和上层家庭发现的乐器，无疑主要带有印度教特征；一些小的配套乐器像鼓、螺号和歪号，后来在10世纪开始使用。

印度尼西亚音乐的两个主要音阶系统即佩洛格（*pelog*）和夏连特洛（*salendro*），前者是本地系统，但是后者起源于印度，并且以夏连特拉王朝命名。据说，婆陀罗·因陀罗（*Batara Endra*）神受湿婆的命令发明这一音阶体系，但是，看来这实际上是苏门答腊的佛教徒们散布的。它是一种有着三种不同调式的五音符音阶；这种音阶将八音度分成比佩洛格几乎更平均的等分，即分成一个乐音的大约 5/6 的一些音程。据说，印度尼西亚将夏连特洛当作阳性，昂扬、严肃；将佩洛格当作阴性，亲切、伤感。印度尼西亚音乐发展的最重要的影响是促进皮影戏发展的梵语舞蹈剧，为舞蹈和叙事歌曲提供了平台。

歌唱和诗歌在印度尼西亚一同发展，许多古代印度的拍子在爪哇歌曲中被发现。舞蹈艺术成熟于爪哇中部的克拉通地区，具有可以辨认的印度风格的痕迹。例如，人的象征势（*mudra*）和双腿交叉置于身下的冥想坐姿，显然是印度姿势。然而，印度尼西亚舞蹈得到最高的表现是在巴厘，宗教崇拜和传统的印度教–巴厘礼仪与这种舞蹈结合在一起。尽管爪哇音乐在伊斯兰教的影响下吸收了某些新特点，巴厘还是保持自己早些时候的传统；事实上，正是那些逃离伊斯兰教推进而在巴厘定居下来的巴厘人，创造了东南亚最早的乐谱，该乐谱以音阶的五个音调——叮（*ding*）、咚（*dong*）、登（*deng*）、吨（*dung*）、当（*dang*）——的名称中的元音为基础。伊斯兰教对爪哇音乐的影响无足轻重，它的主要遗产是一种被称为里巴卜（*rebab*）的二弦尖桩小提琴，这种琴通过穆斯林印度传到印度尼西亚。

印度教和佛教均在印度尼西亚繁荣。两者均对其人民的生

活和文化留下了不可磨灭的痕迹；印度尼西亚的印度教主要是湿婆教，这与柬埔寨的印度教主要是毗湿奴教形成了对照。在
151 大约 8 世纪初，与对印度教的三位一体即梵天、毗湿奴和湿婆的崇拜有关的往世书形式的印度教流行于爪哇；湿婆在印度尼西亚有至高无上的地位。佛教在 5 世纪初对爪哇人影响力极小，但是由于佛教僧人求那跋摩的传教热情，它很快获得相当大的支持。到义净访问苏门答腊时，室利佛逝王国成了亚洲南部重要的佛教知识中心。

宗教和哲学的影响在艺术和建筑中自然会感受到，爪哇的宗教建筑物通常被称为 *chandis*（陵庙），该术语本来的意思是纪念物。除了罕见的例外之外，印度-爪哇艺术的所有遗物都是寺院、圣殿和神像，它们在群岛各地都被发现，但主要发现于爪哇，即大多数印度尼西亚居民所集中之地。在苏门答腊也有许多遗物被发现。具有阿马拉瓦蒂风格的一些青铜雕像和一尊巨大的石佛像在巨港地区被发现。考虑到在 20 世纪之前对其中一些纪念物的忽视，其中大多数也许永久性地遗失不是不可能的。但是，保留下来的那些纪念物足以显示印度尼西亚艺术的高标准。尽管它在观念上是印度艺术，可它还是日益变得具有本地特色，形成了十分完整、独特的地方风格。例如，寺庙的设计是印度式的，但是基调变更了，印度尼西亚人擅长于创造装饰成分。

位于迪安高原的著名寺庙群可能属于 8 世纪，是爪哇最古老的庙群。它们当中至少有一些是在夏连特拉王朝之前的那个王朝时期建造的。它们不是大纪念物，但是在稀疏的装饰中还算是紧密的。湿婆、加内什、杜尔伽、毗湿奴和其他印度教神

祇的肖像，表明了南印度的影响。帕拉瓦艺术或者遮娄其艺术是这些建筑物灵感的主要来源，但是波罗艺术可能也影响了这一时期的爪哇艺术。

卡拉桑陵庙可能是最古老的神龛，人们给它确定了一个大致的年代（778 年）。纪念这座神龛的碑铭，也是爪哇对夏连特拉诸王的最早记载。它是由诸王中最早的一位建造的，供奉着佛教女菩萨救度母，并且好像设计用来作为这位国王妃子的坟墓。它位于中爪哇默拉皮火山的南部。在入口的上方发现有迦罗马格那[①]图案，这种基调原本是帕拉瓦的创新。

最重要的印度尼西亚纪念物是婆罗浮屠的印度塔，紧接卡拉 152
桑陵庙之后。这座建筑如此之大，一定花了大约十年时间才得以竣工，同迪恩高原的小得多的印度教寺庙形成鲜明对照。婆罗浮屠位于中爪哇的克杜平原，是一座极为雄伟壮丽的建筑物，俯瞰大片广阔的绿色稻田以及遥远、高耸的火山群。它的观念丰富而大胆，以极精细的技巧完成的堂皇的装饰传达了这些观念。库马拉斯瓦米将它描绘为在令人屏息的空气中成熟的水果——其形式之丰满与其说是对体积的表现，不如说是对象征向外发散的力量的静态资源的表达。

它的确切起源仍是一个谜。虽然在印度没有可以与它相比较的建筑，哈维尔还是认为它是山奇或者巴尔胡特的派生物。齐默说得更明确：“夏连特拉风格丝毫没有波利尼西亚成分。它

① 迦罗马格那（kalamakara），是由含着两只海怪（马格那）的迦罗（印度神话中的怪物）头部构成的图案。——译者

在本质上是印度的，即使如此，在新的、非常有天赋的环境里，它也受新的灵感的指导。笈多风格的推动，以及接下来的像帕拉瓦和波罗地区所表现出的大陆发展，被注入其中并被赋予了新的生命。确切地说，它的基本概念、公式以及精湛的、控制得极好的技巧，更直接地指向帕拉瓦地区而不是指向北方。”[55]

婆罗浮屠不像该时期的任何其他纪念物，它是被雕刻成每层具有上升的高度和缩小的面积的九层石台的整座山顶，山顶最高处是被一座八面形的小尖塔覆盖的朴素的印度塔。产生的效果是一座截顶的、成平台的金字塔衬托着一个相对小型的圆形印度塔，这座金字塔由 72 座小得多的、钻孔的、呈三层同心圆排列的印度塔环绕。石台有栏杆，四层较低的石台有走廊环绕。栏杆外面有壁龛，壁龛里有 432 尊禅定的佛像。另外的石台上也有佛像。最重要的特征是在较下层石台的四个上升走廊中，用 1500 块雕刻的壁板组成的系列。这些雕刻作品以极端自然的风格表现佛陀各个化身阶段的生活，他在印度的巡游，以及其他惩恶扬善的故事。雕刻与某些印度风格相似，虽然描绘的是典型的爪哇场面。

婆罗浮屠独特的美，受到佛教虔诚精神的启迪，每一细节都得到细心的、精湛现实主义的表现。这种饱满的精神和创造力，不仅是通过形式和技巧的革命性变革取得的，而且是通过对其最初的印度环境中已经得到完善的古典佛教表现形式的创新性应用取得的。所有佛教纪念物都与宗教象征主义有联系。
153 婆罗浮屠表现了大乘佛教的宇宙体系，并且是圣像学象征主义最优美的榜样之一。

离婆罗浮屠不远处，有一个庞大的通常被称为巴兰班南寺庙群的印度教寺庙群，该寺庙群深受居民的崇拜。有每行三个、呈两行共六个的建筑物；由马打兰达克夏国王在大约 860 年修建的，最大最美丽的拉罗·宗格朗是献给湿婆的，两个较小的寺庙是献给毗湿奴和梵天的。这座最大的寺庙得名于它所供奉的杜尔伽·摩希萨苏罗马迪尼[①]。大庙对面是三神一体的三位神祇的土石陵庙。表现罗摩事故的 42 块浅浮雕被雕刻在走廊的内墙上。要说有区别的话，就在于这些浮雕超过了婆罗浮屠的那些，并且肯定得到了更生动的表现。拱门和入口满是装饰，湿婆的化身大天的头位于入口正中。建筑和雕刻两方面，都受到印度样式的启迪。

东爪哇最重要的纪念物群是巴兰班南的寺庙群。虽然这个遗址的作品似乎开始于新诃萨里时期，最重要的作品还是在满者伯夷时代创作的。

印度尼西亚艺术是印度教–佛教技巧和本地传统的结晶。夏连特拉时期的艺术可能是最好的印度艺术，但是，印度尼西亚特征后来变得日益突出。随着印度尼西亚文化的发展和越来越强大，印度成分由于缺乏移民的援助而削弱。印度艺术和印度尼西亚艺术之间的结合到满者伯夷时代完成，从那时以后，印度尼西亚艺术便纯粹是爪哇艺术。

虽然目前关于婆罗洲的资料贫乏，在库太（东婆罗洲）

① 杜尔伽·摩希萨苏罗马迪尼（Durga Mahisasuramardini），杜尔伽即难近母，参见对原文第 142 页的注释。——译者

的眉拉克曼发现的、用4世纪的梵文字母刻写在石柱上的七块碑铭，还是表明了印度和婆罗洲之间的直接关系。这些碑铭提到牟罗跋摩国王和他的祖先，提到可能献给湿婆或者阿伽斯塔的被称为瓦普罗基斯瓦罗的寺院。在库太哥打邦的翁通还发现了属于笈多风格的美丽青铜佛像，在孔奔山和拉塔河河口湾出土了印度教-佛教神祇的几尊肖像。的确，整个马来群岛的最早印度教碑铭是在婆罗洲发现的，虽然库太的碑铭简朴，它们还是提示了大量有关梵文的知识。还有一些有待恰当地进行发掘的其他遗址。另外两处文物——一枚毗湿奴小金像和一只金龟——是在库太发现的，它们由眉拉克曼的苏丹在礼仪场合戴在项圈上。湿婆的肖像在该岛的各地
154 被发现，其他遗物包括一尊来自沙捞越的加内什肖像和一块来自东海岸桑贝特隆附近的帕拉瓦碑铭。据说，婆罗洲（Borneo）的名称来源于 *Porunei*（婆鲁来），与考提利亚的《政事论》中提到的 *Purnadvipa*（普那岛）相同。根据《宋史》的记载，婆罗洲（婆利）国王室利·马哈罗阇于1082年派遣了一个外交使团去中国。

世界上最令人愉悦的地方之一，是巴厘的小岛。在整个印度尼西亚，实际上在全部东南亚，印度教得以幸存的地方只有这里。不过，印度信仰吸收了许多地方风俗和传统。

对于印度与巴厘最初的接触知之甚少，有些学者将巴厘文化描述成由那些从爪哇的伊斯兰化中逃跑的人们带到那里的印度-爪哇文明的发展。其他像马宗达这样的学者持有巴厘同印度保持有直接接触的观点，因为它的碑铭使用古巴厘文，古

巴厘文含有许多从梵文中借来的词汇，但是又不同于古爪哇文。刻有表白对佛教信仰或者密教真言的、大约属于 8 世纪或者之前的小陶匾或者圆印章的发现，使人联想到印度的影响在那个日期之前已有一定的时间。除了梵文碑铭和佛教信仰表白书之外，来自印度教史诗的印度教神祇和人物的肖像也被发现。所有这些材料表明巴厘直接接受了印度文化，但是印度和巴厘之间贸易的证据还没有被发现。

巴厘被恰当地称为千庙之岛。尽管在地震中损失了约 2,500 所寺庙，它仍然有 4,500 多所大而且重要的寺庙。寺庙和神龛的数量可能远在 20,000 所之上。最重要的是位于阿贡火山脚下的普拉・贝萨基庙，它与印度教的三位一体有关。据说，这座寺庙是由维拉・达利姆・基萨里（瓦尔马提・基萨里）修建，可能是在 10 世纪初。最初，它可能是一座佛教寺庙，也是瓦尔马提婆王朝的国庙。即使今天，这一传统仍然被遵循：即只有作为宫廷祭司伴随者的佛教–婆罗门教教士（*pedanda*）才可能进入普拉・贝萨基庙。在重要的仪式中，佛教僧侣和印度教祭司共同举行仪式，为信徒祝福。巴厘语文学和语言、宗教、崇拜和火葬仪式以及种姓、社会组织反映了印度的影响。

这样，印度尼西亚成为本地文化和外来文化融洽结合的杰 155
出榜样。世界上没有几个国家从外国接受如此之多，并且还能保持它们自己独特的个性。印度成分起初占主导地位，但是它们逐渐全部被吸收。印度尼西亚由五天组成的星期，被称为五天一周（*pantjawarna of pasaran*）便是一个例子。印度人在公元 78 年抵达时，采用了以按太阳的运行计算出来的以七天作为

一周、365 天作为一年为基础的塞种历法。它的使用变得通行，起初所有碑铭根据这一方法来确定年代。但是，随着时间的流逝，人们也按印度尼西亚的五天一周来记载事件。再往后，两种方法被融合成一种新的方法。[56]

菲律宾群岛

印度文化的浪潮远远越过巴厘和婆罗洲，抵达菲律宾群岛甚至福摩萨。这两个地方都曾一度是室利佛逝帝国的组成部分，一位现代菲律宾学者称：室利佛逝帝国“势力基本上是马来的，文化基本上是印度教的，宗教基本上是佛教的。”[57] 印度文化同菲律宾群岛的这种联系，在夏连特拉王朝的统治下也在继续。印度化的满者伯夷王朝在 14 世纪作为东南亚的强国出现，将自己的统治扩张到远至福摩萨和新几内亚的地方。尽管室利佛逝和满者伯夷对菲律宾群岛的控制相当松散，它们的文化影响还是深刻的。

印度对菲律宾的影响不如中国和后来西班牙、美国的影响那样直接，但是，除了现代欧洲文化之外，印度的影响是最深刻的。印度文化影响产生的方式和影响开始的年代，是值得思考的问题；学者们提出了从公元前第一千纪到公元第四世纪初的不同年代。

菲律宾群岛靠近印度与东亚之间的海路，所以它们可能被印度水手和商人访问。在 1920 年代末，拜尔在菲律宾群岛的诺瓦利切斯进行了一系列重大的考古发掘。他的工作是本世纪第一次系统的考古调查，他的发现和结论受到 R. B. 狄克逊透彻的审查。拜尔作出结论说：包括大量陶器、铁器和像小刀和斧这样的武器、玻璃小珠和手镯以及像光玉髓、玛瑙、紫晶这样的半宝石小珠在内的所有被发现的人工制造品，是在长期的贸易 156
中从印度带到菲律宾的，这远在公元初之前。铁器和玻璃器皿与史前南亚的那些器皿相似，在有些场合与那些器皿相同。美国人类学者阿尔弗雷德·L. 克罗伯写道：“在菲律宾群岛，没有一个部落今天的文化不可能追溯到起源于今天印度的文化成分，无论它多么原始和遥远。”[58] 无论其古老性怎样，很难否认两国之间从公元 1 世纪往后存在贸易。西班牙之前的菲律宾社会，它的高贵头衔、法典以及政治秩序具有大量的印度色彩。几年之前，当一座新的立法大楼在首都马尼拉被建立时，大楼的正面雕刻了四个阐明菲律宾文化来源的人物，其中一个是古代印度法律制定者摩奴。[59]

值得注意的是，在菲律宾的巴塔罗（*Bathala*）崇拜中，一眼便可以发现佛教的影响。巴塔罗一词指的是古代塔加洛格人的最高神，它源于梵文婆塔罗（*Bhattara*）①。印度教成分在古代菲律宾的宗教信仰中，在古代菲律宾的神名中以及在传说的英雄人物中显而易见。在麦克坦岛和在棉兰老岛东部出土的几件宗教文物表明印度毋庸置疑的影响，但是迄今为止，唯有两尊印度教神

① 该梵文词汇在东南亚被广泛使用；在有 2200 万人使用的菲律宾塔加洛格语中，它的意思为“高贵之主”；在马来语中，其意为“神圣”；在印度尼西亚语中，其意为“神”，是爪哇人对地位较高人的称呼，也被一些地方君王用作自己的称号。——译者

祇的雕刻被发现。一尊金雕像“以高高向上梳起的发髻和其他装饰，表明了10世纪印度教-爪哇艺术影响的明确证据”。[60]

16世纪西班牙的本地居民发现几个有联系的字母表（每种主要语言一个），所有这些字母表似乎在大约800年以前来自印度。包括菲律宾群岛的语言在内的马来语的语音一般简单，这导致它们放弃了大量复杂的梵语字母表，但是印度书写的显著特点得到保留。

尽管像塔加洛格和比萨亚这样的最发达的菲律宾民族早已放弃自己古老的字母表，来源于古代印度字母的古代文字，还是残留在该国内地较不发达的部落中。塔夫罗和帕特格这两位菲律宾学者，以及美国学者萨利比，还有其他学者作结论说：大约25%的菲律宾词汇可以追溯到印度的影响。例如：塔加洛格语中的 *bahagi*（部分）是印地语的 *bhag*；*bansa*（民族）是印语的 *bans*（家庭）；*katha*（小说）是印地语的 *katha*；*diwata*（神或者女神）是印地语的 *devata*；*dukha*（贫穷）是印地语的 *duhkha*；*guro*（老师）是印地语的 *guru*；*mukha*（脸）是印地语 *mukha*；*yaya*（保姆）是印地语的 *aya*；如此等等。

157 菲律宾文学、神话和民间传说可以追溯到印度。早期菲律宾文学中最长的史诗、马拉瑙族史诗《达能根》①，在情节和人物性格刻画方面基本上是印度的。《伊富高人巴利图格》（*Ifugao Balituk*）的故事，使人联想到阿周那用箭为因伤痛而奄奄一息的毗湿摩从岩石中取水的故事。一个关于从被烘烤的

① 《达能根》（*Darangan*），朗诵完约需一周时间。——译者

陶锅里创造出不同种族的菲律宾传说，在印度国内以不同形式相当流行。

印度影响通过苏门答腊带来了历法、大量佛教民间传说和表音字母系统；通过爪哇出现了更加发达的金属制造、珠宝和纺织艺术。据说，像纱笼[①]、头巾这样的服饰式样，个人装饰特别是苏鲁族和棉兰老南部民族的个人服饰，以及像莎拉皮（*salapi*）、西宾（*siping*）、加丹（*gatang*）、旦索（*tanso*）、皮拉格（*pilak*）和巴加尔（*bakal*）这些称呼钱的旧名称，来源于印度。菲律宾武器上的莲花图案是印度灵感。

在欧洲那场扩张到菲律宾群岛的七年战争中，800 名印度士兵在 1762 年组成了英国远征马尼拉部队的一部分。一年半之后，当入侵的部队撤出马尼拉时，多名印度士兵甚至冒着触犯军规的危险，拒绝回国。他们在阿尼特波罗小城的南部、现在被称为卡因塔的莫龙地区的社团里，同本地女子结婚。今天，他们的后裔构成了菲律宾社会不可分割和有用的组成部分。他们享有和平、守法和勤劳的公民的名声。

除了这一简短的插曲，以及印度与马尼拉之间的一些贸易之外，在西班牙统治的 333 年（1565—1898 年）期间很少听说印度，主要是因为西班牙的隔离政策，也因为英国殖民政府对印度的限制较轻但仍较为相似。在美国统治（1898—1946 年）期间，允许同其他国家较为自由的交往，其结果是英属印度的

① 纱笼（*sarong*），是用一块长条布裹身做成的宽松裤子，在腰部采用塞或者卷的方法加以固定。——译者

许多臣民作为商人、生意人，有些人作为劳工，来到菲律宾群岛。最近，两国之间自从独立以来的联系显著增加。[61]

可见，印度文化对东南亚渗透的历史涉及一个长达 1400 多年的时期，直到 15 世纪末为止。当印度教在自己的故乡处于衰落状态之际，它在东南亚却正处于繁荣之中。东南亚的文化发展没有政治权力或者军事征服的支持，的确是对人类思想相互交流的杰出贡献。

第四章　伊斯兰教对印度社会的影响 158

自从雅利安人进入以来，伊斯兰教的到来是印度历史上最为重要的事件，它是一种外来文化对印度教社会产生的第一次重大影响。迄那时为止，印度已同化了所有移民的民族和文化；另一方面，伊斯兰教通常同化了它所到之处的文化。但是在印度，伊斯兰教既没有失去自己的特点，也没有从文化上征服这个国家；双方都从对方获取了一些东西。印度次大陆的穆斯林是各国中最大的穆斯林群体，他们与在阿拉伯、印度尼西亚或者其他地区的穆斯林教友在文化上截然不同。虽然伊斯兰教接受了印度的特点，但是它的信徒们仍然保持着自己独特的宗教信仰与社会组织。这种显然对立的两重性的政治影响是深远的，导致印度分裂成两个独立的国家。

伊斯兰教进入的印度处于衰落状态。北印度尤其失去了其旧时的活力；失去活力的原因常常受到争论，但是从来没有得到结论性的解释。然而，除了哲学、科学中偶尔闪现的辉煌的火花之外，文化活动已经让位于政治上的冒险行动。一个智力凝滞和社会退化的时代插入进来。对过去成就的自豪代替了对变革的重视；前行并不意味着发展，而是对祖先遗产的维护。印度人不利用自己的文化遗产，他们将它储藏起来。

进取的精神首先被傲慢自大所代替，后来又被诚惶诚恐所取代。虽然与加兹尼的马茂德随行的比鲁尼认为印度教徒是优秀的哲学家、有造诣的数学家和非凡的占星家，他还是发现一
159 些明显的停滞、腐朽的痕迹，并且谴责他们植根于过去的荣誉之中的文化傲慢自大。根据他的说法，印度教徒将外国人称为“蔑戾车”（*mleccha*，不净者），并且相信除了他们自己的国家之外，不存在国家；除了他们自己的宗教之外，不存在宗教；除了他们自己的科学之外，不存在科学。[1] 在击退了动摇罗马帝国基础和洗劫欧洲的强大的匈奴人之后，自满的印度教徒变得十分自负。从罗马到日本，在几乎所有已知世界地区兴旺活跃的商业交往和文化交流开始迅速缩小。文化失去了这种激励，变得停滞；印度教变成宗派性的和仪式主义的印度教；佛教除了在东印度兴盛到 13 世纪之外，逐渐变得几乎不存在。老百姓被分成无数的种姓，生活在一些狭小的圈子中；种姓规则变得堕落和无法忍受。婆罗门加紧对文化的垄断，并且利用老百姓的无知和轻信。

在印度的西面，罗马世界已经崩溃，欧洲陷入黑暗时代。君士坦丁堡的东罗马帝国处于衰落状态，虽然它还存在了一段时间。相比之下，中国在经历了长期的政治动荡之后，在一个强大王朝的统治下出现重新统一。在东南亚和古代美洲，发展的新时期开始了。[2]

戒日王在 647 年逝世，这被证明是一个不可弥补的损失。

它标志着印度历史上一个时代的终结。再也不会有阿育王、旃陀罗笈多或者戒日王。在接下来的几个世纪里，印度大部分地区，尤其是北部和中部地区，分裂成一些独立王国；这些王国由野心勃勃的国王或者王位觊觎者领导，经常为了一些无足轻重的目标相互进行无休止的战争。虽然统治者中的一些人成功地建立了强大的王国，但是它们都没有长期存在。

北部统治王朝的大多数属于后来以拉杰普特著称的民族。这些民族在 6 世纪末一跃而突然出现，并且慢慢在北印度取得政治优势，它们在接下来的五百年控制着北印度。它们在整个中世纪和近现代时期继续起着重要作用；在此期间它们并不占支配地位，而是被这个国家的最主要势力视为盟友。在印度 1947 年独立之后，许多拉杰普特王国像所有其他王国一样失去了自己的地位，被融入印度联邦之中。

拉杰普特人的起源，是历史学上有争议的课题。拉杰普特（Rajput）一词是梵文单词拉杰普塔纳（Rajaputra）的派生词。根据传说，他们或者是太阳即太阳世系（*suryavamsi*）、
月亮即月亮世系（*chandravamsi*）的后裔，或者是火即火王朝 160
（*agnikula*）的后裔。有些历史学者认为他们是西徐亚人即塞种人的后裔，他们来到印度，在这里定居并且最终与当地的武士阶层完全混合，难以分辨。[3] 其他学者将他们的起源追溯到吠陀时代的一些刹帝利。

拉杰普特人以其勇敢精神、骑士品格、荣誉感、自豪感、爱国主义和个性的崇高理想而著称。印度的传奇故事和歌曲给予他们高度的颂扬。他们是印度教的热情赞助者，而且从某种意义

上说，在政治动荡岁月维持印度文化和传统几乎五百年之久的，正是他们的勇气和忠诚。不过，他们的历史是一部乏味的，不断兴起、进行战争再被推翻的王国的编年史。他们没有统一，没有摆脱地方观念和民族斗争。他们忠于自己的理想和自豪行为，完善个体的文化，却完全不顾国家统一和社会福利。[4] 这样勇敢的人民，如此真诚地忠于自己的信仰和遗产，却要对由于经常的王朝纷争和相互毁灭的战争而没能遏制文化和社会的衰落负不经意之责，这的确是印度历史的悲剧。

在这一时期，南印度的历史少一些动乱，尽管也有频繁的战争。然而，社会组织和经济活动相对而言没有被扰乱，文化的连续性在南印度得到维持。

不过，在拉杰普特的赞助下，艺术和文学繁荣起来；这一时期，寺庙建筑得到完善，印度的一些最杰出的建筑修建起来。但是，每一个拉杰普特王朝都想保持自己的艺术独特性，就像在政治上那样，这就导致了建筑风格的发展；其中有五种主要风格。这一时期现存的建筑物中，最重要的是建造于 954 年至 1002 年之间的卡朱拉霍的寺庙群。[5] 它们因其建筑风格和雕塑而著名；其中的一些浅浮雕作品因其色情意味而引人注目。位于布巴内斯瓦的穆克泰斯瓦勒寺庙是所有奥里萨寺庙中最美丽的，它属于拉杰普特时期，修建于 9 世纪末期。著名的埃洛拉和象岛洞窟的一些收藏品也属于这一时期。

尽管政局逐渐动荡、国家逐渐衰败，但是除了穆罕默德·宾-卡西姆在 711—713 年在信德的短暂入侵之外，从 6 世纪早期到加兹尼的马茂德在 11 世纪头 25 年的袭击之前，印度在政治上保持了没有受到外国入侵。作为强大的扩张力量在此期间出现的阿拉伯人，将西班牙与中国之间的土地置于伊斯兰教统治之下，却唯独留下印度，这是有些令人惊讶的。有可能的是，关于印度之荣耀和实力的盛名阻止了入侵，但是一旦加兹尼的马茂德戳穿印度强大的神话，外国军队便接二连三地对印度发 161
动了许多袭击。阿拉伯人对于伊斯兰教向印度扩张不感兴趣的另一个原因，很可能是先知本人赞成印度的信仰；据说先知曾经说过：“我感到来自印度河畔的凉风习习。”阿布·霍莱拉在《穆斯林先生》① 中说，先知提到一些属于天堂的河流，其中一条就是印度的河流。据说，搜集先知言论（*Al Rataniyab*）的两个印度人即萨尔马纳格和拉坦，在他的时代访问过阿拉伯半岛。许多伊斯兰教传说证实，印度文化在阿拉伯人中的高声望：“伊本伊·阿利·哈蒂姆说到阿里的引证，即印度河流域和麦加流域是世界上最好的流域；亚当在印度河流域下凡人间，麦加流域有亚伯拉罕的传说。”[6] 诸如多巴（*tooba*）、孙达斯（*sundas*）和阿布莱（*ablai*）之类出现在《古兰经》中的某些单词，起源于梵文。一个众所周知的传说认为：洪水之后，诺亚的儿子当中的几个定居于印度。亚当的一个儿子锡斯（Shees，在圣经中的形式是 Seth，塞斯）生于印度，而且据说被葬在阿瑜陀城②。据说，第四代哈里发说过：“最早在那里写成一些篇章的国家，最早的智慧与知识的发源地，就是印度。”[7]

---

① 先生，原文排为 Sahih，似应为 Sahib。——译者

② 阿瑜陀城（Ayodhya），是大史诗《罗摩衍那》中罗摩的父亲十车王的都城。——译者

这些传说和另外一些传说可能完全是真的，可能部分是真的，或者可能完全不是真的，但是它们肯定表明了早期的穆斯林对印度的友好感情和尊敬。考虑到阿拉伯人深信自己的优越性并且将自己的文化强加于被征服者，他们对印度十分友好的感情是一种罕见的赞扬。即使得到高度发展的伊朗和埃及的文明，也无法挡住阿拉伯人。

穆斯林对印度的渗透，不是以大规模的殖民地化的情形呈现，而是以连续的军事进攻，以西亚和中亚的穆斯林向印度的小股移民和本地印度人在漫长时期中大规模皈依的情形呈现。穆斯林征服者的第一次涌入是阿拉伯人发起的，他们为伊斯兰教在印度找好一个立足点，但是没有决心继续扩张。巴林和阿曼的阿拉伯总督乌斯曼·萨基菲在636—637年派遣一支远征军到印度海岸，但是当时的印度仍然十分强大，不能被成功地征服。无论如何，哈里发乌马尔反对进攻印度，即使当地被告知“印度的河流满是珍珠，她的群山满是红宝石，她的树木散发着沁人的香味”时也是
162 如此，因为他将印度视为一个思想和信仰完全自由的国家，穆斯林和其他人在这个国家自由地信奉着自己的宗教信仰。[8] 他的确斥责乌斯曼·萨基菲派遣军事远征队，并以如果再派遣军事远征队的话就要受到严厉的惩处加以威胁。大约75年之后，即瓦里德的倭马亚哈里发王朝统治时期的711—713年，穆罕默德·宾-卡西姆征服了信德和木尔坦。然而，这次干涉并不是由于有意识的入侵计划而发生的，其本质是对卡奇的海盗的惩罚性远征，这些海盗鲁莽地骚扰倭马亚帝国的东方诸地区总督哈贾季的贸易和船只。

从政治上看，伊斯兰教在此后四百年中局限于信德和木尔

坦，但是阿拉伯世界和印度之间的知识合作的新时代开始了，它将产生持久的影响。虽然阿拉伯人对信德的征服在政治上意义不大，但是他们获得了吠檀多哲学、天文学、数学、医药学、化学和行政管理技巧等知识。在别的地方，阿拉伯人力图将一种混合文化强加于本地民族，这种文化以他们自己的语言和文字，以及当地文明的某些成分为基础。相比之下，信德的阿拉伯统治者较之于后来的并非如此有才艺的北印度的突厥–阿富汗统治者，在接受印度当地的风俗习惯方面的程度大得多。这些阿拉伯统治者的衣着像印度教王公，甚至奉行了一种宗教调解政策。尽管他们坚定地反对偶像崇拜，但是他们并没有将最严厉的与偶像崇拜有关的伊斯兰教法律条款用在印度教徒身上。相反地，他们把印度教徒作为“教科书的民族”对待。

虽然阿拉伯人十分细心地考虑印度文化并且希望从其中获利，印度人对阿拉伯文化一般还是保持没有反应，作为回报获得的就很少。然而，有几个例子被记录下来，使人联想到印度教徒对伊斯兰教思想有一定的兴趣。在886年，一位印度教国王委任一名阿拉伯语言学家为他准备一个《古兰经》的本地语言译本；这位语言学家来自于信德的两个穆斯林王国中的一个曼苏拉。在8世纪，信德出现了一位学者即阿布·马萨尔·辛德，他是先知生平方面的权威，并且在整个哈里发统治区受到高度的尊敬；其他几位来自信德的著名学者在伊斯兰教世界留下了自己的痕迹。来自信德的法理学家们特别以自己对圣训[①]

① 圣训（the Hadith），是关于穆罕默德的传闻汇集。——译者

的精通而闻名。阿布勒·阿塔和阿布·济拉这两位既用阿拉伯语又用信德语从事写作的信德诗人，获得了巨大的声誉。

阿拉伯人是善于经商的人，就如同他们是征服者一样；阿拉
163 伯商人在政治霸权的刺激下加强了自己的商业活动，包括同印度的海上贸易。新的宗教信仰伴随商人一起到来，但是与后来将要到来的东西相比，它仅仅是涓涓细流，并且局限于几个沿海地区。在伊斯兰教到来之前很久便与阿拉伯人有商贸关系的南印度，此时卷入到政治动荡与宗教反思之中。朱罗人①正在丧失权力，新思想正在印度教中出现。阿拉伯人在马拉巴尔影响的象征，是切尔曼·佩鲁马尔诸国王中的末代国王在9世纪皈依伊斯兰教；他在改变信仰几年之后去了阿拉伯半岛，并且在那里去世。对这一事件的回忆直到最近仍在马拉巴尔地区流传。在印度的小国君主地位结束之前，特拉凡哥尔的大君在自己的加冕仪式时曾经宣布：他将保存权力之剑，直到他那位去了麦加的叔叔返回。虽然这个皈依的真实性主要以传说故事为基础，并且它的细节受到怀疑，伊斯兰教当时在马拉巴尔已经获得牢固的立足点还是毋庸置疑的。穆斯林在这个地区被称为马皮拉人（*Mappillas*），这是一个荣誉的称号，并且他们被授予各种特权。[9] 在积极鼓励皈依的扎摩林②的保护下，涌入的阿拉伯商人增多，印度-阿拉伯贸易大幅度增加，许多阿拉伯人在印度永久性地定居下来。

伊斯兰教在印度的真正历史始于突厥-阿富汗人的入侵，虽

① 朱罗人（the Choras），原文误排为 the Cheros。——译者

② 扎摩林（the Zamorin），意为“海上的主人”，是印度西海岸一带印度教统治者的称号。——译者

然这些入侵者主要是渴望劫掠的冒险家。加兹尼的马茂德是阿富汗境内一个突厥小王国的统治者，他在 11 世纪头 25 年就向印度发动了不少于 17 次的进攻，并且带回了巨大财富和珍宝，其中包括索姆纳特神庙中的梁柱以及大量的珍珠和黄金。他还要对无数的印度偶像和寺庙的毁坏负责。他的一系列入侵于 1005 年结束了阿拉伯人在信德的统治。马茂德死后，他的继承者们未能维持王国的团结一致，在印度建立第一个穆斯林王国的任务留给了阿富汗一个山区小王国的统治者穆罕默德·古里[①]。穆罕默德·古里在 1192 年在北印度给予拉杰普特势力以毁灭性的打击，并且任命他的突厥奴隶库特卜-乌德-丁·艾巴克为他的印度属地的总督。1206 年，古里在达姆亚克附近可能是被伊斯兰教狂热分子刺杀之后，库特卜-乌德-丁·艾巴克获得了最高权力，并且建立奴隶王朝；奴隶王朝变成了突厥人的寡头独裁国家，它守卫着自己门户，提防其他民族——无论是穆斯林民族，还是非穆斯林民族——士兵的入侵。

只是当突厥-阿富汗统治者在北印度建立自己的政权之后， 164
伊斯兰教才开始对印度社会产生影响。伊斯兰教在自己年轻又具有活力的阿拉伯霸权的早期阶段没有在印度传播，这或许是令人遗憾的事。当伊斯兰教进入印度时，它已过了势力和荣誉的顶峰。更糟糕的是，伊斯兰教是以那些几乎不存在自己的文化成就的军事冒险家和强盗们为中介到来的。这些突厥-阿富

① 穆罕默德·古里（Muhammad Ghori），即古尔的穆罕默德（Muhammad of Ghur），全名为穆伊兹-乌德-丁·穆罕默德·宾·萨姆苏丹（Mu’iz-ud-din Muhammad bin Sam Sultan）。——译者

汗人袭击和劫掠印度达200多年之后，才开始组建政府。实际上，突厥人通过拙劣的管理和无休止的战争，几乎破坏了伊斯兰教帝国。尽管君士坦丁堡的奥斯曼突厥人被迫尊重伊斯兰教文化的尊严和传统，他们在印度的亲戚还是没有这样的紧迫感。加兹纳维王朝、古里王朝、哈勒吉王朝①和图格卢格王朝太过于关心对国家的征服，没有多将注意力放在宗教和文化事务上。这些征服者通常是粗鲁和残暴的人，受伊斯兰教信仰的基础训练不足，并且没有被它赋予灵感。伊斯兰教落入无情的突厥-阿富汗将军们之手，对于印度和伊斯兰教双方而言都是极大的不幸；这些将军唯一的目的就是建立他们的统治权力，并且用印度丰富的资源作为他们几乎无休止的军事活动的储备。

当突厥-阿富汗征服者被拿来与早期阿拉伯人对印度的入侵作比较时，前者的暴行和后者的文化之间的差别非常突出。起初，阿拉伯人的入侵以残酷为标志，出于自己的宗教热忱，或者出于面对一个素以强大著称的外国而引起的政治上的焦虑，穆罕默德·宾·卡西姆的确做出了一些鲁莽的举动。再者，穆罕默德·宾·卡西姆当时很年轻。但是，一旦战争结束，他便向那些财产遭受损坏的无辜者赔偿，并且授予本地居民代表以负责任的官职，允许他们崇拜自己的神祇，实行自己的风俗，修建自己的寺庙，给予在他的管理下的人民以保护。[10] 他甚至让印度教大臣和警官继续在自己的政府供职。的确，当他把自己毁坏寺庙、使印度教徒改宗伊斯兰教和成功地进行了对他们

① 哈勒吉王朝（the Khaljis），原文排为 the Khiljis。——译者

的战争等报告给哈里发时，他获得的是斥责，而不是他所期望的赞扬。哈里发认为他在印度的所作所为违背了伊斯兰教法律，他被命令赔偿因为他的行为而造成的损失。

从哈里发制度建立一开始，对政治霸权的争夺便成为伊斯兰教历史的特征。尽管早先的四任哈里发的政治行动出于宗教 165
动机，但是后来的穆斯林国王的战争和征服却从来不是纯粹的宗教动机。印度抵抗早期伊斯兰教徒的入侵，就像她会抵抗任何入侵者一样，无论其国籍或者宗教信仰。因而，在侵略者和爱国者之间的早期武装冲突不是宗教冲突，而完全是政治战争。一旦穆斯林国家在印度建立，穆斯林国王们之间的战争便如同穆斯林与印度教统治者之间的战争一样普通和自然了。德里的穆斯林帝王们不得不进行的大多数战争，都是反对穆斯林统治者。在穆罕默德·古里之后的所有穆斯林入侵者，都不得不与一个穆斯林国家做斗争。帖木儿和纳迪尔沙的入侵并非反对印度教国王，而是反对穆斯林。帖木儿的残忍行径对穆斯林或者非穆斯林都是一样的。正是帖木儿将 2000 名伊斯兰教长一个堆在另一个身上，将这些活人固定在一起，建造了一堵人墙。巴布尔不得不打败穆斯林国王伊卜拉欣·洛迪，而他受到拉杰普特人和穆斯林联军的反对。胡马雍被舍尔沙逐出国外，而阿克巴为了巩固帝国不得不击败其他的穆斯林统治者，并且他得到拉杰普特人的积极援助。奥朗则布一生的最后几年，是在著名的印度教将领们的帮助下征服德干的穆斯林诸王国的长期斗争中度过的。甚至加兹尼的马茂德在自己的军事行动中，也大量利用了印度教将领和士兵。

穆斯林国王首先是国王，然后才是穆斯林。阿拉–乌德–丁·哈勒吉取消乌拉马①的至高无上的权力，并且维护国王的独立权威和对好政府的责任。即使虔诚的奥朗则布也没有进行去麦加的朝拜即哈吉，因为他害怕在自己离开期间丧失王位。德里的苏丹政权或者莫卧儿帝国，都不是真正意义上的伊斯兰教国家。虽然有些统治者承认哈里发的权威，但是并不服从它；他们将杰齐亚②和伊斯兰教圣典的许多法律强加到印度教徒头上，并且庇护穆斯林圣者和贵族；他们全都使宗教要求服从于政治需要。没有几个穆斯林统治者朝拜过麦加，而朝拜麦加是伊斯兰教的主要要求。他们从耕种者那里榨取的赋税比伊斯兰教法律允许的要多得多，他们沉溺于被伊斯兰教所禁止的放荡、奢侈的生活，并且通过宣称自己是“真主在地上的影子”和授予自己各项神圣权力而篡夺最高权力；而根据伊斯兰教，这个权力只属于真主，不属于任何别人，它在严格规定的条件下由哈里发行使。即使哈里发也不按照伊斯兰教的教诲统治。除了最初的四任哈里发之外，没有穆斯林统治真正与伊斯兰教统治相符合，而且在某种意义上讲，伊斯兰教国家和伊斯兰教文化在先知和四任符合标准的哈里发的领导下，持续了仅仅大约半个世纪。

穆斯林在印度的有效统治时期通常被分为两部分——德里苏丹国（1206—1526 年）和莫卧儿时期（1526—1707 年）。[11]

① Ulama，穆斯林神学家，学者。——译者

② 杰齐亚（*jizya*），是对非穆斯林征收的人头税。——译者

后一时期是印度历史的光荣时期，而前一时期是一个十分骚乱 166
的时期。德里苏丹国在综合印度教文化和穆斯林文化方面无所作为。统治者是一些不胜任、残忍、堕落的人，只有几个显著的例外。王朝是短命的王朝，宫廷阴谋和宫廷革命盛行，文化知识和人民的福利完全被忽视。

在莫卧儿王朝兴起之前，在德里实行统治的五个王朝是奴隶王朝（1206—1290 年）、哈勒吉王朝（1290—1320 年）、图格卢克王朝（1320—1412 年）、萨伊德王朝（1414—1451 年）和洛迪王朝（1451—1526 年）。奴隶王朝守卫着它们的门户，提防非突厥人的入侵，但是突厥人和非突厥人之间的区别在哈勒吉时期消失了。洛迪人是在德里统治的第一个阿富汗部落，但是巴布尔于 1526 年从他们手里夺取了控制权。印度的早期突厥统治者在他们待在阿富汗斯坦期间阿富汗化。后来的统治者大多数实际上诞生于印度，而且许多人父母的一方是印度人；随着时间流逝，这些人的比例稳步增加。

苏丹中的大多数人忙于镇压自己部下的叛乱。属于这五个王朝、在三个世纪多一点的时期登上德里的王位的苏丹不少于 35 任，每个苏丹平均在位大约九年时间。在这 35 任苏丹中，18 个被叛乱者刺杀。好像这还没有给伊斯兰教的荣誉和力量造成足够的损害似的，帖木儿 1398 年进来了，并且留下一连串的暴行。他摧毁穆斯林国家，将德里变成屠场，使北印度的大片地方变得一片荒凉。[12]

可是，德里苏丹国是当时最富有和最有力量的穆斯林国家，并且吸引了无数的学者、军事家和政治家；这些人在阿拔斯哈里发王朝崩溃之后，被迫离开伊拉克和伊朗。尽管德里苏丹国的政治时运频繁动荡，既不允许他们将积累的才智用于文化发展，也不允许他们在别的穆斯林国家强行树立自己的优势、篡夺哈里发职位，但仅是穆斯林学者涌入印度这一事实就刺激了印度同外部世界的联系。

就在北印度恢复自己同西亚和伊斯兰世界的密切联系的时候，南印度继续着同东南亚的某些关系并且接待了来自欧洲世
167 界的一些访问者。伊斯兰教在这一时期从南亚传播到东南亚。13世纪末马可·波罗在他从中国的蒙古宫廷回国的旅途中访问了南印度。他赞扬印度的一些国王善于行政管理，称赞印度商人的财富，并且宣布印度是“世界上最高贵和最富裕的国家”。

在这一时期的来访者中，更加著名的有：摩洛哥人伊本·巴图塔，他在14世纪中期在印度待了大约20年；15世纪初期的意大利人尼科罗·德孔蒂；波斯人阿卜杜尔·拉札克，他是在1442—1443年出使卡利库特的扎摩林宫廷的使节；俄国人阿塔纳修斯·尼基丁，他从1470年到1474年遍游了位于南印度的巴曼王国，并且被贵族的奢侈和农民的贫困所惊愕。瓦斯科·达·伽马1498年在卡利库特登陆，从而发现了导致欧洲访问者周期性涌入的、印度和欧洲之间的直接海路。

事实上，莫卧儿王朝1526年建立是在欧洲人在印度沿海地区的活动开始之后。在它的统治期间，印度–伊斯兰教艺术和文化取得迅速而令人难忘的进展。所有大莫卧儿皇帝都是有文学造诣和修养的人物，他们慷慨赞助艺术和文化知识。阿克巴本人虽然未受教育，但是在智力、人品和文化捐助方面大大超过

了所有其他人。巴布尔写了自己的回忆录，贾汉吉尔同样写了回忆录，他还对科学和医药学感兴趣。沙贾汉博览群书，精通阿拉伯语、突厥语和波斯语。他的长子达拉·舒科是一位著名学者。奥朗则布精通几种语言，并且是《古兰经》的虔诚研究者。末代莫卧儿帝王巴哈杜尔沙二世，是一位灵敏而有造诣的诗人；1857 年的兵变之后，他在缅甸的流放中悲惨地死去。

伊斯兰教的发展主要归于强迫，而不是劝说。尽管有相当大的官方压力——依个人热情多少而不同，也有时是由于强迫和武力，许多印度教徒对伊斯兰教的皈依还是自愿的。有些印度教徒特别是孟加拉的印度教徒信奉伊斯兰教，是因为印度教种姓制的压迫，其他人信奉伊斯兰教是因为在穆斯林宣传者们的影响之下，信仰发生真正的改变。其他人变成穆斯林，是为了通过信奉统治者的宗教获得实惠。

伊斯兰教在印度的发展是一个演进的过程，而不是一个强迫接受的过程。实际上，突厥-阿富汗统治者对文化漠不关心，既不试图将伊斯兰教文化强加于印度，也不想通过吸收丰富的
印度文化遗产来丰富它。但是，种族排外性不可能无限期地被 168
维持。所有的士兵和官员，不可能全都从西亚或者中亚输入。即使这些地区有足够的有能力和准备担任印度政府职务的男子，但是光凭经济方面的理由就不可能征募他们。此外，还有政治竞争和教派竞争，要求排斥外国的穆斯林。穆斯林的统治不得不印度化，以保证在印度的胜利。随着信奉伊斯兰教的印度教徒的人数很快大大超过从国外进来的少数人，这成为不可避免的事情。[13] 印度的穆斯林就像中国的佛教徒，或者像欧洲的基

督教徒。中国的佛教徒不能因为自己信奉一种起源于外国的信仰就被称为外国人，或者，欧洲的基督教徒不能因为基督教起源于亚洲就要被称为亚洲人。印度的穆斯林觉得他们是印度人，阿卜杜勒·法兹勒在他的《阿克巴则例》(*Ain-i-Akbari*)一书中对此做了很好的证明；印度斯坦的美丽使法兹勒失去自制力，以致他为从“祖国之爱”出发的离题话而抱歉。

印度教徒逐渐克服了对于在刀剑的伴随下来自国外的事物的自然敌意。最初的冲突之后，在整个印度出现的是联合和综合，新的特点开始在语言和文学、科学思想和哲学思想以及艺术和建筑中出现，它在莫卧儿王朝时期特别是在阿克巴的统治下达到顶峰。他采取各种措施、以各种方法将两个宗教集团联合起来。他的神圣信仰（*Din-i-Ilahi*）是一次杰出的努力，他试图在神圣信仰中建立一个世界宗教。达拉·舒科把《奥义书》翻译成了波斯文，如果是他登上王位，而不是他的弟弟、刽子手奥朗则布登上王位的话，印度的历史也许就不一样了。阿克巴和达拉两人在试图把两个文化集团融合起来的时候，都遵循了伊斯兰教的主要教义，那就是团结、人类平等和普遍宽容。伊斯兰教使印度人的生活恢复活力，但是它没有在印度教文化中产生新的实质性的持久教义。一个可能的解释也许就是印度的思想十分复杂，而伊斯兰教的思想则简朴易懂，对于老百姓有极大的吸引力，但是对于知识分子却没有太强的吸引力。

伊斯兰教是不妥协的一神论。《古兰经》强调真主的统一性，强调没有任何东西能够分享真主的一点象征。这个教义导致印度教寺庙和肖像的大量毁灭，导致无数艺术作品和学术作品的毁灭，并且在印度教徒的心中造成极大的痛苦；但是，它也迫使印度教徒对自己的信仰进行反思，这些信仰中的许多在传统、迷信和教条中已变得难以辨认。因此，印度教徒开始修正自己现存的习俗，主要以回复到他们自己的经典的本真之中 169
的方式。例如，奥义书的主要思想即一元论的吠檀多哲学，在商羯罗大师（商羯罗）的有力指导下得到复兴。至于对于奥义书思想新的强调是伊斯兰教影响的结果，还是在印度教思想发展中的一个自然阶段的看法，还存在分歧。

伊斯兰教宣传真主的唯一性，将宇宙理解为他的创造，商羯罗的吠檀多哲学则强调创造者和创造两者的统一性：后者是摩耶（*maya*）即是一种幻影。“梵——绝对的存在、知识和喜悦——是真实的。宇宙是不真实的，梵和阿特曼是一个实体。”商羯罗是不二论吠檀多（*Advaita Vedanta*）即吠陀教义的非二元论方面的极好的提出者。他的明晰、智慧和精神性在《吠檀多》——它不仅是主要的印度哲学，而且也在国外广泛流行——中产生了深刻的影响。然而，商羯罗因为伊斯兰教思想而复兴奥义书教义的历史可能性不能完全排除，因为他大约在680年诞生于马拉巴尔的一个村庄，阿拉伯的商人已将伊斯兰教思想传到那里。[14]

伊斯兰教反对种姓制度，教导人类平等和宗教中的个人自豪感。苏非派传教士在低级种姓的印度教徒中获得相当大的成功，对于这些低级种姓的印度教徒而言，皈依伊斯兰教就如同后来皈依基督教一样，意味着逃避一种耻辱和痛苦的生活。伊斯兰教对印度的种姓制和偶像崇拜的抨击引起宗教上的骚动，这种骚动在巴克提崇拜即真诚直接的虔信神当中，在宗教的自由主义中达到顶点。[15] 接连出现了像罗摩努阇、摩陀婆、罗摩难陀、卡比尔、瓦拉巴恰尔亚、古鲁纳那克、阇多尼耶、达杜和米拉巴伊这样的杰出导师，他们提倡两种宗教信仰之间的和谐。他们先后存在于从 11 世纪到 17 世纪五百多年的时间。罗摩努阇和摩陀婆属于早期的圣者–改革家之列；在后来的圣者–改革家之中，最重要的是卡比尔和古鲁纳那克。

11 世纪的罗摩努阇属于吠檀多思想的伟大解释者之列，地位仅次于商羯罗。他认为神和人的灵魂是不同的，尽管彼此没有分离；最高的理想是去爱神，完全服从于他。罗摩努阇的哲学以制限不二论（*Vivistadvaita*，有限度的非二元论）著名，因为他承认物质和灵魂两者的复数。

170 罗摩努阇严格种姓规则，他的著名信徒罗摩难陀却不是这样。罗摩难陀可能生活在 14 世纪和 15 世纪上半期，他接纳所有种姓的信徒加入自己的社团，一起学习和进步。他的信徒有耕种者达纳、酋长皮帕、皮革工罗维达斯、理发师塞鲁、穆斯林织布工卡比尔。孟加拉的阇多尼耶（1485—1533 年）也有印度教徒和穆斯林两方面的信徒，爱的宗教在他的教义中达到顶点并且得到实现；他开创了孟加拉新时代。克利希那崇拜在穆斯林中特别流行。

卡比尔（大约 1440—1518 年）谴责仪式和种姓，反对苦行，宣传爱的信仰，他的教义是最敏锐的印度教徒和穆斯林感情的综合。[16] 他将改革家的热情和信徒的谦卑结合起来。他认为印度教徒和伊斯兰教的精神基础是一致的，受到教条的上层建筑的反抗。卡比尔是中世纪时印度的印度教–穆斯林联合过程的化身。他提倡一种世界宗教，印度教徒和穆斯林都不会反对这个宗教。他一方面斥责印度教的偶像崇拜、礼仪和种姓；另一方面也斥责穆斯林对于一个先知和他的规则、朝觐和禁食的依靠。他不断指出，印度教徒和穆斯林是一致的：他们崇拜同一个神，并且是相同的祖先的后裔。

> 用你的思想铸造你的天房，
> 你的躯体是环绕它的圣堂，
> 良心是它最好的师长。
> 那么，祭司，请呼唤人们祈祷，朝着那清真寺的方向。
> 那座清真寺有五扇大门，
> 印度教徒和穆斯林拥有同一个上苍。

卡比尔在印度教徒和穆斯林两边都有大批追随者。他的几个朋友是至今仍被敬重和怀念的改革家，如苏菲派苏赫拉瓦底教团的塔奎伊和罗维达斯便是这样的人；塔奎伊的女儿加玛勒嫁给了一个婆罗门，罗维达斯是一个低级种姓即查马尔（*chamar*）印度教徒。卡比尔被认为是印度历史上最重要的人物之一。他是一位杰出的印地语诗人，他的诗充满对神的爱。在今日印度，有五十多万卡比尔的追随者即卡比尔教团成员（*Kabirpanthis*）。他的教义的其他旁支有萨特纳姆派、拉陀斯瓦米派和达杜教团。

古鲁那纳克（1469—1539 年）与卡比尔和莫卧儿统治者巴 171
布尔是同时代人，他创立了锡克教的信仰。[17] 那纳克主要是社会和宗教思想家，他生活在印度历史上一个充满政治动乱、暴行和失去法律控制的时期。他谴责宗教上的形式主义和仪式主义，试图将印度教徒和神秘主义思想以及穆斯林的信仰结合在锡克教中。[18]他的第一个公开①宣言是：没有印度教徒和穆斯林之分，因为大家是同一个神的子孙后代。人类的最终目标就是享受神的天福。他在许多方面代表印度教-穆斯林文化综合和哲学复兴的高水平。他反对各种形式的偶像崇拜，谴责种姓和种族优越感。他宣传对超越宗教界限的同一个神的爱。他的教义如此自由，以致它们成为不仅为锡克教徒所用，而且为许多印度教徒所用的经常祈祷。[19]

所有的改革家都谴责种姓，谴责多神论和偶像崇拜，提倡严格的生活方式，宣传社会和谐、亲善和联合，揭露各种祭仪的徒劳无益，倾向于把人的思想从祭司和毛拉的控制下解放出来，保护基本的宗教思想，鼓励地方文学。他们是非宗派主义者、非教派主义者和非教条主义者。他们认识到各种宗教从不同名字提到的神的同一性，并且相信巴克提②是解脱的主要手段。他们对印度宗教思想的主要贡献，是一种深刻的心理分析和对巴克提的全面解释。

巴克提运动是受伊斯兰教的启迪，还是发展中的印度教思想在中世纪时代的逻辑发展，还存在争议。巴克提运动的领导人所宣传的对神的虔诚和爱的过多强调——如果不是排他性的

---

① 公开的（public），原文误排为 puplic。——译者

② 巴克提（the *bhakti*），指对人格神的崇拜，印度教的主要派别对它都有自己的解释。——译者

强调的话——无疑与强调将理性怀疑主义作为宗教本质的古代印度教哲学思考形成了对照。不过，在伊斯兰教到来之前，中世纪的印度教思想已经背离要求对结论做逻辑解释的怀疑态度，开始在被揭示的真理中寻求其合法性。对巴克提的最早提及，发现于《白骡奥义书》(*Svetasvatara Upanishad*)中。后来，在公元开始之前编成的《薄伽梵歌》中强调获得解脱（*molsha*）的巴克提、阇那①和羯磨②这三条道路；到中世纪时，巴克提成为印度教的中心教义。

伊斯兰教的宗教语言是早期入侵者的母语阿拉伯语，后来的征服者讲受阿拉伯语影响和被它改变了的突厥语和波斯语。172
当阿拉伯语作为宗教语言的时候，波斯语却在穆斯林统治期间成为宫廷语言。因此，波斯语受到印度教徒和穆斯林两方面的学习——如果他们要寻求政府职位的话；但是，它没有成为大众的共同语言，甚至没有成为穆斯林大众的语言。[20] 印度穆斯林的压倒多数是改宗者，宗教的改变要比语言的改变容易一些。出于必然，阿拉伯语和波斯语不得不和当地的一些语言混合。这个结果便是乌尔都语，它是在北印度讲的语言，是今天巴基斯坦的国语。乌尔都语是波斯语和印地语的结合，是印度-伊斯兰教结合的极好例子。共同语的演进表明两个宗教集团之间日益密切，也是将来相互理解的保证。

乌尔都语起初是一种口语，被用阿拉伯文字书写。它的基

① 阇那（*jnana*），意为哲学探索。——译者

② 羯磨（*karma*），意译业、行为，指今生或往世行为对今世或者来世的影响。——译者

本结构和语法是印度的，多数词汇也是印度的。一种简化和通俗的语言的出现，也有助于地方语言的发展。在印度大量的文学作品以不同的语言完成。巴克提的圣者们用地方语言写作和布道，这些地方语言逐渐变得重要和受尊敬；攀附梵语、阻碍地方语言文学发展的势利行为被抛弃。

然而，更加重要的是这样一个观点的发展：对宗教仪式的轻视导致普通人层面上思想的广泛改变，以及作为其结果的共同文化模式的发展。由于乌尔都语和印地语是新的共同文化的表达方式，印度教学者和穆斯林学者们用两种语言写作。阿米尔·胡斯劳、拉希姆·卡尼卡纳和马利克·穆罕默德·贾亚西用印地语写古典诗歌，而许多印度教徒则对乌尔都语文学做出了贡献。穆斯林也对地方文学的发展做出了贡献；例如，贾拉普尔纳瓦布的儿子阿拉奥尔（阿拉乌尔–胡赛因）预示着孟加拉语文学的一个新时代。他不仅把贾亚西的著名印地语史诗《莲花公主》翻译成孟加拉文，还将波斯语的恋爱故事《赛富勒–穆卢克·瓦·巴迪乌勒–贾玛勒》（*Saifu'l-Muluk wa Badi'ul-Jamal*）翻译成孟加拉文。

各个地方的印度教统治者和穆斯林统治者，实际上都鼓励印度–伊斯兰文化和文学。穆斯林国王捐资修建印度教的神庙，把王室的土地赐给有学问的婆罗门。在库特卜–乌德–丁·艾哈迈德沙（1451—1458 年）统治期间，第一首抒情诗歌《春季的消遣》（*Vasanta Vilasa*）被用古吉拉特文编写。《摩诃婆罗多》的孟加拉文翻译是在高尔的纳西尔沙的命令之下进行的；纳西尔沙的统治从 1285 年到 1325 年，维迪亚帕蒂把自己的一首诗歌献给了这位统治者。同样，胡塞因沙要马拉达尔·瓦苏把《薄

伽梵歌》翻译成孟加拉文。在南印度，库特卜沙希的统治者和阿迪勒沙希的统治者中，有一些人本人就是诗人，他们甚至比 173
北印度的一些穆斯林国王更加保护地方语言。

由于印度-伊斯兰教文化交流所释放的创造力，在艺术方面取得了更好的结果。从阿拉伯、叙利亚、拜占庭、波斯和中亚传统的选择性融合中获得了一种综合特点的伊斯兰教艺术，在许多方面是印度教艺术的对照。两个民族在自然环境、宗教信仰和政治历史方面的差异在它们各自的艺术形式中得到反映。可是，它们靠联系而不是靠冲突结合起来，产生了印度新的艺术形式。

由于宗教禁忌，穆斯林起初对音乐和绘画不感兴趣，但是他们很快便对它们颇为喜爱。麦加在伊斯兰教兴起以前，不仅以自己的神著名，而且还以它的舞女和歌女著名。即使在《古兰经》中，也有间接称赞美妙的声音的证据。波斯人一向喜欢音乐。被称为“加塔”（*gathas*）的《阿维斯陀》（波斯古经）的最古老的部分，就是用带音乐的声音背诵的。萨珊的国王们以对音乐的资助而知名。具有如此背景的伊斯兰教不可能长期抵制音乐。对于这门艺术的认真研究在倭马亚王朝哈里发统治的最后阶段开始，到阿拔斯王朝统治时高度发达。伊斯兰音乐的发展是对世界文化有价值的贡献，对于印度文化也是如此。伊斯兰教音乐最初随着阿拉伯人来到信德，很快便和流行的印度方式结合起来。

清真寺里举行的对真主的祷告，没有声乐和器乐伴奏，但是当穆斯林统治者看到印度教生活充满音乐时，他们便将音乐纳入自己的社会生活中，尽管他们仍然继续进行没有音乐的祈祷（*namaz*）。穆斯林苏菲派圣者像印度教的虔诚者们一样喜欢音乐，他们甚至把音乐纳入宗教集会当中：表达对神的爱的歌曲（*qawwalis*）在集会上被演唱；即使今天，爱神的歌曲在印度仍然十分流行。

有些穆斯林统治者成为有技巧的乐师。江普尔的一个穆斯林统治者被认为从强烈、响亮而节奏强的拉格·德鲁帕德中，发展出富于想象力的拉格·卡亚尔①。阿拉-乌德-丁·哈勒吉的廷臣中有许多有造诣的乐师。一些歌唱家和舞蹈家——印度教徒、突厥人、波斯人和其他人——经常以波斯官员的身份长期居住在穆斯林的乐室。像巴伊拉维（*bhairavi*）、萨拉斯拉格（*sarasrag*）、卡伦格拉（*kalungna*）和巴伊隆（*bhairon*）这样的虔诚歌曲，在宗教集会上被演唱，马尔科曲（*malkos*）和室内音乐（*darbari*）在乐室被演奏。这样，由于印度-伊斯兰音乐的结合，产生了北印度的音乐。[20a] 穆斯林诗人阿米尔·胡
174 斯劳，也是一个介绍新唱法的著名歌唱家。从 14 世纪和 15 世纪往后，波斯的音乐调式、审美观点传入北印度的音乐中，由此使得它与没有感觉到伊朗影响的南印度音乐调式有一点不同。现代的拉格（*ragas*，调式）和拉吉尼，在穆斯林的赞助下发展起来。许多印度乐器的起源也归功于穆斯林艺术家，例如塔布拉鼓（*tabla*）、迪尔卢巴琴（*dilruba*）、萨洛德琵琶（*sarod*）和

① 拉格·卡亚尔（*raga khayal*）和拉格·德鲁帕德（*raga dhrupad*），是构成旋律的不同调式。——译者

纳加拉鼓（*naqqara*）就是阿拉伯人或者伊朗人传入的。在据信起源于伊朗的曲调中，有赞戈拉（*zangola*）、兹利夫（*zlif*）、札拉（*zala*）和哈马季（*khamaj*）。

甚至在德里苏丹国时期，就出现了印度教音乐成分和穆斯林音乐成分的综合；到莫卧儿王朝时，有一种音乐艺术形式在莫卧儿人的喜爱和赞助下得到高度发展。如同印度-伊斯兰教文化中的其他方面一样，音乐在阿克巴的时期达到自己的高峰。在他统治期间，大约有二百种曲调在伊朗的影响下得到修改。达尔巴里（Darbari）即室内音乐在他活着的时候被传入。斯瓦米·哈里达斯的著名学生坦森就生活在阿克巴的宫廷，是阿克巴的“九宝”（*navaratna*）之一。坦森的弟子们创立了不同的音乐流派。据说，当莫卧儿人在征服德干后回到北印度时，带回了最著名的乐师，还有其他艺术家和雕刻家。

印度穆斯林的音乐较其有时被认为的更加流行。之所以如此，一个主要原因很可能是印度的大多数穆斯林有印度教徒的血统，他们不愿意放弃自己的音乐，就像不愿意放弃自己的语言一样。即使今天，有些最著名的音乐家仍然是穆斯林，例如阿利·阿克巴汗、维拉亚特汗和比斯米拉赫汗。

实际上，中世纪看来是一个有造诣的乐师——印度教乐师和穆斯林乐师两方面——的时代。伟大的诗人、歌唱家图尔西达斯、苏尔达斯和米拉巴伊属于这个时代。阿克巴的同时代人、比贾普尔的苏尔坦·伊卜拉欣·阿迪勒沙也是一位作曲家，是印度教乐师和穆斯林乐师的老师，并且是论述音乐的书籍《九拉斯》（*Nau-Ras*）的作者。在克什米尔，国王扎因乌勒·阿比丁赞助艺术和音乐，他的宫廷中有一大批中亚乐师。建筑巨子、对绘画没有多大兴趣的沙贾汉非常喜爱音乐。在奥朗则布统治期间，音乐还有其他艺术形式失去了宫廷的欢心；但是到那时，北印度的音乐——经常被称为印度斯坦音乐——已经获得了自己新的个性。

今天，印度斯坦音乐流派和卡纳塔克音乐流派，分别在北方
175 和南方流行。在命名法和发音上可能有细微差别，但基本上只有一种印度音乐。拉格是基础，它的发展是音乐表现的目标。两种风格在八音度中有相同数量的音阶——七个苏达（*suddha*，音阶）和五个维吉塔（*vikrita*，变化）。按照调式的中心音对拉格（ragas，构成旋律的调式）进行分类，这对两者来说是共同的。

因为伊斯兰教对偶像极端反感，雕刻在伊斯兰教国家中不是一门得到很好发展的艺术。伊斯兰教以前的阿拉伯半岛有偶像，在西班牙的阿尔汉布拉宫，以及在埃及和西班牙的一些遗址中发现了用石、铜或者其他金属做成的一些动物塑像。在阿黑门尼德王朝和萨珊王朝统治下的伊斯兰教以前的伊朗，有大量雕刻品。雕刻在印度也高度发展，并且几乎一直未受到伊斯兰教的影响。

伊斯兰教最初并不鼓励绘画，但是哈里发后来宣布：不许表现生物的宗教禁令只适用于宗教建筑，不适用于作住宅的建筑物。因此，亚洲的倭马亚王朝和阿拔斯王朝，以及西班牙的哈里发，用花饰图案甚至人物塑像装饰自己的宫殿墙壁。莫卧儿王朝的统治者喜爱并且赞助绘画。巴布尔从祖上收藏的帖木儿时代的绘画作品中，带来了一些最精彩的样品。帖木儿画派，

波斯两个最优秀的画派之一——另一个是萨法维画派——始于帖木儿的孙辈。这个画派的第一个赞助者是伊斯坎达尔苏丹，他是乌卢格·贝格的儿子，统治法尔斯直到1414年。此后不久，另一个帖木儿王朝的统治者拜松胡尔（死于1433年）将一些艺术家吸引到他在赫拉特的图书馆；在15世纪中期，卡马尔-乌德-丁·比赫扎德就在那里达到艺术巅峰。比赫扎德是波斯最伟大的艺术家——可能要将曼尼除外——他对帖木儿画派绘画风格的解释，极大地影响了印度艺术。巴布尔和胡马雍两人，都十分推崇比赫扎德。当胡马雍结束在波斯的流亡后回到印度时，带回了比赫扎德的两名出色的学生米尔·萨伊德·阿利和赫瓦贾·厄德布斯·萨马德·西拉济。

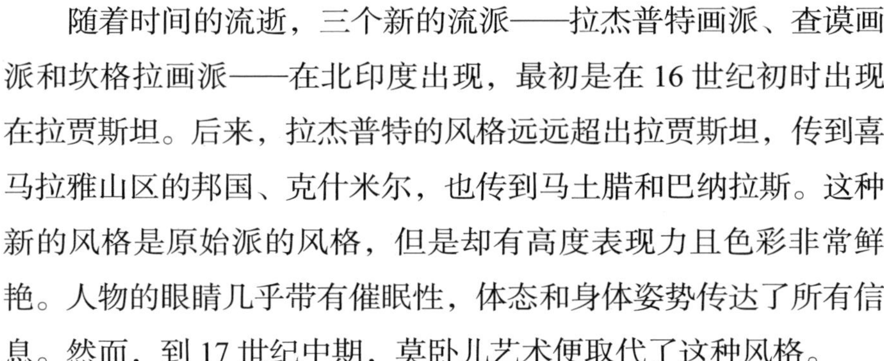

随着时间的流逝，三个新的流派——拉杰普特画派、查谟画派和坎格拉画派——在北印度出现，最初是在16世纪初时出现在拉贾斯坦。后来，拉杰普特的风格远远超出拉贾斯坦，传到喜马拉雅山区的邦国、克什米尔，也传到马土腊和巴纳拉斯。这种新的风格是原始派的风格，但是却有高度表现力且色彩非常鲜艳。人物的眼睛几乎带有催眠性，体态和身体姿势传达了所有信息。然而，到17世纪中期，莫卧儿艺术便取代了这种风格。

阿克巴是印度教风格中现实而有力的淳朴感的伟大推崇者，也是柔美、线条之优雅及波斯装饰的伟大推崇者。他在两 176
个流派的专家的指导之下，有意识地开始了两种风格的结合。阿克巴慷慨大方地奖赏好的绘画作品，印度教艺术家和穆斯林艺术家两方均被任命为国家的官员。他的赞助加上纸张作为宣传工具的使用一起，极大地促进了书画刻印艺术的发展。绘画的重要性在《阿克巴则例》中受到强调。一些有才能的伊朗艺术家和印度艺术家制作了有饰字和饰画的《哈姆扎本纪》(*Hamzanama*)、《鹦鹉故事 70 则》(*Tutinama*)、《巴布尔本纪》(*Baburnama*)、花费了这位皇帝大约八万镑的《摩诃婆罗多》的波斯文译本(*Razmnama*)、法鲁克·贝格插图的《阿克巴本纪》、费济插图的《那罗-达摩衍蒂》、《罗摩衍那》、《诃利世系》和其他作品手稿的袖珍画。[21]《阿克巴本纪》的绘画作品以其制图的协调而著名，即使莫卧儿插图通常是由几个艺术家画的。印度史诗的插图不仅是精致的艺术样品，而且也是关于当时印度教徒的社会风俗和习惯的珍贵资料来源。

起初，这种风格主要是波斯灵感，但是它后来更多地受到印度风格影响；到贾汉吉尔统治的时候，一种新的莫卧儿绘画风格已经诞生。贾汉吉尔本人是一个有才能的画家，他几乎全力赞助绘画，这个流派的所有重要画家全属于他的宫廷。他有敏锐的美感，热爱自然的美丽事物。他是如此被克什米尔所吸引，以致他在统治的 22 年期间 13 次游览此地。他喜爱艺术中的自然主义，风景画、动物画和肖像画在他统治期间达到顶峰。曼苏尔是这一时期鸟兽画画家中最著名的人物。从贾汉吉尔统治往后，拉杰普特画派和莫卧儿画派能够被辨别出来。沙贾汉继承了这种传统，但是他将主要的赞助给予建筑学。他的儿子达拉·舒科赞助艺术，虽然达拉·舒科对哲学更感兴趣。他留下了一个珍贵的画册，但是在他能够用自己的性格影响印度文化和社会之前，他被自己的弟弟奥朗则布处死。

伊斯兰教最丰富多彩的贡献是在建筑学方面，整个北印度密布着该时期的美丽建筑物。法特普尔·西克里的建筑合成体、德里的红堡和塔杰·马哈勒[①]是许多著名建筑物当中的几个，在这些著名建筑物中可以发现印度成分和伊斯兰教成分的融合。

穆斯林建筑是阿拉伯、叙利亚、波斯、突厥、中亚传统以及其他一些传统的综合物，通常会给人以深刻的印象，有完善的建筑物和清真寺、陵墓、穹窿、尖塔，高高的入口、宽敞的庭院、几何图案以及花体字题名。它的基本形式是带柱的大厅、用柱支撑的穹窿以及砖拱顶和圆顶。伊斯兰教的一神论清教主义技法，喜欢完整穹窿的简洁、尖角拱门的质朴象征性以及尖塔的细长。阿拉伯半岛的荒凉自然环境，影响了伊斯兰教的艺术——正如它们影响了伊斯兰教对生活的看法一样——使它成为简朴、刚健和 177
有目标的艺术。在清真寺和宗教场所，缺乏对生物的表现是特别明显的，无论在绘画中还是在雕刻中都是如此。相反，印度教建筑则以其宏伟、丰富多彩和多样化而著称。寺庙雕刻着各种形式的超自然的浮雕以及动物和植物。印度教艺术是富于装饰性的艺术，有时候是色情艺术，而穆斯林艺术则是简洁和严谨的艺术。

到穆斯林怀着建立一个帝国的想法来到印度时，他们已经有几个世纪的文化传统了，这个文化传统受到与他们在欧洲、亚洲、非洲发生过联系的许多民族的影响。虽然伊斯兰教建筑开始于阿拉伯半岛，但是它在印度达到顶峰之前，经过了在西亚、中亚、北非、西班牙的一个持续发展时期才变得成熟。伊斯兰教的建筑起源于清真寺的建筑和设计，它的许多精美的建

① 塔杰·马哈勒（the Taj Mahal），即泰姬陵。——译者

筑物是一些清真寺。地位仅次于清真寺的是陵墓，接下来是宫殿、要塞和公共建筑。穆斯林在印度的早期，他们被印度建筑格外的丰富多彩和奢华弄得眼花缭乱。他们在 14 世纪开始反其道而行之，但是这是一个短暂的阶段；在莫卧儿时期，综合的趋势很快就达到高峰。

现存最早的清真寺位于德里的邻近地区，莫卧儿人在这里大兴土木。印度最有意义的早期伊斯兰教建筑是德里的库特卜塔，它在伊勒图特米什统治期间的大约 1231 年竣工。该塔是穆斯林设计的杰出的建筑成就之一，它由五层构成，238 英尺高，是库特卜清真寺结构的一个组成部分。库特卜清真寺是由库特卜–乌拉–丁 · 艾巴克 1195 年在一座印度教寺庙的基础之上建立的，使用的完全是从该地区寺庙中拆下来的材料。这样的一个二手建筑，几乎谈不上任何建筑美感或者规则。然而，四年之后，人们决定在该建筑面向麦加的那边设计一个宽敞的弓形结构的祭坛屏饰，这个祭坛屏饰可能是在印度本土残存的明确的伊斯兰教建筑风格的最初例子。

在库特卜塔在伊斯兰教世界的东端被修建的大约同一时
178 间，在伊斯兰教世界的西端，西班牙的尤苏夫一世正在修建一座比库特卜塔还要高的塔，它就是塞维利亚的基拉尔达塔。然而，无论是基拉尔达塔还是伊斯兰教世界的任何其他塔，都不如库特卜塔美丽动人。早期印度–伊斯兰教风格的另外一个格外美丽的样板，是在邻近的、修建于 1310 年的阿来门（Alai Darwaza）。它和在它之后不久修建的阿拉–乌德–丁 · 哈勒吉的被毁坏的陵墓，代表早期苏丹国最完美时期的风格。

许多宫殿、清真寺、陵墓、澡堂和教育机构被修建起来，特别是在阿拉-乌德-丁·哈勒吉和菲鲁兹·图格卢克统治时期。在阿拉-乌德-丁去世之后，风格方面出现了一些变化，这种变化已经有了一段时间的预兆，图格卢克的建筑以没有奢华的特征而引人注目。然而，图格卢克风格是刚健和明确的风格，容易使旧的建筑特征适应自己的需要。它对伊斯兰教传统的偏离变得显而易见；红沙石和大理石也让位于粗石和灰泥。

洛迪风格是图格卢克风格的雕琢，被来自伊朗和突厥斯坦的新装饰图案所丰富。锡坎达尔·洛迪陵墓的最重要特征是双层圆顶，它后来在莫卧儿风格的发展中起着重要的作用。这种被设计用来保持建筑物体的对称性和相对匀称的建筑发明，可能起源于叙利亚，并且经过伊拉克和伊朗传到印度。

艺术形式和技巧的同化，自然在全国发生。在孟加拉，流行的砖建筑被在自己的建筑装饰中模仿印度教图案的穆斯林征服者所采纳。在东印度，伊斯兰教建筑的主要特征是大石柱、完整的穹窿和砖拱顶。在克什米尔，美丽的木建筑容易轻易被占用，克什米尔的陵墓与印度其他地方类似的建筑有相当大的差别。在西印度，古吉拉特风格同样被适应。古吉拉特穆斯林建筑的丰富装饰和精致风格，与高度发展和富丽的印度教建筑一致。在印度的其他地区，伊斯兰教建筑同样吸收了流行的地方特点，以一种独特的个性出现。

德干的巴曼统治者不像印度其他地方的穆斯林统治者，他们在很大程度上忽视了本地的艺术，其结果，就是德干风格主要受德里的宗主国建筑和伊朗的纪念物的影响。属于什叶派穆斯林的

巴曼国王们，是艺术科学的赞助者。他们从其他国家吸引著名学
179 者和熟练的机械师，可能就是这一原因，他们的军事建筑大量受
到欧洲的影响，他们的民用建筑则大量受到伊朗的影响。

穆斯林从萨珊和拜占庭的一些流派那里获得了大量的东西，在所有被他们征服的国家里，他们都使本地的建筑适应自己的需要。在印度，清真寺和寺庙要求一些点缀性的装饰，两者开阔的庭院没有柱廊，但其对照的风格是鲜明的。清真寺的祈祷室宽敞，而寺庙的神殿却窄小；清真寺明亮又通畅，寺庙却相当阴暗和封闭；穆斯林建筑以穹窿、拱顶、圆顶为基础，而印度教建筑则以圆柱、额枋、金字形塔或者细长的塔为基础。穆斯林容易采纳印度教的梁式构造即用桁条或者长方形石料作楣和檐，而不用穹窿作楣和檐的方法。他们还利用了托架式的印度教梁托——用石料突出部或者木料突出部作支撑。反过来，他们给了印度教建筑一种宽敞的感觉，并且使用了新色彩。他们像罗马人一样，富于想象力地使用混凝土和灰泥。他们在大空间上架起穹窿，用漂亮的圆顶做大面积的屋顶，除了其他建筑特点之外，他们还传入了瞭望塔。他们传入了装饰性阿拉伯式风格[①]即几何图案，用优秀的印刷体字题词、用缤纷的色彩镀金和绘画，在彩色石和大理石中用彩色黏土烧制的瓷砖镶嵌图案。

随着莫卧儿帝国在1526年的建立，一个新的建筑时代在印

① 阿拉伯式装饰风格（arabesque），是常见于绘画、浅浮雕、镶嵌工艺以及纺织物图案的装饰风格；它用花、叶和果，有时还用动物和人的轮廓，做出线条交织的复杂图案。——译者

度开始了。到那时为止，即使那些其家庭来自国外的穆斯林也已经在很大程度上印度化了，印度–伊斯兰的文化综合达到成熟。莫卧儿人给予它以新的、有力的推动。莫卧儿帝国的奠基人巴布尔在 1530 年由其子胡马雍继任，胡马雍在十年不稳定的统治之后被驱逐国外达 15 年之久。因为在他们在印度统治的整个短暂时期，战争几乎无休无止，巴布尔和胡马雍没能对莫卧儿建筑做出太多有永久价值的贡献。

在胡马雍被逐出期间，他的征服者、以其税收管理和公共
福利而著名的舍尔沙·苏利在德里进行统治；在苏利王朝相对
短暂的统治时期，建筑获得了相当大的发展。苏利的建筑起初
朴实雅致，但是到后来，它变成高度装饰的建筑。它是莫卧儿
风格的先驱者，是印度建筑发展中的一个重要阶段。舍尔沙最
精美的建筑物，要算 1541 年在德里建造的那座清真寺。位于比 180
哈尔的萨哈斯拉姆、在大约同一时期按富丽堂皇的印度–伊朗风
格修建的舍尔沙的陵墓，是建筑中的杰作——这的确是对统治
者的天赋和它的设计师的技能、远见的合适的赞扬。这座陵墓
用细沙石建造，250 英尺宽，呈四方形，位于一个大人工湖的
中心；这个人工湖如此宽阔，其混凝土周边的每一边都有 1400
英尺宽。巴布尔和胡马雍的风格是外国风格，而苏利的风格虽
然外表是穆斯林的风格，但是在较小的部分受到印度教建筑的
影响，特别是在门口的建造方面。

早期莫卧儿风格的第一个杰出纪念物是胡马雍（胡马雍·加·马格巴拉）的陵墓，它是由其遗孀在阿克巴统治期间建造的。据说，她雇用了伊朗建筑师米拉格·米尔扎·吉亚斯，他

引进了伊朗建筑的某些特征，例如在伊朗皇家陵墓中发现的典型的伊朗圆顶即有弓形结构的拱洞，以及走廊的内部布局和房间的组合之类。本国的特点在一些有圆顶的精致凉亭和很好的砌石工程中可以发现。这座纪念物的这种风格，被说成印度对伊朗建筑概念的解释。胡马雍陵墓在精神和建筑两方面，都是两种伟大艺术传统之综合的颇有吸引力的榜样。

所有早期的莫卧儿建筑，都表现出伊朗风格的雅致优美。在莫卧儿时期的开始，一批伊朗新移民涌入印度；贵族和有知识、有文化的人士的这种涌入或多或少在整个时期持续。因此，伊朗在16世纪期间对于印度-伊斯兰教艺术的发展所起的作用，就像文艺复兴时期的意大利对于法国的艺术所起的作用一样。但是在阿克巴统治的早期，伊朗影响被与印度风格结合起来。这种结合在法特普尔·西克里的清真寺和宫殿建筑中反映出来，法特普尔·西克里是阿克巴在1570—1574年在亚格拉附近的一个地方修建的首都。这些建筑物形成了出色的建筑群，它们有宽敞的阳台以及被许多宫殿和亭子所环绕的富丽的庭院。最庄严的建筑是加米清真寺[①]，它的最杰出的部分是那扇176英尺高的南门即凯旋门；它由大理石和沙石建成，从建筑学方面说是印度最完美无瑕的门，并且是世界上同一类门中最大的一扇。法特普尔·西克里的建筑，确实是整个印度最辉煌的建筑成就之一。法特普尔·西克里的风格在每一方面都是成熟的，充分将伊朗的雅致吸收到了印度工艺的精确之中。它是阿克巴的远

① 加米清真寺（the Jama Masjid），即“主麻日清真寺”。——译者

见和首创精神的纪念物，是莫卧儿人在泰姬陵之后最值得注意 181
的建筑成就。这个首都完全是作为军事冲突的避难所修建的，但讽刺的是西克里作为首都使用的时间还持续不到一代多人。

阿克巴在亚格拉、阿拉哈巴德和其他地方留下了许多建筑物。建于1565—1573年的亚格拉要塞是他的杰出建筑成就之一。它的重要性不仅在于提供了莫卧儿王朝早期军事建筑的实例，而且证明了它的建筑者们的审美情趣和艺术感，甚至影响了实用主义的建筑。阿克巴与印度的大多数穆斯林统治者不一样，他鼓励本地的建筑体系，只在必要时才从别国借用。他的建筑大多是红沙石，点缀以白色大理石作为强调，拱式风格和梁式风格两者都得到使用。

在同一时期的世俗建筑物中，最重要和最完整的是阿克巴的印度教皇后焦特·巴伊的宫殿，它的雕刻的装饰不受拘束。大象、狮子和孔雀的图案以及其他装饰品，使人联想到在那些随和的莫卧儿监工的监督之下，印度教艺人们的支配地位。民用建筑中的一部分更多的是印度教的建筑而不是别的建筑，并且模仿了印度教和耆那教寺庙的特征。虽然这种结合是印度–伊斯兰教文化变化的自然结果，但是，阿克巴与作为整体的印度文化的和谐一致，对于这些进入到伊斯兰教艺术中的非正统成分做了部分解释。不过，在清真寺和宗教建筑中，穆斯林的传统建筑方法还是更加严格地被坚持。

到贾汉吉尔和沙贾汉的时期，情况已经发生了变化；他们两人都是印度教皇后的儿子。伊斯兰教已被长期印度化，莫卧儿王朝也是如此。穆斯林艺术已经呈现显著的印度特征，其中的伊朗影响只有专家才能发觉。虽然贾汉吉尔继承了阿克巴的艺术情趣并且建造了建筑物，但是相对而言，他的统治在建筑方面并无建树。然而，其他艺术得到了发展，一个新的袖珍画派建立起来。在贾汉吉尔修建的建筑物中，位于亚格拉附近锡坎达尔的阿克巴陵墓是给人印象最深刻的。它是在1613—1614年建造的，脱离了传统的圆顶式结构，呈低矮、被截短的三层楼的金字塔形；里面放置君王遗体的陵墓反映了这位君王热爱自然的重要方面；它周围环绕宽平台花园，赋予它以空间方面的意义；饰有黄金和彩色的雕刻作品与绘画作品是精美的；它的四个尖塔完美和谐；自从早几个世纪的库特卜塔以来，在北印度还没有修建过像这样的尖塔。尽管比不上德里的胡马雍陵
182 墓，但其概念如此巨大，以致它在贾汉吉尔继位八年后才完成，即使这位皇帝本人对其修建颇感兴趣。

贾汉吉尔统治时期的另一个有趣的建筑物，是他的岳父伊蒂马德-道拉的陵墓，它位于亚格拉，由努尔·贾汉皇后所建。这个小而优雅并且以精湛的技艺完成的陵墓，标志着阿克巴和沙贾汉的风格之间的转变。作为微型建筑的一个实例，这个建筑及其花园和门，是同类型建筑中的佼佼者之一。它用白色大理石建造，用五色石装饰，细微之处也精心装点修饰。这座陵墓标志着以大量黄金、宝石和取代了沙石的白色大理石为特点的莫卧儿建筑最富丽堂皇阶段的开端。沙贾汉时期最著名的建筑物是加米清真寺、德里的红堡及其勤政殿、枢密殿和莫蒂清真寺以及泰姬陵。泰姬陵是印度-伊斯兰艺术综合的成就。这座陵墓位于亚格拉的贾穆纳河畔，沙贾汉修建这座陵墓来放置他

的皇后穆姆塔兹·马哈勒的遗体。它动工于 1631 年，两万名印度教徒和穆斯林劳动了 22 年才完成。尽管这个独特的纪念物的主要概念归功于沙贾汉本人，但是对于将他的思想转化为石头的那位设计师的身份还有些不明确。有些西方学者建议他就是威尼斯宝石匠和银匠杰罗尼莫·韦罗内奥。除了这个意大利人当时受莫卧儿宫廷雇佣并且被邀请与其他许多人一起向由这位皇帝召集的建筑师和工匠委员会递交设计方案之外，没有证据支持这个建议。但是，最终接受的方案是由本地杰出的建筑师制定的。泰姬陵总的来讲是本地风格，这一点由于无可争辩的印度–伊斯兰教建筑的风格而显而易见。当时的一些手稿对于它的建筑风格给予了翔实的记载，包括设计师和建筑师的名字，这些人中发现有印度教徒、穆斯林和西亚人，但是没有意大利人。

继沙贾汉之后，是最后一任大莫卧儿皇帝、极端正统的穆斯林君主奥朗则布长期严厉而专制的统治。奥朗则布不是艺术的赞助者，但却是一位有造诣的书法家，他曾经靠抄写《古兰经》谋生。在他死后，印度的统一被破坏，国家陷入了政治混乱和阴谋之中。

正如那些由穆斯林修建的建筑将伊斯兰教设计与印度建筑 183
细部结合起来一样，印度教的寺庙受到印度–伊斯兰教的影响。1590 年修建的戈文德·德奥寺庙是这些寺庙中最著名的寺庙，它是对印度砖石匠们多才多艺的赞扬。它表现出一种优美的感觉和对在寺庙设计中不常见的无装饰外表的鉴赏。印度教徒的世俗建筑，例如在马尔瓦和拉贾斯坦的建筑，也受到阿克巴及其继承者们的影响。皇室的住宅和其他的政府建筑物，例如在比卡内尔的建筑以及像在乔德普尔和奥克哈的堡垒那样的宫殿堡垒，表现了莫卧儿风格的影响。

其他的由穆斯林从伊朗传播到印度的艺术和工艺有搪瓷装饰、上彩釉的陶器、克什米尔的局部镀金工艺品、用波形花纹装饰、制造纸板。在棉花和丝纺织品制造业、羊毛披肩和地毯制造业中引进了革新工艺。玫瑰精油的发现归功于努尔·贾汉。

伊斯兰教的政治影响相当大，整个军事组织实际上发生革命，一种新的军事寡头统治成为穆斯林印度的主要政治制度。武器和新的作战技术也被使用。

穆斯林将约纳人[①]的医疗方法传入印度。大量内科医生（*hakims*）在皇室宫廷中占据高级曼萨卜[②]，向病人提供不昂贵的医疗帮助。这个约纳方法之所以被如此称呼，可能是因为阿拉伯人大量地借用了希腊医药。

伊斯兰教对印度城市生活产生的影响比对农村生活产生的影响更大。城市居民受王室宫廷的影响，在语言和文学、艺术和工艺、礼仪、服装、饮食、奢侈品和修养等方面获得了高度的素养。权力中心德里、亚格拉和勒克瑙等地引导的新风尚，各地方宫廷广为效仿，甚至包括如拉贾斯坦和德干这样不友好的国家在内。莫卧儿的这种影响存在于客厅、闺房（*zenana*）、藏衣室和餐室中；今天，在印度社会的上流社会中继续存在。伊斯兰教宫

① 约纳人（the Yunas），是阿育王岩石敕令提到的西亚民族，其国王是希腊国王安提奥卡斯二世，一般据此认为该民族为希腊民族。——译者

② 曼萨卜（*mansabs*），即官阶。——译者

廷的风尚，在阿克巴统治下，以后在印度上层和中层中对男子的服装产生了相当大的影响，但是除了在首饰方面之外，对妇女的服装没有产生如此大的影响。[22]

尽管宫廷在决定时尚方面起着重要的作用，但是服装主要是由气候条件决定的。所以，在大一些的国家，民族服装有地方风格。例如在旁遮普，印度教徒和穆斯林都穿宽松薄裤（*pajamas*），正如在南方印度教徒和穆斯林都穿印度腰布（*dhoti*）一样；服装的不同与其说反映了对立宗教的区别，不如说反映了阶级区别。妇女的饰品在两方是相同的。旁遮普的 184
妇女们穿纱帷①，而全印度妇女最普通的服装却是纱丽。在今日印度，某些地方服装像餐盘子一样在全国流行。例如，印度各地的年轻女子喜欢纱帷胜过纱丽，因为纱帷适合于活动性的工作和运动；在冬季，阿富汗式的卡拉库羊②帽子是德里的普通景观。

即使那些从其他国家来到印度的穆斯林，也在很大程度上接受了适合于他们所在的新国家的服饰。例如，阿拉伯的大披巾（*amama*）、朱巴袍（*jubha*）、里搭（*rida*）、塔赫马德（*tahmad*）和塔斯马（*tasma*）以及中亚的库拉地毯（*kulah*）、尼马（*nima*）和莫扎（*moza*）等，都被印度的薄头巾（*pugree*）、奇拉（*chira*）、古尔达（*kurta*）、束腰长外套（*angarkha*）、巾肩（*patka*）、杜帕达（*dupatta*）和宽松薄裤（*pajama*）所代替。服装

① 纱帷（*shalwar*），是一种宽松而飘拂的长裤。——译者

② 卡拉库羊（*karakuli*），是中亚塔吉克斯坦出产的一种大尾绵羊。——译者

方面的同化主要存在于上层阶级，大量印度教改宗者觉得没有必要改变自己的服装款式。

在印度农村的村庄里，几乎全部穆斯林居民都是印度教改宗者的后裔，传统印度教的观念和社会结构保持下来。甚至种姓偏见、反对寡妇再婚、对宗教仪式和偶像崇拜的热爱也保持下来。印度教徒和穆斯林双方都遵守相似的出生、死亡、结婚的仪式，并且有许多相同的集市和节日。双方的服装、烹饪方式、家庭结构和房屋的风格都保持相同，共同语仍是有地方色彩的语言。

然而在社会生活中，伊斯兰教对印度社会的某些影响不太健康，例如幽禁妇女于深闺（*purdah*）的发展。很多印度教贵族被要求将他们的女儿嫁给穆斯林苏丹和贵族，这是一个令前者感到违背自己的宗教信仰的要求。受种姓制度控制的印度教徒，不能在自己的种姓甚至亚种姓之外为自己的子女订立婚约，更不必说在他们的宗教团体之外了。所以，他们采用穆斯林的幽禁妇女于深闺的习俗来应对这种压力，而这最终导致了童婚和印度社会中妇女地位的恶化。像乔哈尔[①]和萨蒂[②]这样的习俗变得习以为常。不过，在穆斯林影响薄弱的地区，例如在南印度，幽禁妇女于深闺的习俗并不流行。

伊斯兰教尽管强调人类平等，但还是像在它之前的佛教一样没有打破种姓。从印度教的观点来看，穆斯林是另一个种姓；尽管有文化方面的相似，他们仍是一个独特的社会集团。由于

① 乔哈尔（*jauhar*），印度教妇女集体火焚的习俗。——译者

② 萨蒂（*sati*），印度教寡妇火焚殉夫的习俗。——译者

僵化的印度教种姓制，正统印度教徒和穆斯林之间的相互通婚
和共餐都是不可能的。而且，没有正统的穆斯林会让自己的儿 185
子或者女儿与一个没有改宗的印度教徒结婚。不过，并不存在以集团偏见或者宗教意识为基础的敌意。文化上的不同是地区性的，权力争夺是政治方面的。

除非伊斯兰教反过来受到印度教文化影响并且成为有印度特点的伊斯兰教，否则就不可能产生共同的印度文化。由于印度对他们的社会生活和习俗的影响，今天的印度穆斯林是一个与其他国家的穆斯林不同的集团。印度教的种姓影响了伊斯兰教。通常，穆斯林被认为属于两个社会集团——高级种姓（*sharifzats*）和低级种姓（*ajlafzats*）。然而，划分印度穆斯林的社会种姓和等级实际上还要多得多。[23] 尽管在穆斯林当中并没有禁止相互通婚，这种现象通常还是极少发生。维持社会等级的不是宗教信仰，而是势利。虽然伊斯兰教的人类平等理想是很多受种姓压迫和压抑的印度教徒信奉伊斯兰教的主要动力，但穆斯林的扫地工（*bhangi*）仍和印度教中与其地位相同的教徒一样被压制。实际上，社会不平等仍然存在。外来的穆斯林认为自己多少要优越于本地的改宗者，作为这种势利观点的扩大，像早期的欧亚混血人员一样，混血的穆斯林试图将自己等同于外来的统治阶级。他们在被拒绝给予外来者的优越地位之后，形成了一个自己的阶级。包含有阿拉伯语起源的词萨伊德（*sayyid*）和谢赫（*shaikh*）具有最高的威信；莫卧儿身份的重要性则低一些。无种姓者和来自低级印度教种姓的改宗者被称为新穆斯林（*Nau-Muslims*），在一定程度上，这就如同今天在

澳大利亚的新移居者被称为新澳大利亚人一样。

伊斯兰教谴责神职人员，但是这一阶层却在印度穆斯林当中发展起来。他们还对宗教仪式和隆重典礼表现出明显的爱好。伊斯兰教是一神教和反对偶像崇拜的宗教，印度的穆斯林却常常崇拜圣者和他们的陵墓。像阿杰米尔的谢赫·契斯提和马土腊的巴伊拉瓦·纳特这样的许多圣地，是穆斯林和印度教徒们都常去的地方。五师崇拜派（*Panchpiriyas*）这个穆斯林宗派，崇拜圣者达到如此程度，以致 1911 年的一次印度人口调查将他们描述为其宗教带有强烈的伊斯兰教特征的印度教徒。先知不承认奇迹，但是印度的穆斯林却将自己的英雄奉若神明。很多穆斯林甚至发展了偶像崇拜习俗。例如，北方邦的乔里哈拉人崇拜卡勒卡·萨赫贾·马伊，并且履行葬礼献祭[①]，旁遮普的米欧人崇拜许多像希安西（Siansi）、马格蒂（Magti）和拉奇

186（Lachi）这样的神；米拉希人向杜尔伽-巴瓦尼供奉祭品；东孟加拉的突厥-纳瓦人崇拜吉祥天女。孟加拉的许多穆斯林崇拜希塔罗女神、迦梨女神、法王、巴伊德亚纳杜[②]和其他的印度教神祇。旁遮普的阿槃人把婆罗门当作家庭祭司使用；印度河流域的信德人崇拜牛，他们不吃牛肉；库特杰的莫明人也崇拜牛。[24]莫明人崇拜印度教的三位一体——梵天、毗湿奴和马赫

---

① 葬礼献祭（*sraddha*），是印度教徒怀念祖先的仪式。——译者

② 巴伊德亚纳杜（Baidyanat（h）u），是一著名的供奉大神湿婆林伽（男性生殖器）的印度教寺庙的名字，该庙位于 2000 年 11 月从比哈尔分离出来的新邦（第 28 个邦）贾坎德邦的代奥加尔地区；此处应是以此庙名代指对湿婆林伽的崇拜。——译者

什[1]，他们的颂词是“拉姆[2]、拉姆”。穆斯林苦行者常被剃掉头发，并且在身体上涂灰；他们还常常担任神殿的守卫。在像旁遮普的詹格地区和北方邦的戈拉克普尔这样的一些穆斯林地区，火被视为神圣。许多穆斯林完全参与于像霍利节和迪瓦利节这样的印度教节日。

穆斯林闺阁中的印度教妇女，在形成印度–伊斯兰之综合方面产生了强有力的影响。嫁给穆斯林男子的印度教妇女，把自己的社会风俗和礼节带到了新的家庭。穆斯林在印度教徒的影响下更加倾向于一夫一妻制，寡妇再婚变得更加少见。穆斯林宫廷生活的很多特征是从印度教徒那里借用的。印度教对凶眼的迷信，印度教徒沐浴的习惯和仪式性的纯净被穆斯林采纳。许多拉杰普特改宗者保持了他们家族的名字。现在的穆斯林马尔卡纳拉杰普特人，仍然实行印度教礼节和仪式。他们更喜欢被人们叫做米扬·塔库尔人，并且承认是印度教徒和穆斯林的混血体。阿檠人虽然几乎全部是穆斯林，但是他们仍然保持着自己的印度教名字和婆罗门式的家谱。诸如乔达里、塔库尔和罗阇[3]之类的印度教称号，也在穆斯林当中发现。一些穆斯林集团使用印度教婚姻仪式，或者先行印度教礼节，然后再举行穆斯林仪式。大家族制和印度教财产法在很多场合下被穆斯林

① 马赫什（Mahesh，是梵文 Maheshawara 的简写），意思为伟大的统治者或“大天”，是大神湿婆的一个名字。——译者

② 拉姆（Ram），在印地语中有神的意思。——译者

③ 乔达里（Chaudhari），意为“村长”；塔库尔（Thakur），意为乡村头人；罗阇（Raja），意为“王”。——译者

遵循。

伊斯兰教思想也受到了印度教教义和哲学的影响。毫无疑问，在这两个对立宗教当中有大量坚决抵制外来影响或者革新的人，但是更加多得多的人则认为宗教的精神比宗教的文字更加重要。那些为普通人解释宗教的神秘主义者就在他们之中。正是因为这样的人们的努力，才使得两种明显不可调和之教义的相近之处渐渐被注意：两者都强调精神方面的自我克制、心灵的净化和与神的统一。

最神秘的穆斯林哲学是以苏菲派著称的塔萨韦夫
187（*Tasawwuf*），它基本上是对神的爱的教义，对穆斯林的理智和感情生活产生了无法估量的影响，对伊斯兰教也是如此。尽管穆斯林正统派常常迫害苏菲教信徒，但是正是因为他们的解释才为伊斯兰教在印度、非洲、印度尼西亚和其他地方赢得了最多的改宗者。据认为，只是因为苏菲派，伊斯兰教才成为世界性的宗教。

苏菲派没有被自己的追随者当成起源于一个特定地方或者一个特定时间的宗教。贾拉勒-乌德-丁·鲁米在他的《诗集》（*Diwan*）中说，苏菲派在这个地球上有葡萄树以前就饮了智慧与知识之酒。另一个苏菲派学者主张：苏菲派太崇高了，不会有起源。一种说法把苏菲派的起源追溯到穆罕默德本人秘传的教义，另一种说法则认为它起源于新柏拉图主义，还有另一种主张认为苏菲派独立起源于所有宗教人士固有的神秘主义欲望。也有人认为，苏菲派代表着雅利安精神对于强迫实行的阿拉伯人宗教的反应。

苏菲（*Sufi*）这个词来自意为“羊毛”的 *suf*，苏菲派信徒是穿羊毛外套的人。这种运动表示对于随穆斯林征服活动之后的那个时期的世俗奢侈和形式上虔诚的反对。早期的苏菲派信徒是朴实、纯真和虔诚的人，他们过着自律和贫穷（*fakr*）的生活，将自己全力集中于冥想和探索真理与正义的祈祷。他们的冥想是独创性地、连续不断地单调重复真主的名字。他们起初是苦行者，很快就轻易变成了神秘主义者。

一个名叫拉比娅·阿勒-阿达维雅（717—801 年）的妇女，强调自己对神的服侍既不以害怕惩罚为动机也不以期望得到报答为动机，从而将新的一面即神爱的教义引进早期苏菲派当中：“噢，真主啊，如果我因惧怕地狱而崇拜你，那你就在地狱里烧死我吧；如果我因希望进入天堂而崇拜你，那你就把我逐出天堂吧；但是如果我为你而崇拜你，那就请别隐瞒你永恒的美丽。”她标志着从早期苏菲派苦行的清静无为向高级形式的转变，这种转变随着由埃及的杜勒-奴·阿勒-米斯莉（死于 861 年）传入对神的直接知识（*marifat*）的教义，和由波斯比塔姆的阿布·亚济德（死于 875 年）传入“意志的毁灭”① 而实现。亚济德的语言离经叛道，使正统教徒大为愤慨和震惊。他是饮了“知识之酒”而喝醉，并且通过神秘的道路在自己的精神中发现了真主的第一个苏菲派信徒。他是第一个对自己的神秘体验（*miraj*）做详细描述的苏菲派信徒。从他往后，“意志的 188

① 意志的毁灭（*fana*），指人类的个人意志在真主意志面前的毁灭。——译者

毁灭”的教义成了苏菲派理论中的中心主题。不过，将这种教义发展成为高度协调的神智学的不可分割的组成部分的是巴格达的阿勒·朱莱德（死于910年），他是他生活的那个时期最有创造性和最敏锐的知识分子。曼苏尔·阿勒–哈贾杰（858—922年）进一步发展了这一哲学。他不仅在最高的神秘体验中看到了与真主的重新结合，而且教导人是神的化身即“我即真理”（*anal-haqq*）的教义。

到12世纪末，苏菲派如此控制了穆斯林的精神，以致伊斯兰教思想的每一流派都受到它的影响。对此起主要作用的是伊马目·阿勒–安萨里（1058—1111年），他被说成是“伊斯兰教的复兴者”。他的哲学是各种体验的产物。他在长期的研究之后，试图将正统伊斯兰教的教义和神秘主义调和起来，并且用理性方法解释其信条和教义。他在1095年成为一个流浪的苏菲派信徒，他断言经院哲学徒劳无用，宣称哲学不能展现真主所启示的宗教玄义和创造。他强调直接体验的价值是宗教中的根本因素，教导人的义务是去发现真主和去爱他，而理智的作用则是认识自己在这项任务中的局限。安萨里以阿布·亚济德、阿勒·哈贾杰和阿布·萨伊德·伊本·阿比勒·卡尤尔这些接触到了“现实的真实性”的人为榜样，用他们的“我即真理”这样的话，来表达他对一元论及“灵魂的死亡和真主独有的观点”的信仰。最伟大的穆斯林神秘主义思想家穆希·阿勒–丁·伊本·阿勒–阿拉比（死于1240年），受到阿勒·安萨里的影响。他建立了一套给人深刻印象的哲学体系，穆斯林神秘主义通过他的富于想象力的作品达到了顶峰。他是一个彻底的一元论者：不仅除了真主之外没有

其他神，除了真主之外别无他物，而且世界是真主的外化。苏菲派的发展周期，在 14 世纪随着瓦赫达特–阿勒–伍朱德的学派即存在主义的一元论的兴起而结束。

早期的苏菲派信徒坚持伊斯兰教规定的教义，生活理想是自我克制、自我牺牲和贫穷。后来，苏菲派获得更大的精神坚定性和更加摆脱束缚的观点。尽管苏菲派的观点保留了神秘的内容，它还是包含了天堂和尘世两个方面，并且力图洞察创造的最深层秘密，以理解真主所启示的、存在于一般人感觉之外的宗教玄义。苏菲派信徒逐渐相信靠坚持神秘主义的道路（*tariqa*，或者 *suluk*），获得真主的观点和与真主的结合。对他们而言，精神生活是沿着这条道路行进的旅行（*safar*）；这一旅行有许多阶段，每一阶段（*maqam*）都有自己相应的一些道路（*hal*）方面的成果。对于苏菲派信徒而言，真主或者真实性是普遍的意志，是真正的知识、永恒的光芒和至高无上的美，
它在宇宙之镜中得到反映。由于美的本质是自我表现和渴望被 189
爱，所以苏菲派信徒认为爱是所有宗教的本质，是创造及其持续的原因。世界是不真实的，仅仅是一种幻象。因而，苏菲派教导瓦赫达特–阿勒–伍朱德的存在的统一性的学说，即存在是一个整体，一切表面的差异都是真实性的方式、方面和现象，现象世界是现实的外部表现，我即真理。“了解你自己”是苏菲派哲学的核心，如同它在吠檀多中一样。正是通过这条“自知”之路，真理即真实性在苏菲派和印度教中被发现，无论它在梵文中被称为 *Jnana*（智）还是在阿拉伯文中被称为 *Man arafa Nafsah Rabbahu*。

苏菲派式的神秘主义在正统伊斯兰教教义中没有地位，因为除基督教之外，严格的一神论宗教不利于神秘主义。《摩西五书》和《古兰经》本身都没有提供神秘主义的解释，因为两者都最有力地宣称神的彻底的另一性。可是，神秘主义思想在伊斯兰教中的确发展起来的事实，是所有宗教中强大的神秘主义倾向和印度对其影响这两方面的证明。因此，穆斯林或者非穆斯林两方面的许多学者，对苏菲派的教义与印度的吠檀多和佛教教义之间的惊人相似感到震惊，这并不令人惊奇。

印度对伊斯兰教之可能影响的最早例证之一，似乎是对合法伊斯兰教的反对的兴起，即以朱赫德（*Zuhd*）即苦行主义知名的出现。但是，在苏菲派的更加高级的哲学概念中，使人联想到更加明确的印度影响。受到马克思·霍顿大力支持的 R. A. 尼科尔森坚持：苏菲派“意志毁灭”的思想起源于印度，并且与佛教的涅槃惊人地相似。尽管 A. J. 阿伯里最近怀疑这一主张并没有被证实，但是争论与观点的影响看起来有利于尼科尔森和霍顿，而不是有利于阿伯里。这个教义的创始人，比斯塔姆的阿布·亚济德是一个不喜欢书本的未受教育的人，他是阿布·阿利·阿勒–信迪的学生，此人来自印度的信德（不是来自阿伯里所断言的呼罗珊的一个叫信德的村庄），他是一个从外国宗教即显然从印度教改宗伊斯兰教的人。正如亚济德自己承认的那样，他向阿布·亚济德教授神的统一性（*tawhid*）和终极真理（*haqa-iq*）的教义。[25] 甚至阿布·亚济德的用语，都使人联想到印度教的哲学表达方式。例如，他使用“那个”代表真主，是典型的称“梵”为“绝对”（*Tat*）的印度教方式。警句

Takunu anta dhaka 的确是奥义书的警句 *tat tvam asi* 的直译，意思是“你就是那个”，这是吠檀多所特有的。考虑到吠檀多导师商羯罗刚刚复兴了吠檀多哲学并将其系统化、使之成为印度 190
广泛而有活力的运动，看起来阿布·亚济德有可能从他的印度导师那里了解了吠檀多哲学。阿布·亚济德的最严格的一元论以及他将世界描述为幻象和欺骗，与商羯罗对作为摩耶（幻）的现象世界的驳斥和对吠檀多一元论的解释十分相似。[26] 同时代的一位学者斋赫尼尔，实际上认为苏菲派是“穿穆斯林服装的吠檀多”。的确，印度的一元论通过苏菲派进入到毫不妥协地反对任何一元论教义或者泛神论教义的伊斯兰教哲学之中，这确实是文化传播的出色例证。

建议可以将苏菲派视为伊斯兰教内部一个有组织的宗派的戈勒德济赫尔指出，即使是苏菲派的“塔瓦希德教义”即神的统一性的教义，基本上也不同于一般伊斯兰教的一神论概念，它依赖于哲学。“苏菲派信徒竟然说宣称‘我了解真主’是与真主密切沟通（*shirk*）：因为这一个句子包含了产生意识的主体和认识的客体之间的两重性；而且这也是当前在印度流行的观点。”[27]

“我即真理”的教义太容易使人联想起吠檀多的“我就是梵”（*aham Brahmasmi*），所以不能归因于平行的发展，特别是由于它与伊斯兰教思想完全不相容。它的创立者曼苏尔·阿勒–哈贾杰，由于自己的一元论教义而招致正统伊斯兰教教徒的愤怒。他被认为有亵渎真主的言辞而遭到谴责，并且因“异端邪说”而被钉死在十字架上。他的理论后来被结合到伊本–阿勒–阿拉比和阿卜杜勒·卡利姆·吉利的体系之中。吉利熟悉印度教这一点，被他提到包括婆罗门希马（婆罗门）在内的十个主要宗派所证明。另外一个苏菲派的阐述者贾拉-乌德-丁·鲁米（死于1273年），起初也因为后来被正统教徒所接受的观点而遭受迫害。他通过自己的包含了对苏菲派思想进行反思的最重要著作《对句》（*Mathnavi*），把虔诚舞蹈萨马舞（*sama*）的习俗介绍给苏菲派；萨马舞与印度教的基尔登舞（*kirtan*）相似。他教导心是神性的镜子，“自我是对真主形象的临摹”，人的真正自我属于是真主的永恒自我；通过意志的毁灭，自我必定返回永恒的自我。所有这些教义与印度教的教义十分相似。

苏菲派信徒的很多神秘习俗，都有相应的印度习俗。帕斯普-安法斯（*pasp-anfas*）可能源于瑜伽功的呼吸练习；苏菲派的济克尔[①]近似于印度教的亚帕法[②]，其念珠（*tasbih*）几乎是印度教念珠（*mala*）的复制品。印度思想和苏菲派都强调，不仅要通过爱而且要通过对精神领袖或者古鲁的服从来接受神；精
191 神领袖或者古鲁指出了那条超越自知的曲折小径、通向启蒙的大道。

尽管苏菲派有独立的起源，但是它的发展由于与印度思想的接触而受到帮助，这是可能的。印度与苏菲派的诞生地伊朗之间，长期互派学者、商人、艺术家和使节。苏菲派起初以一种折中主义哲学的形式，在现在属于苏联的中亚和阿富汗的伊

---

① 济克尔（dhikr），是苏菲派信徒赞颂真主安拉直至心醉神迷的宗教仪式。——译者

② 亚帕法（japa），是印度教徒内心反复默祷神的冥思方法。——译者

朗的那一部分出现；佛教僧人在这里弘法已达数个世纪；在伊斯兰教兴起之前，这里是印度教和佛教的繁荣中心。缚喝的王子伊卜拉欣·宾·阿达姆（死于 777 年）向苦行的转变，成为后来苏菲派信徒中特别喜爱的传说。据说，在一次狩猎旅行中，他由于自己的轻浮而受到一个暗中传来的声音的劝说，要他保证过苦行生活。这个故事常常被拿来与佛的故事相比，朱奈德称阿达姆是“苏菲派的钥匙”。

同样清楚的是，与阿拉伯人相比，苏菲派与伊朗人和中亚人的兴趣更加相投。佛教寺院以缚喝为强大中心，在穆斯林于 11 世纪征服印度之前很久就在伊朗东部和河外地兴盛。漫游的印度僧人在阿拔斯王朝哈里发统治时期在远至巴格达的地方被发现，被贾比茨（大约 866 年）做了生动的描述。大量的佛教文学作品，常常通过摩尼教的中介传入伊斯兰教之中。[28] 到 8 世纪，一些佛教经文和许多其他印度作品一起被译成波斯文。《巴拉亚姆和约塞法特》（*Balauhar wa Budasaf*）的阿拉伯文译本，就成为阿拉伯文学的组成部分。塔韦迪、安萨里、萨纳–伊和贾拉–乌德–丁·鲁米的作品中，重现了根据自己的触觉描绘大象的一群盲人的佛教故事。这则故事的寓意是：由于盲人只触摸到大象的某一部位并且将它作为大象的全部，所以各种宗教只知道部分真理，但是因为它们精神的盲目性而声称它是全部真理。对宗教偏执的这种谴责是佛教教义和印度教教义两者的基本方面，而且十分适合苏菲派信徒。

在阿拉伯，很多主要的印度作品被翻译成为波斯文和阿拉伯文。金迪写了关于印度宗教的书；苏莱曼和马苏迪搜集并且

记载了有关印度的材料；纳迪姆、艾什尔里、比鲁尼以及其他人在自己旅行期间的作品中，详细讨论了印度宗教和哲学体系。印度生活和思想在三个领域影响了伊斯兰教世界：通俗文学、科学和宗教思想。

192 印度的神秘主义思想通过苏菲派，可能传给了被称为卡巴拉[①]的犹太神秘主义。卡巴拉在埃及和西亚得到发展，并且在大约900年被传入欧洲。几个世纪之后，生活在巴勒斯坦的伊萨克·鲁里亚（1534—1572年）对该教义做了重大修改。卡巴拉有很多特点，诸如规定的文字的奇迹般的力量、使用咒文和护符、神性的逐步创造或者不同阶段、大宇宙与小宇宙之间一致的说法等，都与印度的密咒教惊人地相似。在转生和泛神论理论中明确觉察到印度教的影响，当它们以极端形式存在时常常被发现与印度有某种联系。虽然灵魂先于存在和反复化身与正统犹太教的精神不相容，但是它们仍然在《光辉之书》[②]中被教导，甚至被鲁里亚更加系统地教授，他的学派编写了被称为《转生》(*Gilgulim*）即灵魂的轮回的目录的一些著作。最终的神性被称为"无穷无尽的神"(*En soph*）即无限，它是不可知的，不能被明确的称号所形容，因此在某种意义上说是不存在的，

① 卡巴拉（Kabbala，一般作Cabala），是犹太神秘主义的通用词，意指已被领会到的东西，并指出圣经原文隐藏的或者内在的意义只有经过最审慎的研读才能获得。——译者

② 《光辉之书》(*Zohar*)，音译《朱哈尔》《琐和》，是一部由各种不同来源所编成的作品，其中最大的部分由卡斯提尔王国的神秘主义者摩西德来昂撰述。——译者

因为没有被断言为存在之物的东西能够被断言为无穷无尽的神。这些都是柏罗丁和《奥义书》餐桌上的面包屑。[29]

很多苏菲派信徒被吸引到印度，并且定居在那里；印度终于成了苏菲派的一个中心。曼苏尔·哈拉杰（858—922年）就是最早访问印度的苏菲派信徒之一。传说中也提到其他一些苏菲派信徒定居于南印度。然而，阿利·宾·乌斯曼·朱拉比·胡杰维里（死于1072年）是已知的第一个以印度为家的苏菲派信徒，他在11世纪中期用波斯文写了第一部关于神秘主义的、被称为《揭开面纱》(*Kashf-al Mahjub*）的论著；这部论著一直是标准教科书。不同信仰的人们以达塔·甘杰·巴赫什（Data Ganj Bakhsh）[①] 的光荣称号称呼他，尊奉他为伟大的导师。

萨拉尔·马苏德·加济和谢赫·伊斯梅勒在11世纪来到印度，并且在伊斯兰教成为一种政治势力之前使很多人皈依了苏菲派。大约在1192年，穆伊-乌德-丁·契斯提从中亚来到印度并且创立苏菲派信徒的契斯提教团，即使今天，这个教团仍然是印度和巴基斯坦最大的苏菲派教团。他在阿杰米尔的陵墓，是穆斯林和印度教徒都喜欢去的朝拜地。后来，苏菲派信徒大量地随穆斯林征服者一起进来，并且开始宣传伊斯兰教。他们修建一些由领袖、宗教师或者导师主持的修道院，这些人指导信徒们沿着性格得到充分发挥的道路，即沿着泛神论（*tariqa*）的道路前进。他们对印度教思想的热忱、宽容与同情为自己带来了成功，但是他们很多人很快放弃了传道工作，把注意力集

① 波斯语和旁遮普语的意思为“赠与珍宝的主人”。——译者

中于学习印度宗教和思想。

印度的苏菲派有助于印度教信仰和文化与穆斯林信仰和文
193 化之间友好关系的确立，巴克提运动就是例子。苏菲派思想在一定程度上激励了卡比尔·古鲁·纳那克[①]、拉姆·莫罕·罗伊和拉宾德纳特·泰戈尔这样的著名印度思想家。苏菲派信徒受印度思想的影响，17世纪他们因奥朗则布对伊斯兰教字面意思的严格遵循而被排斥的时候，尤其如此。很多穆斯林神秘主义者向吠檀多靠拢，宣称除神之外没有什么东西是真实的，一切是虚幻。他们甚至接受了羯磨和灵魂轮回的教义。他们克制着不谴责偶像崇拜，宣传阿希姆萨（*ahimsa*）即非暴力。与其他地方的苏菲派信徒不同，很多印度苏菲派信徒不认为穆罕默德是尽善尽美之人，而认为他是与别的先知平等的人。他成为《摩诃婆罗多》中的黑天式的英雄。《古兰经》再也不是唯一的圣书，而是包含其他宗教圣典在内的许多圣典中的一部圣典。苏菲派信徒谴责宗教偏执和狂热，并且宣传所有宗教的基本统一性。印度的苏菲派信仰，接近于冥思和苦行的印度教习俗。

正如任何一个具有漫长的历史和接连不断的圣者-哲人的宗教运动被预期的那样，苏菲派产生了许多流派。在印度有三个主要流派：教条主义（*Kalam*）、哲学（*Hikmat*）和神秘主义（*tastwwuf*）。所有流派都承认基本上相似的哲学，但是每一个流派都被不同的理性传统所左右。印度教条主义最有创造性的

① 卡比尔（Kabir）、古鲁·纳那克（Guru Nanak）是两个人，原文未用逗号将其隔开。——译者

思想家是德里的沙·瓦利·乌拉（死于1762年），他被人们与安萨里相比肩。他努力将神学和哲学调和起来，并且发出道德重建和社会改革的有力呼吁。教条主义不相信皈依，认为所有宗教仪式和教义是多余的。

在那些寻求调和印度教哲学和穆斯林神秘主义哲学、抛弃教义、宣传建立在对神的爱的基础上的简单信仰并且强调各种信仰的基本统一性的人当中，达拉·舒科格外出色。他是沙贾汉的长子，写了一些关于穆斯林神秘主义的论著，并且阐述了印度教思想与穆斯林神秘思想的同一性。在他的《双星相会》（*Majma al-Bahrain*）一书中，他试图将苏菲派理论与吠檀多协调起来。他强调灵魂渴望与神统一，强调神的概念是绝对的。他关于存在的基本统一性的主张，以及他的《奥义书》和《古兰经》两者都寻找同一个真理的教导，激起了穆斯林正统派的愤怒。达拉·舒科以《奥义》(*Sirr-ul-Akbar*）为标题，把几种《奥义书》译成波斯文,《奥义书》最初正是以这种形式为欧洲学者所知。在穆斯林印度的历史上，或许没有别的王子能够与他的学术成就相比，没有别的王子能够如此热情地献身于精神生活。

194 # 第五章　欧洲发现印度

在古代之时印度已为欧洲所知；希腊和印度二者的部分地区，确实曾在同一时期处于伊朗的统治之下。希腊士兵与印度士兵曾共同战斗，也曾相互反对；印度与希腊及希腊化世界之间的外交、商业和文化关系已存在若干世纪；无数的冒险家、学者、商人和传教士皆曾互访。然而，在 7 世纪伊斯兰权力产生之后，这种密切接触便停止了，故在中世纪时印度与西方就少有或没有直接交往。欧洲所知的印度，在十字军东侵时是遥远的，在中世纪时期时最好也只是零碎的。印度的有些事情是通过旅游记载，例如马可·波罗游记，而为人们所知，但实情在这里却常常被罗曼蒂克的想象所代替。然而，在某些文学作品中却可以清楚地追寻到印度的影响。例如，教士拉姆布雷赫于 12 世纪创作的《亚历山大之歌》中，花儿少女以其半花半人所展现的魅力，显示出与据信曾勾引佛陀的魔罗之女之间惊人的相似之处。《带毒少女》的故事，经亚历山大的小说进入弗劳恩洛、雨果、冯·特林贝格等人的诗中。这个故事属于与孔雀王朝国王旃陀罗笈多有关系的传说，见之于毗舍佉达多的剧《罗刹娑与指环印》。还有，在沃尔弗拉姆·冯·埃申巴赫的诗中，作为不杀生戒律的正果的英雄帕尔齐瓦尔，成了怜悯和仁

慈的化身。对“魔宫”和“魔床”[①]的描述也值得注意，它使人联想到佛教的窣堵波（印度塔）。此外，神父约翰将基督教传播到印度的传说的发展，以及葡萄牙人徒劳地寄望于他，都可能有某种文化接触作为基础。 195

15 世纪时，文艺复兴的精神将欧洲引出中世纪状态，新的宗教和商业热忱则激励欧洲探险者寻找与印度的直接的海上联系。正是探寻印度使哥伦布于 1493 年发现美洲。在持续的探险远征以后，葡萄牙人企图削弱北非和西亚的穆斯林势力，以及寻找“基督教徒和香料”，于是环航非洲，靠一位印度水手的帮助穿过阿拉伯海，于 1498 年 5 月 27 日到达印度西南海岸的卡利卡特[②]。这成功几乎完全消灭了土耳其在印度洋的霸权；阿拉伯人对亚欧间的贸易垄断，也被随之而来的欧洲诸强国所打破。“正是发现经好望角至印度的道路，正是葡萄牙人充满活力和成功的征服、并且在那里确立其统治，欧洲才受惠于它，防止了那些被压迫的、优美的国家受最粗鲁、最羞辱的奴役。”[1] 这种接触还缓慢地改变了印度社会的整个性质。印度第一次成为别国的政治和经济附庸，暴露了她的软弱，但现代化的进程却受到激发而日益迅速地运转起来。罗马帝国覆亡后衰落的印度的

① “魔宫”（schastel marvel）和“魔床”（lit marveile），是欧洲大陆中古著名神话故事中男巫克林索尔（Klingsor）的住所。——译者

② 卡利卡特（Calicut）位于今印度喀拉拉邦，是该邦第三大城市；在该邦使用的马拉亚拉姆语中，它又叫科泽科德（Kozhikode），在中国明朝的史籍中，译为“古里”；该地是当时著名的“香料之都”，是郑和庞大的船队和达·伽马首航印度造访的地方，也是这两位航海家去世的地方。——译者

海上活动，也得以恢复。

虽然获利的贸易始终是葡萄牙人活动的一个动机，但作为第一个来到亚洲的欧洲势力，他们把自己看作反伊斯兰教的十字军东征者。使穆尔人即穆斯林受到的每一次伤害，都是基督教的收益；甚至夺取香料群岛，也被描述为削弱穆斯林财力的计谋。在各个地方与伊斯兰教做斗争，这既是宗教的义务，又是爱国的自尊。为伊比利亚半岛所进行的几个世纪之久的斗争，使葡萄牙人对穆斯林怀有强烈的敌意。葡萄牙司令官阿丰索·德·阿尔布凯克，在报告夺取果阿——一个重要的国际贸易和商业中心时，就幸灾乐祸于下述事实，即他杀掉了所发现的每一个穆尔人，尸体堆满清真寺，并付之一炬。他计算的结果是6,000 人被杀，有些人被活活地烧死。

这些恐怖和野蛮的行径，起初主要针对穆斯林，逐渐地则变成了葡萄牙殖民主义的象征。他们常常袭击载香客去麦加的船只，并将其烧毁，有时还连同船上的乘客一起焚烧。葡萄牙人对印度教同样严厉：“教堂的神父以严惩来禁止印度教徒使用
196 自己的圣书，阻止他们举行一切宗教仪式，还毁坏他们的寺庙和圣殿。对人民的如此折磨和干涉致使他们放弃大量的城市，拒绝留在没有自由的地方：按自己的方式崇拜其先辈的神，就要受到监禁、拷打和处死。”[2] 葡萄牙人试图将其在亚洲的帝国建立在对伊斯兰教和印度教的刻骨仇恨之上。葡萄牙人的统治缺乏顾忌、道义和德行，是其权力衰落的一个重要原因。

由于亚历山大三世的教皇圣谕保护葡萄牙，使其不受其他天主教强国，尤其是西班牙之害，葡萄牙人得以没有竞争或限

制地持续从事他们的贸易约达一个世纪之久。他们建立了一个高度组织化的、繁荣的商业帝国，从马拉巴尔海岸绵亘到菲律宾群岛，这个帝国是欧洲历史上的任何帝国所不能比拟的。葡萄牙人以亚洲货物供给全欧洲，其中香料是最大宗、最宝贵的商品。中世纪的几乎所有作家皆证实，欧洲对印度香料有广泛需求。大多数佐料多、味道浓的欧洲菜肴都有印度香料；它们被认为是每次宴请时所必不可少的，并且在几乎所有的医药处方中是主要成分。尽管由于直接海路的发现降低了运输价格，香料由此不再昂贵，但葡萄牙人从事的招致其他欧洲国家嫉妒的这样一种赚钱买卖，终于再也不能继续下去了。所以，到莫卧儿印度处于其昌盛之巅的 17 世纪之初，荷兰和英国及后来的法国，都出现了为夺取亚洲贸易而从事商业的一些公司。

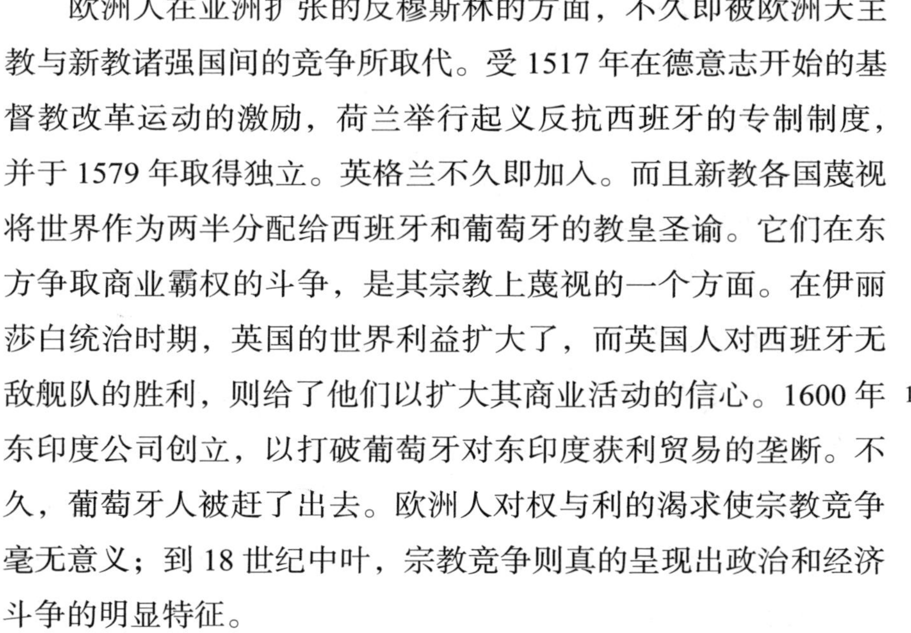

欧洲人在亚洲扩张的反穆斯林的方面，不久即被欧洲天主教与新教诸强国间的竞争所取代。受 1517 年在德意志开始的基督教改革运动的激励，荷兰举行起义反抗西班牙的专制制度，并于 1579 年取得独立。英格兰不久即加入。而且新教各国蔑视将世界作为两半分配给西班牙和葡萄牙的教皇圣谕。它们在东方争取商业霸权的斗争，是其宗教上蔑视的一个方面。在伊丽莎白统治时期，英国的世界利益扩大了，而英国人对西班牙无
敌舰队的胜利，则给了他们以扩大其商业活动的信心。1600 年 197
东印度公司创立，以打破葡萄牙对东印度获利贸易的垄断。不久，葡萄牙人被赶了出去。欧洲人对权与利的渴求使宗教竞争毫无意义；到 18 世纪中叶，宗教竞争则真的呈现出政治和经济斗争的明显特征。

然而，200 多年以来西方强国仍限于沿海的商业，且在亚洲仅仅夺取了少量领土所有权，那是因为这时的印度莫卧儿帝国、中国的明朝和清朝、波斯的萨法维王朝皆统治着繁荣而强大的国家。这些亚洲国家都是陆上强国，对海上活动兴趣有限。莫卧儿人尤其如此。他们从西北经陆路到印度，没有意识到来自海上的对他们安全的威胁，即没有意识到海军力量的重要性。在他们认识到自己的错误时已为时太晚，他们变得太软弱，即使在陆地上也无力回天。早期来到印度的欧洲人是商人而不是入侵者，这有时可能隐藏他们的活动所呈现的倾向，但如此小心翼翼地保护其帝国完整的莫卧儿人竟未能察觉，令人难以置信。大莫卧儿帝国时代在 1707 年奥朗则布死后完结，整个 18 世纪各地方权力持续衰落。到一定的时候，这导致了欧洲对印度的统治，以及西方的工业和技术进步。

莫卧儿时期在许多方面是印度历史上的全盛时期，莫卧儿人十分专注艺术和文化，但却完全忽视实用的和世俗的专门知识，尤其是科学。在其长期统治的整个时期，没有建立能与现代大学相比的教育机构，尽管古代印度有世界著名的学习中心，如呾叉始罗、那烂陀和建志。在中世纪欧洲，亦如在伊斯兰世界的其他地区，都有欣欣向荣的大学，其中有些存在了几个世纪之久。巴黎大学成了不仅是法国，而且是牛津和剑桥等著名大学的模本，在 13 世纪初就已具有组织的模式和法定的地位。到 17 世纪时欧洲已存在许多大学。有意义的是，欧洲大学顺畅地借鉴古代亚洲和伊斯兰的模式，即莫卧儿遗产的一部分。虽然欧洲访问者时常出入莫卧儿帝国的宫廷，但莫卧儿人对欧洲

的知识和技术成就却不感兴趣。阿克巴接待了许多欧洲传教士，198
在礼拜堂与他们讨论宗教和科学，并保护他们反对狂热的毛拉。来到阿克巴宫廷的基督教传教士有充分准备，曾学习过波斯文，读过古兰经，因而常以微弱优势赢得与穆斯林毛拉的争论：这些毛拉怀着强烈的信仰，但对其对手的圣书一无所知。无论贵族或毛拉，都没有去学习拉丁文和研究圣经。阿克巴对欧洲的科学和哲学也未表示任何好奇心，尽管印度教徒和穆斯林在往昔都曾做出过杰出的科学贡献。阿克巴曾获赠印刷书籍和一架印刷机，但即使印度的经典最初也是由欧洲人印制的。因此，在欧洲人争夺权力时，印度正处于空前衰落的状态之中，就毫不令人奇怪了。这不仅使欧洲人有可能随意追赶其竞争者，而且还获得了独一无二的成功。

莫卧儿帝国的权力已成过去，随之而来的是一系列政治动乱。业已明显的知识上的惰性成了印度社会的显著特征，这个国家正陷入混乱、无政府状态和毁灭之中。与复兴的欧洲相比较，18 世纪的印度软弱得几乎控制不了自己的事态，它甚至无法打破均势而使情形有利于正为印度领土权而斗争的某一欧洲竞争者。在这一竞争中最终获胜的是英国人，尽管最初设想欧洲对印度统治者享有霸权的是法国人。

在为权力而进行的这场斗争中，起决定性作用的是技术而不是外交。用纯军事措辞来说，西方成功控制东方是由于两件东西——船及更重要的黑色火药，[3] 再加上军事组织和战略。优势的武器装备很快培育了好战心态和侵略政策。不受报复行为影响有时导致无约束的专制。西方从制钟业发展了铜枪。那时最早的大量进行远洋活动的人们，即西班牙人和葡萄牙人，借用北欧的技术，并用他们的海外贸易所得支付生产的费用。英国后来进入这个领域，成功地以铸铁作为铜的代用品，并以新的和廉价的技术确立了她对别国的最高权力。到 1600 年，英国不仅在大炮方面已自给自足，而且还输出枪支获利。大约同时的法国及稍后的德国，也都进入制枪工业领域，并最终超越英国的领先地位。
199 亚洲人没有取得任何类似结果，而是更衰退和更落后了；直到 20 世纪中叶，他们才开始在军备竞争中赶上欧洲。

当英国正为在印度的政治最高权力而斗争时，欧洲学者们则开始研究印度的文学和遗产。这些学者中有些人受到探究精神的激励，另一些人则为功利主义目的所鼓舞，但他们全都开始探索印度的往昔，做法是从它的现阶段回溯到它的最早阶段。可以理解的是，他们从学习其进行商业和政治活动的地区所说的语言开始，他们不久便精通了波斯语——莫卧儿印度的宫廷用语，现代欧洲正是经由这种语言而了解了印度的文学和宗教。他们到后来才努力学习印度的古代经典语言——梵语——的知识，从而终于习得吠陀文学和早期文明的知识。

如果把据说由阿尔弗雷德派到迈拉普尔圣托马斯神殿的一位朝圣者、神秘的希格尔穆斯不当一回事，那么访问印度的第一个英国人就是耶稣会士托马斯·史蒂文斯。他于 1579 年到果阿，是近代时期最早认真研究印度语言的欧洲人之一。他出版了一部孔坎语语法，并于 1615 年出版著名的诗《基督教往世书》(*Kristana Purana*)，这是为印度皈依基督教的人写的圣经故事。他是马拉提语的伟大赞美者，说马拉提语是“细砾中的珍珠”。

大约在同时，荷兰人扬·惠更·范·林斯霍滕于1595—1596年出版其《旅行记》，他在其中提到葡萄牙宗教法庭将印度人处以监禁和严刑。佛罗伦萨商人菲利波·萨塞蒂，曾在比萨大学学习6年（1568—1574年），在果阿生活5年（1583—1588年），收集了关于印度的内容广泛的各种资料。在大多数信件中他所记录的见闻述及气象观测，其他信件则述及印度的民间传说、科学和医学。他对医药学经书的兴趣，削弱了他对梵文的兴趣。宣称梵语与欧洲各主要语言之间有某些关系者，他也许是第一人。

别的一些单个的传教士和旅游者，直到18世纪最后25年才获得关于印度文学、语言及当时生活的某些主要的印象主义知识，但却很少有人做过认真的努力去了解印度文明。他们没有探究印度文化的起源，或按其固有的历史前景来研究它，却只就其表面价值而接受了它。

当时来到印度的那些欧洲人是混杂的人群，其中有商人和
医生、使节和牧师、士兵和水手、冒险家和淘金者。他们从不 200
同的国家，经由不同的道路，怀着不同的动机来到这里；一些行为怪僻的人，例如汤姆·科里亚特甚至徒步走完从阿勒颇到阿杰米尔的全程。这些早期欧洲人或是寻找财富，或是寻求刺激，无论对传播或吸收思想而言，他们一般是无知的和准备不足的；英国人也不例外。贸易，只有贸易才是他们的目的，他们为之而努力奋斗。而当商人们仍从事贸易时，他们无须分享其顾客的信仰，甚至无须了解其顾客的文化，但却要尽量迎合

顾客。所以他们采用印度的饮食习惯，常娶印度妇女为妻，并尊重印度的习俗、信仰及当局。作为商人，他们只关心赚大钱，而不注意顾忌、道义和学问。对于寻找财富的有胆量的青年人而言，印度是“黄金国”（El Dorado）。

带着有关印度见闻回到欧洲的旅游者，关于这个国家作为一个整体的地理和社会的了解却并不充分：在大多数情况下他们逗留时间太短，不可能得到准确的知识。而且，像大多数外国来访者一样，他们并不是带着没有偏见的思想到异国他乡的，因此他们一方面对自己的缺点和自相矛盾之处给予充分理解和理性化，另一方面却欣然夸大地相信并记载任何事情，即使那些事情模糊地有些离奇、陌生和刺激的气味儿。印度的社会和信仰之复杂，太似非而是，充满矛盾；是的，这使他们不易于理解。而且，欧洲旅游者的印象和记述不幸地变成了老一套，每位来访者实际上都提到一些同样的事情，仿佛他们是带着先入之见而来到印度，并且只是寻求补充而已。一些有用的知识经由这些旅游者传到欧洲，但具有异国情调和罗曼蒂克的东方，在欧洲文学中却变得常见而不加区分。对欧洲人来说，17 世纪的印度充其量是以过分想象描述的大莫卧儿印度。例如，德赖顿于 1675 年出版的流行戏剧《奥朗则布》，完全幻想地描绘了莫卧儿宫廷。虽然这些叙述是不真实的，但它们却成功地在欧洲使印度的情景形象化，而这形象化的情景至今也从未完全消失。

值得注意的是，尽管早期欧洲旅游者充满反伊斯兰的偏见，但他们通常却接受狂热穆斯林关于印度教徒的观点；这主要是因为他们与穆斯林都具有犹太教传统，对当时已不再那么奇怪

的伊斯兰教知之甚多，也因为莫卧儿宫廷的壮丽引起他们的喜 201
爱。他们视印度教徒为堕落的和迷信的。这种态度经由像杜波依斯这样的一些传教士而得以加强：其注意力几乎完全集中于印度教的阴暗面，并想用他们自己的信仰将其取而代之。教皇亚历山大（1688—1744 年）的两句诗，是英国人对他们所理解的印度思想所作的典型反应：

瞧！可怜的印度人，
无知的头脑，
在云中见到神，
在风中听到神。

法国人对印度的反应与英国人有些不同，可能是因为许多到过印度的法国旅游者以其文学情趣而著名，并写下了关于其旅行的有趣记述。J. B. 塔韦尼埃、泰弗诺特、弗朗索瓦·贝尼埃和卡雷神父，在他们的游记中专注于莫卧儿的宫廷和帝国。犹太商人塔韦尼埃，在 1641—1668 年曾到印度旅游达五次之多，他是一个有能力的生意人，但因为没有受教育而显得粗俗，其写作更多地是为了自娱而不是为了报道。尽管他所说值得记忆的不多，但他可能比 17 世纪时任何别的旅游者更了解印度；他的轶事是幼稚的，并且常使人讨厌。贝尼埃更为知名，因为他是受过教育的人，正是他将印度思想带给当时的一些著名的法国学者。他作为莫卧儿宫廷的医生度过了 12 年，回国时在萨布利埃女士的沙龙遇见著名寓言家拉封丹，与拉封丹和哲学家、数学家帕斯卡尔分享他的印度知识。让·拉森（1630—1699年）在其《亚历山大》中，为亚历山大的印度顾问普鲁画了一幅比真容更美的肖像。罗素的朋友和弟子、在毛里求斯生活了两年的贝纳丹·德森特·皮埃雷（1737—1814年），写了有印度背景的《苏拉特的咖啡》及其他一些作品。

1778年出版了一部叙述梵语文学、吠陀传说和教义的书，名为《耶柔吠陀》，由于吸引了伏尔泰的注意而在西方引起了轰动。但后来被证明，那是由欧洲传教士罗贝托·德诺比利赝
202 造的作品，目的是为了使17世纪时的印度教徒皈依。[4] 更早一些，伏尔泰出版了一部悲喜剧故事，述及一对印度教徒夫妇的冒险，还出版了他的《印度历史片段》。虽然伏尔泰的有关印度的资料来源并不可靠，但他相信西方从印度获得了天文学、星占学和灵魂转生的知识；并且他以一个觉醒的欧洲人的眼光，为真理而寄希望于印度。

其他一些著名的法国启蒙作家在某种程度上熟悉印度。狄德罗在1751年的《百科全书》中，写了几篇关于印度宗教和哲学的文章。拉亚尔神父得到狄德罗、奥巴克和内贡的帮助，于1770年出版了《欧洲人在两个印度的哲学与政治史》。

伏尔泰的著作出版后不久，杜波依斯神父因法国大革命而成为政治流亡者逃离法国，到印度生活了31年。杜波依斯是确信自己的文明更优越、自认为有责任教化异教徒的阶层之典型，他出版了内容广博的《印度教徒的生活方式、习俗和仪式》一书，尽管他勤奋地收集资料，但这部书实质上是对印度教信仰和实践的严厉批评。即使原谅他将罗马天主教的标准应用于印

度各宗教，他的许多考察也仍是严重的错误，并且似乎是故意的曲解。然而令人难以置信的是，尽管他的著作破绽百出，但在欧洲却几乎一直享有盛名，还长期被认可为印度各宗教的标准解释。

在兰吉特·辛格统治时访问印度的杰奎蒙，写了《印度教的男女英雄们》。勒米雷的《令人烦恼的马拉巴尔》于 1770 年出版，是划时代的作品。M. 德儒伊写了《提普萨希卜》和歌剧《舞女》，1810 年拿破仑曾亲自观看该剧。

当时，一些传教士对梵语略感兴趣。起初，他们首先来到南印度，学习泰米尔语或其他一些南印度语。只是在过了一段时间以后，他们才感到需要学习梵语。德意志教士海因里希·罗特（1610—1688 年）是最早出版梵语语法的欧洲人，语法书是用拉丁文写的，且仍采用手稿式。荷兰教士亚伯拉罕·罗杰曾在马德拉斯附近的普利卡特及印尼生活过，于 1651 年在阿姆斯特丹出版《打开神秘异教国的大门》一书。这部书包括梵文诗人伐致诃利的大约 200 句格言，出自一部葡萄牙语译本，不仅叙述了印度教徒的习俗和宗教，而且第一次提到了诸吠陀。这部书于 1663
年被译成德语。黑尔德（1744—1813 年）为其《歌中的人民之 203
声》而借鉴过它。继五卷书的故事之后，这部著作是在德国知名的第一部印度文学作品。从 1699 年至 1732 年在马拉巴尔工作的德国耶稣会士约翰·恩斯特·汉克斯莱登，用拉丁文编了一部梵语语法，用马拉亚拉姆文又编了一部；他的梵语语法没有出版，但为奥地利传教士弗拉·帕奥利诺·德·圣巴托罗梅奥（其真名是约翰内斯·菲利普·韦斯丁）所使用，“那些最早从事印度

文学开发的传教士，无可否认是最重要的。”[5]他 1776—1789 年在马拉巴尔沿岸生活，十分了解印度的文学、语言和宗教。1790 年，他在罗马写了两部梵语语法和几篇博学的论文。另一位传教士克尔杜克斯 1767 年提出，梵语与诸欧洲语有亲缘关系。他得到本地治里的马里达斯·皮莱之助而得出了这个结论。他似乎十分熟悉梵语文学。他正确地叙述梵语的语法体系，提到《长寿字库》和其他梵语字典，以及印度的诗学体系，即修辞学手稿（*alamkara*）。他的叙述除佛教和耆那教之外，还有印度哲学的六个体系。

英国人与印度的政治和文化关系是最密切的；尽管他们首倡系统研究梵语文学，但有关此主题的大多数著作，却是在大陆，尤其是在法国和德国写的。英、印政治联系事实上是被强加的和不平等的，且常被互不信任和相互疑惧所笼罩，这或许无助于英国人更深刻地评价印度遗产。而且，英国人在商业、军事组织和行政等方面可观的现实成就，加上他们的擅长识别和把握机会，这就不可避免地、虽然并不过分地降低了他们的文化和智识敏感。因此最初诱导英国人研究梵语的，正是行政管理的需要。

尽管散佚了无数经书，但今日在各图书馆里仍有数以千计的梵文手稿。亚历山大到印度时，这儿存在的古代文学作品，要比当时希腊的古代文学作品丰富得多。发表真正论述梵语专门知识的第一位学者是亚历山大·杜，载于其 1768 年在欧洲出版的三卷本印度历史的前言中。虽然他的历史极大地依赖于菲里希塔[1]，但他的前言却有对印度教的宗教和习俗的主要叙述。204 他指出，存在无数的古代梵语经书，同时认为，印度教徒可信的历史追溯起来要比任何其他民族的历史更久远。

欧洲对印度往昔之探索的转折点，始于瓦伦·黑斯廷斯的总督任内。到这时，英国人已取得对孟加拉的控制，他们在印度的商业利益，要靠他们消除自己队伍内部的猖獗腐败的能力，以及使他们在印度领地的行政管理上理性化的能力。东印度公司的商人们普遍地贪婪而腐败，以蒙骗公司和印度人而填满自己的腰包。他们对印度的贡献是：政治上的无政府状态，经济上的剥削，极重的税收，过度的战争，不公正的干预及仿造的条约。如此玷污英国的名声把伦敦吓坏了。

瓦伦·黑斯廷斯生于 1732 年，他的父亲是出身于古老而曾经富裕之家的牧师。他 17 岁时到印度，当东印度公司办事处的书办；由于各种商业的和行政的阅历，他获得了关于印度思想和气质的独特知识。他对印度的文学和文化怀有好意，强调需要研究梵文，尽管主要是由于功利主义的原因。黑斯廷斯还认识到，英国在印度的最高权力只能靠恰如其分地理解印度的宗教和文化来维持。尽管他因行为腐败和专制而被控告，但他开始为英属印度提供一种健全的行政管理。为了编纂土地法，以及为了行政管理的有效运作，最根本的就是要获得关于古代梵文法律经书的正确知识。黑斯廷斯有由当地有学问的学者编的法律书籍，其书名是 *Vivadarnavasetu*（意思是：架在争论之海

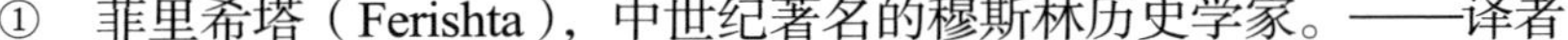

① 菲里希塔（Ferishta），中世纪著名的穆斯林历史学家。——译者

上的桥梁），但是没有人能将这样的文本译成英文。一部波斯文译本由此出现，这一版本的英文译本1776年在伦敦出版，由威廉·琼斯爵士的同学N. B. 霍尔希德取名为《印度教徒的法律法典》。[6] 这个二手的译本开始了梵语语言学的研究。

在瓦伦·黑斯廷斯的帮助下，习得梵语知识的第一个英国人是查尔斯·威尔金斯（1749—1836年）。他是孟加拉亚洲学会的创始成员，在瓦拉纳西（贝拿勒斯）习得了大量的梵语知识。后来他成为伦敦著名的印度事务部图书馆的第一任图书管
205 理员，那里后来以东印度公司图书馆而知名。他被同时代的人说成是第一个真正懂得梵语的欧洲人，他使欧洲最早懂得了实际的梵文著述。欧洲梵语奖学金创立人H. T. 科尔布鲁克说，自毕达哥拉斯时代以来，威尔金斯拥有的关于印度教徒的知识和资料比任何其他外国人更多。1785年，威尔金斯出版《薄伽梵歌》的英文译本——直接译成欧洲语的第一部梵文著作。威尔金斯出版了《嘉言集》（1787年）及《摩诃婆罗多》中沙恭达罗的一段情节（1795年）。翻译的这些梵文著作，主要地是使欧洲知识分子熟悉印度思想；它们的文学成就即使有，也只是次要的考虑。13年后的1808年，威尔金斯的梵语语法出版，在欧洲第一次使用了天城体铅字（铅字由他自己刻、铸）。威尔金斯还首倡研究印度铭文，并将其中一些铭文译成了英文。

然而，梵语研究先驱者却要算著名的东方学家威廉·琼斯爵士（1746—1794年）。他于1783年9月来到印度，任加尔各答最高法院的陪席推事，此前已获得了亚洲的专门知识，尤其是波斯语和阿拉伯语的能力，并形成了对印度文化深刻的鉴赏

能力。他热烈地谋求委派到印度，并心神不安地等待了莫测的五年，这首先是为了赚足够的钱从而能早日退休，以及不必受财力限制而从事他的研究；其次是为了“给他的东方知识做最后的一次努力”。他在印度生活了大约十年，直到过早地去世；在那儿的生活一直是极快乐的。他说过，虽然他在英国并不是从来就不快乐的，因为不快乐不是他的天性，但直到他定居印度后才真正地感到永久的满足。

他对印度思想和文化几乎无限崇拜。“在如此尊贵的、几乎被亚洲广袤地区环绕的竞技场中，发现自己的特长并加以发挥，这给我以无法形容的欢愉，这个竞技场曾被认为是科学的发祥地，壮观活动的舞台：这里自然奇观大量存在，人类精神成果丰富，有形形色色的宗教和政府形态，法律、风俗、习惯和语言，以及人的相貌和肤色。”[7] 即使在印度教处于低潮、普遍对其不看好之时，他仍对其怀着极大的尊敬。虽然琼斯信奉基督和基督教，但神的不二性（如商羯罗所阐释）和人类灵魂的轮
回等印度教概念却吸引了他。他认为后面这个理论，比基督教 206
的惩戒和痛苦无尽期学说更为理性。在到印度三年后的 1787 年，他写信给他以前的弟子和亲密朋友斯潘塞伯爵时说：“我不是印度教徒；但我认为，印度教关于未来的学说，较之于可怕的舆论、反复灌输的无休止的惩戒，无可比拟地更为理性、更虔诚，且更可能阻止人们的不端行为。”[8]

尽管琼斯怀有政治抱负（幸亏为了东方学问而没有实现它），尽管琼斯是职业律师，但是从根本上说，他是学者。他是一位杰出的东方学家和语言学家，他的著名同时代人如伯克、

吉本、谢里登、加里克和约翰逊等，都十分尊敬他。文化人的伦敦非常钦佩他，将他选为俱乐部——塞缪尔·约翰逊的流芳百世的小圈子——的成员，这甚至是在将此荣誉给予博斯韦尔[①]之前一个月。1772 年 4 月，即他在印度学习梵文的最初几年，就已成为皇家学会的会员。他对植物学的兴趣不只是娱乐；正由于受到其深厚的宗教感情的激励，他在每一朵花、每一片叶和每一粒果实上所能看到的，是更有说服力地显示神的特质而不是人的智慧。

他学习梵文得到了查尔斯·威尔金斯的帮助，在后者于 1786 年离开印度之前的 1784 年 1 月，即琼斯到达加尔各答后不到几个月就创立了著名的孟加拉亚洲学会，他一直是该学会主席直到去世。学会的目的是研究亚洲的历史、文化、文学和科学，做了极大量的工作以发展印度国内外亚洲文明的知识。正是在该学会的刊物《亚洲研究》中，展现了人们试着发掘印度之往昔的努力。在三年之内，琼斯已精通梵文，能与印度学者（pundits）随意交谈。在他到达印度五年后的 1789 年，他在加尔各答出版了迦梨陀娑的梵文戏剧《沙恭达罗》。[9] 这部著作如此流行，以致在不到 12 年的时间里出了五种英文版本。1791 年，世界旅行家、革命家乔治·弗斯特将英文版译成德文译本，这激励了像黑尔德和歌德这样的一些人。19 世纪前半叶，先从

① 博斯韦尔（Boswell，1740—1795 年），苏格兰作家和律师，与当时的文坛领袖 S. 约翰逊交谊笃厚，其最著名之作《法学博士 S. 约翰逊传》（1791 年），及《与法学博士 S. 约翰逊同游赫布里底日记》可资佐证。——译者

琼斯的英文版本，后来则从梵文原本，《沙恭达罗》被译为许多其他语言的译本。

1792 年，琼斯出版了胜天的《牧童歌》英文译本，并在加尔各答出版迦梨陀娑的《时令之环》原本，是印刷的第一部梵文经书。更重要的是，他的古代印度著名法律经书《摩奴法典》 207
译本，于 1794 年译者去世后出版，书名是《印度教法律基本原理》或《摩奴法令》。三年后的 1797 年，该书的德文译本问世。琼斯不仅出版很好的译本，而且还为印度神祇写新颖的颂诗，这些诗是英–印文学的不朽之作。到他去世的时候，他作为梵文学者的声誉，已使他的许多其他成就黯然失色。

琼斯是明确主张梵语与希腊语和拉丁语，可能还与波斯语、德语和凯尔特语有家系联系的第一位英国学者。1786年2月2日，他在亚洲学会的第三次年度演讲中宣布，梵语具有奇妙的结构，比希腊语更完备，比拉丁语更丰富，比二者的精确度更高；而且它们二者的动词词根、语法形式都极其类似，这不可能是偶然产生的。所有这三种语言，一定都源于某种共同的起源。[10]

琼斯的著作最大的影响，当然是在东方学研究的本身。琼斯和威尔金斯所唤起的对印度文学的兴趣，使学者们对梵文手稿的搜寻，“带有探险者寻找澳大利亚采金地的贪婪。”[11] 在这些学者中，最杰出的是亨利·托马斯·科尔布鲁克（1765—1837年），他将梵语研究置于科学的根基之上。马克斯·缪勒说：“如果他生活在德国，我们早就会在他的家乡见到他的塑像，他的名字则会用金色的字母书写在研究院的墙上；我们会听到科尔布鲁克五十周年纪念和科尔布鲁克奖学金。在英国，如果对梵语的出现表现出任何关注——这一发现在许多方面与15世纪希腊学问的复兴同等重要，甚至更为重要——我们就可能听到威廉·琼斯爵士被爱戴的名字，以及其《沙恭达罗》的经典译本；但是，我们却听不到关于科尔布鲁克许多重要成就的只言片语。”[12]

科尔布鲁克于1792年进入东印度公司所属机构，在1815年50岁时离开印度。他这一时期卓越的履历是任行政官和律师，但他成为名家主要是基于他是“欧洲真正的梵语学问的创立者和创始人”。

他以十分饱满的精神从事梵语研究，得到一些杰出的印度
208 教员的帮助。科尔布鲁克是一位极其勤奋、十分理智的人，出版了许多经书、译本和文章，实际上述及梵文文学的各个方面。他的撰述包括有关印度法律、哲学、宗教、语法、天文学和算术的著作。1797—1798年，他出版了第一部四卷译本《印度教契约法和继承法汇编》，该著作立即使他获得了当时最好的梵语学者的声誉。他著名的《吠陀论》发表于1805年，同样还有他的《梵语语法》，提供了关于那部神圣的印度教经书的第一份明确而可靠的资料。他1808年出版了一部梵语词典——《长寿字库》的评论版。到这时，科尔布鲁克成了上诉法院院长，一个高级而有利的职位，但要求很高；不过，他仍继续其梵语研究。

与琼斯不一样，科尔布鲁克的兴趣主要在科学文献上。他热爱数学和天文学，这激起了他的知识好奇心，使他去研究这些学科的印度著作。尽管有些学者例如伯罗和斯特雷奇先于他，但完全经由他的著作，科学家就能对印度在数学，尤其是不定解析方面的成就形成明确意见。但人们记住了科尔布鲁克，则主要是由于他的语言学研究和服务于印度法学。

除了撰述之外，他还收集广泛的各类梵文手稿，并于1818年将其赠予东印度公司。在伦敦印度事务部图书馆中，他的收集品是最有价值的珍品之一。1822年他在伦敦创立了皇家亚洲学会，从此该学会做了大量工作以发展欧洲的东方学专门知识。在该学会的学报上，他发表了他的许多最有价值的论文。

科尔布鲁克的一位著名的英国同时代人霍拉斯·海曼·威尔逊，来到印度进入东印度公司的医疗机构，却对梵语研究感兴趣。他以活力和勤奋继续追寻自己的兴趣，于1813年出版了由他翻译的迦梨陀娑《云使》的优美译本；这便立即而又持续地影响到欧洲读者，从此被译成了许多语言的版本。1819年，威尔逊出版了他的梵语字典，并将《毗湿奴往世书》译成英文。1832年他成为牛津大学伯顿梵语教授职务的第一位出任者，这给他充分的机会以促进印度学的研究。然而，到这时英国的印度研究已失去其早先的活力。英国现已成为印度的主人，当时的海上霸主；它不再想要向外国人学习，而是听从于麦考利[①]。

① 麦考利（全名托马斯·巴宾顿·麦考利，Thomas Babington Macaulay，1800—1859年）是英国著名政论家、辉格党政治家和史学家。他于1834年出任东印度公司“公共教育委员会”主席，第二年作出“语言决议案”，规定政府增加的教育经费要用于英语教育而不是用于以梵语和波斯语为主的东方教育；他力主用英语作为各类学校的教育媒介，以英语取代波斯语作为官方语言；他的雄辩和采取的强有力措施，对于英属印度西化教育政策的形成产生了重大影响。——译者

209 两位梵语教授——牛津大学的威尔逊和剑桥大学的李不满意在他们各自的大学里，对梵语，一种“能够给感觉客体以灵魂，给玄学抽象以实体”的语言未给予太多的注意。在英国出版的最好的语言学著作，基本上是德文的译本。[13]

法国人到18世纪初才开始对印度专门知识感兴趣，并着手进行系统的研究。1718年法国国王的图书管理员比南，要求旅行者购买或复印在印度或印度文化流行地区可以得到的每一部名著、语法和词典。作为响应，法国的许多官员、驻扎官、传教士和访问者开始获取印度经书。传教士卡尔默特得到了《梨俱吠陀》、《耶柔吠陀》和《娑摩吠陀》的复印本，尽管他没有得到第四部即《阿达婆吠陀》的复印本。梨俱吠陀于1731年第一次送到巴黎，与其一起的还有《他氏梵书》。另一些梵文书籍例如恒伽沙的《诸谛如意宝珠》，当时在印度的南部和东部地区非常流行，与一些泰米尔文书籍、一部泰米尔语语法和一部泰米尔语词典等一起，由意大利耶稣会士比斯基于大约同时间也送至巴黎。许多书籍是从孟加拉得到的。驻扎在昌德拉戈尔的佩雷·蓬斯，相继收集到梵文古典文学各分科的一些重要著作。他的包括168个项目的图书目录，在当时的准确度十分惊人。蓬斯本人懂梵语，在选择手稿时也得到适合的印度学者的帮助。他的集子包括仿效《精练之源》、用拉丁文撰写的一部梵语语法，一部《长寿字库》的拉丁文译本。由于这些人的努力，1739年在巴黎出版了第一份印刷的梵语文学图书目录。次年，蓬斯在一封信中发表第一份关于梵语文学的完整报告，该信从此便一再地被复制。

虽然阅读这些手稿的困难有碍事情的进展，但法国的学者们仍通过阿拉伯文、波斯文、中文、希腊文和拉丁文的著作，学习了印度的一些思想和历史。对印度手稿的收集仍在继续进行，但约瑟夫·德吉涅则尽可能多地搜集非印度来源的资料。严格地说，德吉涅不是印度学家，他实际上是汉学家，写过大部头的匈奴史，但他却收集了关于印度的相当准确的知识。通过对中国资料的研究，他或许是揭示佛教对中亚和中国各族人 210
民广泛影响的第一位近代欧洲人，并尝试翻译了古代中国佛教经书《四十二章经》的一部分。他在确定印度年代学的基础方面成就更大。在这方面，他得到本地治里的印度学者、泰米尔人马里达斯·比拉伊（他精通拉丁文和法文）非常宝贵的帮助。他们二人的这些贡献极有意义，值得比迄今德吉涅所认为的更多得多的认可。可能由于他们受过英语教育的背景，印度人对马里达斯·比拉伊的贡献表示出同样的冷漠。“所有在那个时期访问过本地治里的法国学者，都会为许多宝贵的资料而感谢他。在发现以梵语为一方、以拉丁语和希腊语为另一方之间的起源的联系方面，他显然起了作用。天文学家勒·冈蒂尔，最初对印度天文学做过内容充实的叙述者之一曾写道，在这方面他自己是马里达斯·比拉伊和本地治里其他泰米尔学者的学生，对他们怀有感激之情。”[14] 他的一些印度经书的译本和分析，对法国学者们颇有助益。例如他的《薄伽梵歌》译本，在出版前送给了德吉涅，而后者正是在这部手稿中发现了太阳世系和月亮世系诸王的王朝表，这些国王的统治自帕里克希特起，包括旃陀罗笈多在内，德吉涅立即认识到那是希腊人的散德罗科塔斯

（月护王）。这份人物编年表发表在《科学院题铭与文学记录》上；威廉·琼斯爵士重新发现了这同一份人物编年表，通常将辨识它的荣誉归于他。琼斯虽然可能不是印度年代学的真正发现者，但却的确是他使其流行开来。

大约在这时，安基提尔·杜佩隆（1731—1805 年）访问印
度，后来他依据 1636 年为莫卧儿王子达拉·舒科译的波斯直
译本，编写了《奥义书》的第一部欧洲拉丁文译本。杜佩隆是
一个 23 岁的年轻人，1754 年在巴黎皇家图书馆工作时，见到
一部神秘手稿的片段，该手稿是牛津大学博德利图书馆于 1718
年获得的，被认为是琐罗亚斯德的一本书。杜佩隆为此异常激
动，立即决定出访印度，去学习这种语言，以便能读懂它。他
于 1754 年到达本地治里。正值英法为争夺印度的霸权而激烈争
斗，杜佩隆设法在苏拉特学习波斯语，并于 1762 年经英国回
国。在苏拉特学习时，他发现了《波斯古经》，并于 1771 年出
211 版了他的三卷本《波斯古经经解合刊》。他还于 1781 年出版其
游记《大印度河纪行》。

1775 年，杜佩隆从法国北孟加拉菲扎巴德驻扎官 M. 冈蒂尔处得到《奥义书》的波斯文手稿，他按波斯语序逐词对应地将其译成法文。由于认识到自己的错误，他开始翻译 50 部《奥义书》的拉丁文译本。他于 1796 年完成这部著作，但直到 1801—1802 年才在巴黎印行。对欧洲思想影响如此深刻的《奥义书》的这个译本，却是为了完全不同的目的而进行冒险的偶然之作，这是出乎意料的。

威尔金斯的《薄伽梵歌》文本和杜佩隆的《奥义书》译本

（书名 *Oupen-ekhat*），使印度哲学的基本经书为西方思想家所利用。杜佩隆不懂梵语，尽管他的译本不完全，却对欧洲知识做出了重要贡献。它引起德国哲学家雪莱及后来的叔本华的注意，后者于1813 年称赞它是“人类最高智慧的作品”，并采用过一句奥义书的箴言：“不管是谁懂得了神，那他自己就变成为神。”

几十年来，法国的注意力集中于中国：关于中国的信息从耶稣会传教士、海员和商人充满同情的报道中已得到不少；也集中于暹罗：法国与暹罗已有外交接触；还集中于西亚和中亚：欧洲在历史上和文化上与西亚和中亚联系密切。对欧洲而言，中国在文化上似乎显得独一无二，在政治上十分强大。因此，中国在许多方面——从宗教思想到歌剧——已影响欧洲的生活。从 16 世纪开始以来，皇家学院（后称法兰西学院）一直在进行正规的希伯来语教学。人们还积极修习叙利亚语、阿拉伯语、波斯语和突厥语。所以，当法国认识到印度文学时，已经存在印度学易于与之结合的一种知识传统。法国在印度的领地及后来对印度支那的统治，为法国人的兴趣提供了进一步的刺激。

决意学习波斯语的法国学者莱昂纳尔·德谢齐，是威廉·琼斯《沙恭达罗》译本的热忱崇拜者。为了阅读其原本手稿，他借助蓬斯《长寿字库》的语法，及后来威尔金斯《嘉言集》译本开始学习梵文。完全由于坚持和卓越的才能，他终于得以实现梦想——阅读，甚至出版《沙恭达罗》的文本。

像许多同时代的法国思想家一样，莱昂纳尔·德谢齐认识
到，欧洲应该熟悉各民族的成就。所以，一个倡导研究印度和 212
中国的有影响的舆论团体，在法国发展起来。结果是，1814 年

分别为谢齐和阿伯尔–莱慕莎设置了梵语和汉语的教授职位。作为学术界的激进革新，这些教授职位设置于1814年的灾害与滑铁卢之间，那时整个民族正在经历政治动荡和军事冲突。只有像法兰西这样的民族，才能在这样的时候将注意力转到学术方面；法兰西的知识和文化观念，在17世纪和18世纪曾支配欧洲的大部分地区。

虽然阿伯尔–莱慕莎是汉学家，但由于他收集了关于印度的中文资料，并翻译了法显的游记，他对印度学也做出了重要贡献。德谢齐和阿伯尔–莱慕莎二人于1832年死于霍乱，但他们的传统并未随着他们一起逝去。阿伯尔–莱慕莎的后继者是斯坦尼斯拉·儒连，他通过中国文献进一步研究了印度古代。追随德谢齐的一些著名的弟子，其中有两个德国人：弗伦茨·葆朴（Franz Bopp），印–欧语比较语言学的创立者，以及奥古斯特·施莱格尔。他的法国弟子包括卢瓦瑟勒·德隆尚普，曾出版《摩奴法典》和《长寿字库》；以及朗卢瓦，直接从《梨俱吠陀》和《诃利世系》手稿译出最初译本者。但其中最重要的是奥伊格内·布努夫，他也有许多杰出的学生，如马克斯·缪勒。

奥伊格内·布努夫的父亲扬–路易斯·布努夫，曾是谢齐的学生，一位有才能的古典学者，是他第一个认识到，只有与梵语比较，在欧洲古典语言的形态学方面才能取得更大的进步。奥伊格内·布努夫学习梵语，与其说是为了研究语言学，倒不如说是为了研究印度文化的奥秘，以及为了理解迄今尚不懂的语言和与其有联系的文明。借助于梵语，他能解释巴利语，并发现了写波斯古经的语言的规则及它与梵语的关系。他的《论巴利语》于 1826 年发表，使人们认识到巴利语与梵语的关系。克里斯蒂安·拉森是该文的合作者，拉森后来成为德国的主要 213
印度学家。布努夫不仅研究古典梵语文学，还研究基本的吠陀文学，这些文献存于皇家图书馆约一个世纪之久尚未被使用。1840 年他将《薄伽梵往世书》译成法文，并献身于印度佛教研究。他使用德吉涅和阿伯尔-莱慕莎用中国资料所写的著作，认识到佛教在印度文化向国外扩张中的重要性。他对巴利文和梵文的佛教经文做了比较研究。他于 1844 年写了著名的《印度佛教史导论》，出版了最重要的大乘经典《妙法莲花经》的注释译本（*Lotus de la Bonne Loi*）。他的著作导致欧洲的印度文学和文化研究取得巨大进步。他继德谢齐任梵语教授，从 1832 年直到 1853 年英年早逝。据他说，孟加拉亚洲学会的出版物在法国的销售和阅读范围都很广泛，人们常常购买各种语言的印度经典复印件。他还提议法国与印度之间交换学术出版物。

1822 年时，在巴黎创立了欧洲的第一个同类组织——亚洲学会。法国的其他学者逐渐对印度思想深感兴趣。布努夫的一位同事，哲学家和亚里士多德著作的译家巴泰莱米·圣-伊莱勒，出版了论印度哲学正理派和数论派体系的有价值的研究之作，此人后来被奇特的政治潮流推入了外交部。布努夫鼓励他的弟子阿里厄尔研究泰米尔语及其文学。阿里厄尔收集了许多泰米尔文手稿，翻译了部分《说教诗》（*Tirukural*）和“女作家群”① 的诗。布努夫帮助马克斯·缪勒出版《梨俱吠陀》，帮助鲁道夫·罗特和阿道夫·雷尼尔解释它。巴泰莱米·圣-伊莱勒的弟子、皮德蒙特人加斯佩雷·戈雷西奥，在巴黎出版五卷大型版本《罗摩衍那》，得到了撒丁国王的财政支持。他还出版了该著作的两种意大利文译本。

福舍将伐致诃利的《十首王的伏诛大诗》，胜天的《牧童歌》，迦梨陀娑的全部著作，檀丁的《十公子传》，摩伽的《童护的伏诛》，首陀罗迦的《小泥车》，整部《罗摩衍那》及《摩诃婆罗多》的前九篇译成了法文。法国历史学家米舍勒特 1863 年读了福舍的《罗摩衍那》译本后说：“那一年留下的将始终是宝贵的、珍爱的回忆；这是我第一次有机会阅读印度的伟大圣诗、非凡的《罗摩衍那》。任何人如果丧失了鲜活的激情，那就让他从那深深的酒杯中长饮生命力和青春活力之泉吧。”

由于 1868 年成立了高等研究学校，一个研究印度学的新中
214 心开始了。在许多处于全盛时期的法国梵语学者中，有这样一些学者，如波尔·雷诺（他的主要著作是论梵语修辞学和论婆罗多的《乐舞论》）、奥弗特-伯斯诺尔特、奥古斯特·巴尔特、阿伯尔·贝盖内和厄米勒·瑟纳特。巴尔特四十余年来致力于按宗教历史观研究印度宗教，以及评论印度学各领域已出版的著作。贝盖内写了一部划时代之作《以梨俱吠陀颂诗为据的吠陀宗教》，之后写了一些其他著作，其中《梨俱吠陀本集研究》

① “女作家群”（Auvaiyar，又作 Avvaiyar），泰米尔语意为“受尊重的妇女”；在泰米尔文学史上，泛指在不同时期取得杰出成就的女作家。——译者

最有价值。由于他在《梨俱吠陀》上不倦地耕耘，他在宗教史领域中带来了一次革新。吠陀颂诗曾被称为献给自然力的颂歌，而在他的解释下，这些颂诗揭示了充斥过多礼拜仪式和宗教仪式的人为的迂腐宗教。贝盖内在巴黎大学创立了梵语教席。他虽然最初纯粹是一位吠陀和梵语学者，但后来转而研究印度文明和印度支那历史。在柬埔寨和印度支那半岛的东海岸，发现了通常以诗体精心创作的许多无瑕疵的梵文铭文。贝盖内和巴尔特释读和翻译了其中的许多铭文。借助这些资料，占婆史的一部分得以发现。

法国学者比较喜欢按印度文明更广泛的观点，包括它的对外扩张时期，通过非印度资料来研究印度文明。法兰西学院梵语教授福科斯和勒翁·费埃，根据梵文和藏文著作不断地研究佛教主题。前者用藏文和法文出版了《神通游戏》（*Lalitavistara*），后者从梵文、巴利文、藏文、蒙文和中文翻译了许多经书。

由于对印度支那考古遗迹兴趣日增，印度艺术也吸引了法国的注意。在19世纪初，朗勒斯编写了详尽的《印度斯坦的遗址》。后来，厄米勒·居伊默先在里昂、后在巴黎创办了一种特殊的宗教史博物馆——居伊默博物馆，它成了世界著名的印度和东亚艺术与考古学博物馆。

既然每个重要的亚洲国家在过去都曾与印度有过可能的最密切的接触，所以为了正确评价其他邻国的文明，了解印度文化就是至关重要的。于是，对印度文明或对梵语感兴趣之外，法国人对评价印度支那的社会和文化的需要又使他们回到印度、

215 回到中亚。迪特勒尔·德兰斯在和阗买了一部用佉卢文字书写在白桦树皮上的手稿，这是一部佛教著作，包括中印度版的《法句经》。埃米尔·塞纳尔曾研究它并将其出版。他出版了新版本的阿育王铭文，其中有在纳西克和卡莱发现的铭文。他编了卡卡耶纳的巴利语语法和《大事记》；写了《论佛教的传说》，在文中他力图表明，佛僧们是怎样将从《毗湿奴-大魂》中取来的许多内容引入佛陀的生活故事的。

迪特勒尔·德兰斯发现的手稿，是一系列发现的第一部。自 19 世纪末以来，法国的许多有才能的亚洲历史和文化学者都从事历史探险。在最初的那些人之中，有四个年龄相差不大的朋友，即西尔万·莱维、阿尔弗雷德·富歇、埃杜尔德·沙畹（Edouard Chavannes）和路易斯·菲诺特。埃杜尔德·沙畹是汉学家，但通过研究中国香客、菩提伽耶的中文铭文和佛教故事与传说的中文翻译，他对印度学做出了诸多贡献。不过，他的著作不可能与西尔万·莱维的著作分开。

1894 年，西尔万·莱维，贝盖内从前的学生，继福科斯之后任法兰西学院梵语教授之职，时年 31 岁。早年，他曾在印度，主要是在尼泊尔做实地调查，以寻找铭文和手稿。他致力于研究印度教-佛教的文学和经书。他先出版了《印度戏剧》，接着出版了《梵书的献祭学说》。正是莱维在尼泊尔的发现以及他与沙畹的合作，使他最终走上佛教研究的道路。由于学会了藏文和中文，他就能对照他重新发现的梵文经书，加以核对并予以纠正，例如无著写的《大乘庄严经论》，世亲的《三十颂论》、《二十颂论》和《大羯磨分别论》等。借助于语言学家昂图瓦内·梅勒，莱维还释读了库车语。他发现了非常类似《羯磨分别论》的库车语诗的片段，后来在著名的佛寺、爪哇的婆罗浮屠，他还看到了它的雕刻图。另一位法国学者波尔·佩利奥特，1908 年在中亚发现了许多印度经书的片段。[15]

阿尔伯特·富歇继任巴黎大学文理学院的维克托·昂里之职之前很久就来到印度。他是一个虔诚的人本主义者，梵语文学，其语法、哲学体系和考古学极大地吸引了他。将广为人知 216
的犍陀罗学派佛教印度艺术，与希腊-罗马世界的艺术联系起来的正是他。他编辑了马里达斯·比拉伊的《薄伽梵往世书》的法文译本，与菲诺特合作创立研究机构——印度支那的法国远东学校，以研究并保存印度支那文化。这个机构有助于将印度学与汉学相结合。他还在喀布尔创立法国考古学研究所，在东京创立法-日大厦。

法国的许多印度学家，包括让·普日武斯基和朱尔·布洛克，都曾在这些机构工作。普日武斯基受佛教研究、语言学和人种学的吸引，写过许多本书，意在追寻印度文献中的蒙达人，即非雅利安起源的部分人的遗迹。朱尔·布洛克先曾在巴黎学习，受西尔万·莱维和著名语言学家梅勒特及泰米尔语研究专家万松的指导，为了学习印度现代语言来到印度，成为法国远东学校的成员，在这里与印度学者 R. G. 班达卡尔一起工作。除继续研究诸达罗毗荼语的语法结构和阿育王的敕令之外，他还写过研究吉卜赛人的著作《吉卜赛人》。他的著作《马拉提语结构》，对研究现代方言及精确的语言学科学做出了很大的贡献。

比利时学者路易·德拉瓦莱·普桑（1869—1938年），与厄米勒·塞纳特和西尔万·莱维一起研究，在1924—1935年间为著名的“世界历史”（*Histoire du Monde*）丛书撰写了三卷。他的这几卷书成为前穆斯林印度的完整政治史，并且是杰出的学术著作。

法国人即使在从其印度领地撤出之后，依然保持了对印度研究的兴趣。他们得到印度的同意，在本地治里创办了一个中心，以继续对印度的生活与文化的研究。1966年去世的路易·勒努，不仅是他那一代人中最主要的法国印度学家，在西方也是最杰出的。他的成就非凡，但他主要是一位吠陀学者。在他的许多书籍和文章中，有吠陀文献目录、吠陀索引、印度-伊朗神话研究、梵语-法语词典及语法家波你尼研究。让·菲约扎对印度研究，尤其是印度科学史做出了突出贡献，在本地治里的机构工作了多年。菲约扎是合格的执业医生和颇有造诣的语言学家，具有研究古代印度医学的罕见才能。他的著作《印度医学的古典学说》一直是标准文本。

德国与英国、甚至法国不一样，在政治上与印度完全没有接触，但却以极大的热忱从事梵语研究。德国印度学家所写的
217 著作质优量多，他们不久即成为研究梵语语言和文学，以及印度思想和文化的领导者。虽然英国学者是梵语研究的开创者，但他们并未长期保持其领导地位，那大概是由于他们的主要推动力是回报而不是学术。梵语教授职位于1818年在波恩大学设立，奥古斯特·施莱格尔第一个执掌该教席，直到1832年英国才在牛津大学设立第一个梵语教授职位，以认可H. H. 威尔逊

所做的工作。后来，在伦敦大学、剑桥大学和爱丁堡大学都设立了梵语教授职位，而到 19 世纪前 25 年时，实际上欧洲的每个知识中心都有成熟的梵语研究。

琼斯和科尔布鲁克的同时代人亚历山大·汉密尔顿（1765—1824 年），曾在印度学习梵语，无意间将这种语言推介到德国。1802 年他从印度返回英国，那时英法间突然冲突重起，他被拘留在法国。巧合的是，德国诗人和哲学家弗里德里希·冯·施莱格尔（1772—1829 年）也在巴黎。那个时候，德国对印度文学的兴趣已被英国学者的著作唤起。所以，当 1803 年施莱格尔与汉密尔顿相遇时，他立即抓住这个机会，开始学习梵语。

1808 年，施莱格尔出版了《论印度人的语言和智慧》，因此而成为德国印度语言学的创立者。这部著作包括首次直接从梵文译成德文的内容。它对印度神话学、灵魂的再生与轮回都作了说明，全都用梵文经书的译文来阐释。弗里德里希·冯·施莱格尔宣布，只有在将亚洲文学包括在内时才可能写成一部真正的世界文学史。他的兄弟奥古斯特·威廉·冯·施莱格尔（1767—1845 年），是甚至更为活跃的梵语学者，他所译的莎士比亚戏剧是德国的经典。他在法国师从莱昂纳尔·德谢齐学习梵语，从而使德国的印度学大为发展。他编辑和翻译了许多梵文经书，并撰写关于语言学的著作。他编辑了《薄伽梵歌》的原版经书，附有拉丁文译本，并称赞了它的无名氏作者们："我们始终崇拜他们的足印。"施莱格尔坚持认为，古典语言学中发展起来的批评方法应适用于梵文经书，他是古典语言学的专 218
家。他在波恩设置了梵文印刷机，那时梵文印刷在印度还只是

开始。他十分仔细地刻出天城体铅字，监督其铸造，并为其印刷发明了重要的技术更新。他亲手排第一部经书《薄伽梵歌》的应急版。由于歌德的赞助，他接着开始排《罗摩衍那》的应急版，但仅仅出版了第一卷。

也曾在巴黎研究梵语的弗伦茨·葆朴（1791—1867 年），不像施莱格尔兄弟，他更感兴趣的是语言而不是文学。他是柏林大学的梵语教授，于 1816 年出版《论梵语的语言结合体系与希腊语、拉丁语、波斯语和德语的语言结合体系之比较》，由此而奠定了比较语言学新科学的基础。此外，葆朴从《摩诃婆罗多》中选了许多情节，尤其是那罗与达摩衍蒂的情节，将其译成德文和拉丁文，并于 1819 年出版。他的《梵语术语汇编》，是对该译本的重要补充，于 1830 年出版。

在直到大约 1830 年的梵语研究起始阶段，欧洲的注意力主要聚焦于梵语的古典时期。除科尔布鲁克的文章之外，吠陀文献仍然几乎是未知的。广博的佛教文献也知之甚少。经安基提尔·杜佩隆从波斯文译成拉丁文的《奥义书》，则较为人们所熟知。印度的语言学天才拉姆·莫汉·罗伊，编辑了一些《奥义书》的梵文文本，并于 1816—1817 年出版了它们的英文译本。

后来，保罗·多伊森（1845—1919 年），以他的译本和哲学著述补充了对奥义书的研究；他还编过《摩诃婆罗多》的经文选，附有哲学评论。许多印度学家复制《摩诃婆罗多》的连续图画。[16] 这个领域的先锋是赫尔曼·雅可比，他的《摩诃婆罗多——概要、附录、重要语词索引》一书，于 1903 年出版。

对诸吠陀真正的语言学研究始于 1838 年，因为德国学者弗里德里希·罗森在伦敦出版了《梨俱吠陀》的前八部分。吠陀文学包括许多形式，在后来的梵语中已不存在，但在希腊语和其他印欧语中却存在类似的形式。例如，古典梵语与大多数较古老的印欧语不同，它没有虚拟语气，但在梵语中却十分普通。而且，吠陀梵语有声调重音，与后来的梵语不同，但却类似于希腊语体系。在罗森早逝后，他的工作由奥伊格内·布努夫继之。

布努夫的一个学生鲁道夫·罗特（1821—1895 年），1846 年 219
出版了他的关于吠陀历史与文学的著作。罗特与另一位德国学者奥托·伯特林克（1815—1909 年）合作，出版了著名的梵语–德语词典《圣彼得堡梵语词典》，一般以《圣彼得堡字典》而为人所知，因为它是由俄罗斯帝国科学院在 1852—1875 年间出版的。这部词典规模将近一万页，是德国印度学最杰出的成就。

最著名的德国印度学家弗里德里希·马克斯·缪勒（1823—1900 年），继续从事吠陀研究，他的浩大的六卷本《梨俱吠陀》于 1849—1874 年出版，他从 1875 年开始编辑权威的注释译本系列——五十一卷本的《东方圣书》，其中三十一卷为印度经书。这部著作是比较宗教研究的开始。它甚至在正发生文化复兴和民族意识苏醒的印度，也引起了极大的轰动。马克斯·缪勒的《奥义书》、《梨俱吠陀》和其他著作的译本，从此以各种形式和文本被出版，使得印度知识在各个地方都更为人们所知，并得到更好的评价。他指导了印度学、比较宗教和神话学领域的广泛研究。关于神话的论文，属于他最受欢迎的著作之列。

马克斯·缪勒生活在现代印度的形成时期。印度对英国统治的武装反抗在 1857 年曾势头猛烈，那时已衰落，但对英国统治的政治反抗却变得更有组织和更深入了。印度的反叛，尤其是 1857 年的军事起义，激怒了英国的许多思想家，如坦尼森和拉斯金，他们对印度的写作不友好起来，但马克斯·缪勒则仍然是伟大的朋友和钦佩者，他的名字常被梵文化作“Moksamula”，意思是解脱之本。缪勒是宣布印度对欧洲有精神启示的第一位欧洲学者，他用几乎是诗的词语称赞印度的思想和哲学：“如果我将察看整个世界，以找到最富有自然界馈赠的全部财富、力量和秀丽的国家——部分的地上天堂——我愿指向印度。如果人们问我在什么样的天地间，人的头脑才能最充分地发展一些最上等的天赋，才能最深刻地思考人生最重大的问题，并能找到其中一些问题的解决办法，那些问题值得甚至曾研究过柏拉图和康德的人们注意——我愿指向印度……”

马克斯·缪勒最初受德国东方学家的影响，后来在巴黎在
220 布努夫指导下从事研究。他于 1848 年去牛津大学，以监督印刷他的《梨俱吠陀》，并在英国度过他长期工作生涯的剩余岁月。作为杰出的古典学者、语言（包括英语）大师，他在 1860 年却受阻未能接任牛津大学的梵语教授职务，那是因为他的外国人出身，以及他在神学问题上的自由观点为英格兰教会所不能接受。这个教授职位给予了一位重要的梵语学者莫尼尔–威廉斯爵士，他曾做过大量的工作以使印度文化为说英语的各国所知。不过，1868 年委任马克斯·缪勒担任新的比较哲学教授职务。马克斯·缪勒对印度研究的影响是强烈的、深刻的和持续的。例如，当他指出在整个梵语文献中都没有提到亚历山大时，有感于此的历史学家就被迫修正了他们对亚历山大在印度征战

的过高评价。[17]

到 19 世纪中期，印度经书开始快速连续地出版，人们还热切地探寻关于印度的知识。这个时期最重要的著作之一，是奥古斯特·威廉·冯·施莱格尔的学生克里斯蒂安·拉森（1800—1876 年）的《印度考古学》。这部著作于 1843—1862 年出版了四大卷。拉森，一个自认为是德国人的挪威人，在波恩大学任梵语教授多年。他的著作虽然在今天有些过时，但仍有显著的价值。

吠陀颂诗的发现，还导致出现了一门比较神话学的新科学。西奥多·本费于 1859 年出版他的印度寓言集版本《五卷书》，这本书引起了文学革命。本费通过细致的研究，表明印度寓言一步步地被传播到欧洲，经过巴列维文、波斯文、阿拉伯文、拉丁文和现代欧洲的各种语言，直到这些寓言甚至为拉封丹提供了其最富魅力的一些故事主题。本费的各种梵语语法（以波你尼的古典梵语语法为基础）及他的《梵语语言学史》仍是重要的。

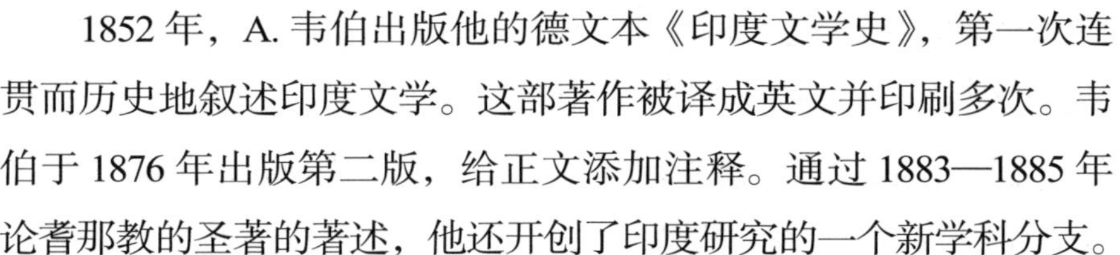

1852 年，A. 韦伯出版他的德文本《印度文学史》，第一次连贯而历史地叙述印度文学。这部著作被译成英文并印刷多次。韦伯于 1876 年出版第二版，给正文添加注释。通过 1883—1885 年论耆那教的圣著的著述，他还开创了印度研究的一个新学科分支。

到 19 世纪末，有关印度研究的文献已扩展得太广泛、太庞
大，学者不可能单独掌握。因此，人们感到需要一部百科全书，221
全面评述该学科各分支所做的工作。《印度-雅利安语言和古迹简编》于 1897 年开始出版，以多才多艺的梵语学者格奥尔·比赫勒（1837—1898 年）为总编辑；他在本费指导下从事研究，

出版了他自己的许多著作。这是来自世界各地的最主要的30位学者的一次努力，对印度学各分支所做的工作予以包含各门学科的概述。这部著作在其他学者的编辑下继续出版，并且成为印度研究领域中的一个重要发展。后来，牛津大学威尔逊的继任人A. A. 麦克唐奈于1900年出版《梵语文学史》，布拉格的印度学教授M. 温特尼茨于1907年出版德文《印度文学史》。

今天在德国，几乎每一个图书馆都有专门收集的印度书籍，而每一所大学都有印度学的部门图书馆。波恩、蒂宾根、慕尼黑、格丁根、马尔堡和汉堡等的六所大学有梵语教授职位，而实际上每一所大学都在其比较语言学系规定教授梵语。三所德国大学有它们自己的印度学杂志。

由于荷兰在商业上和政治上卷入了东印度群岛，故它对印度的兴趣是直接的，但直到19世纪该国才开始有印度学。在17世纪和18世纪时，许多人学会了近代印度的各种语言，但只有莱顿大学的赫伯特·德亚格尔一人，以精通梵语而著名。莱顿大学第一位教梵语的教授是哈马克，他鼓励研究比较语言学。但奠定梵语研究真正基础的，则是他的杰出弟子亨德里克·克恩，克恩的著作激起了广泛的兴趣。因此，莱顿大学于1865年设立梵语教授职位，由克恩出任。在开始教授生涯前，克恩曾在英国和印度从事教学。通过他出版的著作以及他的弟子（其中有些已成为著名的印度学家），使印度研究在荷兰取得了巨大进步。后来，荷兰产生了这样一些学者，如斯佩伊埃、福盖尔、贡达、Th. P. 加贝斯廷斯、博斯赫和法代贡。今天，在莱顿、乌德勒文、阿姆斯特丹和格罗林根等大学都有梵语教授职位。

意大利对印度学也发展起强烈兴趣，并从事系统的研究。意大利的传教士、商人和海员不断地访问印度。留下了有价值的游记的人包括马可·波罗；弗洛伦廷·菲利波·萨塞蒂，他在16世纪时的信中第一次提出，意大利语与梵语可能有联 222
系；尼科洛·马努奇；弗洛伦廷·弗朗切斯科·卡莱蒂；皮耶特罗·德拉·瓦莱；季奥瓦尼·弗朗切斯科·杰梅利·卡雷里，他写了《周游世界》(*Giro del Mondo*)，其中有一卷专写印度；罗贝托·德·诺比利。直到19世纪中叶，意大利才开始在科学的基础上从事印度研究。意大利对印度思想的兴趣，受到德国浪漫主义的激励。意大利的印度学之父是皮德蒙特人加斯帕雷·戈雷西奥。意大利达成政治统一，并于1870年成立意大利王国，就立即设立了第一个东方学研究的教授职位。从那时以来，意大利产生了从拉齐亚迪奥·阿斯科利到今天的格卢塞帕·图奇等著名的印度学家。

甚至在一些与印度没有直接关系的欧洲小国，也传播了古代印度的知识。在具有长期知识传统的捷克斯洛伐克，印度学已占据重要地位。捷克学者最初被吸引到印度研究，是通过耶稣会传教士卡雷尔·普日克里尔（1718—1795年）的著作，他于1784年到果阿任大主教神学院的主事。在印度的14年期间，他研究马拉提语，号称写过许多著作，其中仅有一部《婆罗门语言的原理》尚存。这可能是已写成的第一部孔坎语方言的语法。受普日克里尔著作的激励，语言学家、历史学家约塞夫·多布罗夫斯基，于18世纪后半叶学会了梵语，并指出印度语和斯拉夫语的许多词汇和形式都是类似的。1812 年，约塞夫·荣格曼写了论印度韵律和格律的著作，九年后他的兄弟安托宁·荣格曼出版了第一部捷克文的梵语语法。

在许多比较语言学的学者中，约瑟夫·祖巴季对梵语语言学、对吠陀文学和古典印度史诗与戏剧文学的历史，做出了显著的贡献。他于 1888 年出版《吠陀梵语中最后音节的质变》，两年后出版印度格律一书，书名为《摩诃婆罗多中特哩湿图朴和揭伽底诗节的结构》①。

祖巴季的老师阿尔弗雷德·路德维希（1837—1912 年）和莫里茨·温特尼茨（1836—1937 年），是第一批倡导从比较语言学到严格意义上的印度学之印度研究的学者。路德维希的语言学研究是重要的，但他却以六卷本《梨俱吠陀》的德文译本（1876—1888 年在布拉格出版），和他对印度古典文学研究而更为知名。路德维希是第一位研究达罗毗荼诸语言的捷克学者。[18]

223 温特尼茨继路德维希之后任布拉格大学的印度学教授之职，并保持此教席数十年。他用德文写了三卷本的《印度文学史》，前两卷被译成英文，于 1927—1933 年在印度出版。此外，他还写了许多关于印度大学的短论，其中的一些论文编成书于 1925 年在加尔各答出版，书名为《印度文学的若干问题》。

第一次世界大战后，在中欧最古老的大学、布拉格查理大学设立了一个新的印度学教授职位，第一个任职人温采茨·莱

① 特哩湿图朴和揭伽底，古代印度诗的诗律，前者四个音步，每音步十一个音节；后者四个音步，每音步十二个音节。请参阅季羡林：《罗摩衍那初探》，外国文学出版社，1979 年，第 78 页。——译者

斯尼（1882—1953年），曾广泛在印度旅行，是一位印度和伊朗诸语言的学者。他出版了许多关于印度的书，包括关于拉宾德拉纳特·泰戈尔的专题论著，并直接从孟加拉文翻译了泰戈尔的许多著作。他的著作《佛教》，分析了巴利文佛经及其在印度国内外的发展，而且从捷克文译成了其他的一些语言。在第二次世界大战前，莱斯尼还创办了《新东方与印度社会》杂志。

在匈牙利，印度研究没有达到如同欧洲一些重要国家那样的先进水平，但印度思想对匈牙利知识界有重大影响，匈牙利人也对印度学做出了一些贡献。这些贡献之一是奥里尔·斯坦因爵士（1862—1943年）的工作；他是匈牙利血统的英国公民，其在中亚所做的考古调查和工作是在国外研究印度的第一流的贡献。他出生于布达佩斯，在奥地利和德国学习，在旁遮普大学教梵语，后来才领导印度考古调查队考察塞林达[①]尚未发掘的遗址。他将自己有价值的收藏品，遗赠给了匈牙利学院。

匈牙利的第一位东方学家是亚历山大·乔莫·德科罗什

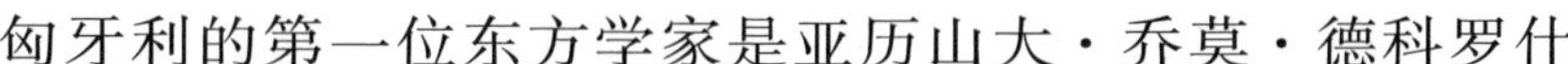

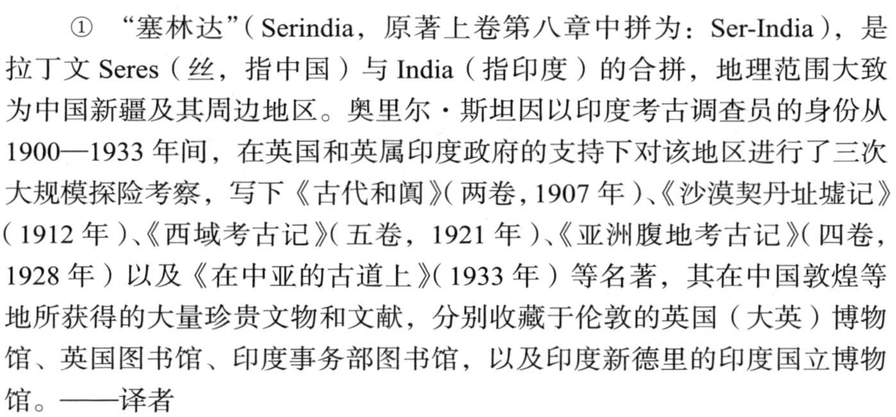

① “塞林达”（Serindia，原著上卷第八章中拼为：Ser-India），是拉丁文Seres（丝，指中国）与India（指印度）的合拼，地理范围大致为中国新疆及其周边地区。奥里尔·斯坦因以印度考古调查员的身份从1900—1933年间，在英国和英属印度政府的支持下对该地区进行了三次大规模探险考察，写下《古代和阗》（两卷，1907年）、《沙漠契丹址墟记》（1912年）、《西域考古记》（五卷，1921年）、《亚洲腹地考古记》（四卷，1928年）以及《在中亚的古道上》（1933年）等名著，其在中国敦煌等地所获得的大量珍贵文物和文献，分别收藏于伦敦的英国（大英）博物馆、英国图书馆、印度事务部图书馆，以及印度新德里的印度国立博物馆。——译者

（1784—1842 年）。应孟加拉亚洲学会的邀请，他于 1830 年访问印度；1842 年第二次访问期间死于大吉岭。他的著作和蒂瓦达·杜卡（1825—1908 年）的著作，是匈牙利的印度研究之始。对匈牙利印度学做出过极其显著贡献的一些学者是：科罗利·菲欧尔克（1857—1915 年），他译过一些古典梵文经书；雄多尔·凯格尔（1862—1920 年）和约塞夫·什米德（1868—1933 年），他们曾让匈牙利人更容易理解印度哲学；查尔士·路易斯·法布里，他论印度艺术与美学的著述为印度学者们所熟知；埃尔文·巴克吉（1890—1963 年）；费伦茨·霍普，他在布达佩斯创办了东亚艺术博物馆，该馆以他的名字命名。

224 一些罗马尼亚学者和诗人也受到印度文化的强烈吸引。被称为“罗马尼亚农民歌手”的 G. 科什布克（1866—1918 年），1897 年从德文版本翻译了《沙恭达罗》，还编了一部梵文选集。B. P. 哈什代乌研究梵语文学或语言问题。他的弟子拉扎尔·瑟尼亚努去到巴黎，在巴黎大学与贝盖内一起研究梵语。康斯坦丁·杰奥吉安（1850—1904 年）在柏林与 A. 韦伯一起工作，是罗马尼亚第一位持续努力将梵语研究引入其国家的东方学家。然而，当局并未批准教授梵语，直到 20 世纪 30 年代，罗马尼亚才出版最初的梵文译著和印度学著作。[19] 在将梵语和印度文化作为追求并形成一个文学圈子（Junimea）的其他许多罗马尼亚学者中，比较著名而值得提到名字的有瓦西列·波戈尔、瓦西列·布尔拉和泰奥哈里·安东内斯库。安东内斯库关于奥义书哲学的重要著作，是罗马尼亚全面论述这个问题的首次研究之作。

有关俄国早期知道印度和印度文化的资料目前并不充足。在南俄草原地带，曾发现蒙古人以前时期的一些佛像。印度的寓言和故事在俄国早为人知，尽管是否知道它们的起源是尚有疑问的。俄国旅游者阿塔纳休·尼基京于 15 世纪到印度，但他的日记（有价值的资料来源）却并未写完。17 世纪末，俄国商人谢缅·马林科夫曾受到奥朗则布的接见。大约 1615 年在阿斯特拉罕，印度的商人和工匠建立了一个小的侨居地，有一些印度的宗教人士在该地区定居并享有礼拜的自由。

N. I. 诺维科夫于 1787 年在俄国出版第一部梵文经书的译本。这不是直接的梵文译本，而是威尔金斯《薄伽梵歌》译本的俄文版。后来，1785—1797 年住在印度、在孟加拉戏剧复兴中起过重大作用的俄国音乐家格拉西姆·列别杰夫（1794—1817 年），于 1801 年出版其《纯粹的和混合的东印度方言语法（对话本）》，1805 年出版其《对婆罗门的东印度制度的公正概述》。他还按沙皇亚历山大一世的敕令，铸了最早的天城体铅字。

圣彼得堡 1810 年成立了亚洲学院，曾在柏林师从弗伦茨·葆朴学习梵语的罗贝特·连兹（1808—1836 年），被委任为梵语和比较语言学的第一位教授，但他在 28 岁时便去世了。他的工作由帕维·亚科夫列维奇·佩特罗夫继之，后者教出了许多
的俄国语言学家和印度学家，包括 F. 科尔奇、F. F. 福图纳托和 225
V. F. 米列，并且将《罗摩衍那》中导致悉达被劫走的一段情节译成俄文，附有词汇表和语法分析。

这个过程一旦开始，梵语研究在俄国知识界接受的气氛中得以迅速发展，俄国于是产生了一些著名的印度学家，例如 V. P. 瓦西利耶夫（1818—1900 年）和 V. P. 米纳耶夫（1840—1890 年）。米纳耶夫的弟子谢尔盖·费奥多罗维奇·奥尔登堡（1863—1934 年），于 1897 年创办“佛学文库”，是致力于出版佛经和佛教问题专著的丛书。1872—1875 年，俄国印度学学院出版了不朽的《圣彼得堡字典》。奥尔登堡最大的成就，可能是他对东土耳其斯坦的考古调查，及他参与组织的俄国对中亚的科学考察；最初指出在塔克拉玛干沙漠边缘有丰富考古遗址的，是俄国探险家。费多尔·伊波利托维奇·斯切巴茨基（1886—1941 年），在圣彼得堡师从米纳耶夫和奥尔登堡，在波恩师从雅可比从事研究，他出版了论佛教思想的重要著作，为《佛学文库》编辑了许多藏文和梵文的经书。自上个世纪以来，俄国对印度研究的兴趣和工作变得更加广泛了。

印度与美国之间最早的直接接触是商业上的，始于 18 世纪末。到 19 世纪中叶，美国与印度的贸易大为增加，随之而来的是外交和传教活动。美国所知的印度，最初是模糊的、片段的和间接的，并且是通过欧洲学者的著述而得到的。然而，后来也能明显地感觉到，斯瓦米·维韦卡南达、拉宾德拉纳特·泰戈尔和其他来访的印度人的影响。

耶鲁大学是在马德拉斯省督埃利休·耶鲁在印度筹集的一整船赠物之助下于 1718 年创办的，因而在这里于 1841 年开始美国的印度研究是再合适不过的。弗伦茨·葆朴的弟子爱德华·埃尔布里奇·索尔兹伯里（1814—1901 年），被委任为第一位梵语教授。后来他的弟子、也曾与韦伯和罗恩一起从事研究的威廉·德怀特·惠特尼（1827—1894 年），执掌了这个享有盛誉的教席，并对梵语研究做出了美国最初的重要贡献，包括编辑《毗湿奴往世书》和《阿达婆吠陀》。

约翰·霍普金斯大学在自己的基金会建立两年后，于 1878 年设立了梵语教授职位。惠特尼的弟子查尔斯·洛克威尔·兰曼，广为人知的梵文《读者》的作者，哈佛大学《东方丛书》的编辑者，受委托出任这一职位，但两年后他迁去哈佛大学，创 226
办了后来变得著名的梵语系。后来，其他的一些大学例如哥伦比亚、加利福尼亚和宾夕法尼亚等大学，都设立了梵语教授职位，由此美国产生了许多知名的印度学者，例如沃什伯恩·霍普金斯、莫里斯·布罗姆菲尔德、富兰克林·埃哲顿、亚瑟·赖德、A. U. 威廉·杰克逊和 W. 诺尔曼·布朗。美国的学术成就做出了它自己的贡献，但印度思想影响美国人的头脑主要是经由欧洲的印度学。

直到第二次世界大战，美国的学术兴趣主要限于对古代经文的语言和文学之研究。现在由于印度独立和美国在全世界事务中的作用，美国各大学和学院的印度研究增多了，其多样性也很突出了。在印度历史学、社会学、政治学和经济学及其他许多领域的研究迅速扩大，而最近成立的美国印度研究院，对美国的印度学是一个新的推动。数千印度学生正在美国各大学学习——一千多印度学者还在那些大学任教——而无数美国学者、记者、艺术家和旅行家访问了印度。

在这里不可能提到欧洲其他国家所做的印度学研究方面的大量工作，学者们所做的许多重大贡献也未予注意，以免内容过多而使读者失去耐心。挪威的斯滕·科瑙和盖奥格·莫根蒂内；瑞典的亚尔·卡彭蒂厄和黑尔梅·斯米特；爱尔兰的迈勒·迪隆；波兰的 W. S. 马耶斯基、J. 莱莱瓦尔、D. L. 博斯科斯克和 S. 斯赫耶尔；瑞士的黑尔曼·布龙霍弗、恩斯特·洛伊曼和雅可布·沃克纳格尔；丹麦的福斯博尔等的著作是特别有价值的。[20]

因此，欧美虽然做了大量的工作，但古代印度文化研究在印度，经欧洲和印度双方学者的努力都取得了进步。19 世纪时，印度人自己的学者阶层成长起来，这些学者受过西方的专门知识教育，并受到日益增长的印度文化复兴精神的激励。其中，R. G. 班达卡尔和拉金德拉拉尔·米特拉的著作最为知名。他们的传统产生了相继几代的印度学者，这些学者在印度研究中做了最大量的工作。

孟加拉亚洲学会起始的工作基于书面记载，不久便开始对
227 考古遗迹的注意。长期被遗忘的字母表、硬币等之中的铭文被仔细查阅。从流行字体回头研究，使古老的语言得到解释。在这个领域中最突出的成就之一，是詹姆士·普林塞普（1799—1840 年）于 1837 年读懂婆罗谜字体。他是精通铭文技术的博学的学者，能解释阿育王的敕令，为印度提供了其最杰出的统治者的知识，并将印度考古学置于精确的编年学基础之上。他在 41 岁时早逝是对印度研究的沉重打击。[21] 他的同事亚历山大·坎宁安，是英印军队的工程师，对印度考古学表现出极大兴趣。他继续普林塞普的工作，并于 1862 年成为印度的第一个考古鉴定人。后来，许多考古学家推进了他的工作，其中著名的有詹姆士·伯吉斯、约翰·马歇尔和 R. D. 班奈吉，他们于 1922 年发现了印度河流域文明诸城。

图 6-1　阿杰米尔的节日庆祝期间，穆斯林圣者赫瓦贾·阿勒-丁·契斯提主持舞蹈托钵僧集会的想象场面。印度教圣者罗摩难陀的信徒们坐在画面的前边。莫卧儿王朝，约公元 1660—1670 年。
由伦敦维多利亚的艾伯特博物馆提供

图 6–2　带七弦琴的瑜伽行者与托钵僧谈话。音乐时尚的插图，盖达拉·拉吉尼·邦迪，约 1880 年。
由伦敦维多利亚和艾伯特博物馆提供

图 6–3　胡马雍陵。德里。由新德里印度考古调查局提供

图 6–4　那烂陀大寺的风景。
由新德里印度考古调查局提供

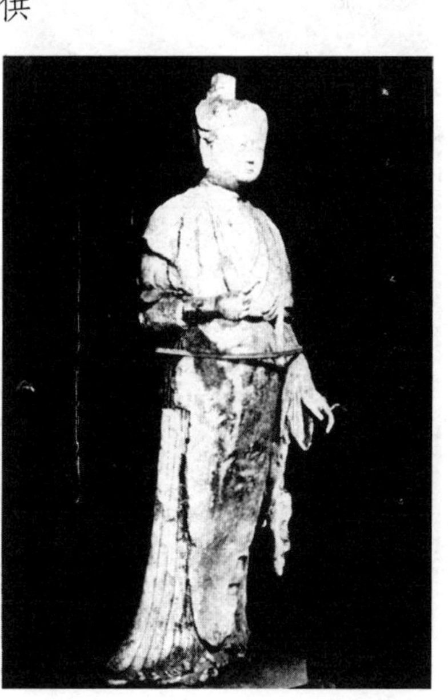

图6–5　大室利（Kichijo-ten）。陶土彩色塑像。奈良，法华堂东大寺。公元 8 世纪。由奈良法华堂东大寺提供

图 6–6　墨溪（Bokkei）画的达摩（菩提达摩）。纸上水墨画。京都新住大德寺。1465 年。由京都新住大德寺提供

图 6–7　湿婆庙嵌板第四号。浅浮雕。印度尼西亚，巴兰班南。由新德里印度考古调查局提供

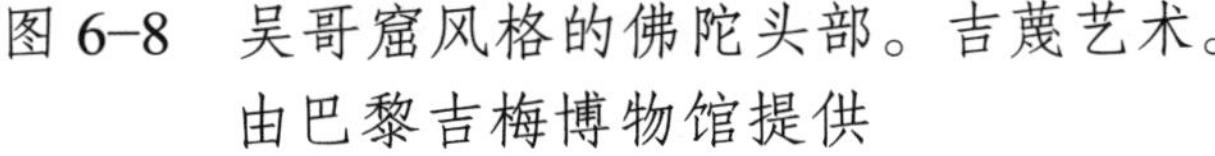

图 6-8　吴哥窟风格的佛陀头部。吉蔑艺术。
由巴黎吉梅博物馆提供

图 6–9　石板蓝色石灰石的佛陀头部。泰国，公元 7—8 世纪。由伦敦大英博物馆受托人提供

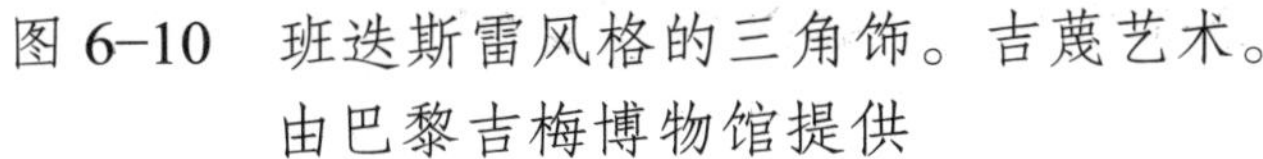

图 6-10　班迭斯雷风格的三角饰。吉蔑艺术。
由巴黎吉梅博物馆提供

图 6–11 青铜佛像。缅甸，公元 16 世纪或者更早。题有“良宇明 · 广穆（N yaungumin Kuang-mu）”。
由伦敦大英博物馆受托人提供

图 6–12 多罗的镀金青铜器。锡兰，约公元 10 世纪。
由伦敦大英博物馆提供

第六章　西方对近代印度的反应 228

欧洲受惠于希腊文学这一点得到普遍承认，且常常被过分强调；但对于现今几代人来说，要设想印度思想对欧洲知识和文化的进步起过作用，却始终并不容易。印度的文学曾激励许多学者，例如麦克唐奈，他说过："自文艺复兴以来，还未曾有过像 18 世纪下半叶发现梵语文学这样在文学史上有广泛的世界性意义的事情。"[1] 印度思想对于复兴的欧洲的智力生活的冲击确实是巨大的，致使许多欧洲作家自然地不喜欢它。受某种奇怪的可能失去其文化特征的忧虑驱动，他们竭力矮化或忽视印度哲学的影响，在逻辑上过分牵强地只用所谓的西方传统来解释知识的进步。

然而，印度只是影响欧洲思想和生活的诸因素之一。这时欧洲的全部政治、社会和知识生活，较之于以前的任何时期，或许还有后续的任何时期，都要更活跃和更复杂得多。法国领导了启蒙运动的时代；德国迅速进步，同时保持其文学和哲学上的杰出；美国和俄国开始做出重要贡献；科学取得了新进展。这些都是深远的变革，印度文学和哲学的发现在其中起到有限而有意义的作用。

欧洲对印度思想的反应，国与国不同、思想家与思想家不同是不可避免的。一些人更易于接受印度思想，理解得更好；
229 一些人却几乎是本能地反对它。它不管反应如何，赞成或反对，深刻或片断，全都受到欧洲知识氛围及其多样性的制约。不存在有组织的运动以倡导接受印度思想。如果说有些人很想强调印度文学的价值，那么正是独自行动的欧洲人自己。印度的学说极少被全盘接受，不然就是否认接受者的强大的本地传统和知识独立性的存在。一些人从印度思想中找到对自己思想的增强，另一些人则从中发现对自己的传统的逃离或偏离。

德国对印度的思想和文化的接受在欧洲是最好的。事实上，印度学成为德国的一门显学，完全是受学术考虑的激励，因为与英国、法国不一样，德国与印度或其邻国没有任何政治联系。虽然亚伯拉罕·罗杰的著作《打开神秘异教国之门》（伐致诃利二百句格言的德文译本）于1663年出版，但它产生的冲击力不大。直到18世纪末，德国人才知道一些著名的印度文学著作。

欧洲非常关心《沙恭达罗》，这部著作在德国的流行，确保了之后的译本会受到欢迎。第一个认识到《沙恭达罗》之美妙的德国人，是诗人评论家约翰·格特弗里德·黑尔德（1744—1803年）。虽然他不熟悉印度及其语言，但在其主要著作《人类史在哲学方面的理念》（1787年）中，他已经将印度人民作了多少有些理想化的描绘。据他说，人类的起源可以追溯到印度，在那里，“人的头脑形成了最初的智慧和纯朴的道德、力量和崇高，坦率地说，在我们达观的、冷漠的欧洲世界里，没有，完全没有与之同等之物。”由于印度教徒的伦理训诫，他认为他们是世界上最文雅平和的人们。他的印度概念被浪漫主义运动所接受，且长期支配德国诗人的想象力。再生之说所确定的各种生命形式之间的联系，为黑尔德及其同时代的人打开了一个新领域。黑尔德的《某些婆罗门的思想》(1792年)，包括从伐致诃利、《嘉言集》和《薄伽梵歌》各译本中收集的格言诗节选，表达了这些理想。当乔治·弗斯特1791年将《沙恭达罗》英文版的德文译本送给他时，黑尔德的反应是："我不可能轻易找到一部会比这更使人愉快的心智之作……一朵真正的东方之花，其同一类中第一流的、最美丽的！……当然，这大约每2000年 230
才出现一次。"他出版了对《沙恭达罗》进行详细研究和分析的著作，宣称这部著作证明，戏剧是古希腊人单独的发明之普遍认识并不成立。

黑尔德的信函以《东方戏剧》为书名出版，认为就诗的本体和女主角的人物塑造两方面而言，迦梨陀娑的杰作在世界文学中都是完美而独特的。黑尔德急忙将自己发现的印度戏剧传递给他的朋友约翰·沃尔弗冈·冯·歌德（1749—1832年），而歌德自己对这部戏剧也同样充满激情。他在1792年写道：

春华瑰丽，亦扬其芬；
秋实盈衍，亦蕴其珍。
悠悠天隅，恢恢地轮，
彼美一人：沙恭达纶。[①][2]

① 苏曼殊译文，请参阅季羡林：《中印文化关系史论文集》，三联书店1982年版，第481—482页。——译者

歌德不止一次地表达出对《沙恭达罗》的这种钦佩。近四十年后的1830年，当德谢齐将其原版连同法文译本一起送给他时，他给这位法国人写信表示深深的谢意："我第一次遇到这部无穷尽的著作，它就激起了我的热忱并吸引了我，以致我不可能不研究它。我甚至觉得非做不可，并试图以某种形式将它搬上德国舞台。这些努力皆未结果，但却使我完全认识了这部最有价值的著作，它代表了我生命中这样的一个时期，我是如此地专注于它，以至30年来我没有查看英文或德文的版本……到现在我才理解，这部著作早年对我起到的重大的作用"。[3] 歌德继续指出该著的美妙时说，作为最自然的状况、最精致的生活方式、最纯洁的道义奋斗、对神最崇高和最庄重的默想等的代表，诗人在其中显示了最大的作用；同时他是其如此伟大作品的主人，以致可以冒险做极为世俗的和可笑的比照，这比照被认为是整个结构的必要联结。无怪乎他的《浮士德》(1797年)的序幕是以《沙恭达罗》的序幕为模式。《浮士德》序幕中的小丑使人联想起印度戏剧中的丑角(*vidusaka*)，海因里希·海涅最先注意到了这一类似之点。

231 歌德的朋友席勒对印度文学并不感兴趣，也被感动得热情赞美《沙恭达罗》，认为它在某些方面是希腊和罗马文学所不可比拟的。他出版的《塔利亚》中有《沙恭达罗》的一部分，他在致威廉·洪堡的信中写道："在整个希腊古代，竟没有一部美妙爱情的诗作，能与《沙恭达罗》相比于万一。"

歌德还赞美其他的印度诗，例如胜天的《牧童歌》；迦梨陀娑的《云使》，他读过威尔逊1817年的英文译本，将其作为

“珍品”而欢迎。歌德的第二部印度民歌《贱民》(1824年)是他最好的作品。《贱民》的情节出自法国旅行家索内雷特的作品(《印度河纪行》，1783年)，索内雷特在印度七年后于1782年回到欧洲。歌德的第一部印度民歌《神与舞女》于1797年出版，也是根据索内雷特的著作而完成。

虽然黑尔德和歌德对《沙恭达罗》激情满溢，但他们对印度的态度却非常不同。黑尔德渐渐变得老成而说教。《沙恭达罗》使他入迷，但最吸引他的是印度格言诗和说教诗的丰富宝藏。如同诺法利斯和海涅一样，黑尔德是为印度的纯朴而赞美它，并且谴责欧洲人的贪婪、腐败和在经济上剥削印度。

另一方面，歌德是作为诗人和艺术家而接近印度的。虽然史诗与诗(*kavya*)的和谐美妙与强烈抒情使他感到愉悦，但他并不关心《嘉言集》和哲学，对印度神话和雕刻也没有兴趣。他对以纯朴而自然的形式表示人们的感情和情绪的诗特别感兴趣。印度的雕刻的多样性和形式的丰富，违背了他的统一美的古典理念。他对印度的赞美强烈而深切，但无法与他对希腊的欣赏相比较。他为印度所强烈吸引，但他却了解希腊。因此，歌德没有积极参与扩大印度研究，没有学习梵语，尽管歌德档案室的有些文献上诗人试用过天城字体。巨大的吸引力若没有辅以恰如其分的知识理解，必然使多思的、敏感的学者例如歌德感到沮丧。他在1826年向他的朋友洪堡表达了这种情绪：“我对印度的事物决无恶感，但我怕它们，因为它们将我的想象力引入无形和分散，对此，我不得不比从前更多地保护我自己。”[4] 他一直承认印度思想对西方文明的巨大冲击，并且怀

232 着兴趣和赞同地关注德国印度学家，例如施莱格尔兄弟和葆朴的工作。

受黑尔德理想主义思想的激励，一种信念发展起来，即最高级形式的浪漫主义诗作只可能在印度见到。正是让歌德迟疑的这个理由使浪漫主义作家十分喜欢印度。所以，他们不满足于仅在诗中赞美它；他们为真实的印度科学奠定了基础。

直到18世纪末，法语是德国精英的语言，法语和拉丁语一起则是专门知识的语言。在法国革命和拿破仑战争期间，德国损失惨重。战后，受过教育的德国人越来越明白自己的语言和遗产，且日益为之感到骄傲。印度文学在这一最佳时刻出现于德国；印度与德国在文化和历史上某种无疑的相似，其所致的想象成分，可能比任何时候所应有的都要更大一些。

莎士比亚和印度文学，成为德国浪漫主义运动的主要激励。二者在大约同时、经同样的人——弗里德里希与奥古斯特·威廉·冯·施莱格尔——被介绍到德国。发现于印度的浪漫主义，其能动而综合的人生态度，他们认为在早期欧洲浪漫主义运动的形式和人为状态中都是缺乏的，因而寻求以实用标准代替艺术标准。

印度宗教也强烈吸引着德国的浪漫主义作家；在整个19世纪，西方的宗教评论受到发现印度多神论的激励："如果人们认识到"，施莱格尔评论说，"这个以真正的印度整体文化为基础、其本身也极为非凡的思想，知道其中所包容的、一切无区别的神圣事物的普遍性，那么，我们欧洲称为宗教或我们通常这样的称谓之物，似乎就不再值得叫那个名称。而且，人们应该建议每一个想认识宗教的人，正如同人们去意大利学习艺术一样，他应该为其目的而去印度，在那里他才确实有可能至少发现一些在欧洲真正见不到的片段。”[5]

在热忱关注印度文学的那些文人中，有位多才多艺的普鲁士教育部长威廉·冯·洪堡（1767—1835 年），他是杰出的语言学家和普通语言学的创立者。他于 1821 年开始学梵语，极大地被施莱格尔的《薄伽梵歌》版本所感动，出版了论该著作的广博研究之作，描述该著作是“世界必须展示的最深刻、最崇高的事 233
物”。[6] 他宣称感谢上帝使他长寿，因而能阅读《薄伽梵歌》。[7]

路德维希·范·贝多芬（1770—1827 年）也受到印度思想的吸引，明显的证据是，在贝多芬的文件中有许多提到印度思想和经文的注释和段落。最早向贝多芬介绍印度文学的是奥地利东方学家汉默-普格斯塔尔。为传播东方知识，他早在 1809 年就在欧洲创办了一份期刊。在德国开始印度学研究以前很久，贝多芬已对印度思想深感兴趣。贝多芬手稿中发现的印度宗教经书片段，部分是奥义书和《薄伽梵歌》的译本，部分是其改编本。不确知的是，为他选择这些段落的是贝多芬本人还是他的东方学朋友们。

1827—1841 年埃朗根大学东方语言教授、德国诗人弗里德里希·吕克特（1788—1866 年），在奥古斯特·威廉·冯·施莱格尔的激励下，出版了许多梵文的精致译本。他出版的印度古典诗译本，使印度抒情诗与诗在德国广为流行。他的译本中有《那罗传（神话）》、《阿摩卢百咏》、《罗怙世系》和《牧童歌》，在吕克特的德文版本中它们都未失去其美妙、色彩和氛

围。就押韵、头韵和引吟的观点看，印度诗是很复杂的作品，所以吕克特的译本是杰出的成就。在所有的德国诗人中，最理解印度诗性质的正是他。[8]

德国最伟大的浪漫主义诗人之一诺法利斯（1772—1801年），在其文章《欧洲的基督教世界》中写道，像美丽的印度一样纯洁多彩的诗，与冷漠僵硬的庸俗之山是对立的。对他来说，梵语是人类表达方法中最神秘的语言符号，梵语使他回溯到被遗忘的“最早的人”。然而，尽管诺法利斯对印度充满好感和热情，但他并不真正懂得印度思想。诺法利斯不像认为客观世界是幻觉的印度人，他寻求使这个世界更完美。同样，E. T. A. 霍夫曼（1776—1822年）在他的某些故事中试图创作印度角色，即一些尽管在传统上与印度有联系、却并不具有典型性的魔术师。

234 舍林在其《神话学的哲学》中，也给予印度以重要地位。他对古代文学，尤其是奥义书极为敬佩，像叔本华一样，他认为，《奥义书》是印度人和人类的天才智慧。

晚期浪漫主义抒情诗人海因里希·海涅（1797—1856年）不仅在德国，而且在西方世界大多数国家都有巨大影响，他曾这样叙述他想象中的印度：“……我在镜中看见亲爱的祖国，蓝色圣洁的恒河，高耸闪光的喜马拉雅山，高大的榕树林，聪明的大象和白人朝圣者在它宽广的林荫道上静静地漫步……”[9] 他的诗“歌儿飞扬”这样写道：

恒河芬芳明亮，

大树欣欣向荣，
美人，安静的小伙子，
莲花低垂。

它创造了在德国广为流行的一幅印度图景。[10] 海涅在施莱格尔和葆朴指导下在波恩获得的关于印度思想的知识，对他的一生来说一直是重要的。他对印度著作的态度是内心深处的、容易感受的，但对这些著作的热忱不是不加批判的。他不关心极裕仙人与众友仙人之间冲突的故事，他在其中看到了与中世纪欧洲授权之争类似的事。然而，正如在其著名的《诗歌集》中用诗句所表示的那样，他对印度的风景有着特殊的感情。他说过，如果葡萄牙人、荷兰人和英国人带走了整船整船装载的珍宝，那么德国人也曾同样做过，只不过他们带走的是精神方面的知识珍宝。

虽然古茨考将其小说取名为《大师》(*Mahaguru*, 1832 年)，他却没有任何了解印度思想真知的迹象。F. 黑贝尔的注意力，被 Ad. 赫尔茨曼的《印度贤哲》吸引到印度。1863 年他写了国王西比的故事，这位国王牺牲自己的生命，救了一只鸽子免受隼之害；他的诗《婆罗门》，生动地表示了一切生物皆平等的印度思想。

伊曼尼尔·康德（1712—1804 年），显然是对印度哲学有些了解的第一位重要的德国哲学家。康德的在空间和时间上可以感知的物质世界间之变异，以及在概念之外的未知事物的本身，与摩耶（Maya，幻）学说十分类似。康德思想与佛教哲

学有某些相同的内容。康德像佛陀一样宣称，有许多问题是无
235 法解答的，例如，“世界有没有开始？”“它是有限的还是永恒的？”斯切巴茨基指出，在印度哲学中有与康德的绝对命令学说极相似之物；并且指出了康德思想与后期佛教思想家（像金德拉吉蒂）之思想的类似处。而且，据赫尔曼说，印度作家论诗歌要先于康德的《美学》。

这些极为相似的学说很重要，它们强烈地显示出康德对印度哲学的熟悉。考虑到梵语研究在欧洲刚开始出现，欧洲当时对印度哲学知之甚少，康德似乎不可能有印度思想的直接知识。然而，通过早期的西方著述和当时的游记，他了解印度思想（不同于知识）的可能性不能排除。1756—1796年，他在东普鲁士哥尼斯堡大学讲课中，曾谈到印度的自然地理学，以及人们的习俗和风貌；看起来，似乎是他的天赋将关于印度的其他资料汇集在一起，并极为认真专注地对其进行思考。他对亚洲佛教和印度教徒的观察似乎认同这个观点，即他关于印度思想的知识广泛而精确。他说过，印度教徒对其他宗教和民族是温和的和宽厚的。印度教的轮回学说给他以非常深刻的印象，这个学说与他自己的关于死后灵魂之命运的教导是一致的。康德的继承人约翰·戈特利布·费希特（1762—1814年）与他类似，他的《天堂幸福生活须知》中有许多近似不二论（*Advaita*）学说的段落。

康德和费希特都不熟悉原本梵文经书，但亚瑟·叔本华（1788—1860年）至少在某种程度上知道它们，并在其《作为意志与表象的世界》中公开承认，他曾受惠于印度体系：“我承

认，除外部世界的印象之外，我的发展的最好部分应归功于康德的著作、印度教徒的圣经和柏拉图的权威著作。”他相信，如果“……读者也接受并吸收神圣的、纯朴的印度智慧，那么读者最打算要听的就是我要对他们说的内容。”[11] 叔本华少有地未受民族主义的影响，他被称为幻灭和极度悲观的哲学家，是1813 年由歌德的一位朋友、东方学家弗里德里希·迈耶向他介绍印度思想的。自那之后，叔本华从未失去兴趣。1818 年，他出版其最重要的著作《作为意志与表象的世界》，在该书中提出 236
了悲观主义学说和意志对认识的主观性。虽然他的大学生涯这时突然结束，但他仍然继续做自己的博士论文。他阅读在魏玛图书馆能找到的有关印度思想的任何著述。其中，安基提尔·杜佩隆的诸奥义书译本是其主要资料来源。尽管用的是不完全的译本，叔本华却对《奥义书》的哲学极为热情，称其为“人类最高智慧之作”。对他来说，什么研究也不像研究《奥义书》那么令人鼓舞：“它一直是我人生的慰藉，它还将是我死后的慰藉。”几年后他了解了佛教时，即认为佛教比基督教更深刻。他认为基督教不可能代替东方的佛教：“这就好像是我们对着峭壁开枪。”相反，他认为印度哲学深刻改变了欧洲的知识和思想：“梵语文学的影响与 15 世纪希腊学问的复活，都同样深入人心。”[12] 叔本华主要受对奥义书思想的发现影响，他被称为德国的第一个佛教提倡者。佛教给他的印象之深，以致他声称他的哲学与佛教的教导基本一致；他在书房里放有一尊铜佛像，并且时常将他自己和其追随者自称为“我们佛教徒”。但他的哲学与印度思想——不论是佛教的还是吠檀多的——都存在重要的

区别。

叔本华认为印度教徒是比欧洲人更深刻的思想家，因为他们对世界的解释是内在的和直觉的，而不是外在的和理智的。因为，直觉统一一切，理智分裂一切。印度教徒认为，“我”即是幻，个人只是现象，而唯一的真实是无限的神“那就是你”（That art Thou）。

另一位德国哲学家卡尔·克里斯蒂安·弗里德里希·克劳泽（1781—1832年），甚至受到印度哲学更强烈的影响。他在其著作《论真相艺术讲座》（1829年）中特别称赞吠檀多，尽管他写过关于佛教、耆那教和斫婆伽学派的著作。

保罗·多伊森（1845—1919年），一位少有地将欧洲哲学与印度学结合起来的学者，也受到吠檀多哲学的巨大吸引。
237 1883年和1887年他分别出版了论吠檀多哲学的著作和吠檀多经书的译本。由于将原版奥义书译成德文并加以评论，他使欧洲思想家增加了对印度哲学的了解。他称吠檀多体系是人类研究永恒真理方面最伟大的成就之一。

并非所有的德国哲学家都受到印度思想的强烈吸引。一旦欧洲从拿破仑战争的创伤中恢复过来，印度文化不再新颖，欧洲知识界就开始分析印度文明，尽管他们并不懂得原版经书。一个典型的例子是格奥尔·威廉·弗里德里希·黑格尔（1770—1831年），叔本华的同时代人，为了就对待印度的纯粹浪漫主义做出反应，他在其《世界历史哲学》（1822—1823年）中用一整章叙述印度，并得出了一些令人沮丧的结论。他因强调理性而批评浪漫主义作家对印度偶像化。他认为，印度的社会情况普遍堕落，如同其自然情况普遍退化一样；他还坚持认为，它是一个因不能自己恢复活力而应受谴责的社会。黑格尔不仅运用了错误的标准，而且凭借了不可靠的资料——英国行政官员的著述和杜波依斯神父的书。黑格尔对东方事物的描述之离谱，从其书中试图简单地给佛教下定义就看得很清楚。“有场大争论仍在继续，”他说，“两种宗教（佛教和印度教）孰较古老和较简明？两者各有理由，但人们却不能明确地辨别。佛教的宗教较简明，但这可能或是由于它的确更为古老，或是由于改革的结果。无论如何，佛教是二者中较古老的。”[13]

有意思的是，黑格尔著名的“辩证运动”，与佛教的“中庸”概念相类似。“辩证运动”即世界上的一切思想和一切形势都不可避免地要走向其反面，尔后与其统一起来形成新的整体。黑格尔明确提到，他的关于矛盾的逻辑学有印度起源。他的观点即人只有通过受苦才能达到完全的道德境界，与佛教所宣称的人生即是苦（dukkha）也十分近似。

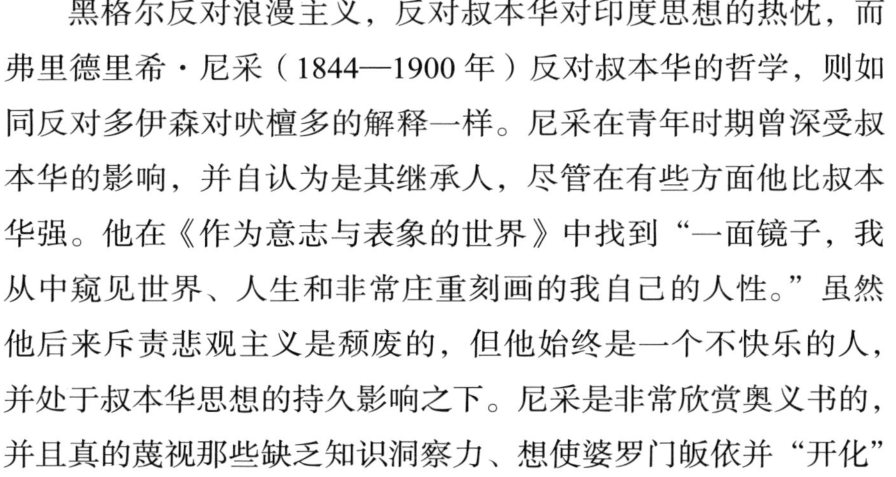

黑格尔反对浪漫主义，反对叔本华对印度思想的热忱，而弗里德里希·尼采（1844—1900 年）反对叔本华的哲学，则如同反对多伊森对吠檀多的解释一样。尼采在青年时期曾深受叔本华的影响，并自认为是其继承人，尽管在有些方面他比叔本华强。他在《作为意志与表象的世界》中找到“一面镜子，我从中窥见世界、人生和非常庄重刻画的我自己的人性。”虽然
他后来斥责悲观主义是颓废的，但他始终是一个不快乐的人，238
并处于叔本华思想的持久影响之下。尼采是非常欣赏奥义书的，并且真的蔑视那些缺乏知识洞察力、想使婆罗门皈依并“开化”

婆罗门的欧洲人。当保罗・多伊森告诉尼采，他计划翻译古代印度教经文，并说明它们的智慧时，尼采表示出巨大的热情，并且说印度哲学与欧洲人自己的哲学是同样的。在尼采所有著作中最具个人特色的《查拉图斯特拉如是说》(1883—1891 年）中，他提出了他的中心学说，即超人的信条，那是他给世界的主要遗产。作为热忱的个人主义者他相信英雄。他在《摩奴法典》中找到了他自己的超人哲学的来源之一。他非常尊重这部印度教经书，他宣称，所有的其他伦理法典皆是对它的模仿，甚至是拙劣的模仿。他认为印度婆罗门的至高无上，是民众对“统治”种姓的宗教和道德控制的绝对遵从。尼采不是一个民族主义者，没有对德国表示过分的称赞；他确实不是反闪米特人的。他想要一个国际上的统治种族，一种巨大的善于进行专制统治的贵族政治。在西方思想中，人与人之间现有的和可能有的区别是很少的，较之于尼采所着重提出来的则要更少一些。

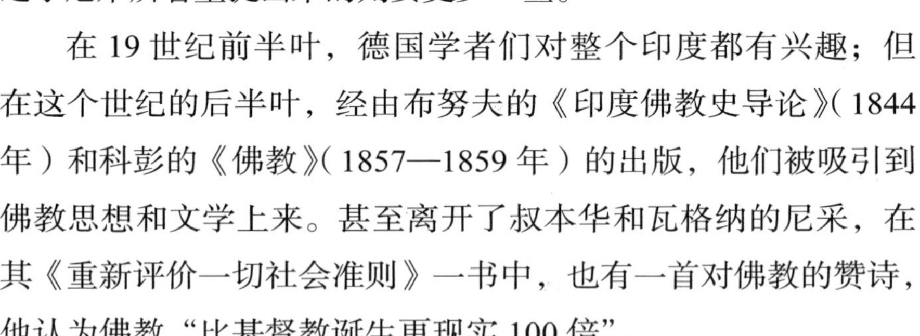

在 19 世纪前半叶，德国学者们对整个印度都有兴趣；但在这个世纪的后半叶，经由布努夫的《印度佛教史导论》(1844 年）和科彭的《佛教》(1857—1859 年）的出版，他们被吸引到佛教思想和文学上来。甚至离开了叔本华和瓦格纳的尼采，在其《重新评价一切社会准则》一书中，也有一首对佛教的赞诗，他认为佛教“比基督教诞生更现实 100 倍”。

由于叔本华及其信奉者的宣传，里夏德・瓦格纳（1813—1883 年）受到佛教的深刻影响，以致他承认自己不自觉地成了佛教徒。解脱的学说和怜悯的道德观使他着迷，而所有的其他信条在它们面前似乎都显得低级而有限。瓦格纳在其剧本《胜

利者》中，采用了布努夫书中有关旃陀罗（不可接触者）妇女
普那克丽蒂的故事：根据佛旨她被接受进寺院，以实现她对也
已成为僧侣的阿难陀的爱情，并使他能改正昔日的过失。在
瓦格纳后来的歌剧《帕尔齐法尔》中，普那克丽蒂与阿难陀
变成孔德丽与帕尔齐法尔。花儿少女（瓦格纳取自兰布雷希
的《亚历山大之歌》)，金索尔的长矛，悬在帕尔齐法尔的头 239
上方，起源于佛陀受魔罗引诱的故事。在《神的曙光》中，不
得不从再生中解脱的人为之而奋斗的 Wahnheim（幻之所）和
Wunschheim（欲之所），都是典型的印度概念。瓦格纳的著作
中有无数的内容借用自印度。

1881 年，赫尔曼・奥尔登贝格（1854—1920 年）出版了其研究杰作《佛陀——他的生平、教导和社团》，在德国大大地增加了佛教的声誉。奥尔登贝格还编辑和翻译了《岛史》和《律藏》。丰富的新资料和原始佛教内在的无神论，在此后的数十年间激励了某些德国诗人。

J. V. 维德曼在其史诗《佛陀》中，为佛陀创作了一个历史上不准确的形象：由于这位大师力主泛神论和无神论，因而能达到“一个新的黄金时代”。卡尔・布莱特罗伊的戏剧《羯磨》（1901 年）和《救世主》，试图小心地将佛陀移入欧洲，但却再次做了不准确的说明。卡尔・耶莱鲁普在《伽玛尼陀朝圣》（1903 年）中，做到了对佛陀最完整的论述。他力图传播佛教的一些道理，并将印度习俗和印度教的许多知识告诉人们。

对世界上的一切事物普遍感到厌倦，鼓励了东方的，尤其是佛教的理念在 20 世纪初之流入；由于第一次世界大战所产生

的知识骚动，这种撞击力在其后的年代里大为增加。德国的佛教受到 P. 达尔克和汉斯·莫希的诗歌的鼓励。阿尔布雷希·沙菲在《莲花珍品》(1923 年）中，对佛陀传说做了很有诗意的叙述，该著作部分地受到埃德温·阿诺尔德爵士的《亚洲之光》的激励。韦费尔的戏剧《镜人》于 1920 年出版。该剧的主角离开印度寺庙，通过“镜子”(幻的表现形式)，逐渐克服了摩耶（幻)，并认识到割断与自我存在的关系是可能的最高目标。

当时的大多数诗人不再相信基督教的优越。在约塞夫·温克勒的喜剧《神之迷宫》或《混乱喜剧》(1922 年）中，对 12 个弟子想要使他相信他的时代已结束，佛陀仅仅答以微笑。斯蒂芬·茨威格的《永生兄弟的双眼》(1921 年）中的主角，印度的毗罗吒，力图过无内疚的生活；他在社会上一步步地走下坡路，终于认识到人必须为自己的愿望而努力奋斗，但不要试

240 图过无内疚的生活。阿尔弗雷德·德布林的史诗《玛纳》(1927 年）中的主角，为他在战斗中屠杀之敌会继续遭受痛苦的地点问题所困扰，于是他去到喜马拉雅山的那个死亡之地，在那里他见证了如此可怕之事，以致他的精神垮了并且死去。他的妻子一直跟着他，又使他复生。这个主角后来战胜了神与魔，他不再拒绝这个世界，但崇拜自然的力量。德布林对幻象的描述属于湿婆的世界，这表明他熟悉印度的宗教文学。

发现基督教与佛教极相近的赫尔曼·凯瑟林（1880—1946 年)，为印度形而上学的深刻思想所大为感动。他用印度思想作为衡量欧洲行为和道德的标准。在第一次世界大战后，凯瑟林对欧洲知识界，尤其是对德国的影响，是深刻而短暂的。德国摆

脱了灾难性的战争，就将其注意力转到印度以寻求安慰和新的激励，正如无数以亚洲为背景的小说和诗歌的出版所显示的那样。

1946 年曾获诺贝尔文学奖的赫尔曼·海塞，在印度思想中找到了他渴望从“自我”中解脱，从俗权的专制支配中解脱的答案。印度思想提供了消除对个性伤害的最根本的可能性；用涅槃同时永恒的假定，以消灭“一个接着一个的蠢行的可能性”。《薄伽梵歌》的积极态度也吸引了海塞。瑜伽和摩耶，是《玻璃珠游戏》中所描绘事件的背景。海塞本人承认，瑜伽作为改善其注意力的一种方法，对他有非常宝贵的作用。诗人伐致诃利体验过的世俗之爱、智慧和自我克制三重接着发生的事，海塞解释为是人类谦卑与聪明的结果。在《向东方远航》中，海塞（他的母亲出生于马拉巴尔）说到印度：它“不仅是一个国家或某种地理单位，而且是人的家园和青春，是处处和无处，是始终的一体。”有意思的是，海塞尽管是基督教徒，却反复地用《奥义书》的 *tat tvamasi*，词义是“爱你的邻人，因为他是你自己”，来代替基督的教导“爱你的邻人如同你自己”。在《悉达多》(1922 年）中，他努力调和基督教的及印度的虔诚。

其他著名的德国作家，例如保尔·达尔凯（1865—1928 年）、
H. 穆希、约塞夫·温克勒、阿尔布雷希·沙菲、弗兰茨·韦费尔、
斯蒂芬·茨威格、赫尔曼·卡萨克、古斯塔夫·梅林克和托马斯· 241
曼等，都利用了印度的资料。托马斯·曼（1875—1955 年）在其
《换头》中，对《僵尸鬼故事 25 则》(*Vatalapancavimsati*）中的印度
故事作了新的解释，歌德此前在其诗《贱民》中也曾用过它。

法国人对印度学的兴趣也反映在他们的文学中，尤其是在浪漫主义时期。深刻影响了法国浪漫主义运动的弗朗索瓦·勒内·德·夏托布里昂（1768—1848 年），与他的许多同时代人相同，是《沙恭达罗》的热情崇拜者。1793—1800 年，他是住在英国的拿破仑法国的难民，那时威廉·琼斯爵士出版了一些梵文著作的译本。

维克托·雨果（1802—1885 年）在他的诗《优势》中模仿奥义书。他从 G. 波泰尔的《揭开东方的神秘》中收集资料。阿尔丰瑟·德·拉马丁（1790—1869 年）为法国诗所做的事，即是夏托布里昂为法国散文所做的事，拉马丁于 1861 年在其《通俗文学庭院》中写到梵文史诗、戏剧和诗歌。

雨果的朋友让-雅克斯·昂帕雷（1800—1864 年），据说曾经说过，在文艺复兴时期，希腊的著作受到它们应得到的注意；而在他的时代，应对印度的著作加以研究，见证另一次文艺复兴。卢伊斯·雷韦尔走得更远，因为他说过，要说希腊文化影响了西方文明，那么古代希腊人自己却是“印度教思想的弟子”。约塞夫·梅里（1798—1865 年）写过讽刺法国革命的诗，能凭记忆吟诵迦梨陀娑和伐致诃利的著作。

曾做过许多工作让其读者熟悉外国文学的菲拉雷·勒·查尔斯（1798—1873 年），于 1825 年写了《巴纳拉斯的骄傲》和《印度之夜》。保尔·韦莱内（1844—1896 年）写了诗“萨韦特里”，它只是一首短诗，但却表明法国的作家们对印度文学具有准确的知识。韦莱内在高中时代已对印度教神话很感兴趣。他的热衷使他说过：“在因陀罗身旁！这是多么美妙，要比圣经、福音和教会神父的所有祷告好得多。”

卢伊斯·雅可利奥特（1837—1890 年）曾在法属印度任政府官员，并一度出任昌德拉纳加尔的法院院长，曾翻译了许多吠陀颂诗、《摩奴法典》和泰米尔文著作《说教诗》（*Kural*）。他的杰作《在印度朝圣》激起了巨大的争论。他在其《神之子民》
中赞颂诸吠陀，并且说，“印度教启示宣布世界是缓慢而渐进 242
地形成的，这是所有启示中唯一一个与现代科学完全一致的观念。”阿纳托尔·弗朗瑟（1844—1924 年）认为，佛陀是“受苦受难的人类最好的顾问和最亲切的安慰者”。

英国在 18 世纪时对印度文化的反应，受炫耀的“纳波卜”的制约：他们通过毫无顾忌和欺诈而聚集了大量财富。纳波卜们“抬高国会议席的价格，使他们自己对于业已确立的贵族社会不那么令人讨厌，他们以其粗鲁笨拙的方式撞入了贵族社会”。[14] 印度庄严伟大的形象，因此被染上了这些英国人赚大钱的粗俗色彩。所以英国人最初的反应是，反对那些败坏英国在东方的好名声的自己人，出版了大量讽刺地述及英印行政当局的书籍，例如麦肯齐的《闲荡的人》（1787 年），塞缪尔·富特的《纳波卜》（1772 年）、《哈莱的家》（1789 年），以及考珀的诗中的许多段落。

后来，英国行政当局稳固下来，它早期的一些不得人心之处有些已不复存在，于是在英国人们逐渐知道了印度的哲学和文学。甚至在查尔斯·威尔金斯爵士译《薄伽梵歌》，或霍尔黑德出版《梵语语法》（1778 年）以前，亚历山大·道就已出版了专论印度教的书，书名为《关于印度教徒的习俗、礼貌、语言、宗教和哲学专论》（1768 年）。作为出版真正专论梵语专门知识的第一位欧洲学者，他曾指出存在大量的梵文文献，还补充说，事实上印度教徒的历史比任何其他人的历史更古老。

与他同时代的大多数人不同，琼斯来到印度不是为了聚财或冒险，而是为了研究梵语和印度文化，以便将印度的专门知识传播到西方。他精通希腊语、拉丁语、波斯语、阿拉伯语和希伯来语，高度尊重以英国的成就为结果的西方知识。他相信，由于西方的自由制度，英国的文化将继续进步；而东方专制政治的传统却引起了亚洲的文化停滞。不过他对印度文明大为敬重。对印度他不是一个浪漫主义的钦佩者，而事实上是一个保守的评论家。他使用自己的准则和西方的标准评价印度遗产。他最初的结论是，欧洲擅长理性领域，印度则擅长反映领

243 域。但因为对印度文学的深入，他修正了自己早年的看法，承认印度在自然科学方面的成就令人印象深刻。在其生命最后一年的 1794 年，他曾宣布：“……无损于‘牛顿的荣誉从未失去’之说，牛顿的全部神学、部分哲学在诸吠陀和其他印度著作中皆可见到。”他对印度哲学的看法是无法计量的高度：“任何一部版本正确的印度教著作，都会比就同一主题所撰写的一切专论和文章价值更大。”[15]

琼斯对印度思想的评价，吸引了同时代兴趣各不相同的英国学者和作家的注意，例如吉本、拜伦和乔治·博罗，他们都承认曾受惠于琼斯的《著作集》和《传记》。他的在其中叙述了创作过程的《那罗延天》，启发了雪莱的“智慧女神颂”。索塞和穆尔常引用琼斯的著作；E. 凯佩尔最近说明，雪莱和丁尼生在他们的《女王麦布》和《洛克斯莱大厅》中借用了琼斯的著作。[16]

爱丁堡学院院长、著名历史学家威廉·罗伯逊，出版了他的《关于古代印度的历史研究》一书（1791年），叙述了古代希腊人和罗马人所具有的印度知识，印度的进步，以及发现印欧之间直接海路以前的贸易活动。罗伯逊对印度著作的评价以现存文献为基础，并用他常与在印度的英国高级官吏的谈话作补充，由于保密的原因他并未指出那些高级官吏的名字。他认为，印度的思想和文学的成就与不足并存。

到19世纪初，英国得到了印度和加拿大，但却失去了美国。工业革命正顺利进行；不列颠正成为工业资本主义社会与帝国主义民主政治相结合的新型民族国家。新获得的繁荣和侵略他国而带来的安全感，以及因拥有辽阔的殖民帝国而骄傲，产生了一种权力意识——含有相信她自己的历史进程和政治制度的民族感情，后来这种权力意识常以种族傲慢的方式表现出来。这些变化不可避免地影响了英国的物质和知识生活。正是在这个有深远影响的形成期，现今英国的语言和生活方式中的基本的重要词汇，说明文化和思维方式变革类型的词汇，例如工业、民主、阶级、艺术和文化等，都逐渐在新的意义上加以使用。

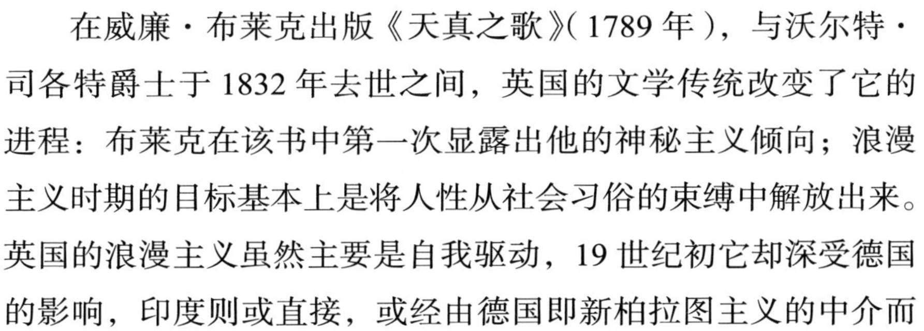

在威廉·布莱克出版《天真之歌》（1789年），与沃尔特· 244
司各特爵士于1832年去世之间，英国的文学传统改变了它的进程：布莱克在该书中第一次显露出他的神秘主义倾向；浪漫主义时期的目标基本上是将人性从社会习俗的束缚中解放出来。英国的浪漫主义虽然主要是自我驱动，19世纪初它却深受德国的影响，印度则或直接，或经由德国即新柏拉图主义的中介而

起了重要作用。

威廉·布莱克（1757—1827年）认为，人生是对有奥义书意味的永恒生命的证实。他的思想与英国流行的完全不同：灵魂是真正的实在，它的肉体存在则是暂时的存在，一种累赘；他的人即神的信念，类似印度的一神论。他宣称，耶稣·基督“是唯一的神——而且我是，你也是”。他甚至认为兽类是“人（beings），活着的人（ones）”。

布莱克在其著作中明确地证实了，他深切关心和注重人生的基本问题，他强调艺术、道德问题和信仰的完全一致，他确信人神合一，他刻苦钻研新柏拉图学说、诺斯替教和《薄伽梵歌》。他的《四天神》似乎源出于印度神话四方的四护卫（Lokapalas）。据戴蒙说，布莱克的众天神源出于《薄伽梵歌》中所叙述的三个质（*Goons*）：轻（*sativa*）、动（*rajas*）和重（*tamas*）。[①]布莱克极其强调神秘论，尤其是在《经验之歌》中；他的主要散文著作《天堂与地狱之合》（1790年），则根本排除了当时英国文学的传统性质，他因而长期被认为是一个行为古怪的人。在《天堂与地狱之合》中，他有力地、讽刺地否认了物质和永惩的真实性。在《经验之歌》中，他还反对严格的礼教习俗，并赞扬了爱的精神。他的主要诗作写于1788—1820年之间，这是欧洲发现印度文学的时期，因此印度激励了布莱克似乎是可能的。一些人试图说明布莱克的思想是远离印度思想而独立成长的，这可能是受反外国影响的偏见所左右；另一些

① 这里的“质”、“轻”、“动”、“重”皆为古代印度的哲学概念，拼法也有点不同，如“质”拼为 *gunas* 等。——译者

人则是由于评论家缺乏一般哲学思想的知识、特别是印度哲学的结果。因此，甚至近期一些称职的研究工作，例如戴西雷·埃斯特的《隐藏的财宝》，也没有适当考虑印度对布莱克或英国浪漫主义的激励。[17]

托马斯·德昆西（1785—1859年）对印度思想略知一二，他作为作家的品行有强烈的吸引力，对其作为男人而耽于放纵 245
也有不少批评。在其著名的自传体叙事作品《一个英国鸦片服用者的自由》中，他叙述了他在鸦片的梦幻中如何被梵天、毗湿奴和湿婆所追逼。

托马斯·克莱尔（1795—1881年），在种姓制度中为他的优越论找到了根据。早年曾是极端派的克莱尔，在岁月流逝中越来越变得敌视民主，鼓吹英国的帝国主义，将人分成超人和奴隶（helots）。他对付无政府状态的方法，是寻找能下令使人服从的英雄，这有点类似印度婆罗门的至高无上。[18]

威廉·华兹华斯（1770—1850年），曾表示对英国浪漫主义最深切的渴望，他的整个写作都竭力传达他对自然的新的想象力，这使他大大违反了英国的传统，以致直到1830年他的诗才得到广大公众的认可。在熟悉自然及其美妙时，他还为他个人的沮丧找到一种矫正方法。除此之外，华兹华斯还严肃地试图在心灵世界与物质世界之间架起桥梁。对于熟悉印度思想的人来说，当读到下面的诗时，他不可能不看到华兹华斯对吠檀多的反应：

我感到，

高尚思想带来的欢乐扰动了
我的心；这是一种绝妙的感觉——
感到落日的余晖、广袤的海洋、
新鲜的空气和蔚蓝色的天空
和人心这些事物中总有什么
已经更为深刻地融合在一起；
是一种动力和精神，激励一切
有思想的事物和思想的对象，
并贯穿于一切事物之中。

（丁登寺，1798 年）[①]

虽然在华兹华斯的诗中有可辨识的印度教思想，但这常被描绘为“无意识的”或偶然巧合的，因为人们认为，由于他对法国和法国革命的热忱，他以其浪漫主义思想而引人注目。不过，这个观点不能充分地解释这样的事实，即他于 18 岁从法国回国后，与柯尔律治一起抛弃了政治复兴的梦想，为的是幻想通过适当修习《抒情民谣集》(1798 年）中的感觉力和想象力，以带给世界可能最大程度的幸福。到《抒情民谣集》出版时，
246 威廉·琼斯爵士的著作已在英国传播了一些印度思想的知识。

华兹华斯的朋友、同人和“他精神上的兄弟”塞缪尔·泰勒·柯尔律治（1772—1834 年），也受到同样幻想的指导。他

① 诗的中文译文见黄果炘译:《华兹华斯抒情诗选》，上海译文出版社 1986 年，第 80 页。——译者

在涉猎超自然力方面确实走得更远，正如《古舟子咏》(1798年)中所反映的。虽然柯尔律治没有使用印度资料，但他被一些古老故事的语言和情景所吸引，这些故事中有些一定来自印度。《忽必烈汗》(1797年)中模糊但引人注目的形象，在某种程度上证实了他的东方灵感。在他的谢克锡亚人[①]的爱情之歌《鲁娣》中，也显示出这种影响。

柯尔律治强调新柏拉图学说的传统，将德国的新理想主义(它受到印度思想的影响)介绍到英国。相较英国任何其他的浪漫主义作家，他更要对认为想象力是最重要的创作才能的文学革命负责。他的类似吠檀多的基本学说，是作为心灵体验之基础的自我意识的整体和内在一致性，这种心灵体验完全被吸收到无比的能动力量之中，是每个人的天赋，是每个有理性的人的“我”，是构成宗教信仰及真正的洞察力之最终源泉的自由意志。柯尔律治十分熟知印度文学，正如他致约翰·瑟尔威尔的信中所显示，他在信中说他常想睡去或死去，或者，“像印度的毗湿奴，沿着莲花盛开的无垠大海漂流，且千百年中只甦醒片刻时光，只一次。”[19]

约翰·济慈(1795—1821年)虽然对印度知之不多，但却有一点为印度所吸引，正如在《恩底弥翁》(1818年)中关于印度少女的段落所表明的。济慈为希腊神话的浪漫主义方面所倾倒，但《恩底弥翁》却因其非希腊化而在当时受到严厉批评。

① 谢克锡亚人(Circassian)：谢克锡亚地区的部落民。谢克锡亚是黑海东北岸、高加索山脉西北部的一个地区，1829年前为奥斯曼帝国的一部分，后归俄国。——译者

在《恩底弥翁》出版 12 个月之内，济慈写了带给他如此名望的全部诗篇。

珀西·比西·雪莱（1792—1822 年）写过《伊斯兰起义》，且受到对克什米尔山谷理想化描述的吸引，在也许是他的最佳诗作、献给济慈的挽歌《阿多奈斯》（1821 年）中，他极其动人地提出了吠檀多的摩耶学说：

> 经历过许多的变迁而整体犹存，
> 天光永照，地阴飞逝，
> 生命就像多色玻璃的穹窿，
> 给永恒染上白色光辉，
> 直到死亡将它踏得粉碎。

247 这首诗同时是哀悼之歌与胜利之歌，并不区分道德与不道德。雪莱热情地确信，阿多奈斯是不死的，但“从人生的梦中甦醒”，并“使人适应大自然”，这是十分有意义的。[20] 印度思想坚决主张，旅程的终点是与绝对合而为一的。雪莱所提出的，诞生使极乐状态中断，死亡则恢复极乐状态是非常接近印度概念的：

> 光的微笑照亮宇宙，
> 一切事物在美妙中生长，
> 祈福使对诞生的咒骂失色，
> 却不能熄灭……
>
> ——《阿多奈斯》

雪莱在追求一种达不到的美的理想时，受他对宇宙的爱的激励，这宇宙不仅包括人类或者生物，而且包括自然界的一切。他对自然界的认同——在《致云雀》中他与云雀在一起，在《云》中与云在一起，在《西风歌》中与风在一起——以及对其所潜藏的意义的犀利感知，都接近印度思想。

罗伯特·骚塞（1774—1843 年）于 1810 年出版他的长叙事诗《凯哈马的咒骂》，采用了印度的浪漫主义材料。虽然骚塞研究印度的社会和文学，并自称他的诗体现出印度真情，但他的知识是不完全的，还力图生动地证明印度教是虚妄而荒谬的宗教。这首诗以印度教神话的一个主题为依据，但所传达的印度情况不多，而且为英国人看待印度生活增加了曲解和混乱。骚塞自己终于发现该诗不能令人满意，像他同时代人，如沃尔特·司各特爵士一样。骚塞既不如他的朋友华兹华斯和柯尔律治著名，也不如他们杰出，但却与热心新思想的他们一体同心，并在成熟期对同样的那些思想做出反应。外国的影响在他的诗中如此突出，以致人们记住他主要是由于其异国情调的背景。

托马斯·穆尔（1779—1852 年）也为印度材料所吸引。他在其诗《拉拉·鲁赫》（1817 年）中显示出对印度的社会和习俗的了解，这部著作为作者带来 3000 畿尼（旧英国金币）的大笔收入。第一版立即售完，且在该世纪中出版了无数的版本。鉴于小说事实上的售价太贵，按当时的平均收入人们是买不起的， 248
所以《拉拉·鲁赫》的迅速重印表明，印度情景的吸引力超乎寻常。《拉拉·鲁赫》由四首叙事诗组成，编织成一个莫卧儿公主爱克什米尔诗人的浪漫主义故事。穆尔主要关心的是使读者

喜欢，故将印度描绘成一个美得迷人，充满豪华宫殿、壮观寺庙和芬芳花园的国度。然而，他对这个国家的叙述，只是强调了流行的、对印度政治上的老一套歪曲形象。他宁可依据不可靠的资料，有时让想象力战胜自己，其结果必然是使他的著作出现某些荒唐的、甚至荒谬绝伦的叙述。

许多作家以印度作为欧洲冒险家之地。例如，沃尔特·司各特爵士（1771—1832 年）的《外科医生之女》中明显地突出了印度。然而他对印度一无所知，且在这部小说的导言中作了多处暗示。故事始于苏格兰，止于 18 世纪迈索尔著名统治者黑德尔·阿利和提普苏丹的领地；在经过一系列持续而艰难的战斗后，迈索尔新近被英国人征服。当然，司各特小说中的人物和情景是虚构的，他的印度历史知识是不正确的，而且他有苏格兰人的对童话、寓言和民间故事的爱好。

这一时期的许多小说作家个人并不具有印度知识，使用印度情景主要是为了提升他们的作品的声誉。但是，托马斯·巴宾顿·麦考利勋爵的情形不同，且使人困惑。他于 1834 年来到印度时已是著名文人，在印度生活了 4 年。然而他很少读印度文学作品，也未严肃地评价印度及其遗产，尽管一大批欧洲学者已揭示了印度专门知识的丰富，并在大量的欧洲语言中利用这些知识。如果他也这样做，那么英印关系的历史就可能是另一个样子。他写了关于印度的一本小书，写得满怀热情，且效果显著，使其在许多年里一直是英国有关印度的权威之作。1857 年的起义增加了这些文章的声誉，因为它们在英国人那里听起来顺耳。不顾反驳麦考利的大量证据，后来的英国作家一再地重复他的意见，致使这一谬误依然存在。麦考利之印度，是一个要越过无限的海洋和沙漠的遥远国度，在那里，黝黑的原住民生活在奇异的星星之下，崇拜奇异的神，还从右至左地书写奇异的字体。

在英国浪漫主义作品中，印度的突出并不令人诧异。使历
史学家吃惊的事情是，浪漫主义作家对印度只有一时的和较小 249
的兴趣。政治关系的复杂，也许妨碍了更好地理解印度文化。英国人来印度为的是统治，过不妨碍他们自己习俗的生活，并惬意地和经济上有保障地回国。深信他们的政治支配地位和物质繁荣昌盛是文化优越的证据，可能让他们只接受印度社会的消极面。有些英国官吏无疑对印度学做出了显著贡献，但大多数商人及在印度各委员会服务的冒险家，都是几乎没有文化的人，他们只对“摇动摇钱树”感兴趣。1857 年起义后，英国的权力虽然在某种程度上最终再度稳定，但起义给双方都留下了创伤。英国人因成功而得意傲慢，却始终不忘他们曾何等接近于大失败与灾难，这使他们谨慎、猜疑、甚至害怕；另一方面，印度人因失败而痛苦，于是转向为他们的民族复兴而做更有组织的准备。双方都记住了对方的残忍和野蛮，却不记得他们自己方面的作为。正是在这种互不信任和害怕的气氛下，由于政治危机和冲突，印度与英国之间的文化交流便每况愈下。例如，约翰·罗斯金（1819—1900 年）的观点就带有 1857 年事件的色彩：他认为印度人和他们的哲学是“幼稚的，在知识上是有限的，在他们的哲学即信仰方面同样是幼稚或有限的”而不屑一提。[21]

罗斯金以同样的权威与傲慢的态度写作和谈论他熟知的及他一无所知的问题。他是一位伟大的教师（他是牛津大学斯莱德艺术教授）和散文大师，也是一个复杂的人，既富魅力又邪恶，既正义又狂暴。他因遗传而有些疯狂，受间歇性精神病的折磨。丁尼生在其《保卫勒克瑙》中所表现的热情类似罗斯金。但是，这些是英国对印度的反应的一些极端例子，其中偏见代替了理性。

19 世纪下半叶之时，佛教在英国一如在欧洲一样为人们熟知。自 19 世纪末以来，欧洲许多思想家和作家真的曾经建议西方采纳佛教。不管他们成功与否，由于佛教理性的和现实的性质，它在近代西方赢得了声誉是无可怀疑的。在印度的、中国的和伊斯兰的这三种东方文明中，对现代西方影响最大的是印度的文明，尤其是经由佛教传入的文明。事实上，西方——特别是基督教徒——认为佛教过于强大，因而是可怕的。

250 1879 年出版的埃德温·阿诺德爵士的著名诗作《亚洲之光》已非常流行，依据的是吟诵崇拜佛教的《神通游戏》。它在美国达到 100 版之多，在英国有 50—100 个版本，并被译成了一些欧洲语言。后来的一些学者，如 T. W. 里斯·大卫（1843—1922 年，他以编辑巴利文资料而给解释早期佛教以巨大的帮助）、加罗林·里斯·大卫夫人、保尔·加鲁斯、爱德华·康兹、克里斯特马·汉弗莱斯等人，都对佛教在西方的流行做出了贡献。

1881 年，里斯·大卫创立了巴利文经书学会，它将许多欧洲学者的注意力吸引到印度思想和文学的新的重要的领域。除 24 卷译本外，该学会还出版了 117 卷巴利文经书，及一部巴利语–英语词典。伦敦和其他地方的佛教学会，在向西方阐释佛陀的教导中也起了重要作用。例如，查看伦敦《新政治家》近来任何一期上的会议和讲座通知，人们一定会有这样的深刻印象，即过去十年左右期间，欧洲对印度思想，尤其是对佛教的兴趣正稳步增加。

实际上，在 19 世纪初就曾有人做过努力，以证明原始基督教起源于佛教。N. A. 罗托菲克的书《耶稣基督不为人知的人生》于 1834 年出版，它试图证明，耶稣在开始其经历时曾有 16 年与婆罗门和佛僧待在一起。来自各国的许多学者后来联合起来，力图发现基督依靠佛教的事例，例如，鲁通夫 · 赛德尔（1882 年）、A. S. 埃德蒙（1909 年）、理查德 · 加尔比（1914 年）。1882 年罗托菲克的书受到严厉批评。在该书的英文译本中，他曾努力回应这种批评，并坚持认为，藏文诗中包含的学说与福音的学说相同，仅仅只在外表上有所不同。[22]

印度甚至部分地决定了英国人的性格，因为征服印度使英国成为强大的政治和军事帝国。种族优越感、民族排他性、预先注定的使命感，都使民族主义转向，这一民族主义常常表现为不充分陈述实情，表现为英国人为人所熟知的欺骗性自夸；严格的个人主义与集体主义巧妙地融为一体，在持续压力下的耐受力，都是英国与印度交往的自然结果。

从东印度公司早期开始，印度词汇就一直被英语采用。典 251
型的词有：churbar（正式接见），bazaar（集市），pukka（真正的、上），khaki（卡其布），bungalow（平房），divan（国务会议），chit（毛丫头），pundit（学者），pajamas（宽大的穿衣裤），baksheesh（小费），begum（贵妇），chop（公章，执

照，许可证等），cot（小屋），fakir（托钵僧），purdah（帷幔），raj（统治），nabob（富豪），darshan（得福），verandah（游廊），vakil（代理人，代表），zenana（闺房），palanquin（四（六）人大轿），mulligatawney（咖喱肉汤），chutney（酸辣酱），swaraj（自治）和 shikar（狩猎）。萨巴·拉奥注意到："《牛津英语词典》拒收《霍布森-约布松》(*Hobson-Jobson*）中提到的一半以上的词，并且不包括只在最近才流行的词；它给予承认的有约 1000 个词，许多复合词和派生词除外。"[23] 事实上，这个数目看起来虽然不少，但却很少考虑印英接触的时间之长和程度之强，也很少与印度诸语言对英语词的接受做比较。这一时期的语言吸收，受这种关系的性质和需要决定。例如，早期阶段的接触主要在商业方面时，所借用的词就主要是商业词汇，后来，当印度的思想、文学和哲学开始吸引英国学者的注意时，英国的文人们便开始在他们的著作中使用这些领域的术语。有效使用印度词的著名作者有弥尔顿、德赖登、奥姆、伯克、司各特、萨克雷和 T. S. 艾略特。

印度以一种独特的，尽管是附带的方式，不仅帮助英国发展了经济和社会生活，还发展了政治思想。日益多地流入英国的财富创造了一个新阶级，其对政治理念的部署和实验的不断开阔的视野，还需要印度的幅员作为背景。亚当·斯密在东印度公司看出了可恨的"商业制度"的体现。英国的许多政治运动检验自己的力量，早期开展竞争，都是在印度问题上。少数英国人成功地开创了帝国，增加了尽管是强烈独裁主义的但有组织的政府的力量。印度为当时占优势的英国自由派提供了行政上所十分需要的效率，提供了管理上的目的，还有自由贸易的以及英国福音派基督教传教活动的运作基础。影响了功利主义思想，并引起约翰·斯图亚特·米尔对自由、平等、博爱的批评的，正是这种印度的体验。他说他的书“像打开解决欧洲问题的印度灯一样”。印度影响的一个显著例子是英国帝国主义的发展，另一个例子则是文官的改革。梅因在其早期社会研究中深受印度的影响，他在出版《民众的政府》后写道：“如果存在一种理想的托利派，那么我可能成为托利党人；但我愿现在就获胜。事实是，印度和印度事务部使人们按照与大众舆论 252
几乎不相关的标准，来判断从事社会活动的人们。”[24]

甚至在与印度关系疏远的国度里，也能听到对印度思想的回音。例如，罗马尼亚最伟大的诗人米哈依·爱明内斯库（1850—1889 年）的诗中，可以发现梵语和佛教的影响。爱明内斯库经由叔本华学过印度哲学。他还有一些梵语的语言知识。尽管他能否读原版梵文经书是值得怀疑的，然而他翻译了弗伦茨·葆朴的《梵语词汇表》和《词典》的一部分。他的部分诗似乎是著名梵文经书的罗马尼亚文本，例如，在《一号函》中，他对世界起源的观察是，那时既没有存在，又没有不存在，这类似于《梨俱吠陀》的《创造颂》。他的诗中还常见涅槃思想。他的许多诗节中，还反映了印度教徒对现实和美的态度。在他的一些诗，例如《神与人》和《期待谢海雷扎德》中，也能发现印度的文学传说和主题。他的诗《真实的画粉》，不仅标题表示他熟悉奥义书思想，而且内容述及梵我同一。印度教一神论反映在其诗中：

如是呵鸟与人
日与月
生于梵死于梵
神圣的梵——
一切事物归一的地方。[25]

爱明内斯库的诗还包括许多情爱的主题，例如《欲神》，模仿印度教的爱神，那是创造的火花。爱明内斯库选择印度象征表示他内心的情感，这被认为是“他与印度古代文学接触深广的另一个证据”。[26]

对生活的日益机械化，俄国知识分子的反应也是转向东方寻求灵感的启迪。虽然这个运动不像西欧，尤其不像德国的浪漫主义运动那样强大，但俄国依靠其在亚洲迅速扩张领土边界之助，在她的国民性中获得了新的亚洲意识。事实上，甚至在大俄罗斯向东推进之前，恰达耶夫就于 1840 年说过：“我们是
253 东方的爱子。……我们在各方面都与东方接触，正是从那里我们得到自己的信仰、法律和价值观……”[27] 他声称，由于东方正在衰退，俄国是东方智慧天然的后继者。马克西姆·高尔基（1868—1936 年）在致罗曼·罗兰的一封信中说，俄国比中国是更东方的。多斯托耶夫斯基宣称，俄国将其精神转向东方是对俄国有利的。事实上，西欧与俄国始终存在一条鸿沟：前者常指称后者为东方。

列夫·托尔斯泰（1828—1910 年），以极大的敏感性对东方做出反应。他在喀山研究东方的语言和文学，由于经常性地

去往高加索而与亚洲人民有密切接触。他对印度文化早期的兴趣是虔诚的，且始终保持着。1870 年，他出版了一部民间故事集，其中包括有一些印度故事。在他的《自白书》中叙述了自己精神上的挣扎，也不止一次地怀着崇敬提到佛陀，叙述佛陀退隐的一些情节，并试图按古代印度的寓言解释人生在世的徒劳。古代印度的文学，马克斯·缪勒的丛书《东方圣书》，以及后来维韦卡南达的著作，都给了他以深刻的印象。他反对将他认为正在堕落的西方架构强加于印度，但也在许多观点，包括印度教宇宙论方面与印度教的意见不同。他确实是以一个社会改革家的眼光看待印度教的，而印度思想帮助他找到了一个得以重新评估基督教的新标准。托尔斯泰与他的许多印度朋友，包括圣雄甘地和 C. R. 达斯保持着通信联系。在 1909 年写给甘地的"致一个印度教徒的信"中，托尔斯泰引用了《奥义书》、《薄伽梵歌》、泰米尔的《说教诗》和现代印度教的宗教著作，包括维韦卡南达的著作。他力主印度人接受他所谓的"爱的法则"，并且不要为了西方的实利主义而放弃他们的古代宗教文化。托尔斯泰属于面对印度，就许多问题做出反应的最初的欧洲知识分子之列。大家知道，他反抗挑衅的理念曾影响了圣雄甘地。

较之于在英国，印度思想不仅在 19 世纪的德国，而且甚至在遥远的美国，都留下了更好的印象。由拉尔夫·沃尔多·爱默生（1803—1882 年）所激励的先验主义运动可以作为这种影响的注解。爱默生的中心主题是，一切存在物都是一种纯粹宇宙灵魂的表现形式。通过爱默生涵盖 20 年的《日记》，可以看出他的思想发展。第一次提到印度是 1842 年。似乎一开始佛教

254 就引起了他冲突的感情。他虽然承认佛教的教导伟大，但却不能断定它的实用性。他受到灵魂轮回概念的吸引：“于是我发现了世界的秘密，即一切事物都存在且不死，而只是离开视域一会儿，尔后又再返回来。”[28]

对印度教和佛教的发现使爱默生深深感到，所有的宗教在根本上都是相同的。80 年之后，罗曼·罗兰得出了类似的结论，他将该结论评论为“倾向于吠檀多学说”。不满于西方日益增多的实利主义，爱默生转向印度寻求慰藉：“印度的教导，穿过它传说的云幔，显出的便是一种简朴而庄严的宗教，就好像透过华丽的面纱看到女王的面容一样。它教导人们要说真话，爱他人如同你自己，以及不拘泥于琐事。”[29] 随着年岁渐长，他更加虔信印度教和佛教。爱默生的先验论，在他的著名诗篇“梵”中比别的地方有更完全的表述；森科特认为，该诗是由印度研究所莫里森博士所知的迦梨陀娑的拉丁文本所译而来。[30] 这首诗可能不是直接译自迦梨陀娑，但却源出于它。在其论柏拉图的文章中，爱默生明确承认他受惠于印度：“在所有的民族中，都存在倾向于留在主要整体概念中的心智。欢天喜地的祈祷，欣喜若狂的虔诚，使一切人迷失于一神。这种倾向最高级的表述见之于东方的宗教著作中，以及主要是印度的权威著作中，诸吠陀、《薄伽梵歌》和《毗湿奴往世书》中。那些著作的内容除这一思想之外，几乎没有他物；那些著作因尊敬这一思想而显出纯洁和崇高的性质。”

另一位将其注意力转向印度的美国人是亨利·大卫·梭罗（1817—1862 年），爱默生的年轻的同时代人和朋友。人们记得

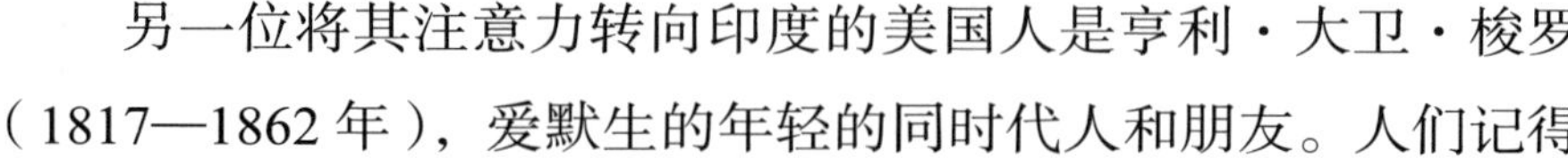

他主要是因为《瓦尔登湖》，这部著作大大地激励了英国劳工运动的先驱；还因为他的文章《论文明的不服从》，在该文中他反对政府干涉个人自由。在有些方面，圣雄甘地的人生哲学和行动计划与梭罗类似。他们二人都是热心的自然主义者；都相信人的劳动高贵，并试办自给自足的农场；都是素食者、绝对戒酒者和不吸烟者；都从《薄伽梵歌》吸取鼓舞力量；都是对人类不公正的反叛者。

关于圣雄甘地曾受惠于梭罗则有一些争论。梭罗的坚决支持者认为，他的文章《论文明的不服从》发表于 1849 年，是甘
地的文明抵抗政治运动的源泉之书，因为圣雄使用了“文明的 255
不服从”这个词组，以形容他对该国专制制度的抵抗。除了这样使用同一的词组之外，就很少有证明这个说法的根据了。甘地在其自传《我体验的真理》中，列举并分析过在他政治生活形成期对他影响巨大的书籍，那时他正在试验他所称的“坚持真理”（*satyagraha*）的政治武器。在他乐于承认受其惠的著作中，没有提到梭罗的著作。1942 年发动“退出印度”运动的前夕，甘地给美国人民写了一封公开信，该信给这个错觉增加了一些分量，因为在信中他对梭罗表示了极大的尊重，他以其特有的谦卑称梭罗为他的“老师”。然而，这封信也明确地说，甘地认梭罗为老师，是由于梭罗通过自己关于文明的不服从的文章，为他正在从事的事业提供了科学的论证，而甘地在用语方面是十分小心谨慎的。[31]

梭罗深受印度思想的影响，他的《日记》中含有他对广泛阅读印度经书的许多评论。1850 年他写道，吠陀的激励降临于

他，犹如无比强烈和纯洁的光芒那般；使他得以觉醒，就像众星映衬下的满月那样。《瓦尔登湖》中明确提到过印度重要著作，例如“与东方的所有遗迹相比，《薄伽梵歌》更是多么地使人赞美！”他甚至遵循传统印度教徒的生活方式，“我如此热爱印度哲学，我以吃米饭为主是合适的。”梭罗在与湖边老渔翁默谈时使用默语，这在印度十分普通。也许甚至更有意义的是，多次提到那条河以及与神圣恒河明确等同的瓦尔登湖。“认为所有这些提到的地方都不是梭罗生性喜欢印度的一部分，而不予以考虑，那就会低估东方对他的思想的极大影响，并会误解《瓦尔登湖》的目的。”[32]

沃尔特·惠特曼（1819—1892 年）属于在先验论者影响下的那些人们之列，他支持美国的知识独立。惠特曼的著作中虽然没有明晰引用印度文献，但他了解印度经书。他的诗文表现了强烈的人类兄弟情感，可能正是从先验论者那里，他学会了与一切人和物完完全全的神秘自我认同。他在《我自己的歌》中说：“一切宗教都是真实的”；这是一种始终受印度教思想青
256 睐的学说。19 世纪时，斯瓦米·罗摩克利希那再次权威地确认了这种学说。在惠特曼后期的一些诗中，他对印度教神秘主义表示了明确的兴趣。这些诗中十分有意义的是《向印度航行》，其中表达了具有特色的印度教学说，即他自己的灵魂与宇宙灵魂是同一的。

美国的基督教科学运动可能受到印度的影响。该运动的奠基者玛丽·贝克·埃迪与吠檀多派相同，相信物质和苦难都是不真实的；并且相信，充分认识这个事实是摆脱疾病和痛苦的

根本。她在《科学与健康》中断言:“基督教科学解释心智而不是身体的一切因果。它揭开灵魂与肉体的神秘面纱。它展示人与神的科学关系，分清人内在的可能不同的解释，并解放被束缚的思想。在神圣的科学中，包括人在内的宇宙是精神的、和谐的和永恒的。科学显示，被叫作物质的东西只是作者的人类意识所谓的东西的客观状态。”基督教科学的学说自然提供了基督教的架构，但在其文献中对吠檀多的反应常常是明确的。

在 19 世纪后期，维韦卡南达曾两次旅行美国，且广受热烈赞誉。然而有一些批评者，他们并不懂得他的动机和他表述的概念，而且他们害怕外国思想的流入。他的演讲引起了虔敬和争论，而这种虔敬和争论又进一步刺激了美国对印度宗教和思想的兴趣。结果是，美国的许多地方建立了吠檀多中心和罗摩克利希那布道会，它们作为印度思想活跃的中心今天仍繁荣兴旺。甚至在维韦卡南达激起美国人民的想象力之前，通过主要的美国大学开设的梵语课，梵语哲学已对美国的学术研究产生影响。

后来，泰戈尔曾三次访问美国，遍游全国，讲授关于印度艺术和哲学的课程，并且朗读了其诗歌和戏剧中的一些片段。他的著作已经受到并将始终受到广泛的好评。

由于大众传媒的进步，印度民族主义运动吸引了欧洲各国人民的注意；欧洲人民正在经历民主进步的时期，并为反对传
统和贵族的压迫而斗争。这一时期欧洲的一些知识分子对印度 257
有纯学术兴趣，但另一些知识分子倾向于东西方的综合。在后者中，法国的和平主义者、作家罗曼·罗兰是杰出的。他深切

地关心并支持印度的思想和文化事业。他认为东西方的雅利安人十分近似。他会见过印度知识分子，尤其是来自欧洲罗摩克利希那布道会的知识分子。他写了《罗摩克利希那传》，在其中说，“我一直在欧洲，但迄今尚不懂得它；新秋的果实，灵魂的新启示，印度的和谐都与罗摩克利希那的名字有关系。我为之创作形象的这个人，是三亿人民千年来精神生活的结晶。”[33]他还写过世界著名的圣雄甘地传记，这部传记激励了欧洲的许多思想家。一个英国海军将官的女儿米娜·本（玛德琳·斯拉德）读过这部传记后，放弃了奢华的生活，住进了甘地的静修园（ashram）。罗兰视甘地为朴素、谦恭和纯洁的体现者。令人奇怪的是，罗兰从未访问印度。罗曼·罗兰一方面与泰戈尔和甘地，另一方面与欧洲知识分子有密切接触，因而是印度与西方之间独一无二的中介人。虽然他自己是虔诚的基督教徒，但他常感到与他受教育的教会相比较，他的基督教与印度的各种宗教更趋同一些。

在现代印度的思想家中，M. K. 甘地（1869—1948 年）对外部世界有最重大的影响。甘地常被认为是自耶稣以来最伟大的人；他确实是自佛陀以来印度最伟大的人。他代表印度理想主义最优秀的方面。他的一生对印度革命的几乎所有战线都起过作用，而且他是以善反对恶，以真正爱的精神反对恶。Satya（真理）是他的上帝，asimsa（非暴力）是他的信条。他认为，暴力是真理精神的对立面；使人遭受身体伤害，说恶毒的语言，甚至想使别人受害，都是对非暴力的严重违反。真正的非暴力的确切含义是，人们一定要爱他的反对者，甚至在受到攻击时还要为之祈祷。许多基督教徒认为甘地学说是基督教思想的反应，那是不足为怪的。

甘地确实是基督教的伟大赞美者，且常常承认耶稣讲道摩西法的影响，他认为它包含耶稣的非暴力启示。在他每日的祈祷会上，他常朗读圣经的一些段落。《当我仰视神奇的十字》和《黑暗笼罩中的先导柔光》，是他最喜爱的颂诗。罗曼·罗兰认甘地为“我们自己时代的圣保罗”。甘地是如此虔敬耶稣，以 258
致在他事业的早期阶段，他的许多基督教朋友认为他几乎就要皈依了。但他是一个彻底的印度教徒。为表明他的态度，他曾对著名的印度基督教徒卡利·查兰·班讷吉说：“我今天的立场是，虽然我很赞美基督教，但我不可能加入正统的基督教。我必须谦卑地告诉你，印度教为我所知，完全使我的灵魂感到满足，充实了我的整个人生，而我在《薄伽梵歌》和奥义书中得到的慰藉，那甚至是在耶稣讲道摩西法中也得不到的。”[34]

克鲁泡特金的文章唤起了甘地实现和平无政府主义的理想。他的完全非暴力的社会将是无国家的，因为国家不可能对个人或社会实施非暴力。托尔斯泰的《神和王国在你心中》、拉斯金的《直到这最后》，都对甘地的哲学有贡献。

甘地虽然生性慈爱，且对全世界的千百万人发挥过无与匹敌的影响，但就本质上来说他在各方面仍是一个印度人。正如伦敦《泰晤士报》的一位编辑在他去世当天所说：“除了印度别无他国、除了印度教别无他教能产生一位甘地。”

虽然还必须看到对甘地的影响的强烈反响[①]，但毫无疑问的

---

① 反响一词原文作“reprecussions”，似应为“repercussions”。——译者

是，这些影响将不会中止，将无穷无尽。他的哲学已呈现出使自身长存不废的性质。他的非暴力学说和坚持真理学说，不仅给印度人民提供了为其权力而斗争的新方法，而且成了激励各地一切寻求正义的人们的源泉。与今日印度国内的类似运动相比较，不是发生在印度的运动，比如由小马丁·路德·金在美国南部领导的、肯尼恩·康达在北罗德西亚领导的著名运动，甚至可能被认为在本质上更是真正甘地的运动。

自 1955—1956 年蒙哥马利的公汽抵制，继之以 1960—1961 年静坐示威和自由乘车的骚动时期以来，美国的民权运动牢固地以甘地的非暴力概念为基础。这个运动正如所预料的，呈现出地方特色和个人性，并且在推动美国的黑人革命方面获得显著成功。马丁·路德·金常承认他受惠于甘地的思想和文献。

在纳粹德国，国内发展起来的真正抵抗运动，本身即受到
259 甘地的不抵抗和非暴力革命理论的激励。其领导人迪特里希·邦赫费尔对将这些思想应用于基督教之可能性，对以甘地的抵抗方法反对希特勒暴政的印象如此深刻，以致他曾计划进行一次“到印度朝圣”，以拜访甘地；但政治事件阻止了他，使之未能成行。

今天，无论何地发生反对不公正的广泛人民运动，它的进程就会沿着甘地坚持真理所激励的路线进行。确实，马克思的人民运动是社会主义，而甘地的人民运动是现代积极的和平主义。他的阶级合作与信任学说，激起了那些不喜欢预期只通过阶级冲突而取得进步的人们的希望。今日政治的关键是说服而不是压制。事实上，严肃的有些不同风格的英国作家，例如斯蒂芬·金–霍尔爵士和金斯利·马丁认为，对核战争的任何抵抗都必定是按甘地路线组织的非暴力抵抗。一位研究甘地的印度学者写道：“远离印度的国家，无论是准备好了的领域或是已投入了人员的领域，都会受到甘地的精神与实际之融合态度的影响。在国外的一些大研究所里，正就集体力学、集体与个人行为疗法从事严肃的研究；甘地的分量激励的是忠诚和团结，而不是扩散消极的群体影响，它激励了新的社会学和应用学的研究。”[35]

罗曼·罗兰谈到西方许多崇拜甘地的人时写道：“甘地不仅是印度民族历史上的一位英雄，他传奇的逝后名声将被千百年珍藏。他不仅具有积极的人生精神，这精神赋予印度各族人民以他们的统一、他们力量的自豪感及他们独立的意志；而且，他为西方人复兴了被忘记或背叛的基督的启示。他的名字已铭刻在人类的圣贤之列。他的形象的光辉已扩散到地球上的所有地区。”[36] 美国传教士约翰·海内斯·霍尔姆斯宣称：“如果我相信再生，我会由——我满怀尊敬地提到它——甘地而想象到基督又回到我们的世界。”

现代印度哲学家奥罗宾多·高士（1872—1950 年），将印度教的遗产转变成能动的精神进化。他是现代印度既是瑜伽行者又是哲学家的唯一的思想家。他探求使古代吠檀多的理论与现代科学唯物主义的理论及活力论相一致，因此而将精神的与物质的要求结合起来。他反对寻求将人降至昆虫地位的科学唯物主义。

他相信“唯一”（One）无所不在，相信人类进化不可避免的 260

终点是，与精神中的他（Him）完整和能动地结合在一起。现实虽然表现出多种多样，但它是不可分割的一体。除了他（Him）便一无所有，为尘世人和自然注入他（Him）的统一、和谐和完美，是每一个个人的灵魂的使命。这就是奥罗宾多哲学的核心，他的瑜伽的中心目的。因此，他的精神实在论不同于印度传统的摩耶（幻）学说。奥罗宾多在欧洲受教育，他的哲学深受进化论和西方对物质世界积极态度的影响，但他发现了不二论的湿婆派式和拜力派式二者中的这些因素。[37] 罗曼·罗兰认为奥罗宾多是欧亚天才的完美结合。他是洞察现代科学心智的一位印度仙人（rishi）。他不是去找东西方之间的冲突，而是视东方的古老遗产与西方的新知识为有机的整体。他的哲学像甘地哲学一样，用一种源出于印度往昔的语言来表达，但却提出了使现代西方困惑的难题。

奥罗宾多的哲学植根于吠檀多意识，而他的同时代人伊斯兰教徒穆罕默德·伊克巴尔爵士（1876—1938年）却深信伊斯兰教。作为诗人和哲学家，他曾写过最流行的民族歌曲之一《印度斯坦人民的颂歌》（*Sare Jahan se Acchha Hindustan Hamara*）。他精通欧洲思想和文化，但却不是以哲学家，而是以诗人更知名，尽管他启迪了巴基斯坦的建立。他在德国完成其以波斯玄学为主题的博士论文，在那里他实际上已意识到西方科学唯物主义的优劣两方面，意识到继之而来的欧洲知识界与国家间令人非常痛苦的内部冲突。他称赞欧洲生活的活力和能动性，但批评其机械论和功利主义的方面。在他的诗和教导中，他将其伊斯兰教信仰与西方的理性主义相结合，并受到尼采很大的影响。

他虽然是神秘论者，但却宣扬欲念的赞美和先见，而不是它的消极面。有些像《薄伽梵歌》，他极力主张人与其探索神，倒不如探索人自己的真实。他的哲学本质是，力求只通过个人持续不断的努力才能达到的完美。在其生命最后的几年，伊克巴尔日益为苏俄的进步所吸引。

拉宾德拉纳特·泰戈尔（1861—1941 年）是诗人、哲学家 261
和教育家，但首先是人道主义者。他基本上受奥义书的激励，相信新印度不属于一个种族或宗教，而属于人类。他对西方一些首都的访问总是伴随着广大的人群的欢迎，他已成为世界范围崇敬的人物。对一位诗人，尤其是附属国的诗人，这种欢迎是独一无二的。尽管如此，不顾一些著名的欧洲人如托马斯·哈迪、阿纳·托尔·弗朗斯、托尔斯泰和左拉的得奖权，1913 年的诺贝尔奖授予泰戈尔，却引起了欧洲某些舆论界的抗议，因为泰戈尔不是“白人”。让泰戈尔享有荣誉，西方也许要努力表明它鉴赏泰戈尔所光荣体现的印度遗产。

泰戈尔用孟加拉文和英文写作。自 1913 年以来，他的诗实际上已被译成每一种欧洲语言。印度人生前在西方得到如此大的荣誉者，别无他人。这种鉴赏不可能不伴之以理解。卷入了政治和军事同盟冲突中的西方，当第一次世界大战爆发时已对物质进步的无益感到灰心。这时泰戈尔给了他们一封信，呼吁“他们的聪明才智，他们的好意，他们渴求摆脱突发事件的枷锁，用同样的语言与白种人、黑种人和黄种人对话……怀着孩童和先知般的纯朴”。[38]

战后，欧洲对亚洲文化的反应采取了冲突的方式。一些思想家捍卫西方，另一些思想家则为东方欢呼。在欧洲重新思考的这个过程中，印度和泰戈尔起了重要作用。无数西方读者热读泰戈尔的著作，希望找到摆脱人生挫折的神秘慰藉。许多欧洲知识分子坚定地确信，只有东方的理想能拯救他们，以致在全欧洲建立了许多假东方学会。其中许多学会只有关于东方不准确的知识，且实行一些流行的假佛教的及瑜伽崇拜的形式。

在泰戈尔会见过的欧洲许多知识分子和艺术家中，威廉·巴特勒·叶芝（1865—1939 年）是他最亲密的朋友之一。他将《园丁》献给叶芝。叶芝认为，诗是一种神秘体验、出神状态的产品，出神时世俗的冲突已熔释，下意识转变成艺术创造，这一看法具有印度起源。叶芝发现印度，事实上是在他与泰戈尔密切接触以前很久。他于 1897 年发表文章《凯尔特语的要素》，
262 三年后又发表论雪莱的文章，在该文中将知识女神助人的精灵与东方天神（Devas）做了比较。在其青春时期，由于辛内特的《奥秘的佛教》给他以深刻印象，他疏远了科学；神智、佛教、颂诗的力量和诗，长期以来就是他的世界。他在《自传》中说，正是在通灵研究和神秘哲学的冲击下，他脱离了父亲的影响，而且他在学童时期就花了许多时间在神秘集会上。叶芝叙述他在都柏林第一次会见印度哲学家时说："正是我第一次与印度哲学相遇，就进一步证实了我模糊的思索，且立刻看来是符合逻辑的和无限的。他教导说，意识不只是在它的表面展开，而且在幻象和冥想中有别的运动，并能出现高深的变化。"[39] 然而他对印度的鉴赏，与其说是经院式的，倒不如说是浪漫主义

的，这与欧洲许多知识分子是共同的。在他与泰戈尔接触、发现英文版《吉檀迦利》后，他就更加转向东方寻求灵感。出色的英国艺术评论家和画家威廉·罗森斯坦爵士，是将泰戈尔介绍给欧洲知识界的主要人物，当他把《吉檀迦利》出版前的手稿给叶芝阅读时，叶芝深深地为它而感动，无论到哪里都随身带着它。他为《吉檀迦利》第一版所写的前言是："这部抒情作品……以其思想展示出我终生梦寐以求的一个世界，这是一部文化品位至高的作品，但其诗篇生于共同的土壤，长于共同的草原。"[40] 他继续写道："对我们而言无比奇特的整个的民族，整个的文明，看来是被吸引到这种想象之中；但我们不是由于它的奇特而被感动，而是因为我们迎合了自己的想象，仿佛漫步在罗塞特[①]的柳树林；或者也许是因为第一次在文学中，我们听到了如同在梦幻中自己的声音。"[41] 叶芝写过一些有印度背景的诗，例如《贪婪》。《坎瓦论自己》依据的是印度教祈祷词："我曾以许多生命形态活过……现在的一切事物都会再现。"

叶芝十分看重泰戈尔诗中将给人以美的享受的意象与对人生的深刻精神鉴赏相结合。叶芝还追求他所谓的"存在的统一"的事物，追求将自然世界与精神世界聚集在他的诗中。按他的概念，思想没有把自然与神分开，而缚手缚脚的负罪感会被快乐欢愉所排除，艺术家的创造才智就在此中获得解放。据叶芝说，欧洲的著述，尽管其隐喻熟悉、结构普通，现已不再可以接受，因

① 罗塞特（Rossett，原文拼为 Rossetti），是位于英国英格兰与苏格兰交界地区的村庄，以富于田园风情著称。——译者

263 为精神与物质被无可挽回地分离了，结果是大自然已变得有害。叶芝不会放弃充满艺术、美丽和音乐的大自然。他认为泰戈尔是歌唱生活的快乐、不破坏它奥妙的神圣感的圣人。与泰戈尔不同，叶芝对瑜伽体系和密咒派有强烈的兴趣。这两部权威经书大约在同时传到欧洲，并进一步影响到叶芝。

叶芝到生命的最后有点离开了泰戈尔，但他继续从印度吸取鼓舞，这鼓舞对于他，就相当于憧憬人生最终的和谐。像另一位爱尔兰诗人乔治·威廉·罗素（以 A. E 而知名，也处于奥义书和神智学的影响下）一样，叶芝也发现了构成盖尔[①]文明与印度文明基础的同一的精神。

在其“妙高山”（Meru，1935 年）——Meru 是印度神话中世界上的中心山脉——中，叶芝将神秘主义者的宁静生活（不顾大自然的困苦），与以人世为例的创造和破坏的暂时轮回进行比较。叶芝不仅受印度神秘主义的影响，而且受印度古典文学和艺术的世俗方面的影响。

追溯印度世俗思想的影响，还要注意其他作家如爱德华·卡彭特、哈韦罗克·埃利斯和 D. H. 劳伦斯等人的著作，他们从《欲经》中为其对早期僵硬的性道德的反对找到了支持。这部经书不顾加之于它的各种限制而被广泛地阅读，它对西方人所具有的影响比通常认识到的要更微妙得多。

T. S. 艾略特、阿尔多斯·赫胥黎和 W. H. 奥顿的神秘主义，显然皆出自印度教的根源。A. 赫胥黎，严格的批评家、杰出的

① Gael，为苏格兰高地及爱尔兰等地区的盖尔人。——译者

小说家和他那个时代的讽刺作家，深切关注印度的宗教和哲学。他是一个受过科学训练的、十分老练的欧洲人。他根据观察自己和周围世界的行为举止，以体验美的享受和神秘主义的经验。他发觉印度人对生活的态度有许多缺点。但他经过长期思索后确信，除非个人的感受力，排除一切激情，经忘我而达到自我认识，否则社会就不可能改变。在《墨西哥（Mexique）湾以远》（1934 年）和《目的与手段》（1937 年）中，他提出，时间的变迁是人专心于个人事务而产生的幻觉，人通过冥想才能消失在超时的真实之中。在《目的与手段》——一篇和平宣言——
中，赫胥黎第一次几乎是恭敬地提到甘地，说在甘地的成就中，264
手段与目的是不可分割的。在《粗人与精粹》（1948 年）中，他认为甘地被暗杀是世界的悲剧。《常生的哲学》（1946 年）则是他具有印度思想，尤其是吠檀多的另一阐释。

T. S. 艾略特在他的著作中，显示出对印度教和佛教的知识广博且大为同情。例如，《荒原》有佛陀布道的内容，有《广林奥义书》中的著名段落，结尾也像奥义书一样用梵文词 *Shantih shantih shangih*（和平！和平！！和平！！！）。《四个四分之一》再次肯定，他对印度教和佛教经书熟悉且有兴趣。在论述时间和无限时间的《一天所获的救助》中，他明确地提到《薄伽梵歌》，提到无私的行为（*niskama karma*）的基本学说：所有人的行为应以正义和善意为动力，而不应以寄望于名利为动力。

在萨默斯特·莫姆的《危急时刻》中，在爱丁·斯迪威、克里斯托菲·伊舍伍德和杰拉尔德·希德的著作中，都很容易看出印度的影响。C. G. 荣格用其心理学体系的术语阐释印度教和佛教，并且指出印度思想对现代西方的巨大意义：“我们尚未认识到，我们用自己擅长的技术将东方的物质世界弄得乱七八糟时，东方却用它擅长的对心灵和灵魂的认识使我们的精神世界陷入混乱。我们还从未找到那种对外压倒东方，对内对我们有支配力的思想。”

印度思想深深地吸引了西方许多其他的科学家，引起他们对其知识上的预先假定及遗产的修正。体脑关系是西方心理学家多所关心的，亦如古代印度哲学家多所关心一样。著名的英国外科医生肯尼特·沃尔克花了大量时间，写作对印度思想的研究以求找到答案：

> 从科学的观点看，我们认为人是精心制作的一件机器，人的行动由他的内分泌腺、中枢神经系统、遗传的天资和周围的环境决定。从哲学的观点看，我们认识到，人获得知识的能力受到严格限制，所以只用感官他就永远不会认识真实。这为东方的哲学所证实，并且增加了新的思想。现在的人能看到的和能做到的都不能再多，但靠正确的努力和正确的方法，他就能获得新力量，理解得更多，成就
> 265 得更多。最后，我们还有宗教进一步证实这个思想。所有的宗教，它们的信仰不管怎样不同，它们的哲学不管怎样各异，都无一例外地包含这个变化的可能性的思想，所以人能变成与他现在不同的人。从所有宗教的观点看，人是其内部存在更大潜力的一种生物。[42]

在印度文化和哲学思想的当代阐释者中，S. 拉达克里希南

（1888—）[①]是最著名的。他的许多著作（几乎达30部）用极好的英文写成，具有引人注意的独创之处。他长期在牛津大学教印度哲学，授课深入浅出，对大多数外国人来说他就是印度哲学家的典型。他的学术地位无疑得到他在印度政治生活中杰出地位的帮助，他曾作过一任印度的Rastrapat——总统。[43]事实上，在拉达克里希南的著作广为人知以前很久，他已对西方产生十分重要的影响，以致在30余年前，C. E. M.乔德出版过一本书，书名是《东方的反击—拉达克里希南的哲学》。

一般而言，拉达克里希南被认为是有活力的理想主义哲学家，以深刻的精神色彩，宽容的观点，正确评价一切宗教和文化的永恒价值，以及对人类文明的未来持永久自信的乐观主义为特征。他的理想主义包括西方思想家，例如柏拉图和黑格尔的某些影响，但实质上它的内容是奥义书的。他接受奥义书的一元论和一神论的观点，却不使一个观点从属于另一个观点。他的理想主义的本质是，精神及其内在物质、生活、头脑和自身的表现形式至上。这不是黑格尔的那种内容，因为它不是固定的，而是能动的和真实的。人们在到处都能感觉到它，尽管无论在哪里也见不着它。精神是绝对的，不仅是迫切的，而且也是超验的。他信奉商羯罗，但认为世界不是空幻（maya），正如其他的大多数不二论者的认识一样。虽然创世是不能说明的，但世界并非没有价值和重要性。他更愿说世界是生物与非

①　S.拉达克里希南（1888—1975年），在原作出版后才去世；曾于1962—1967年担任独立后印度的第二任总统。——译者

生物的结合。

对西方思想有重大影响的其他的印度文化阐释者中，阿难陀·库马拉斯瓦米（1877—1947 年）是独一无二的。他出生于锡兰，父亲是一位颇有成就的锡兰律师，母亲是英国人，起初受过作地质学者的教育，后来却成为完全与印度传统结合的学者和哲学家。他对印度文化出色的分析，显示出科学的探究与
266 艺术的系统阐述少有的结合。他的研究之作包括考古学、哲学、肖像学、玄学和宗教。在其生命的最后 30 年间，他曾在波士顿美术博物馆工作。他的撰述显露出虔敬、刻苦和博学的学识，广博的才智，及敏锐的洞察力。他的著作如此权威，以致现代任何关于印度艺术有价值的作品，实际上不可能不引用库马拉斯瓦米的著述。

他希望印度始终是印度人的，能继续说明和示范，植根于宗教和哲学的人生观也可以是雅致的、体面的和使人充分满足的。在印度，哲学是理解具体人生的关键，而不只是抽象思维的知识训练。

人们可以从贾迪什·昌德拉·鲍斯（1858—1937 年）看出印度对西方影响的巨大反应。鲍斯是现代印度科学的先驱，他将印度内省的方法与现代实验的方法相结合，以说明“物质普遍生命”即“物质中的生命无处不在”。他使用极灵敏和精密的特殊科学仪器，通过实验室的试验证明植物有生命。因此现代科学认可了古代奥义书的真理：整个宇宙产生于一种生命力，且因一点儿生机就轻微地颤抖。他的著作表示精神对绝对唯物

论的胜利。

罗摩克利希那的两个弟子斯瓦米·维韦卡南达（1863—1902年）和斯瓦米·布拉马南达（1863—1922年）于1897年创立罗摩克利希那布道会，总部在加尔各答附近的贝卢尔。布拉马南达留在印度任该组织的首领，维韦卡南达则率先在美国和其他西方国家建立罗摩克利希那布道会。然而，当1893年维韦卡南达访问美国，去参加芝加哥世界宗教大会时，他不是作为传布罗摩克利希那信仰，而是作为阐释吠檀多哲学的人士与会的。因此，在罗摩克利希那运动流传前，吠檀多哲学已得到进一步传播。在任何情况下这二者的区别都很小。

维韦卡南达勇敢地声称，吠檀多哲学注定要成为人类的宗教。在芝加哥的会议上，当他对印度教的宗教作非凡的叙述时，他获得了与会者自发的热烈欢迎。他在海外为印度古代文明，为
吠檀多哲学，为印度民族再生的权利赢得了大众的认可。由于其 267
人格的冲击力，他无论去到哪里，在欧洲、中国或埃及，他都造成一次小的轰动；在美国，人们称他为“旋风式的印度教徒”。

通过其在西方国家几乎每一个西方首都建立的印度教寺庙（*maths*），维韦卡南达和罗摩克利希那布道会产生的影响是巨大的。虽然基本上是印度教寺庙，它们却倡导所有的宗教是一致的，倡导“殊途同归”的学说。这种极端的宗教宽容，对许多西方人具有自然的感召力。然而，有些人却惧怕这“自己活也让别人活”之态度的深刻挑战。

印度理念经由神智学而给西方心智留下的印象之深刻，可

用J.克利希那穆提（1895—）[①]的著作广为流行来揣测，他在青年时代被欢呼为“弥赛亚”（Messiah，民族的救星）。克利希那穆提教导的中心主题是，人正是通过自知而认识到永恒的真实。

神智（Theosophy）这个词是对梵文词 Brahmavidya 的翻译。最初于 3 世纪时由希腊哲学家艾姆布利库斯所使用，它的意思是关于神事的内在知识。就其现代意义说，神智是 1875 年由 H. P. 布拉瓦茨基夫人在纽约创立的一种运动。神智学社是非教派团体，它的信条是不存在高于真理的宗教。它追求的是形成人类普遍兄弟情谊的核心，不分种族、信仰、性别、种性或肤色；是鼓励从事比较宗教、哲学和科学的研究；是探索尚未说明的自然规律和人的内在潜力。

神智，意思为梵天即神的知识，准确地仿效奥义书和印度哲学所提出的概念，例如，一种超验的、永恒的、遍及一切的、承受一切的、自我存在的人生学说，以及再生和灵魂解脱的学说，都与印度教理念非常类同。神智学者认为印度是神秘智慧和奥秘科学的园丁，是一切宗教超验统一的主要阐释者。

除了神智学社在西方的影响之外，神智对印度以东的国家也有引人注目的冲击力，例如印度尼西亚的早期民族主义通过
Taman Siswa（词义为“弟子园”）处于神智学者的影响下；苏
268 加诺有一个时期也赞同神智。布拉瓦茨基夫夫人于 1883 年在爪

---

① J. 克利希那穆提（J.Krishnamurti，1895—1986 年），生于英属印度马德拉斯（今印度雪莱），卒于美国加州奥哈伊；是印度出生的世界演说家、神秘主义者和哲学家，主要著作有《第一次和最后的自由》、《理想的革命》、《克利希那穆提笔记簿》。——译者

哇创立神智学社分社，到1910年它有超过2000人的社员，其中大约一半是欧洲人，剩下的是印度尼西亚人和华人。神智学运动在印度尼西亚还兴办它自己的学校，称为阿周那（Arjuna）学校。

瑜伽探求经由脑、体的了解和训练，将人未开通的生命力与人本身已开通的和天赋的部分相结合，它在西方正日趋流行。西方最熟悉诃托瑜伽（控制身体的瑜伽），正如该主题的大量出版物和瑜伽学校数量的迅速增加所表明的那样。保罗·布朗顿的《瑜伽之外所隐秘的教导》于1941年出版，已发行了11版。最近伯明翰市议会提议设瑜伽课程，是英国地方当局的首次正式认可；数年来对该课程的需求日益增加。1965年2月23日《泰晤士报》(伦敦）报道伯明翰的瑜伽学校时说："吸引力通常是放松而柔和的练习，以及围绕教室周围的东方神秘气氛。全日学瑜伽的学生要放弃许多欢乐，夜校学生似乎并不知道。他们中的许多人说，他们并不想'参与得那么深'，但这些班级用微妙的方式改变了其中一些人的信念。"

瑜伽哲学之父巴颠阇利给它下的定义是："不让心灵素材[①]采取不同形式。"基于适当训练心智的心理学概念，瑜伽意在达到更高水平的自觉。它是一种发现事物本身的特长并加以发挥的方法，而不是关于宇宙的一种预想的玄学理论。瑜伽的目的在于，消除因*avidya*（愚昧）、自私、恋爱、厌恶、眷恋人生

① 心灵素材（mind-stuff），被认为是现实的基础，并内在地由心灵实体成分构成，而以质料的形式表现于外部的基本材料。——译者

（皆与自己的真本性不符）等引起的痛苦、罪孽和一切缺憾。通过知识或启发以消除这些障碍，通过控制人脑的意识流，人就能变成真正的人。这样一个广为人知的体系，因其古怪的实践常被误解，甚至被斥责，那是很自然的。它的影响显然使一位博学的、用自然法则解释事物的英国作家深感不安，因而恶毒攻击印度思想；他自称关于这个思想知之甚少，却重述那些相信西方哲学是全部真理永恒标准的人的偏见。[44]

近年来印度思想日益增长的影响，确实使西方的一些宗教作家感到害怕，例如汉德里克·克雷默（《世界文明与世界宗教》），他称这种影响是“东方的入侵”。也许是过分急于要捍卫西方的基督教传统，可能使克雷默高估了印度的影响。但有

269 许多欧洲学者，用清楚明白的措辞责备印度思想。不管是反应或者抗拒，是赞成或者谴责，这全都同样是冲击和刺激的表示。

印度劳工规模有限地移民到其他国家，也提供了印度与外部世界之间的另一种联系。印度移居者于 1830 年开始向其他国家移民，主要是在英国人的种植园做工。这使在数年之后废除商业上的奴隶制成为可能，那时这种臭名昭著的契约制度被引入不列颠帝国。被迫的或自愿的印度移民，可能仅次于欧洲移民。印度移民所到的地方，都不是所有欧洲国家移民的附近地区；但它在绝对数量上、而不是在人口的比例上，超过任何一个国家有记载的海外移民数。据一项估计，1834—1932 年间有 2800 万印度人移居各国。今天，据说在全球的 40 多个国家里有 400 余万印度人，他们在其中的有些国家里已成为多数，例如英属圭亚那、斐济和毛里求斯，在有些国家他们是强大的少

数；在不列颠，据一项最近的估计表明，他们超过四万人。他们在政治上和经济上都十分重要，也必然具有重大的文化影响。

大约 10 年之前在不列颠进行过一次重要的社会调查，并出现一些令人吃惊的结果。以 5000 人代表抽样，各年龄、各阶级的男女，被选择来回答问题。近 1/4 的英国人认为他们不属于任何宗教或宗派。大约 1/2 的人（47%）表示肯定相信来世；1/3（30%）的人说他们不确定。然而最有意义的是，所有自称相信来世的人的 1/4（人口的 1/8）相信这来世不会是永恒的；相信的人的 11% 实际上声称他们相信轮回。这“或许是这次研究中得到的最令人吃惊的信息。”[45] 相信再生是典型的印度学说，是与欧洲和西亚相悖的。

欧洲反印度学问入侵会产生某些反应，这在政治上和知识上都是不可避免的。反外国思想的反应，似乎是人类共同的一种非理性。确实，政治关系的性质和民族主义的自傲，可以理解地起了重大作用。一般地说，在以相对平等为基础的其关系的早期， 270
欧洲各国接受印度思想更多一些。但当欧洲的政治、技术和经济超越亚洲人被认可时，欧洲的，尤其是英国的见解不由产生一种优越感。政治关系对文化交流的影响可由下述事实进一步说明，即一旦英国成为印度的最高统治者，印度学问就从欧洲其他国家而不是从英国得到更同情、更富想象力的理解。

欧洲学者在 18 和 19 世纪发现印度思想，引起敬慕和热情迸发，主要是由于他们认为，印度思想满足了欧洲文化的需要。不论基督教还是希腊和罗马的古典文化，都被认为是不再能令人满足的，欧洲知识界便寻求将印度学学者带来的越来越多的新知识，应用于他们自己的精神追求。对印度思想进行的严密考察下，显露了一些较深刻的理念，同时也暴露了一些错误的观念。甚至一些称赞的人也变成批评与怀疑的人。这两者所依据的都是不完全的知识。歌德本人从一种观点变动到另一种观点，尽管他继续承认印度思想的巨大激励。这相互冲突的看法，事实上是现代欧洲人对印度态度的特点。虽然近年来一些欧洲作家对印度思想做了彻底而富有同情心的研究，但印度在西方人的头脑中仍是想象出来的相互冲突的形象，并激发出从吉卜林的讽刺文章到马克斯·缪勒的“地上极乐园”等形形色色的反应。

有意思的是，除显著的例外，印度似乎对那些未曾亲访该国的欧洲人最有吸引力。换言之，印度思想对欧洲人心智的影响比对现代印度人更大。

印度思想提供给西方的激励是合时势的和非常宝贵的，尽管它是不平坦的、断断续续的和在许多方面是有限的。在所有欧洲国家中，德国对印度的反应最热情、最坦率。也许德国与印度之间的心智是类同的，这意思是两者都沉湎于冥想、抽象思索和泛神论，以及两者皆倾向于不定型、精神性和先验论，因而有助于德国理解印度文学。莱奥波德·冯·施勒德尔说：
271 “印度人是古代的浪漫主义者；德国人是现代的浪漫主义者。”
他甚至得出结论：由于欧洲的浪漫主义与他们认为的印度的浪漫主义极为相似，所以西方所有的浪漫主义都向印度请教。对自然界的多愁善感和情感，为德国诗和印度诗两者所共有，而它们都是外国的，例如为希伯来诗和希腊诗所共有。在另一个不同的方面也可以进一步说明两个民族的类似：印度人倾向于制订科学体系，印度是古代学者的民族；同样地，德国人是现代学者的民族。

即使怀疑德国人与印度人相类似的联想被过分强调，如果不是全然错误的话，仍然不能否认德国对印度文学和哲学的反应是既迅速又大量的，这一定是由印度思想对德国心智某些固有的吸引力所决定的。

法国人不属于最早与印度接触的欧洲人之列。但是，以其文学情趣著称的法国旅游者，一访问印度并报道其旅行，法国文学圈子就立即热情地做出了反应。法国人对印度研究的兴趣要大大地先于英国人，它的特征是对印度文学和思想富于想象力的理解。产生了许多杰出的法国印度学家，法国对印度研究所做的贡献质优量大。事实上，在说英语的世界工作的印度学家没有充分使用法国人的这些贡献，这可是有些令人奇怪的事情。

英国人对印度学问的反应是十分混杂的。印度虽然是难处理的政治问题，但她却是英国权力和成就的象征，也是其经济财富的主要来源。印度作为一个国家的政治问题，需要集体行动，但知识上的反应则是个人的事情。思想家们仔细地研究印度，有一些人入迷，但另一些人却抗拒。在这两种情况下，印度理念都刺激英国人的想象力，并以各种方式产生影响，这种影响常常是相互冲突的。为了政治的权宜之计，例如需要向英国公众证明统治印度的正确，英国行政官被迫将印度文化解释为堕落的和颓废的。甚至那些鼓吹自由和民主的功利主义者，也支持公司的继续统治，以便能使印度恢复活力。

272 印度与英国文化合作的另一障碍，是在印度工作的英国人。在贸易和利润之外，早期的行政官对任何事情都漠不关心；1830年之后的后期行政官，受文化自卑感与政治优越感结合之害，表现出伪善、偏见与傲慢。他们来印度常常只有几年，总是过孤傲的生活，而回国后就兴致勃勃地谴责印度的文化和传统。有一个事实最能反映他们对印度艺术的冷漠：自由派的威廉·本廷克曾严肃考虑，拆掉泰姬陵并卖出大理石以应付公司财库缺钱的可能性。他被阻止，却只是因为“对亚格拉宫廷建筑材料的试拍卖并不令人满意”。靠麦考利、穆蒂尼和吉卜林提供资料的英国人不赞赏印度，是毫不令人奇怪的。

尽管有这些障碍，印度文学仍吸引了少数英国学者和作家的想象力。这个未知的浪漫主义王朝的国度，奢华的和异国情调的美，神秘的宗教和发达的哲学，成了浪漫主义文学的精神源泉。印度的各族人民、风景、习俗、宫廷、宗教仪式、民歌、猎虎、隐士、建筑，呈现出一种神话般的景象，这一切正日益吸引大众的兴趣。

遗憾的是，欧洲人没有继续他们的优势，没有更好地使用印度的知识。如果印度的哲学、文学和艺术在欧洲得到更充分的、更少阻止的了解，包括一切文明的或欧洲复兴的某些新形式，比技术和工业革命更综合的新形式就可能产生。一个印度文官、历史学家加拉特却认为，英属印度的统治者不是文化交流的好渠道，因为他们“未能达成‘印度教的学问与欧洲学问的统一’，或者给予人民中固有的技术和知识以任意发挥的余地。”[46]

第七章　印度对现代欧洲的反应 273

欧洲探索印度古代学术之际，印度却正将注意力集中于欧洲近代知识。在这种文化遭遇之中，欧洲在极大程度上占有主动权，因为她是年轻的发展中社会，具有轻而易举地获得她所感兴趣东西的探索精神和物质力量。相反，印度人即使知道自己需要什么的话，也不能随意掌握它。结果，欧洲学会印度学问的时间，要比印度人获得西方知识的时间短得多。的确，某些西方科学理论和工艺技术，仅自印度独立以来才被掌握。

一旦浪漫主义和幻灭的最初时期过后，印度–英国的政治关系便牢固建立起来，印度与西方文化相互影响的新阶段开始了。随着西方对亚洲统治的增强，科学技术的进步，文化交往进程速度加快和势头增强，印度与欧洲的人员交往、思想交流相应增加，大量印度知识分子、学生、官员、士兵、旅行家、王公和商人开始出访不列颠和欧洲。印度和现代欧洲之间的文化遭遇，几乎史无前例。

西方传统是一个高度一般化、极为含糊又难以下定义的概念；出于急功近利，它常被人们任意引申去包括一切，或者排除一切。它既不是统一的思想体系，也没有不间断的历史延续性。就确切性质和价值而言，它存在深刻的矛盾，是形形色色甚至相互矛盾的思想体系和传统的混合体。例如，它以早期希腊的特征为荣，又以基督教的传统为傲，而这两者之间水火难容。

274 即使浅显的调查研究，也可以发现西方传统的内在矛盾。西方传统常被视为以物质发展和科学进步为特征，然而基督教神秘思想也根深叶茂，并且直到不久前在基督教统治的西方，科学仍然绝对受到斥责。希腊化时代的科学研究，在大多数方面比中世纪的欧洲要发达得多。事实上，希腊化时代的科学究竟为什么衰落尚缺乏解释。还有，人们一再指出：西方传统源于个人自由的扩大，个人自由是西方文明的精华。有些西方学者走得更远，并断言：西方将“否认自由”视为“否认个人价值，因而视之为与人类精神相悖的罪恶”。然而，要完全否认西方的奴隶制、封建主义、殖民主义和帝国主义以及种族主义，是不可能的。西方引以为荣的西方自由主义，是17世纪反抗残暴得令人难以置信的宗教战争期间流行的暴力和敌意的产物。但是，即使自那时以来，自由主义在西方也并非没有受到挑战。确实，极权主义和对思想自由、个人自由的压制似乎是西方传统不间断的倾向，它产生了世界历史上的大多数暴君，包括亚历山大、尤利乌斯·恺撒、尼禄、拿破仑、希特勒和墨索里尼。将这些独裁者和征服者与诸如耶稣·基督、乔达摩·佛陀、阿育王和圣雄甘地等这些均诞生于亚洲的非暴力与和平的先知做对比时，这一事实更加令人触目惊心。君王神圣权力的概念，在西方君主——希腊的亚历山大，罗马的恺撒之辈，俄罗斯的沙皇，法国波旁王朝的统治者和英国斯图亚特王朝的统治者——中找到了更热衷得多的提倡者。西方世界前仆后继争

取自由并非杜撰，但这只能证明西方传统中存在着反自由的力量，存在着极权主义的激流。

还有，不能像经常听说的那样，声称基督教的兴起对改善个人地位大有裨益，因为宗教迫害是西方基督教的共同特征。受迫害的基督徒一旦掌权，自己便成为迫害者；恺撒成为基督教手中的刀剑时，他的神性不是减少了，而是增多了。教会与国家间的可怕倾轧不是为了个人自由，甚至也不是为了宗教自由而进行的；教会要迫使俗权为自己服务。任何不赞同教会信仰的人都立即被宣布为持异端者。灭绝性的十字军东征和宗教 275
战争，常常同希特勒对犹太人和对吉卜赛人的屠戮一样残酷。教会甚至迫害中世纪的吟游诗人和吉卜赛人，因为他们热爱自由。一旦所谓的持异端者得势，其专制比起先前的迫害者来并不逊色，并且并不比他们宽容。正是新教的倡导者加尔文竭力将世俗生活和宗教生活置于唯一的权威之下，从而同样竭力用“圣徒规则”指导思想和行为。他的党是西方文明中第一个铁板一块的党，一切专制国家皆师从此党。“宽容出现之际并非始于深深扎根的信念；它源于大多数民众对专制统治者之间冲突的厌烦，这些统治者相互争夺，将欧洲弄得四分五裂。”[1]

基督教实际上是信仰与牧师的独特结合，尽管其宗教归功于基督和他早期的亚洲弟子们，但是就严格的教士等级制度而言，它基本上还是西方的运动。无论教会在宗教实践中的价值观是什么，它还是通过将其预先假设作为永恒真理而严厉无情地实行，抑制了思想自由和个人自由。给个人制定道德标准并规定其信仰的正是教会。教会的组织史无前例。没有哪个联邦国家如此广泛和全面地控制人民的思想，没有哪个专制君主或独裁者像教会这样使如此广大的群众心悦诚服。在这方面，伊斯兰教的哈里发制度和佛教的寺院制度，同基督教教会无法相提并论：哈里发制度经常分裂，总是短暂得不能进行任何思想控制，而且最终被废止；佛教的僧团，至多只是自治寺院的联合体。

共产主义，包括所有其科学理性、人道主义和经济平等在内，基本上是一种忽视个人自由的专制学说，是一种典型的、几乎全部属于西方的概念。共产主义强调理性第一位，但它又像传教士的宗教一样有自己的一贯正确感和向世界范围扩张的义务感。它的一些最杰出的阐述者，大多是西方人或者受过西方式训练的人。

与其他欧洲国家的思想相比，英国的思想同印度联系更加直接、更加密切；即便如此，就印度而言，它也有其内部的冲突和矛盾，它们存在于从埃德蒙·伯克的自由主义和约翰·斯图亚特·米尔的功利主义，直至约翰·布赖特的激进主义之中。伯克希望印度留在印度人的手里；事实上，他倒是很想改革那
276 些在印度声名狼藉的英国托管统治者。他强烈谴责信口雌黄并被大量使用的“东方专制主义”的诽谤，还警告其同胞不要对具有悠久文明和素养、在“我们最近才发端”之前便已经建立了其法律和制度的民族妄加评价。相反，功利主义者和福音派信徒看不到印度社会有什么优点，并要以否认印度人自由的方式将印度全盘西化。功利主义者尽管并不否认抽象的自由权，可还是认为没有哪种统治可以取代英国在印度仁慈的专制统治，

这种统治是由伦敦操控的。印度使功利主义的自由原则与权利原则之间的自相矛盾之处暴露无遗。福音派信徒的观点是宗教性的，他们相信：只有通过基督教，才能获得世俗幸福和精神拯救。因而，他们将英国征服印度视为惩罚印度异教信仰的神圣举动，视为是印度人从堕落的迷信制度中拯救自己的机会。所以，他们像西方牧师所解释的那样，致力于使印度各民族迅速采纳基督教习俗。如果功利主义为英国在印度的帝国主义统治提供了辩护和实践基础的话，那么福音派教义则赋予它紧迫感和巨大的热忱。

每种不同的思想或传统流派对印度产生了相应的影响；印度作出的反应，自然同西方传统一样，也各不相同。

葡萄牙人是扩张到印度的第一股欧洲势力。他们的活动，基本上是基督教反伊斯兰教的十字军战争的延续以及寻求贸易。387
虽然他们是最后（1961 年）离开印度领土的殖民势力，但是他们对印度文化的影响微不足道。

17 世纪是印度中纪荣誉巅峰的标志，18 世纪则是其腐败、痛苦和混乱的公开展示。大莫卧儿人的荣誉消失，生活失去保障，贵族阶层欺诈、暴虐，知识好奇心让位于迷信信条。国家在军事和政治方面不知所措。在这种氛围中，文学、艺术和文化举步维艰。由于东印度公司不分青红皂白的剥削，由于其的腐败和贿赂，印度的困苦达到无以复加的程度。

对照之下，欧洲强健而充满生机。这是启蒙时代，欧洲人经历了再生的过程；在此期间，政教分离，炼丹术与科学分离，神学与哲学分离，神力被艺术扬弃。一位西方学者最近说：“西方过去三四个世纪发展起来的科学和哲学，是人类为了了解自身及其环境、自然和社会……所进行的最持续不懈、最广泛和最有活力的尝试。”[2] 即使现代西方的成就不像这种说法这样空前，无可怀疑的是欧洲人在17世纪和18世纪表现出的文化活力、多样性和科学探索精神，标志着比自从亚历山大全盛以来在西方出现的任何文明都更具活力的一种文明的兴起。因而，西方文化对印度的影响，是一个有活力的社会对一个无生气的社会的影响。高举自由和平等人权的两次主要革命——法国革命和美国革命——在西方发生之际，印度却处于在西方商业帝国主义手里失去自己自由的痛苦之中，它是历史无情的讽刺。

西方给印度真实地估计形势和进行改革，提供了必要的刺激。西方文化、教育和科学技术的引入给印度的传统生活以震撼，使印度人在思想和行动方面突然产生新的意识和活力。长期蛰伏的理性冲动出现了，新的印度精神诞生了。在西方统治印度期间，两种文明的冲突无疑引起了骚动，但这也维持和促进了理性生活。

西方影响在印度生效主要是通过英国人，英国人是新工艺和工业文明的创始人。他们代表后来改变了世界的新历史力量，因而是变革的先驱。虽然印度和西方文明当时大致处于相同的水平，但它们却面向不同的方向：前者走向衰落，后者正在向前发展。印度败于欧洲，原因在于它缺乏包括中央政府在内的政治组织，还缺乏进步的世界观。

英国对印度的统治被描绘为一场“政治和经济灾难”，印度在某些方面确实被削弱并且丧失了活力。达达拜·瑙罗吉在指出英属印度政府的专制体制带给印度诸多法律和秩序福祉的同时，称它“不符合英国传统”，因为它既破坏了英国的理想与荣誉，也破坏了印度的理想与荣誉。1937 年，一名杰出的英国文官 G. T. 加拉特宣布：此前的 150 年印–英文明时期非常令人失望，而且“在某些方面是印度历史上最无成果的时期”。[3]
这不仅对于那些从小就受到相信英国美德教育的人而言，而且 278
对于那些对英国殖民主义并非不持批判观点的人而言，必定都是晴空霹雳。加拉特根本不是有过分的爱国主义之嫌的印度民族主义者。他一丝不苟地分析问题并提出有力的证据，尽管他对于“什么能做却没有做”这一点无疑过于愤慨。虽然评述英国殖民主义政策的得失不是这里的主要话题，可是英国的影响无疑导致了印度社会的这种变革，以致无论英国人还有什么没有做，印度人回想起来可能还是应该感谢英国人所做的一切。

西方影响与印度以前受到的影响大不相同。这一次，新来者不仅有不同的宗教，而且有不同的生活观，有作为新的科学发展和技术进步结果的经济制度。他们有坚定的政治价值观，有相当发达的文化传统和占优势的技术技能。总而言之，他们各方面——军事、宗教、经济和政治——的组织，非凡而坚固。印度却总将自己囿于思想领域，一般而言，组织和协作从来不是她的长处。确实，极端的理性个人主义在印度是占统治地位的、被热情守护的特征，除了在古希腊和近代法国是不确定的和部分的例外之外，它不存在于任何其他文明中。个人思想完全自由、学术争论、哲学思辨产生了印度丰富的文化遗产。然而，个人主义导致频繁的冲突、挫折和对政治、军事领域的漠不关心。印度各王国从不认真尝试去指导和监督印度文化的传播。印度人在理性上是如此独立和个人主义，却长时间奉行在僵化程度上几乎举世无双的种姓制度，这确实令人惊奇。他们抑制不了其丑陋特性，为它付出社会痛苦和文化衰落的沉重代价，这都进一步凸显印度人缺乏集体纪律和组织。

理智的坚韧和分析的透彻增加结论的不牢靠而不是使之更加清楚，这并不罕见。印度人研究过一个问题的各方面后，并不一定觉得有选择一种观点或另一种观点的必要。他们十分满足于接受一个既定环境里的矛盾现实，这是一种使大多数民族困惑不解，但却易为印度人头脑所接受的特点。事实上，印度人接受可能单一、也可能并不单一的现实，他们的决定和信仰

279 一般是暂时的，因为有限的脑力永远不能领会全部。印度智力与政治力以及印度弱点的基调是矛盾而不是妥协，矛盾甚至左右着她今天的革命。在观点冲突的场合强迫做出坚定的选择，常常导致仅仅厚此薄彼的结果。其中并无信服的热情可言。在印度人的信服中每当出现热情时，那一般是情绪性的热情，是模糊的热情；以纯感情为基础的信仰，是激情而不是信服。

结果，在遇到英国势力时，印度既不能穿透英国组织的钢环，也不能将其文化吸收进她自己的模式里。印度人在理智冷漠、精神抑郁和体力虚弱之际，由于新来者而不仅在实际上而且在实质上得到了调整。

印度对西方影响的反应，首先在宗教里受到注意。印度人对基督教既不陌生，也没有居心不良。基督教在印度可以上溯到公元 1 世纪，英国那时甚至还远没有欣赏基督教教义的基本

文化素养。印度人受到基督教实践的伦理道德和基督教传教士
从事的社会福利活动吸引，但是反感他们过分的热情，反感他
们的宗教傲慢及其对印度宗教习俗和社会风俗的尖锐批评。印
度人无法理解基督教徒的狭隘和不宽容，这与印度不重视宗教
障碍和宽容的宗教形成鲜明的反差。他们准备承认基督为上帝
的先知之一，而不是作为上帝的唯一儿子。尽管印度人对基督
教新预言家们表示愤慨，但还是敏感地意识到自己的缺陷和知
识方面的惰性。在英国统治期间，虽然基督教传教士在印度的
活动变得广泛，东印度公司还是反对将贸易和宗教搅在一起，
它从一开始便抵制一切传教活动，1757 年后决定在公司控制的
领地上不准教会从事宣传活动。可是，公司在其领地内限制传
教士工作的努力在 1808 年为斯潘塞·珀西瓦尔所挫，此人因对
教会改革的热忱而被称为“福音派信徒的首相”。他于 1812 年
被暗杀，但迄那时，他的努力加之与威尔伯福斯和福音派信徒
努力的联合，已突破了公司对传教士的抵制。1813 年的《特许 280
状法》[1]，要求东印度公司允许传教士搭乘其船只旅行，并在加
尔各答接纳一名英国主教。根据这个法案，公司的贸易垄断权
被废除，它在商业方面对传教士的反对被削弱。

① 《特许状法》(*the Charter Act*，原文漏掉了 Act 一词)：东印度公司的特许状始于 1600 年 12 月 31 日，早期是它从英王手中获得从事东方贸易的经营范围与各项权利的法律依据；公司取得对印度孟加拉地区的统治权后，英国议会于 1773 年和 1784 年两次通过法案，对其实行议会监督；议会自 1793 年起正式审批《特许状法》(每 20 年一次)，该法也从此成为英国议会和政府制约公司权利、指导其在印度行政管理的主要政策工具。——译者

总之，公司从未成功地控制传教士在印度的活动。几个基督教布道团一直在印度不同的地方长时间地工作。自葡萄牙人到来后，天主教布道团极为活跃。1780 年，塞拉姆浦尔布道团在孟加拉成立。到 1792 年，福音传道精神深深渗透到新教教会当中，足以促使英国浸礼会教友组建了第一个新教徒布道团。三年后，“伦敦传教士赞助社”[①]成立，一个强有力的福音派运动在不列颠出现；在威廉·凯里的指导之下，在英属印度亦感觉到其振动。公司作为一个商业组织不能为基督教传教士的活动提供支持，但政府内的许多人深感在印度有福音派工作的必要，并同传教士进行积极合作。

尽管基督教传教士在 1813 年《特许状法》的促进下加强了活动，他们通过使印度教徒皈依基督教所取得的成功还是有限的。可是，基督教思想自身的影响本身相当巨大，它最终导致印度思想的复兴，导致其重新解释和重新取向。正如伊斯兰教的影响在中世纪时代鼓励了巴克提运动一样，西方文明的到来引起了近代众多改革运动的发展。

孟加拉在文化和政治进步两方面都充当了先锋；英国人的势力当时集中在孟加拉，它对东印度公司早期暴政的感受最深。印度文化复兴的最早鼓动是在拉姆·莫汉·罗伊罗阇（1772—1833 年）的领导下出现的，他做了使印度教适应新形势的最初

① 伦敦传教士赞助社（London Missionary Society），1895 年建立于伦敦，是非宗派性的传教组织，主要为英国当时大量在海外的传教士筹措资金，资助其慈善事业与传教活动；该组织目前是“世界传道理事会”的下属机构，仍有自己的布道团在非洲和南太平洋活动。——译者

有组织的努力。他在好传统和坏传统之间划出清楚的界线，而且一再坚持欢迎好思想而不论其国别这一智慧之见。

他是一位梵文、希伯来文、希腊文、波斯文、英文和阿拉伯文学者。他是受到吠檀多哲学激励的虔诚印度教徒，也深受苏菲派的影响，还是基督教和西方思想特别是孟德斯鸠、布莱克斯通和边沁作品的崇拜者。在他的晚年，他还受到美洲革命运动和欧洲革命运动的吸引。

他可能是现代比较宗教学的第一个认真的学者。他在西方 281
优点和西方缺点之间划出清楚的界线；他保卫印度教，反对传教士的攻击，就如同他向正统派挑战和抛弃其仪式、习俗一样坚决。他同对东方文化的研究保持密切的联系，并用西方学说和思想解释古代的印度经典。结果，他成为偶像崇拜及其有关仪式的毫不妥协的激烈反对者。31 岁那年，他用波斯文出版一本书，谴责偶像崇拜并宣传一神信仰和宇宙宗教。他提出了与阿克巴的“神圣信仰”有点相似的宇宙教会思想，将印度教、基督教和伊斯兰教精神传统的精华融为一体，并平等地接受所有宗教的教义。他超出教条、仪式和哲学思辨去寻求每一信仰的基本原则，发现了它们的同一性。

拉姆·莫汉·罗伊虽然愿意加入基督教的崇拜，但他本人是热情的印度教徒，他在吠檀多中找到了抵御基督教攻击印度教的武器；吠檀多为其神的统一性思想提供支持，也为偶像崇拜和朝拜以及羯磨学说、化身理论的徒劳无益提供了支持。在“耶稣的箴言，和平与幸福的指南”这篇关于基督教的文章里，他赞扬基督的伦理教义却不赞同关于基督生平的不可思议的传

说，他认为这种传说是由于其信徒的错误解释所致。还有，他不相信人单凭忏悔就能赎罪。实际上，这与其说是对印度人的呼唤，不如说是对传教士的回答。他认为偏执的基督教徒同偏执的印度教徒一样骄傲，这两种人都愚昧无知。他接受了欧洲思想中的人道主义。他对印度教正统派的针砭，使印度教传统主义者产生敌意；他对基督教教义的区别对待，又令基督教顽固派不悦。尽管受到迷信和麻木的人们、敌对的传教士以及唯利是图的政府的强烈反对，他仍然坚持努力。结果，他使印度走上了文化革新的道路，文化革新逐渐获得声势和支持，并最终使现代印度的出现成为可能。

罗伊力图促成各种信仰之间的和谐，于 1828 年创立梵社（the Brahmo Samaj）。梵社并不是全新的宗教，因为它的基础是吠檀多哲学，但世界观却是欧洲的，它从 18 世纪的理性运动中获取了灵感。梵社的教义同唯一神教派有相似之处，试图综合东西方文化，它鼓励了理性主义和社会改革。

然而，拉姆·莫汉·罗伊远不仅仅只是一个宗教改革家。
282 他是代表印度民族主义进行防御的爱国者；这一阶段的民族主义领导人细心又敏捷。他精力充沛而勤奋地在几条战线上，开始了民族重建工作。在麦考利写下其著名的教育备忘录之前 12 年，即 1823 年，拉姆·莫汉·罗伊就吁请英国政府引入英语教育而不要继续进行传统的印度教育。在此之前几年，他已在加尔各答创建印度教学院，西方知识在这所学校得到传授。迫使东印度公司做出支持英语教育决定的功劳属于麦考利，他不仅接受了拉姆·莫汉·罗伊提出的论点，而且还借用了罗伊的某些术语。

为了将妇女从残酷的死亡中解救出来，罗伊同丑陋但被视为神圣的萨蒂习俗进行了无情的斗争。在英国人扩张期间，这一习俗莫名其妙地在孟加拉蔓延。拉姆·莫汉向英国人上书请愿，要求废止它；十年之后当威廉·本廷克真的废除萨蒂时，罗伊十分激动。当一群反动的印度人在伦敦要求枢密委员会改变废除萨蒂的决定时，罗伊亲自出现在枢密委员会，并捍卫了本廷克的决定。在他之前，有许多真诚的印度人揭露印度生活和宗教的罪恶，但是没有人如此明确地了解导致印度精神瘫痪的消极状态，没有人如此虔诚、坚忍而信心十足地为印度思想恢复活力而工作。

拉姆·莫汉·罗伊在欧洲受到热情接待，对自由主义的新教徒、特别是唯一神论教派的信徒产生相当大的影响。他去英国的公开身份是莫卧儿皇帝从英国东印度公司手中恢复权威的大使。他没有完成政治使命，却帮助印度大大接近了西方。逗留期间，他会晤了最主要的英国政治家、哲学家和史学家，如杰里米·边沁和詹姆士·米尔。边沁如此尊重拉姆·莫汉·罗伊，以致这位印度学者 1831 年 4 月抵达伦敦时，边沁是第一个到罗伊下榻的阿德尔菲旅馆拜访的人。边沁时年 83 岁且爱挑剔——1813 年他就拒绝会见斯塔尔女士，因为他觉得她没有有趣的话可谈。在英国唯一神论协会为罗伊举行的欢迎会上，约翰·鲍林爵士将拉姆·莫汉排在与“柏拉图或苏格拉底，米尔顿或牛顿”地位相同的位置上。边沁甚至为将罗伊选入英国议会而积极鼓动。

人道主义和理性主义的新精神，极大地促进了印度思想和文
283 学。印度作品再也不是神学、神话和烦琐哲学的附属品。没有了从天而降和在人生中作祟的男女诸神。人现在占据最重要的位置，不靠神力的帮助，沿着生命的航道前行。这种世界观与遥远的过去存在的世界观有些相似，这些古老过去的观念只有模糊的记忆残存。新思想很快开始代替旧模式，印度作家和思想家不仅受到复兴的人道主义精神的激励，而且也受到自由、平等的法国革命精神激励。

拉姆·莫汉·罗伊 1833 年在布利斯托尔去世以后，梵社仍然是印度复兴的中心。与罗伊联系密切的德本德拉纳特·泰戈尔（1817—1905 年）保持了一神论传统。他于 1839 年成立认识真理协会（the Tattvabodhi Sabba），该组织在印度的文化复兴，特别是在孟加拉地区的文化复兴中发挥了重要作用。不过，他与拉姆·莫汉不同，他的思想很少反映基督教的影响。成为苦行主义者的德本德拉纳特尽管进行令人印象深刻的传教活动，但他对梵社学说的信奉主要是出于强烈的精神渴望，而不是出于任何社会改革倾向。

有点古怪却生机勃勃的凯沙布·钱德拉·森（1838—1884 年）出现在他之后。在凯沙布的指导下，梵社的折中主义更为强烈。他的热情有深刻感染力，他给自己的同代人以巨大的影响。他广泛涉猎西方哲学，特别受到喀莱尔和爱默生的吸引。他曾经是毗湿奴教派信徒，罗摩克利希那的一切宗教和谐的思想吸引了他的想象力。他想让梵社主张的是，不仅所有宗教里都有真理，而且世界上的所有宗教都是真实的。他不是基

督教徒，但却是基督名副其实的崇拜者。确实，他的教义与基督教如此接近，以致人们一度认为他即将皈依基督教信仰。但是，他深受印度教思想的熏陶，而且常常——特别是在他的晚年——强调许多吠檀多思想的正确。他相信许多印度教仪式和习俗可以重新解释，可以用新的象征意义复原以适合梵社的需要。结果，他在梵社的崇拜中保留许多印度教习俗，但是在伦理指导方面却转向基督教。尽管他有精神上的无畏和毋庸置疑的正直，但思想清晰与连贯一致却不是他的长处。在 1881 年出版的《新天道》里，他提出要创造第三天道——第一天道为《旧约》，第二天道为《新约》——并且宣布自己是它的中心，犹如基督是他那个天道的中心一样。可是，他立即又觉得自己是个“罪人”，一个基督的奴隶（*Jesudasa*）。他称自己为
“亚洲之子”，并大声宣布基督教是亚洲的宗教。他断言：耶稣 284
同亚洲人的本性和思维方式有血缘关系，亚洲思想比欧洲思想更能理解基督教。他在基督教的精神与西方文明的外表之间做了清楚的区分。他无情反对伪善，坚持社会纯洁和正直的个人行为，并不遗余力地在印度四处宣传自己的观点。他在某些方面走在自己时代的前列。在梵社里，他是第一位提倡福利与人权，试图给予历史以新的解释并用孟加拉语发展现代散文风格的领导人。他在社会和宗教问题上持激进立场，这使他不可能受到同时代某些人的喜爱，但是无疑对他们产生了影响。他死后，梵社不再具有活力；但迄那时，它已完成了民族觉醒这一至关重要的目标。

梵社是实现东西方综合的尝试，靠的是一些受过教育而不

安静的孟加拉人。它没有成为一场群众运动，但是一群给人深刻印象的领导人促进了一系列宗教改革和社会意识，这些改革和社会意识逐渐遍布全国。并非所有这些运动都对西方文化表示友好，但是它们都创造了一种新精神，国家的面貌开始变化。后来的宗教运动主要与维护印度教的纯洁和本来面貌有关，并且要求向其回归。

在孟加拉复兴的印度教的促进下，马哈拉斯特拉 1867 年建立祈祷社（the Prarthama Samaj）协会。孟加拉和马哈拉斯特拉在莫卧儿统治期间的历史经历截然不同，但在 19 世纪却有大量共同之处。有一段时间，两地都是欧洲人活动的舞台，都产生了改革传统社会作为对外国统治的反应的迫切要求。加入祈祷社的有著名人物，诸如 M. G. 拉纳德（1842—1901 年）和 R. G. 班达卡尔爵士；前者是其最杰出的领导人。祈祷社的政策较梵社更温和些，它信仰神的父性和人类的兄弟关系，但是他们的一神论主要依靠古代印度教思想。不过，吠陀不是他们灵感的源泉，轮回是允许讨论的问题。祈祷社反对偶像崇拜、童婚、禁止寡妇再嫁和种姓制，但是如果其成员坚持这些习俗，也不会被剥夺成员资格。祈祷社为马哈拉斯特拉做了梵社为孟加拉所做的事情。

285 通过这些文化运动的努力，英语教育的传播，印度文化的研究以及政治组织日益增强的纪律性，在印度唤起了浓厚的民族意识和文化自豪感。有民族意识的印度要求更积极地保卫其遗产，要求发展与地方运动对立的全国运动。首创精神很快传到斯瓦米·达亚南达·萨拉斯瓦蒂（1824—1883 年）那里，他的教义完全建立在“人性的原典”——《吠陀》的基础之上，他视之为神的天启词。他认为印度教的无定形性使它受到许多缺点的影响，这些缺点可以像伊斯兰教和基督教一样，通过拥有一个毋庸置疑的权威的启示工作得到修正。

斯瓦米·达亚南达1824年生于西印度卡提阿瓦半岛，他花了许多时间寻求真理。他于1868年开始其社会活动。他在大量演讲巡游中严厉批判印度教的某些缺点，也批判基督教和伊斯兰教的某些缺点，之后于1875年创立“圣社”（the Arya Samaj）；从此，圣社成为印度教生活中的积极运动，在旁遮普尤其如此。

达亚南达没有学过英语，却是渊博的梵文学者；他在其最重要论著《真理之光》（*Satyartha Prakash*）中，为在《吠陀》里发现基督徒的宗教与穆斯林的宗教的基础做了卓越的尝试。他主要坚持的信念是：只有一神受到崇拜，无须偶像的帮助。《吠陀》中出现的许多神名全是唯一真神的各种称号。印度教有许多别的有价值的经典，但是它们与《吠陀》矛盾的地方就不能遵从。斯瓦米·达亚南达无情地反对祭司，他认为他们造成倾轧与分裂，与其他信仰里致力于团结人类的先知形成了鲜明的对比。他强调他所想象的印度教的基本纯洁，对他而言，它是原初的吠陀教。

达亚南达无所畏惧、不可抗拒，旨在使印度教徒恢复自信，虽然他也无情痛斥在当时印度教中盛行的应受谴责的习俗。他要印度教徒吸收给他深刻影响的现代思想，并且将战斗精神引入印度教。他维护印度教民族主义的强烈要求，在将皈依了伊斯兰教或基督教的印度教徒重新拉回来的苏迪运动[①]中得到表现。这是一次令穆斯林和基督教徒反感的全新试验。然而，由于他们自己属于要人改变信仰的宗教之列，他们确实没有符合逻辑的理由来反对这一做法；即使对印度教而言，这种做法也是一种新做法。

由于吠陀不支持种姓制，不支持控制着印度教社会的其他
286 禁忌，圣社便极力鼓动激烈的社会改革。例如，它花费大量资金为数以百万计的不可接触者购买圣线，使其与印度教社会其他成员平起平坐。然而，无论圣社作为一个富于战斗性的组织如何成功，主要由于两个原因，它的号召力基本上限于旁遮普：它排他性地强调吠陀，忽视与之相伴两千余年的印度教丰富的文化传统；雅利安和雅利安瓦尔塔[②]的概念是吠陀至上所固有的，这一概念排除了南印度，而南印度在雅利安人以后的岁月里，在多方面是印度教文化的真正贮藏所。

斯瓦米·达亚南达及其追随者拒绝承认受到西方思想影响，但这与其说是事实的表白，不如说是坚持民族自豪的表现。圣社的显著特点，在于通过其为数众多、遍布全国的达亚南达英

① 苏迪运动（the Shuddi movement），shuddi 的梵文意思是“洁净”；这场运动主要有两方面的内容：一是使已经改宗的印度教徒重新信仰印度教；二是提高他们在印度教内部的种姓地位。该运动至 20 世纪 20 年代达到高潮，在印度北部导致穆斯林与印度教徒发生严重的教派冲突。

② 雅利安是 Arya 的音译，意译为圣洁的、贵族的，圣社（Arya Samaj）是取其意译；雅利安瓦尔塔（Arya-varta；巴利文 ariyam ayatanam），意思为“雅利安人的国土”，是雅利安人进入南亚次大陆后最初居住的地方，一般认为在印度河–恒河平原西部的北印度。——译者

国–吠陀学校和学院，对英语教育的传播做出了重大贡献。具有意义的是：一个表面看来内向并且提出“回到吠陀去”的口号的运动，在印度在传播西方知识方面比印度任何别的社会组织做得都要多。

达亚南达的同时代人室利·罗摩克利希那·帕拉马汉萨（1834—1886年）在宣传对神的无私虔诚和寻求自我实现时，类似于穆斯林和基督教神秘主义者。他强调：不同的宗教只是接近唯一神的不同道路，如果一种宗教是正确的话，按照同样的逻辑，所有其他宗教也是正确的。

罗摩克利希那生活在加尔各答附近的达基内什瓦尔[①]寺庙，是没有受过任何正规教育的穷祭司。据称，罗摩克利希那在现代印度复兴中的地位，好比苏格拉底在希腊意识中的地位。马克斯·缪勒说：与一字不识的罗摩克利希那相比，欧洲最杰出的知识分子仅仅是黑暗中的探索者。克里斯托弗·伊舍伍德在最近的研究中，称罗摩克利希那为湿婆的化身。

罗摩克利希那从未声称自己是新宗教的创立者。他只宣传了印度的旧宗教，这个旧宗教以《吠陀》和《奥义书》为基础，被以后的注释系统化。从纯粹的字面意义上说，他不是一个有创见的思想家，但是他能认识到很多东西，包括别人无法认识的神的存在。他从未写过哲学论文，但是他精辟的话语、简朴平凡的说明，是清楚易懂的阐述的奇迹。他是完全坦荡、真诚、

① 达基内什瓦尔是对孟加拉语 Dakshineshwar 的音译，原文更多见的拼写是 Dakkhineshwari。——译者

直率的人，并不温文尔雅，甚至时常缺一点儿魅力。

他的得力弟子斯瓦米·维韦卡南达用有点像圣保罗宣传耶
287 稣的福音一样的方式，向印度和世界宣传自己师尊的教义。罗摩克利希那是依靠直觉与幻想的神秘主义者，维韦卡南达却是主要依靠理性的知识分子。他在印度的宗教和哲学领域倡导理性主义，如同拉姆·莫汉·罗伊在社会思想领域所倡导的那样。他宣传“一切宗教的同一性”，要求印度教徒成为更加完善的印度教徒，穆斯林成为更加完善的穆斯林，基督教徒成为更加完善的基督教徒。他令人印象深刻地向西方人解释印度思想，并在两者均需改革的东西方之间架起桥梁：前者缺乏食物和教育，后者缺乏精神性。他通过有力而合乎逻辑的演讲，确立了印度教的内在优点。道歉的时期已经过去；他的演讲，是以最有说服力和正直的自豪感陈述自己信仰的自信印度教徒的声音。维韦卡南达扎根于往昔，对印度遗产十分自豪，在研究人生问题时又符合现实，他在印度往昔和现在之间架起桥梁。他在以自己燃烧的热情提高群众的道德素养方面，为圣雄甘地预示了方向。他视印度为精神性和启蒙的故乡，尽管它衰退了，但是他反对印度人的惰性、不团结和缺乏民族自豪感。他对美国人的效率和平等，英国人的坚韧、守法和忠诚感等印象至深。他于 1897 年在加尔各答附近的比卢尔创立罗摩克利希那传道会（the Ramakrishna Mission），这个新机构接受了广泛的社会服务项目。它创办学校、学院、医院、孤儿院和图书馆等，在为印度提供人道主义服务方面一直是领导者。

维韦卡南达 39 岁去世，但是他给印度的生活和思想留下永

久的印记。伟大的民族主义领袖如甘地、泰戈尔和尼赫鲁等人常常承认受其恩惠。印度各地的城镇、街道、桥梁和机构以他的名字命名，人们说，要理解印度就必须理解维韦卡南达。

1879 年，神智学社（the Theosophical Society）将总部从纽约迁到印度。该学社起初的主要目标是调查、研究和宣传来世信仰，后来其探究的领域大大拓宽了。今天，它是东西方智慧的融合。神智学者在寻求解放时，立誓要过一种献身生活。他们被鼓励根据自己常引用的“指引道路”的格言行事，“试图将世界的沉重羁磨减轻一些”。学社成员被要求过崇高的道德伦理生活，反对对生活持日益增强的物质观。不容许宗教狂热，任何宗教的信徒都能成为其成员，他们要坚持自己宗教中的精华。288

在印度教、基督教和伊斯兰教相互竞争之际，这种对各宗教统一性的强调起了极其有益的作用。神智学社虽然不是群众运动，却给予正在形成的民族主义世界观以极大影响。至少有一段时间，它为受过教育的印度教徒给不同的教派找到一个共同名称提供了推动力。

安妮·贝赞特[①]（1847—1933 年）是该学社最有力的领导人。她于 1896 年来到印度。她曾一度是英国社会主义的领导人和无神论者。她说她是通过印度往昔的化身记住印度的，视印度为自己的“祖国”。她接受了印度生活方式，将各种重要印

①　安妮·贝赞特，20 岁嫁给贝赞特，常以贝赞特夫人（Mrs. Annie Besant）见称，实际上她因宗教原因早与丈夫分离；她早年是英国费边社会主义运动和女权运动的积极分子，1889 年在欧洲加入神智学社，1893 年（不是 1896 年）第一次来到印度，此后长期侨居印度。——译者

度经典译成英语。她是雄辩的演说家，通过自己广泛参加公共演说而促进了印度教和印度文化的普及。她积极参加印度民族主义运动，成为印度国大党的第一位女主席。然而，她与同时代的印度民族主义领导人洛卡马尼亚·提拉克和圣雄甘地存在严重的分歧。

印度伊斯兰教也感受到西方的影响，但它的反应与印度教的反应有点不同。许多受过教育的印度教徒渴望使西方思想与自己的遗产和解，而穆斯林有一段时间显然不愿意承认没有被《古兰经》神圣化的任何知识的正确性。穆斯林拒绝放弃波斯语和阿拉伯语而去学习英语。穆斯林早期反应的典型是米尔扎·阿布·塔利卜汗（1752—1807 年），他是第一批访问欧洲的印度人之一，在那里他被英国贵族视为名流。在《米尔扎·塔利卜汗游记》里，他描述了欧洲习俗的特征和西方物质主义的罪恶，劝告穆斯林兄弟继续不理睬西方知识，保持“对自己宗教的热情”。1835 年，本廷克下令实行西方教育时，加尔各答的大量穆斯林名人向英国政府上书请愿，要求其收回此令。他们觉得它是对自己知识的一种蔑视，害怕它的目标是将印度基督教化。伊斯兰教和基督教之间几个世纪之久的冲突，也对印度伊斯兰教的敌意起了作用。

1837 年，波斯语的官方语言地位被废除，穆斯林法律和穆斯林法庭被废止，政府和军队中的高级职位停止提供给穆斯林，同样也停止提供给其他印度人。政治优势的丧失和政府的世俗化，引起对西方的不满、怨恨和抵抗。许多穆斯林甚至像阿拉
289 化，引起对西方的不满、怨恨和抵抗。许多穆斯林甚至像阿拉

伯的瓦哈比派[①]信徒一样，觉得英属印度再也不是适合穆斯林族群的地方。有些更狂热的人在赖·巴雷利的萨伊德·艾哈迈德的领导下，宣布要移民到其他伊斯兰国家。这种自己强加的隔离和对现代化的抵抗不可避免的后果是，到那个世纪中期，穆斯林的发展远远落后于印度教徒。

1857 年，莫卧儿帝国无可挽回地寿终正寝，穆斯林在印度政治占优势的希望随之破灭。不仅仅大莫卧儿人下台，而且在印度社会建立了几个世纪之久的穆斯林政治上层建筑也分崩离析。

1867 年，在 1857 年印度起义中发挥了重要作用的穆斯林知识分子和民族主义领导人在代奥本德建立知识之家（*the Darul-Ulum*）[②]，立誓忠于伊斯兰法律和宗教正统。代奥本德学院的教义来自沙·瓦利·阿拉·迪赫拉韦（1703—1762 年），他视伊斯兰教为由穆罕默德首创且仍未结束的社会运动，他的目标是净化信仰。该学院做了有力而坚定的努力，来复活标准的伊斯兰教。它接受旧的秩序，但是极力复兴它、净化它。代奥本德学院成为穆斯林印度最重要、最受尊敬的神学院校，在整个伊斯兰世界中实际上仅次于开罗的爱兹哈尔大学。它培养了一批杰出的穆斯林领导人，在生动活泼和质量两方面形成坚

① 瓦哈比派（Wahhabi），由穆罕默德·伊本·阿卜杜勒·瓦哈比 18 世纪创建的伊斯兰教教派。——译者

② 代奥本德位于今印度北方邦西北的沙哈兰普地区，这个教育机构建立的时间是 1866 年 5 月 30 日，而不是 1867 年；它后来发展成宗教学院，所宣传的逊尼派教义主要吸引南亚地区和阿富汗的穆斯林，目前其影响有向英国和非洲扩散的迹象。——译者

定传统。

将现代思想吸收到伊斯兰教文化之中的最初的具体努力，是19世纪第二个25年在德里做出的，这里的一批能人着手通过用乌尔都文出版西方作品来复兴那种语言。此后，在纳瓦卜·阿卜杜勒·拉蒂夫的领导下，一些思想开明的穆斯林于1863年在加尔各答成立“穆斯林文学社”，其主要目标是强调西方知识和文化日益增加的重要性。这个运动的领导者们极力吸收西方知识，也在很大程度上依靠英国人的支持，他们主要吸引的是忠于英国统治的穆斯林。该运动在神学方面显示的特点，甚至也是彻底亲英。孟加拉文学社反对流行的瓦哈比派信徒对英国“异教徒”展开圣战（*jihad*）的宣传，它通过对圣战谴责受到英国政府和富有的穆斯林双方的感谢。[4]

赛义德·艾哈迈德汗爵士（1817—1898年）在一定的程度上延续了同样的传统，他试图劝说穆斯林改变宗教观并适应变化的环境。赛义德爵士相信同英国人斗争徒劳无益，在1857
290 年起义期间，“对英国人保持忠诚，帮助他们抢救处于险境者的生命”。[5] 他寻求通过与英国当局合作，来提高印度穆斯林的地位。

他极力使穆斯林脱掉正统的外衣，将现代科学思想与伊斯兰教结合起来，积极推行社会和教育改革政策。他指出伊斯兰教与基督教的基本相似之处，批判将妇女与男子隔离的深闺制度，提倡妇女解放，反对效忠土耳其哈里发的职位，最重要的是他劝告其穆斯林同胞接受英语教育。他于1877年在阿利加尔建立英语–东方语学院①；学院获得大学地位，在巴基斯坦运动中发挥了至关重要的作用。他出版了多卷本《古兰经》评注，在书中力图论证伊斯兰教教义与现代科学理论完全一致，试图将西方思想精华吸收到伊斯兰教信仰之中；他因此而受到穆斯林正统派的严厉批判。他对伊斯兰教的解释通常被人忽视。但是，他的宗教著作和对社会改革的提倡，给印度伊斯兰教留下深远影响。

毛拉纳·阿布勒·卡拉姆·阿扎德（1888—1958 年）在帮助印度穆斯林现代化方面，也是有影响力的人物。阿扎德与赛义德爵士不同，他是英帝国统治不妥协的反对者，是国大党的重要领导人。他把宗教知识和科学研究相结合，是比赛义德爵士更伟大的伊斯兰教学者和多才多艺的作家。阿扎德对《古兰经》的译注，被公认为是对伊斯兰教研究的杰出贡献。他虽然完全受的是正统教育，却吸收了现代西方的精神。他将伊斯兰教解释为可以包含多种多样教义的世界宗教。他是杰出的神学家，其作品具有自由探索精神的特色。他的解释引起正统派的批判，受到自由思想家的赞美。他是一位献身于真正自由的进步革命者，他由于自己至今仍无人可及的宗教学问，而被列入“乌里玛”（学者）之列。[6]

代奥本德和阿利加尔之间存在剧烈冲突。巴基斯坦的建成

① 阿利加尔（Aligarh），是今印度北方邦阿利加尔地区的首府，赛义德·艾哈迈德汗爵士在这里建立的教育机构 1877 年称为“穆斯林英语–东方语学院”，1920 年改名为“阿利加尔穆斯林大学”，名称沿用至今，目前仍是印度排在前十位之内的高等学府。——译者

可以视为是阿利加尔的成功，但是文化反应仍在继续，两派之中哪一派在使伊斯兰教与现代性的结合方面能够最终取胜还须拭目以待。看来，印度和巴基斯坦穆斯林毫无约束的文化反应很可能沿着代奥本德的路线前进，借助于现代概念和需要来恢
291 复古典伊斯兰教的纯洁。考虑到自分治以来两个国家发生的情况，巴基斯坦的伊斯兰教看来主要是出于政治上的考虑，而印度的伊斯兰教则更集中于文化和宗教的进步。[7]

代奥本德和阿利加尔运动代表着穆斯林对西方影响的两种不同反应，但是一般而言，穆斯林的反应与印度教徒的反应有重大差别。印度教徒的改革运动是无情的自我批判，常常怀疑某些圣典的完全正确性，渴望吸收或者适应西方知识，所有人——正统派和非正统派——都是不同程度的民族主义者。相比之下，穆斯林总的说来不急于接受新思想。在力图复活古典伊斯兰教的正统运动激烈反对英国在印度的统治之际，寻求树立伊斯兰教新形象的非正统运动却在提倡忠于英国势力。正统派认为在自由、统一的印度，才有伊斯兰教的安全。非正统派害怕印度教徒的优势，终于走上了分裂这个国家的道路。换言之，印度穆斯林社会对西方的文化和宗教反应，主要是由经济、政治因素决定；结果是，正统派害怕欧洲的基督教统治，非正统派害怕印度的印度教徒统治。

英国人在印度建立了一个有序的、中央集权的政府，尽管它是庞大的、极端官僚的政府。就本质而言，英国人在印度的行政管理起初是废止了传统的人治，以后又导致法治的发展。与旧印度的制度相比，英国行政管理的基本特征是不受个人性

格的影响；这既有其优点，也有其缺点。政府职能的多样性导致高度等级制的家长式官僚主义；官僚主义使自治村社的村会（Panchayats）黯然失色，经常压制个人的首创精神。但是，多少有点民主的控制，又起了不断提示议会民主优越价值的作用。

虽然独立的印度从像美国和爱尔兰这样的国家大量借鉴了西方其他的政治制度，且必然发展自己的议会体验机构，但是她的政治价值观和机构主要以英国经验为基础。广而言之，印度政治组织在目标、设想和技巧方面是西方式的。民主思想中包含的人权和人类平等概念是西方遗产。这些概念如此完整地植入到印度 292
国家内，表现得如此自然，以致许多学者试图在古代印度寻找其根源。今天，民主在印度运作得最令人满意，在亚洲和非洲的其他大多数国家却不令人满意，它们当中的许多也是由英国人统治的。这些事实使这种观点很有影响，即民主并非完全是印度人的性格和传统所不能接受的。[8]还有，如果印度人不顾自己的价值观和民族主义考虑而从英国人那里借鉴的话，他们就会寻求建立典型的英国式的君主立宪民主，但他们却执着地废除了英国人遗留下来的土邦。尽管可以在古代印度传统中找到诸如民主和个人自由等某些现代政治思想的原型，还是难以发现与议会民主或者内阁制这样的西方政治制度大致相似的制度。无论印度有什么样的先例，当代印度的这些概念和制度的灵感，毫无疑问来自西方。

印度文官现在被称为印度行政官员，是在英国统治期间精心建立的一支有力又有效的力量，尽管是不受个人情感影响的、官僚主义的力量。一旦饱受诟病的官员任命制在 1855 年被竞

争考试所取代，文官便因技巧、经验和忠于职守而获得无比的信誉。构成文官核心的是地方官员，他们是阿育王的地方首领（*Rajukas*）在现代的改头换面，其职责同样是征税和维持和平。印度文官（I. C. S.）的许多成员对历史研究产生浓厚兴趣，印度许多编史工作由这些行政官员发起。[9]

不过，更重要的是英国人对法律的影响，这方面被说成是英国人对印度人最杰出、最持久的贡献。在英国时期之前，印度教徒和穆斯林两方最好时也仅仅只使用宗教法，最糟时就得根据统治者的意志而定；常常是对于不同的地区和种姓有不同的法律。犯下同样的罪行，婆罗门有时无罪开释或者从轻处理便逃脱惩罚，若是首陀罗的话，则要招致重刑；前者常常不会因为后者的证词而受惩罚。在很多案例中，穆斯林法律以宗派偏见和享有特权的出身为基础。莫卧儿帝王视自己为神在尘世的影子，是所有法律和正义之源。英国人将法律一视同仁地用于一切人，并使之与宗教分离。

无论印度教徒的印度，还是穆斯林的印度，都没有一个制定法律的机构。前者依靠博学的婆罗门所阐释的古代法典，
293 规范生活和社会。对穆斯林而言，先知穆罕默德已一劳永逸地揭示了不可更改的神圣法律。源于《古兰经》和圣训（the *Hadith*）的伊斯兰教法律，全面地、强制性地规范社会和个人的社会生活与私人生活。所以，在英国的影响使法律得到解放并使之成为社会进步的工具之前，它一直是宗教的附庸。正是印度法律态度这种变革的性质，使自由印度能颁布一些法律废除贱民制，废除妇女的不平等地位以及其他社会罪恶。

不过，必须指出的是，法律不能完全独立于信仰。在英国人统治期间，它大量受到牢固的宗教习俗和感情的限制，特别是在社会领域。即使在今日印度，穆斯林的社会生活也受以伊斯兰教信仰为基础的法律的规范；例如，他们的婚姻习俗以及财产和继承法规，均还有待世俗化。

高级法院、初级法院的复杂机构与新的法律制度和铁板一块的政府一同出现，常常引起不必要的诉讼和总是拖延的诉讼。穷人发现正义极为遥远，不可企及，因为它开销巨大而且专业性强。先前地方上“已知”的案情，现在要到远处的法庭，通过冗长的程序和通常陌生的法律加以“证实”。不一定以犯罪事实而是以技能使法官相信证据效力的律师，显得至关重要。长长的法官等级出现了，在听取案情之前首先要了解法官的级别。熟悉而古老的村会统治制度受到压抑。这些不受欢迎的特点，部分是该制度固有的，但有许多也是由于误导和管理不当的诉讼做法所致。

英国人到来之前的印度人不好打官司。有关同时代环境的大量证据，充分证明印度人一般诚实可信以及印度商人的正直。曾任孟买首席法官的厄斯金·佩里爵士 1852 年作的评论颇有代表性：“商业账簿如此神圣，以致在土著法院里提供账簿对争议中的任何交易的精确性都完全是结论性的。”[10] 同样，斯利曼上校报告说，他目睹过无数案件，案中当事人的财产、自由和生命取决于他撒谎，可是这个人却拒绝撒谎。

英国的影响阻碍了经济发展，可是在社会生活方面却被证明是有益的，尽管其政策犹豫不定。禁止萨蒂、废除童婚和削

弱种姓或性别歧视的基础，均是值得称道的措施；如果考虑其
294 逻辑结果的话，它们在独立印度的法令制定之前很久，可能便已清除了印度的社会罪恶。

综观利弊得失，英国统治的经济后果有许多有待改进之处。在英国扩张前夕，印度经济当时并不落后，在丝绸、棉花、锦缎、盐和糖等方面进行着繁荣的出口贸易，但新统治者的经济剥削导致它迅速贫困。印度农村经济被改造，以适应工业化的英国的新方式。这一改造导致印度生活方式的剧烈变化，最根本的变化是旧式的村社共同体结构的崩溃，这部分是商业化农业发展的结果。英国人到来之前的印度农业，按当时的标准是强大而丰产的，并且妥善装备有分布广泛的、其历史可以追溯到孔雀王朝时代以前的灌溉系统。全国到处都有巨大而纵横交错的灌渠、储水池和大坝，由国家花费巨资修建。贝尼埃[①]惊叹他在印度所见工程的规模，弗朗西斯·布坎兰在1800年和1810年之间在印度广泛旅行，为英国政府搜集农业资料，他在1800年亲见了几个仍在发挥作用的大水库。[11]

印度制造技术和经济相当先进，纺织是全国性的工业部门。印度工业因为受到有利于英国工业制品的偏袒和保护政策的沉重打击，一度饮誉海外的印度纺织品、象牙制品、铜器、金银制品、金丝细工饰品和奢侈品逐渐衰败，手工业者阶层的数

① 贝尼埃，全名弗朗索瓦·贝尼埃（Francois Bernier，1625—1688年），法国医生、旅行家，在奥朗则布皇帝的宫廷行医约12年，著有反映当时南亚次大陆社会、经济生活状况和民俗风情的《莫卧儿帝国游记（公元1656—1668）》。——译者

百万人失业、贫困，许多人死亡。这些失去谋生手段的手工艺人被迫大量回到农村，依靠本已十分饱和的土地生活。工业危机导致农业危机。持有土地变得更小，无地劳工数量增加，村庄人满为患。这样一来，贫困倍增，饥荒频繁，农业的印度变得愈加农村化。

饥荒在印度历史上并非不为人知，但在英国人统治期间饥荒发生之频繁和严重的程度却史无前例，令人不知所措。据估计，在比较古代的时候，大饥荒平均每 50 年一次；11 世纪至 17 世纪之间发生过 14 次饥荒，它们几乎都局限于小地区。但是，从英国人接管孟加拉的 1765 年至他们镇压第一次大起义的
1858 年，发生了 12 次饥荒和 4 个“严重的荒年”。19 世纪下 295
半期，饥荒更为频繁。尽管没有准确的记录，但保守的估计表明，仅在 19 世纪就有 2100 多万人死于饥饿。英国人撤出印度之前的第四年，即 1943 年的孟加拉饥荒中，有 300 多万人沦为饿殍。重要的是：在印度独立时，英国人统治最久的那些地区，就是印度最贫困的地区。

尽管印度一直是农业处于支配地位的国家，但是英国资本的流入，现代银行和交通系统的发展，纺织、黄麻、糖和水泥等领域工厂的建立，以及欧洲人对茶叶和咖啡的需求，导致了工业化的开端。然而，在英国势力撤出之前，它一直极为有限。靠近英国人统治的后半段时间，英国经济性质的变化以及战争需求使印度工业的发展更加必要，英国工业革命达到安全的顶峰之后，它不仅允许而且甚至要求印度在某些特定领域小规模的工业化。

现代商业和工业的发展引起城市化。位于宗教、政治或商贸中心的旧城镇现在被诸如孟买、马德拉斯和加尔各答这样的大都市所取代，被艾哈迈达巴德之类的纯粹工业城镇所取代。人口密集的城市是贫民窟必然的根源，但它们也成为有活力的政治、文化和经济中心，这样的中心是印度前所未知的。后来，城市和公民生活的传统在形成印度的民族意识和进步志向方面起了重要的作用，如同它们在其他地方起过的作用一样。罗马将城市引进到欧洲大陆的大多数地方，公民权和公民传统与城市一起产生，这是地中海文化的最大贡献。[12] 罗马衰落时，罗马化的城市坚持罗马传统。后来，欧洲中世纪城市的兴起，导致西方社会知识生活的深远变化。在印度，城市化吸引了来自农村的无地劳工，这一进程削弱了大家族制和传统的社会结构。

新职业的日益复杂，是种姓制度内部所无法容纳的。工业化、世俗教育、运输和交通手段的改进，都对种姓制发起挑战。
296 贱民制和种姓歧视仅能残存于小的村社共同体，在这里人们相互知晓各自的种姓。只要是在人口密集、杂处的地方，种姓就无法分辨；在现代都市环境里，也不可能遵循所有种姓规则。在新环境里生存的需要，对种姓反宗教性的日益了解，以及民族主义领导人特别是圣雄甘地领导的反种姓制的斗争，动摇了种姓构架的基础。结果，在印度独立时，除了正统派有无法避免的保留之外，印度人在精神上不存在对废除种姓制的保留。

英国人统治期间，印度在科学及其应用于人类事务方面，如果没有形成相当的能力的话，也还是产生了相当的兴趣，虽然印度的技术发展还处于幼年期。科学思想是印度遗产的主要部分，但现代技术却是西方的革新。英国人在印度主要鼓励人文教育，忽视技术研究和科学。印度有许多大学文科学院，却只有几所工程和医学院。但是，印度人对科学具有的热情和最近获得的快速进展具有启发意义；对于那些将他们视为悬浮于森林和圣地之上的超凡脱俗的隐士的人而言，尤其如此。

在印度或者其他地方，现代教育不利于艺术的发展，艺术价值在现代教育中难得占有一席之地。然而，印度艺术家设法保持其传统价值观和艺术形式，部分是因为现代主义者忽视它们，部分是因为印度艺术家为自己丰富的遗产而自豪。结果，旧的标准仍然在印度流行艺术的每一种形式里系统应用。总的说来，印度现代艺术保存了极为丰富的古代精神，但是它受到西方国家艺术发展的影响。印度现代艺术反映新的技术文明并表达时代精神，成为并不比欧洲艺术或者美国艺术逊色的实验艺术。

葡萄牙人第一个将文艺复兴晚期艺术和巴洛克艺术介绍到印度殖民地，其影响有限。随着英国人的到来和他们修建平房、商行、要塞、教堂和城市的需要，印度艺术开始受到欧洲重大的影响；孟买政府办公室、拉合尔火车站、瓜廖尔和巴洛达的宫廷以及加尔各答的维多利亚纪念馆等，仅是各种欧洲建筑风格的几个范例。

19 世纪下半叶出现了对模仿欧洲的反对，在 E. B. 哈维尔这样的英国人和 A. N. 泰戈尔这样的印度人的领导下，印度艺术出现新变化。有一段时间，出现了试图重新创造民族绘画风格的艺术复兴。但是，如同文化生活的其他领域一样，结合的过程开始 297
了。新学派开始出现，毫无疑问，充分发展的印度艺术必定是过去与现在的协调，东方与西方的结合。印度现代艺术家正用欧洲和美国所有的现代风格来表现自己，与之相伴的是在印度实践的各种艺术方式。印度画家遵循现代欧洲，特别是法国的风格和技巧，但是，他们采取公认的印度方式描绘场面和人物。

英国人修建的建筑物，指导着印度建筑师。一个将丰富的印度传统同欧洲设计结合起来的时期，很快伴随欧洲风格的进入而产生。这方面的例子，是由埃德温·勒琴斯爵士及其同事爱德华·贝克爵士 20 世纪 30 年代建成的英属印度的首都新德里。他们的最初设计是一种新罗马风格，但是在包括乔治·萧伯纳和威廉·罗森斯坦爵士等文学和艺术方面的名人在内的无数英国人的严厉批评下，设计得到修改，吸收了印度基调。但该城并未被证明是各种风格的综合，而是五花八门的混合，平凡式样的聚合；其部分原因是：新德里是在旧风格的活力丧失殆尽、新风格有待形成的年代修建的。然而，那之后出现进一步的变化，一种融合印度教建筑、莫卧儿建筑和维多利亚时代的哥特式建筑等成分的综合风格正在形成。

舞蹈和音乐几乎处于没有受欧洲风格影响的状态。然而，在流行音乐里，特别是在印度电影里和在采取了西方技巧的现代音乐作曲里，某些变化也受到注意。像萨拉布吉这样的一些印度作曲家编写了西方风格的音乐，有时用的是印度基调。阿利·阿克巴汗在自己的即兴演奏中，偶尔使用一些和声和西方旋律。

英国对印度社会和文化生活的直接影响，可能没有对印度经济和政治组织的影响那样具有决定性。但是，学术传统的复兴和英国世俗教育的引入照亮了印度现代化的道路，正如印度对知识的热爱证实了印度往昔的伟大一样。

古代印度教育尽管规模有限，却不是商业性的；一般不给教师支付工资，学生也不通过考试竞争去择取有利的工作。教育是寻求真理的志愿伙伴。标准也苛刻，学术自由如此牢固，即使最强大的统治者也不可能对大学施加不正当的影响。总体 298
而言，知识体系极为有效。强调哲学，但科学也受到研究，在所有学科中都鼓励批判态度、探索精神和理性精神。然而，在印度政治格局的长期变化期间，这一学术传统衰落了。

中世纪的统治者们对科学和世俗教育保持冷漠。西方国家致力于科学迅速发展之际，印度却任凭自己的知识遗产弃置不用。探索精神被对权威不可侵犯的态度取代，不加批判地接受一切观点阻挠了理性分析。

穆斯林势力在印度的兴起，对事态没有多大裨益。伊斯兰教在印度知识和文化生活中激起过一股活力，它并不赞同人类理性的绝对至上；它毋庸置疑地受到由宗教学者们阐释的圣典制约。伊斯兰教以主张理性自由为开端，但是这种对自由起初的坚持很快消失。一旦伊斯兰教早期的民主被专制主义取代，穆斯林教育也成为国家权力的附庸，即使在最有创造力的伊斯兰文明中心也是如此。印度的穆斯林教育变得日益教条、内向和落入俗套，就一点也不足为奇。无疑，伊斯兰学校分布广泛，然而该教育体系主要由神学研究和经典研究组成，不利于高等学问的持续发展。科学和技术没有得到传授，费罗兹沙·图格卢克[①]统治时期试图实行简单的技术教育，但是遭到失败。

① 费罗兹沙·图格卢克（Feroz Shah Tughlaq），是印度中世纪德里素丹国时期图格卢克王朝（1320—1413 年）的第三代国王。——译者

英国在印度的霸权建立前夕，印度教育处于极端受忽视状态。印度教的知识体系在婆罗门种姓集团手中得到小心保护，而穆斯林教育尽管对所有人开放，还是由神学家控制，并局限于对《古兰经》的忠实研究。两种体系都忽视文学和科学教育，忽视批判分析和妇女教育。

东印度公司不愿为诸如宗教、公共福利和教育之类开支浩大的项目承担责任；虽然有著名的个人如威廉·凯里[①]和威廉·琼斯爵士等例外。只要不是被迫采取措施，英国东印度公司的统治像中世纪警察国家的统治一样，急于榨取税收、维持内外安全，对于公共福利、健康和教育毫无义务感和责任感。根据
299 1813 年《特许状法》，公司被要求促进公共教育，每年拨款十万卢比用于教育，其数额少得荒谬可笑。

通过基督教传教士的活动，许多印度人已有点熟悉西方教育。丹麦传教士从 18 世纪中期带头开始英语教育。拉姆·莫汉·罗伊还于 1817 年在加尔各答建立英语学校“印度教学院”——现在叫“管区学院”。这所学院开始只有 100 名学生，很快成为孟加拉第一流的教育机构。在这个国家的其他地方，英语学校和学院也通过私人努力建立起来。

虽然拉姆·莫汉·罗伊想要西方知识，但是他想要用教育促进个人道德和理性的发展。他对印度教学院的世俗主义与对梵学家的正统思想，一样感到十分苦恼。罗伊相信新知识与

① 威廉·凯里（William Carey，1761—1834 年），是在当时孟加拉地区传教的英国浸礼会著名传教士，而不是英国东印度公司的职员。——译者

“民族进步密不可分”，但他从未放弃对印度教经书（*Sastras*）的赞美，他力图用现代思想去研究它们。

几年的鼓动之后，麦考利的备忘录在1835年问世，本廷克总督做出支持英语的明确决策。然而，直到1853年即1813年法案之后40年，东印度公司官员才认真调查印度教育状况，其结果是印度现代教育制度的出现。以伦敦大学为模式的孟买大学、加尔各答大学、马德拉斯大学建立于1857年。有相当长一段时期，这些大学的教员一直由欧洲人担任，教授的是西方课程。英国人对教育的支出并不十分慷慨：在统治印度一个多世纪后的20世纪初，他们每年为大约2.4亿印度人提供的教育经费为100余万英镑，每人仅一便士。

然而，英国人实行的开放政策和印度慈善家所捐赠的大量资金，使西方教育的广泛发展成为可能。迄那时主要仅为婆罗门、统治者或贵族所拥有的知识，现在成为一切想获得它的人都能得到的东西，虽然需要费用之昂贵使它仍属于为数不多的富人的特权。出版机构的增加意味着出版的书籍更多，发行面更宽，它们又反过来促进教育（印刷术由葡萄牙传教士在16世纪传入，但获得发展则是在英国统治建立之后）。[13]

西方教育对于突破教条与迷信，具有爆炸性的威力。印度 300
人被迫对自己的信仰和制度的基础进行反思，并拿它们来与欧洲标准相比照。如果说这种新思想帮助了印度现代化的话，它也产生了同麦考利一样蔑视东方知识的印度思想者阶级，他们像他一样对东方知识不屑一顾。

印度人全身心且不加批判地接近西学，以致许多刚受过教育的人成为其滑稽可笑的模仿者，他们同西方或东方没有任何持久的接触。他们为西方知识所吓倒并急于用它谋利，忘记了它的本质——理性怀疑和科学调查。他们对西方知识没有批判性的理解，不下功夫学习本民族的知识。即使有能力的印度学者至多也只获得学术知识的高水平，没有对学术做出创造性贡献。他们要么以丰富的专门知识阐述西方概念，要么在西方文献中为自己的观点求证。西学为印度人展现知识的新景象，同时在某些方面钝化了他们理性怀疑的锋芒。结果，受过英语训练的印度学者，一般赶不上欧洲权威。他们知识方面的奴性如此浓厚，以致即使在获得了政治独立的今天，印度人还得要坚持自己的知识自由。

英语教育的某些影响极为丑恶，因为它产生了一个具有显著特点和兴趣的文化少数派。虽然受过英语教育的印度人在国家只占极小的少数（不到 1/%），但是他们的数量之众足以构成自己的阶层。这个阶层受英国政府庇护，很快控制印度生活的顶层。它成为安插在主人与民众之间的中间阶层，常常起着保护前者、反对后者的绝缘体作用。农民、工人和小商人不讲英语，但他们之上的人，从职员到地方议员都讲英语。受阶级保护本能的驱使，西化的印度人被引向完全不加选择地接受西方式的语言、服饰和生活方式，被引向脱离本民族“无知”与“粗野”的民众。充其量，他们也只是受到精心培养的英式绅士。最糟的是，他们假装欣赏欧洲食物、音乐和绘画，有时甚至用英国口音讲本民族的语言；这即使不荒谬可笑，也显得笨拙和粗鲁。

英语学位的势利价值如此巨大，以致获得任何学位的人都
特意精心炫耀它，那些不能通过考试的人会急于让人知道他们 301
已达到通过的水平，即使他们无法通过考试。结果，不仅逐渐形成一个文学士阶层，而且也形成一个“未获得文学士”的阶层，或者“即将过关”的阶层。

受过英语教育的人有自己的等级制度：这个阶层的婆罗门是那些从英国回来的人，最好有一个学位——任何学位——如果必要的话，也可以不要。那些想接受英语之外的其他西方教育的印度人，则赴德国和其他西方知识中心。这种现象在历史上并无先例，在这里，为知识而做的努力产生的是这样一个沾沾自喜[①]、奴性十足的可怜学者阶层。最相近的例子大概要算诺曼时期[②]的英国人自己，那时法国人的语言、外表和行为是时髦，英语是粗俗之辈的语言。

对这种英语教育的反应不可避免会出现。像迦尸·维迪亚拉亚、加米亚·米里亚和古鲁古拉[③]这样既传授印度知识又传

① 沾沾自喜，原文 self-complaisant，疑为 self-complacent 之误。——译者

② 诺曼时期指的是英国中世纪的 11—14 世纪这一发展阶段，始于法国北部诺曼底公爵威廉 1066 年渡海征服英国；这一时期，英国的统治者几乎全是外来人。——译者

③ 迦尸·维迪亚拉亚（the Kashi Vidyalaya）是建于贝拿勒斯地区的印地语学校，加米亚·米里亚（the Jamia Milia）是建于当时联合省阿利加尔地区的穆斯林学校，古鲁古拉（the Gurukula），是有点类似中国以前私塾的梵语学校；独立以后，它们均以不同形式融入印度当代教育体制之中。——译者

授西方知识的“民族”学校，大量建立起来。相比之下，英国化的学校和学院极为强调英语教育——甚至不是欧洲知识教育，学生大量学习关于英国，英国的鸟类、农村、花卉，学习英国的文学和历史。像预料的那样，民族学校得不到政府资助，没有获得广泛支持。它们在财政上和其他方面没有得到国家支持，学位也不被承认。恰恰相反，英国政府以不信任的眼光看待它们，视之为“颠覆”宣传的中心。这些学校的确试图谆谆教诲民族性和印度人属性的意识，因而吸引了具有民族主义倾向的学生。由于它们的学位最初不能赋予他们进入政府或谋取其他职位的权利，所以它们不能从那些注重实用的人那里得到反响。尽管有局限而且数量不多，但是它们培养了相当多能干而有成就的民族领导人，诸如极受尊敬的印度爱国学者拉伦德拉·德瓦大师，继贾瓦哈拉尔·尼赫鲁之后担任印度总理的拉尔·巴哈杜尔·夏斯特里，以及印度第一位穆斯林总统扎吉尔·胡赛因。

英语文学对印度各种语言的文学的影响是强烈的。自《梨俱吠陀》时代以来，诗歌创作源源不断，但是散文是在停顿一千多年后第一次开始被人们创作。散文体裁发端于赞成和反对宗教改革与社会改革的论战，并迅速达到成熟。长篇小说、短篇小说、杂文和现代戏剧在印度文学作品里得到发展——短篇小说在 20 世纪特别发达。

302 莎士比亚成为印度人研究中的有机组成部分，对印度文学和戏剧产生几乎令人着迷的影响。莎士比亚的几部杰出的悲剧的创作时间大约是在东印度公司 1600 年成立的时候，但是在

19 世纪初以前，印度人还不知道他。然而，一旦英语教育开始，一旦西方文学和思想的知识成为地位高贵的象征、成为职业获利和获取金钱的基本前提的时候，莎士比亚作品便成为印度文学界和戏剧界熟悉的读本。对大多数受过英语教育的印度人而言，莎士比亚笔下的人物，他戏剧中的情景以及重要语录，如同他们当中的最优秀作家的作品一样，几乎就成为他们生活中熟悉的一部分。

莎士比亚较好的剧本，多数被译为印度诸语言。第一部是由哈拉金德拉·戈什翻译，出版于 1853 年的名为《巴努玛蒂求乐》（*Bhanumati Chittavilasa*）的孟加拉语译本，根据《威尼斯商人》中鲍西娅–巴萨里奥[①]的主题改编。从那时以来，除“黑色喜剧”（事实上不能归类为戏剧）《特洛伊罗斯与克瑞西达》（*Troilus and Cressida*）之外，莎翁的所有喜剧均被翻译过来。V. B. 盖尔加尔 1891 年翻译的马拉塔语轻喜剧译本《驯悍记》（*The Taming of the Shrew*），“被赞扬为完美的剧本，即使莎翁是一个印度人的话，他也不可能使它更完善”。P. 桑班达·穆达利亚对莎翁剧作的泰米尔语改编本也享有盛誉。翻译四大悲剧时做了改动，以适合印度人的口味，印度人爱好幸福的结尾。例如，哈姆雷特与奥菲莉娅在剧终时和解；苔丝狄梦娜并没有真的死去；为了答复“麦克白太太有多少孩子？”这一著名问题，给麦克白安排了一个女儿，以使她最终能和马尔科姆结婚。

① 鲍西娅（Portia），是莎翁喜剧《威尼斯商人》中的名门闺秀，文艺复兴时期最光彩的女性形象之一。巴萨里奥（Bassanio），是该剧中男主角之一，是文艺复兴时期青年人珍视爱情和友谊的代表。——译者

然而，莎士比亚是否会继续像以前那样吸引印度的大学值得怀疑，现代学者的莎翁形象——其作品强调技巧，强调社会，追根溯源以及世俗面貌——对印度人并无多大吸引力；印度人更喜欢从文学和人文的角度看他，如同上个世纪浪漫主义诗人批评家们对他的看法一样。

世俗知识和科学知识的持续发展，影响了整个印度对生活的态度。印度人被西方的自由思想、议会政府和民族主义等观念所制伏。后来，马克思主义和社会主义也渗入印度思想里。早期的民族主义者甚至从欧洲爱国志士那里吸收灵感。在 19 世纪 70 年代，意大利民族主义领导人如马志尼和加里波第等人，是印度爱国者喜爱的偶像。爱尔兰自治运动受到许多印度领导

303 人密切关注和钦佩，在他们看来，爱尔兰爱国者是忠诚与献身的楷模。德瓦勒拉是爱尔兰英雄，同样也是印度英雄，苏巴斯·鲍斯[①]常被称为印度的德瓦勒拉。

两种主要政治思想体系——民族主义和马克思主义，支配印度生活大约一个世纪。印度民族主义早已经表现出自己的个性，印度共产主义极有可能在成为具有印度特色的共产主义之后，才会在印度受到广泛信仰。印度共产主义者已经更多地指望甘地和尼赫鲁，而不是指望马克思和列宁。民族主义无疑主

① 苏巴斯·鲍斯（Subhas Bose），是 20 世纪 30 年代印度国大党内的左翼青年领袖，“二战”中与日本人合作组建“印度国民军”，试图依靠日本人推翻英国在印度的统治；“二战”结束前夕在台湾上空死于空难。德瓦勒拉（De Valera），是第一次世界大战后领导爱尔兰取得独立的激进政治家，20 世纪爱尔兰最重要的政治人物。——译者

要是对英帝国主义的反应。英帝国主义给民族主义以共同的政治团体意识、强烈的组织要求和吸引广泛注意的力量；领土的统一，统一的教育制度，交通网络的建立以及高度中央集权的行政机构，使它得到进一步加强。但是，它的思想体系理性化和思想体系的形式，来自西方自由主义思想的涌入和对自己文化往昔日益增长的自豪。

印度民族主义应在多大程度上归功于欧洲自由主义的直接影响极难确定。虽然工业革命时代商人利益集团日益增长的势力总是在建议实行专制主义，但自由思想的力量必定使英帝国主义较为人道和善于接受印度人的要求。国内的民主将“与国外的专制共存”。自由与帝国冲突的原则，被混合成新的、独特的“为被统治者而统治”的说教。

印度民族主义的许多倡导者和领导人，无疑受到欧洲自由主义思想的极大影响，但是他们的主要灵感是印度文化复兴；印度文化复兴与西方自由主义几乎处于同一时代。拉姆·莫汉·罗伊恳请英国，将传授西方知识而不是东方知识的学院引入印度。他认为，自由主义的自由与印度教的内在价值之间并无矛盾。罗伊不是西方的产物，他直到晚年才访问那里。即使“比英国人自己都更多地”接受了英国习惯和思想方法的贾瓦哈拉尔·尼赫鲁，也认为印度文化遗产是统一与进步的动力。巴尔·甘加塔尔·提拉克直到自己的事业即将结束才访问英国，他是“印度动荡之父”，是向印度人建议“自由（swaraj）是我与生俱来的权力”这一目标的第一个人。他的政治哲学，被《薄伽梵歌》赋予奥妙的灵感。然而，要是认为西方思想没有影响他们的思想，那是不正确的。

304 构成印度民族主义运动大多数的老百姓，对西方自由思想知之甚少。他们直接感受到的唯一影响是西方的帝国主义。在他们看来，西方的权力概念和自由概念是模糊的、假设的，甚至是虚伪的。只有用印度术语表达这些概念时，他们才理解其价值。因而，完全西化并受过英语教育的知识分子、放弃政治退隐到本地治里（Pondicherry）探索神圣意识的奥罗宾多·戈什，称民族主义为神的化身（*Avatar*），它必定将人类从恶魔的压迫下解放出来。民族主义是神，是永生，因而没有政府能毁灭它。奥罗宾多·戈什尽管从 1905 至 1910 年短期投身于政治，却能将在国内外都证明具有巨大政治价值的深奥哲学引入印度民族主义运动。“母亲印度”（Mother India）的神性被许多印度民族主义者长期视为抽象的伦理概念，在他的手里变成具有毋庸置疑的效力的政治武器。他宣传说，爱国主义的神圣化就是一心一意崇拜被人格化为“伟大母亲”的印度。多年以后，圣雄甘地用同样的方式，对追随他的“印度的芸芸众生”演说。他的政治自由观念被解释为“罗摩王国”[①]，这个王国以普遍道德的原则为基础；在这个王国里，正义、正直和人民的意志至高无上。

舶来的自由和统一概念与复兴的印度教正在发展的思想之间的相通相近，不仅赋予印度民族主义以独特的性格，而且赋

① “罗摩王国”（Ramarajya），罗摩是印度古代大史诗《罗摩衍那》中的主角，是印度教徒伦理道德和理想君主的化身。——译者

予它有价值的含义和力量。民族，即一个存在于限定领土内的共同体的概念，还有爱国主义的概念，在整个历史长河中都为印度人熟悉。古代文献证明存在“母亲印度”明确的形象，并且证明了被称为“婆罗多伐娑”（Bharatavarsha）或者就叫“婆罗多”的民族团结的明确意识，婆罗多是在现在印度共和国宪法中得到恢复的名称。在吠陀和史诗文学中，发出爱印度和为印度服务的深情。《摩奴传承经》（*Manusmriti*）中有“母亲和祖国比天更伟大”这样一些极端爱国热情的片段。印度防护性的自然疆界，有助于将所有印度人结成一个印度统一体。这个形象的复活，赋予印度民族主义明确的意义，印度人以强烈的感情做出反应。

印度领导人设计的政治发展与社会发展携手并进，他们认为社会恢复活力是政治和经济发展的基本条件。结果，印度民 305
族主义在其早期与文化复兴紧密相连。以后，它在性格上更有魄力并带有政治色彩。印度民族主义不仅是对过去的自豪，而且是鼓动变革（*inqilab*）的新事物的活力。从异族统治下解放出来还不够；民族主义运动是反对包括社会压迫和经济压迫在内的各种压迫的广泛运动。在最后阶段，变革的呼声几乎超过政治独立（*swaraj*，或者 *azadi*，自由）的要求。

圣雄甘地是各种无法理喻的矛盾在印度错综复杂交织在一起的典型代表，他没遇到多大阻力就获得民族运动的领导权，且在有生之年几乎没有受到挑战地保持着领导权；这一事实进一步证明了印度民族主义的调和性。然而，圣雄甘地在西方文明和现代文明之间划清了界限。虽然两者同样都是好东西，但是他相信后者在西方已走上错误的方向。因此，他要求印度避开那种现代化的西方。他的看法与托尔斯泰——一个由于物质主义、军国主义和帝国主义生活方式所造成的不道德世界里的有道德的人——的看法有点相似。他呼吁自己的同胞从西方文化中选择自己进步必不可少的那些成分，如同从别的文化中进行选择那样。世纪的精神要与国家的精神和谐一致。

拉宾德拉纳特·泰戈尔在强烈的民族主义、文化自豪和种族偏见的时代，力图将印度的世界观扩大为世界范围的人道主义世界观。他是真正的世界公民，始终如一地告诫自己的同胞要提防民族主义的弊病，并像甘地一样谈论印度自我净化和建设性的工作。在他看来，博爱思想超过了对国家的爱。政治自由不一定是真正的自由，而只是可能变得更有力量的一种手段。真正的自由是思想和精神自由，这种自由不可能从外部进入印度。泰戈尔不反对任何特定的民族，只反对一般意义上的民族主义思想。然而，他对印度文化十分自豪，号召西方理解它的一些好的品质。泰戈尔对印度思想的影响无法估量：他比自己同时代的任何人都有助于使东西方思想和谐一致，拓宽了印度民族主义基础；他是世界上伟大的国际主义者之一，相信并致力于国际合作；他将印度文化传到其他国家，并将其他国家的文化带回印度。

贾瓦哈拉尔·尼赫鲁对复兴的印度的最大贡献，在于突出
306 了西方文化的内在价值。尼赫鲁虽然受到印度本国遗产的影响，
但是他的世界观完全是西方人的世界观。科学的理性主义、人道主义和社会主义对他影响深刻，使他能弥补印度政治生活中

的缺陷；否则的话，这种缺陷会被证明是代价巨大的。为了给印度人以自信感，西方的个人主义必不可少。他不屑一顾地抛弃传统的自我退避，宣传和实践坚持己见，甚至冒明显的骄傲自大的风险；在一个不断受到各种社会和经济不平等折磨的社会里，适当的骄傲自大胜过空洞的谦卑。

尼赫鲁是西方精华成分活的象征。大多数印度知识分子将尼赫鲁视为自己西化的理想表现，视为传统与现代性之间的桥梁。即使在身陷英国人的囹圄之际，尼赫鲁在自己的《自传》中仍然承认："尽管我敌视英帝国主义和所有帝国主义，我还是深爱英国……"他还讲出了印度的甘地语言："去掉邪恶，相信美德——你自己的美德和你的对手的美德。"

尼赫鲁受到西方人道主义的道德规范、奥义书的训诲和佛陀的理性主义的影响，在 20 世纪 20 年代后期受到马克思主义理论的吸引；他一般被视为印度民主社会主义的庇护人，虽然他从来不是任何社会主义政党的成员。主要是由于他的努力，完全是西方产物的马克思主义才被允许进入印度政治生活，它从此极大地影响了现代印度的思想、政治、文学、经济生活和社会观。主要是由于甘地的道德影响和尼赫鲁对甘地的"萨蒂亚格拉哈"[①]的钦佩，阻止了尼赫鲁变成马克思主义的社会主义者。在 1926—1927 年访问欧洲期间，特别是在布鲁塞尔被压迫

① 萨蒂亚格拉哈（satyagraha），梵文意思为"坚持真理"；它是圣雄甘地在南非领导印度侨民反种族歧视斗争和社会改革时，为自己的运动选取的名字，强调通过个人或者集体的非暴力、不合作行动来实现合理的、具体的道德和社会目标。——译者

民族同盟大会期间，他接触了为数众多的马克思主义知识分子和领导人。后来，他去了俄国，对社会主义俄国的成就印象极为深刻。从那以后，他总是提倡在印度建立以民主和个人自由为基础的社会主义社会。

尼赫鲁主宰着从印度宣布独立直到他 1964 年去世的印度生活和政治，用几乎无与伦比的技巧将现代价值观融于印度传统之中。尽管时常听到对他的不结盟政策的批评，但是在他的整个一生中，他一直是世界政治中的关键人物。他是反帝革命的领袖，被视为全人类和平希望的化身。另外一些人将他视为一种独特民主的设计师，为取得经济繁荣和社会公正而奋斗于各

307 种不同的势力之间。虽然印度的革命以甘地的道德观为根本，但却可以被说成“尼赫鲁式”的革命，因为是尼赫鲁赋予了它现在的形式，这种形式反映了他将印度理想主义与西方物质主义所作的典型结合。

尼赫鲁不是甘地哲学意义上的哲学家，但是没有他的话，甘地主义的许多内容就会弃之不用；就像没有列宁，马克思主义的许多内容就会弃之不用那样。他使知识分子肃然起敬，深受普通人的爱戴。他不仅是自己的人民所珍视的理想的倡导者，也是人类良心的代表。没有几个政治家可以像他那样，说自己的经验主义没有机会主义，说自己对主义的信奉没有教条主义。他能不损害任何关系，而赢得政治对手个人的喜爱。他相信：具有社会敏感性的“创造性思想”，足以解除人类的精神危机。正是这种人道主义，使他成为西方在东方的代表和东方在西方

的代表。

西方对印度传统影响的主要后果，表现在心理态度方面。印度是自给自足、富裕的农业社会，因而保守、好客、宽容，还有点宿命论色彩。但是这一切已经发生了变化，它起初是处在长期的外国统治之下，后来是处在正在发展中的竞争社会的压力之下。印度的天生满足，让位于反叛精神和自力更生；在新改宗者的过分热情之下，它们常常使印度人自我贬低，缺乏集体纪律。印度人是极端个人主义者，一贯抵制任何思想束缚。他们性格外向、不求符合规范、不拘礼节、无拘无束地表述自己的思想，时常也沉迷于沉思与反省之中。尽管这些品格赋予印度独特的个性并推进了其学术与民主，但是它们在过去如同在现在一样，常常足以达到妨碍组织、配合和纪律的程度，而这些都是实质性变革必不可少的优点。这是令人奇怪的事情，因为印度人并不缺乏自律或者甚至是自我否定。事实上，对印度人而言，自律不是否认个人自由，而是有助于个人的精神完善。然而，任何集体政治纪律均被视为对个人自由的剥夺。尽管有典范性的献身和自我牺牲精神，由于配合不当和不可避免地走漏消息，密谋、兵变和地下革命活动在印度还是都失败了。如圣雄甘地的“萨蒂亚格拉哈”这样的群众运动获得成功，原因在于它们是公开的，并且基本上是要求个人的努力。人民大众一起参加“萨蒂亚格拉哈”运动，但是每个人都实际上是在 308
进行独立的行动；作为个人，他可以战胜他认为是非正义的一切。甘地就经常单干。

印度人还须在这两个对立物之间进行一番平衡，学会将个人自由与社会纪律结合起来，以加速国家进步。在集体努力当中，妥协与纪律的价值怎么估计也不会过高。在这一方面，历史上没有哪一页比西方在亚洲行动的这一页更具有启发性。实际上，西方的统治是组织和团队合作对个人英雄主义和用不协调方法处理政治的胜利。印度无力将个人的品质结合到集体形式之中，这比其他任何东西更多地在各种无意义的纷争中表现出来，吞噬了国家的努力和士气。有时候，似乎每个印度人都是一个移动的议会下院（Lok Sabha），也是一个道德教师。印度所需要的，并且经常需要的，与其说是忠告，不如说是持久的努力。

反思与批判对一个民族的政治和精神健康无疑不可缺少，但它们会被搞得过头。毕竟，民主由批评和努力两者构成。在印度，它们两者有时断绝了联系。过度的自我批评很快会导致丧失自信，不加思考与不负责任的表达方式造成了一种普遍遭受挫折的气氛。它们共同消耗国家的精力。今天，印度最严厉的批评来自爱思考的印度人，特别是来自十全十美主义者和那些对事物的期望远远超过了自己能力的人们。当达不到尽善尽美以及不该期望的事情没有出现时，灰心丧气便不可避免；结果就是，这个阶层成为革命的巨大障碍，而他们本应是在印度革命中打先锋的、完全属于人民之列的阶层。人们常常发现：一方面，受过教育的印度人极端地批判一切，意志消沉；另一方面，老百姓却严肃地担当起国家重建的任务。无论等待印度老百姓的是什么——尽管他们期望得到繁荣——且对于自己工作的紧迫性漫不经心，他们显然还是为正当的目的找到了正当的工作，这本身就令人鼓舞和满意。

受过教育的印度人灰心丧气，在很大程度上是由西方对印度所取得的成就的批评决定的，这种批评并非一贯正确。印度人不能闭耳不听批评，无论正确与否，因为他们尊重自己的批评权力。西方的批评分析，常常比它本应发挥的效力更为有效，因为它是用印度人并不擅长的英语表达的。可是，印度人常常
不愿意承认这种缺陷，因为他们仍然将英语知识同知识自身混 309
为一谈，并且不知不觉地倾向用某些人掌握英语的程度来衡量他的学识程度。

但是，即使是乐意看到印度进步的好心的印度评论家，也常常无意之中用西方术语来衡量印度，并且将价值观和重点的差异混淆为政策与实践的谬误。不管怎样，他们在急于获得快速结果的时候，已将紧迫感强加于印度的试验之上。他们担心延误会使印度遭受破坏，甚至会瓦解世界秩序。毋庸置疑，印度的贫穷消除得越快越好。但是，为了速度而失去平衡则是轻率的。自力更生而晚些到达目的地，比躺在担架上早些到达目的地要更好。

印度既不是在同时间、经济贫穷、政治敌对竞赛，也不是在同国外的批评竞赛。她是在同自己竞赛。在这一发展时期，如果她不能振奋民族精神，不能避免与部分成功或失败相伴随的灰心丧气，不能在那些未请而纷至沓来的预言面前保持坚定

乐观态度的话，那么无论是她往昔的荣耀，还是高贵信仰的表白，都丝毫不能引导她实现自己期望的目标。

如果说英国人阐明了印度社会的精华的话，他们也突出了她迄那时一直潜藏的弱点。这种影响之一是在印度教徒与穆斯林的社会和政治关系方面，它终于毁灭了印度的政治统一。在英国人进入印度之前，印度教徒和穆斯林已在截然不同的社会空间并肩生活了大约一千年，他们相互适应对方的宗教信仰。在政治领域如同在其他任何领域一样，存在着受权力政治学左右的每个政治集团内部的分歧。政治关系不随宗教信仰而定。社会方面，穆斯林是印度的另一个种姓。正像使印度教徒同印度教徒隔离的种姓制度受到谴责一样，将穆斯林排除在印度教社会之外同样受到谴责。但是，印度教徒-穆斯林的社会同化是一个截然不同的问题，因为他们有不同的信仰和传统。后来，涉及印度民族主义与英国帝国主义之间的无情斗争的现代政治发展，引发了穆斯林的民族主义。当统治权由外国人掌握时，印度教徒和穆斯林的权力均被剥夺，但是一旦民主、自治政府的前景开始呈现时，印度教徒的人数优势自然就引起穆斯林的忧虑。

无论英国人是否有意识地实行了“分而治之”的政策，他们没有做多少工作保持政教分离，在缓和教派意识方面做得更
310 少。他们肯定做过积极努力，去调解问题和减轻少数派的恐惧。但是，他们的态度和声明过分地强调了这一问题，甚至煽起了恐惧；他们的声明是在要么完全不知道自己政策的效果，要么有意识地靠政策的效果去渔利的情况下发布的。实际上，每一

位印度事务大臣和副王[①]在发布老一套的声明时，都是一个调子；只做必要却无关痛痒的修改，就在每个公共场合老调重弹，强调印度社会多种多样的分歧。在谈到印度的多语言、多民族和多信仰时，寻求的是动员与印度民族主义和印度统一相对立的一切利益集团。它展示并非总是精确的少数民族统计数字，并且一贯在敌对的宗教和经济上落后的阶级身上做文章。这么做的时候，它有时带着宿命论的懊悔语气，有时带着论战中获胜的神气，但强调的总是印度的分歧。这肯定是想要克服这样的分歧的错误方法。相反的方法，会更加恰到好处。英国人本来可以强调两个宗教的基本统一性，本来可以强调它们共同的历史往昔。

不过，必须指出的是：西方思想不同于印度思想，西方思想充满宗教差别意识和对抗性，即使同一个基督教信仰内的各个宗派之间亦是如此。19 世纪末以前，宗教一直是英国政治和教育的主题。英国人即使不想正视天主教徒–新教徒之间可怕的剧烈冲突和其他宗教斗争的话，也应能记住只是在经过长期反对之后的 1829 年，英国才通过《天主教徒解放法》。按照 1753 年的《婚姻法》，不经英国教区牧师教会允许，任何婚姻都属

① 印度事务大臣（the Secretary of State for India），设立于 1858 年，是英国内阁负责印度（含缅甸和亚丁）事务的内阁大臣，1947 年 8 月印度独立时被取消；副王（the Viceroy of India），是英国在英属印度的最高行政长官“总督”从 1858 年开始新领有的一个头衔，在当时英属印度直接控制的地区之外至少还有大大小小 500 多个土邦是“独立王国”，此头衔意在授予其代表英王与土邦王公们打交道的权利。——译者

于非法，这是天主教徒无法容忍的侮辱；1836年，它才得到修改。宗教偏见在教育中极为严重。直到1871年以后，天主教徒才能进入牛津大学和剑桥大学，这是1867年《改革法》赋予这两个城镇的工人阶级政治权利之后的事情，是在自由主义和个人自由的概念出现很久之后的事情。

犹太人的待遇与此相差无几；确实，犹太人在1866年以后才获得完全的、平等的公民权。查尔斯·布雷德洛因为是无神论者而不允许在议会就职，他进行了六年艰苦斗争才进入议会，并表达他的选民的观点。在英国，宗教确实不只是个人的爱好问题，英国圣公会不只是教士的选择。新教的支配地位是英国宪法不可分割的组成部分；君主的加冕宣誓，要求他保证
311 用法律和权利保护新教信仰，《财产赠与法》[①]保证了新教徒的继承权。

英国人本来还可以将西方早就获得的发现告诉穆斯林和印度教徒：信仰在现代政治中无关痛痒，强调经济和社会问题的重要性。“如果这个强大政府的官员和发言人根据自己的性格和机会，每日利用报刊和无线电、教科书和白皮书等将宗教差别缩小到最低限度，并提倡一种世俗常识的观点；如此持之以恒50年的话，难道这种长期不和还会注定像它今天这样势不可当吗？而他们选择去发表另外一种言论。”[14]

① 《财产赠与法》(*the Act of Settlement*)，英格兰议会1701年通过。法案规定：凡罗马天主教徒或者嫁给罗马天主教徒者皆无资格继承英国王位；法案还对外国人在英国政府中的作用做了限制。该法案的原则和1689年《权利法案》的原则一样，沿用至今。——译者

西方文化的进入是一个逐渐的、持久的和未经事先计划的过程，由从不讲道德的冒险家到有献身精神的知识分子、传教士和行政官员在内的三教九流的欧洲人传入。然而，这些变革的先驱作为一个阶级，并没有做有意识的努力来加快这个进程。印度文化变革的这一时段，是一个物质贫困、知识相互影响和社会复兴的迷人时期。印度对西方的反应怀有矛盾心理。她一方面努力坚持印度伟大的文化往昔，另一方面又努力清除其传统性。结果，印度极力实现两者之间微妙的结合。

正如两种强有力的文明之间发生任何文化冲突时可以预料的那样，西方对印度的影响突出了印度社会和文化的美德与弊端两方面。尽管英国工业革命开辟了改造印度经济的新的物质时代，但是它也引起了贫穷、人口过剩和饥荒。尽管它惊动了印度的心灵深处，唤醒了印度蛰伏的科学探索精神，对印度生活做出新的贡献；但是，它也迫使印度社会保卫自己的传统遗产，引起文化复古倾向。就总体而言，它起了催化作用，启动了逐渐导致有组织的民族意识和民族统一，并最终导致传统印度现代化的文化进程。

通过英语教育、基督教传教团和主要通过英国统治传播的西方对现代印度的影响，的确既广泛又多样。虽然基督教传教士最早在印度开始文化交流，但是直到英国殖民当局开始出于功利主义目的对印度人进行训练，并且印度人自己感觉到变革的压力之后，印度才开始告别传统，进入现代状况。尽管对这
个题目有许多评论，对于这一进程及其全部含义还是有待平心 312
静气地进行评价。它的全部重要性，可能要到它经历时间考验

之后才能被理解。今日印度既古老又新生，这同时使她既独特又复杂。印度现代化在西方影响之下发端无可否认，但是它有多少源于自己再生的活力这一问题，就算说不上是语气刻薄的辩论的题目的话，也还是经常认真辩论的题目。两种意见并不真正矛盾，或者甚至并不互不相容；如果对一方面考虑太重而对另一方面看得太轻，多半就会发生分歧。

对于英国影响印度的性质和后果，历史学家们没有取得一致意见，他们也不期望取得一致意见。英国对印度的统治，是一个分为几个明显阶段的长期过程。这一时期的文化进程，不可避免地朝不同方向和在不同水平上发展。英国人的影响，在某些方面是积极的，在其他方面则是消极的。再者，有些影响是有意识政策的结果，而别的影响则是无意识的和偶然的结果。但是，它在各方面都是一个僵化社会的刺激物，产生了从模仿和同化直至拒绝的各种反应。

法律与秩序的恢复、国家在一个中央权力之下的统一、中产阶级的出现、运输和交通的发展、国际意识的复苏，它们本身均是值得称道的贡献。但更为重要的是，正是因为这些贡献，印度人才可能从事其他文化活动和知识活动。判断英国人，不应该根据他们实际上贡献了什么，而是应该根据他们使印度人有恢复自己文化精华之活力的可能，有决定自己的命运的可能。英国人通过使印度人意识到自己的缺点和力量，而给了他们目标和接近这些目标的方法。对西方思想和方法的了解，特别是对西方经验的了解，给了印度人实现自己新理想的希望。没有对西方所经历的现代化历程的认识，印度社会完全不可能投入行动。没有先例的规诫，几乎没有吸引力。

现代印度的精神有点像自然精神自身一样。它总是新的、不断变化的，却又古老。尽管印度人积极从事科学成就活动，但是奥义书将继续强烈吸引和激励他们，他们在不牺牲物质繁荣的前提下会继续对终极的探讨。同时，他们将以特有的宁静和幸福方式，忍受贫穷的重负。甘地永远会比马克思更 313
多地激励他们，他们的手段和他们的目的同等重要。还有，今日印度所代表的是一种新文明的出现，而不仅仅是旧文明的延续。

印度需要现代化，西方将它介绍给了她。然而，绝对不能像通常那样，将现代主义同物质主义或者甚至是西方制度混为一谈。根本不存在现代主义是西方所固有的东西这么一回事，因为现代主义发源于时间而不是空间。例如，现代印度人可能是不可知论者、无神论者、修道士或者神秘主义者。他完全可能正在试用危险细菌，或者正在为寻求真理而探索外层空间。他的动机可能是人类必须了解万物的真相这一精神信仰，或者是人类的苦难如果不被根除的话也要得到减轻这一信念。人们常常见到，像作业瑜伽行者（Karma Yogi）一样的现代圣者，含糊不清地用医疗器械或者实验室的试管向非人格神祈祷，这位非人格神被人们称为科学或人性。现代主义可能已经在西方开始，但它是人类普遍和共同的遗产。即使没有英国在印度的统治，现代主义也将到来，就如它来到日本那样。在科学和技术进步不断发展的时代，一个地区的文化孤立几乎不可能。没有殖民统治的阻挠，印度对西方的反应可能会

更加不受约束。尽管如此，虽然她对西方知识的选择有点受大英帝国需要的限制，但对所提供的东西做选择的主动性主要还是她自己的。印度选择了自愿地吸收。她拒绝西方统治，但不是拒绝西方知识。

注　　释 315

第一章

1. 这个国家的名字（Korea）来源于这个王朝的名字。

2. 著名美国学者 D. 贝修恩・麦卡特写道："拼音方法既不是由中国人，也不是由日本人发明的。它传入这两个国家（如我们所相信的那样，也有朝鲜），是早期佛教传法师们……的劳动成果。在所有这三个国家……拼音方法几乎没有疑问地起源于梵语。"引自 W. E. 格里菲斯，《朝鲜——隐士民族》，第 338 页。

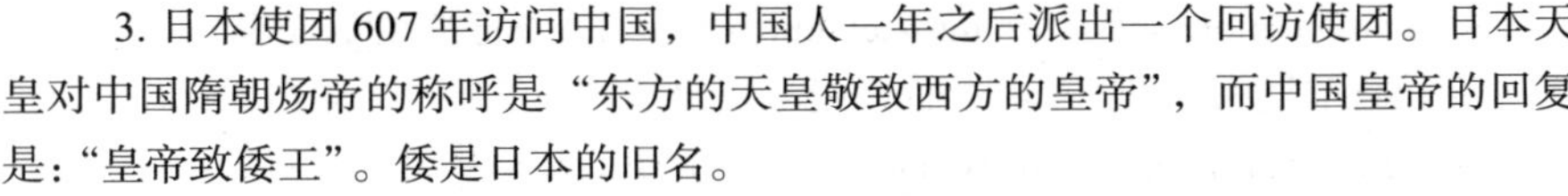

3. 日本使团 607 年访问中国，中国人一年之后派出一个回访使团。日本天皇对中国隋朝炀帝的称呼是"东方的天皇敬致西方的皇帝"，而中国皇帝的回复是："皇帝致倭王"。倭是日本的旧名。

4. 日本古代宗教没有名称，但是在佛教传入之后，它被称为神道教，使之与其他信仰相区别。

5. 大和现在是日本中部的一个省，但是在当时，它表示整个日本中部。在东京于 1869 年被定为国家的首都之前，政府所在地和天皇府邸一直在国家的那一地区。

6. 在日本，按自己的继承权在位的皇后（Queen）被称为"天皇"，用来使她与不在位的皇后（Queen consort）相区别，不在位的皇后被称为"皇后"。

7. 现在的寺院并不真是原先的寺院，因为它已按原先的图样多次重建。

8. 他在真言宗的大寺金刚峰寺去世，但是他的信徒们相信他没有死而仅仅是进入永恒的入定（*hyuji*）。一名具有恰当的资格的高僧，要在一个固定的日子来到内殿更换他的袍子；据信，他在该内殿处于禅定状态之中。

9. D. C. 霍尔顿：《现代日本与神道教民族主义》，第 129 页。

10. H. 那格穆罗：《日本与印度的亚洲》，第 8 页。

11. 铃木大拙，引自查曼·拉尔主编:《印度与日本》，第 11 页。

12. 那格穆罗:《日本与印度的亚洲》，第 3 页。

316 13. 世亲的俱舍宗和达摩波罗的唯识宗只是通过 L. 德拉瓦莱·普桑的法译本才为西方所知，而在日本则写出了关于它们的众多论著。

14. 即使霍丹在 18 世纪上半叶所写的《佛教逻辑学的起源》(*Immyo Zuigenki*) 中所附的文献目录中，也包括了 84 部日本逻辑学著作。

15. 该诗歌的梵文原文如下：

Sarve Samskarah anityah,
Utpadavayadharminah.
Tesam vyupasamah sukham,
Avadad mahasramanah.

该梵文诗以佛说经中佛的最后一句话为基础。它的英文译文是：

The Flowers, however fragrantly blooming（花朵儿无论怎样芬芳地盛开，）
Are doomed to wither, and who in this world（也注定要凋谢，在这个世界上，）
Can hope to be permanently living?（有谁能指望获得永生？）
The romotest mountain path of existence is crossed today.（今天是横亘着的存在的最偏僻山路。）
Awakening from a dream so evanescent（从梦中觉醒是如此短暂，）
I am no more subject to intoxication（我不再受缚于陶醉的天真。）

在元旦节期间，日本流行的娱乐是玩叫伊吕波的纸牌。一副由 48 张构成的纸牌——每张均有以 48 个字母中的一个字母开头的简短格言。

16. 见约翰尼斯·诺贝尔:《中亚：东方和西方之间的链条》，第五章，有关这一题目的简短论述。

17. 这种铅字在 8 世纪中期似乎用金属板制作。在后来的镰仓时期的早期，才开始用木印版经常印刷佛教书籍。

18. 萨格罗是因陀罗的旧名（因陀罗的这个名字更常用在佛教和耆那教传说中。在巴利经文中，它是神名；在其他佛经故事中则是职官名。——译者），他主要以此名字为日本所知。

19. 神道教的神话，根据出现在两部古代集子《日本书记》和《古事记》中的传说故事编成。前书用汉文写成，720 年根据天皇诏谕刊印，是一部官史；后书也用汉文写成，但句法是纯日本式的，它是在 704 和 714 年之间编入这个集子的较早的故事的汇编。另外三部故事集和神话集值得一提：大约编成于 807 年的《古语拾遗》(*Kogoshui*)，编成于 8 世纪初的《风土记》(*Fudoki*) 和年代属于 927 年的第一部十卷本礼仪书《延喜式》(*Engishiki*)。这些集子中最后一部不仅包含有神道教神话，尤其还有更多的神道教宗教。在这些集子编撰之前，神道教的宗教和神话已经受到外来影响，例如：在日本的佛教已被牢固确立了很长一段时间。

20. 吉诺·K. 皮奥维萨那:《近代日本哲学思想》，第 103 页。

21. 查尔斯·埃利奥特爵士:《日本佛教》，第 191 页。

22. 不过，库马拉斯瓦米不赞同在法隆寺和阿旃陀之间存在极为密切联系的观 317
点，他认为日本作品的来源应该在和阗而不是在印度寻找。但是，看来日本一定在某种程度上直接依靠印度来源；否则，就不可能解释东寺的站在一个蹲伏的恶魔身上的持国天（Jikoku Ten，持国），与巴尔胡特（Barhut，原文排为 Bharut。——译者）的俱毗罗夜叉之间在肖像画法方面如此惊人的相似；并且难以解释伟大的混合的婆罗门，特别是千手婆罗门，形象如此具有神道教与佛教混合的众神的特点。A. K. 库马拉斯瓦米:《印度与印度尼西亚艺术史》，第 154—155 页。

23. H. J. R. 默里:《需用棋盘的游戏史》，第 36 页。

第二章

1. 古代美洲人通常被称为红色印第安人，考古学家们通常称其为美洲印第安人。尽管这两个名字有自己常用和流行的好处，它们还是经常引起混乱，对于那些比较历史和比较文明专业的学生而言，尤其如此。古代美洲人既不是红色美洲人，也不是印第安人；他们起源于亚洲，在美洲居住的时间比讲印欧语言的居民在欧洲居住的时间要长得多。所以，称他们为亚美人，比称他们为美洲印第安人可能要更加恰如其分。似乎没有什么理由，去犯一个哥伦布几百年之前所犯的错误。

2. 最近，威尔士作家理查德·迪肯先生声称：圭内斯郡的国王欧文的儿子、威尔士人马多克在哥伦布之前三个世纪抵达美洲。美国学者塞勒斯·戈登博士相信，腓尼基人在哥伦布抵达巴哈马群岛之前大约两千年发现了巴西。他的结论以对 1872 年在帕拉海巴被发现的一份铭文的新解释为依据，长期被认为是伪造的结论。

3. 伯纳尔·迪亚士的叙述，是两份现存的、对前哥伦布时期的文明的厄运之亲身经历的叙述中的一份。他在晚年写下了征服墨西哥的经历，证实或者称颂自己在其中的作用较少，更多的是更正别人的误传。另一份叙述是一名西班牙首领和基姆普·奥科洛（Chimpu Occlo）亲王夫人（最后一位印加君主的表姐妹）之子加西拉索·德拉维加所写的关于印加人的叙述。他也是在晚年才记下了他所知道的关于他母亲民族的历史与风俗，以及他们的帝国即塔欢丁苏雨（Tahuantinsuyu）是怎样崩溃等方面的一切。由于他是混血后裔和虔诚的罗马天主教徒，他力图使印加人与生活在本地的西班牙居民和解，并且将这些西班牙人造成的恐怖和蹂躏与他们通过基督教带来的解脱做对照。

4. 考尔德：《继承者》，第 151 页。

5. 霍诺内：《为了寻找白神》，第 17 页。

6. 例如海勒姆·宾厄姆、沃尔德克、布拉塞鲁·德博尔博尔格、勒普朗吉昂、艾尔弗雷德·莫兹利、鲁茨·卢列尔、S. G. 莫利、爱德华·赫伯特·汤普森、
318 特洛、齐利亚·纳托尔、曼努埃尔·加米欧、加西亚·帕永和许多其他人。提及这些名字，没有任何著作优先或者重要性方面的考虑。

7.《墨西哥征服史》（1843 年）和《秘鲁征服史》（1847 年）。

8. 根据爱默生的说法，洪堡像亚里士多德一样，是这个世界的那些令人十分赞赏的人物之一；他们经常出现，好像是要表现人类精神的潜在价值。

9. 冯·洪堡：《关于美洲古代居民的制度和纪念物的研究》，第一卷，第 XXX 部分，第 22 页。

10. 约翰·兰在 1877 年出版了他的著作的第二版，他在该版中宣称：伦敦传教士协会的两名传教士约翰·威廉斯和威廉·埃利斯逐字剽窃了他的说法，没有向他表示感谢，就将其用到他们各自的出版作品《在南海群岛冒险活动的叙述》（伦敦，1837 年）和《波利尼西亚研究》（伦敦，1831 年）之中。见兰：《波利尼西亚民族的起源和移民》，第 305—328 页。

11. 戈登·蔡尔德在分析社会发展时说："……在旧世界的不同地方——更不用说在新大陆的不同地方——所观察到的社会发展会显示出差异而不是平衡发展，这丝毫也不令人惊奇。……但是概括地说，对自然结果的比较不仅显示了差异和演进，而且也显示了平行发展和同化。后一种现象在器官的进化中很难找到类似性。"《社会的进化》，第 116 页。

12. R. 海因-格尔德恩、G.F. 埃科尔姆和索尔·塔克斯编：《古代美洲的文明》，第 301 页。

13. B. 罗格斯："一名考古学者到圣地亚哥-德孔波斯特拉的朝觐"，《科学》第 131 卷，第 1180 页。

14. 海因-格尔德恩、埃科尔姆和索尔·塔克斯编：《古代美洲的文明》，第 308—309 页。

15. 保罗·科尔霍弗："一个重大的宗教体系从印度向墨西哥的传播"，见《国际美洲学家大会论文选集，第 XXXV》。

16. 同上书，第 73 页。

17. D. A. 麦肯齐:《哥伦布以前美洲的神话故事》，第 58 页。

18. E. B. 泰勒:“论作为文化史证据的神话中的信仰传播”。见《英国协会的报告》，1894 年，第 774 页。

19. 然而，像劳里特·塞乔恩这样的一些学者明确承认他的历史真实性，因为他的领导品质常常被提及。劳里特·赛乔恩:《沸水——古代墨西哥的思想和宗教》，第 25 页。

20. 有些学者在魁扎尔科亚特尔身上，看到了偶尔抵达美洲的基督教传教士的形象。

21. 米格尔·莱昂-波蒂利亚，S. N. 克雷默编:《古代世界的神话》，第 449 页。

22. M. 莱昂-波蒂利亚，同上书，第 468 页。

23. 同上。

24. M. W. 德比赛尔:《中国和日本的龙》，第 5 页。德比塞尔接着说，印度 319
蛇形的龙在中国与四只脚的中国龙相同，因为两者均是海洋和河流的神圣居民，是雨的赐予者。尽管龙的崇拜在古代印度是最流行的崇拜之一这一点是肯定的，但对于它是否是起源于前雅利安的雅利安崇拜，还是一个在学术界有争议的问题。在印度河流域时期流行一种龙崇拜的形式，但是其他人争辩说：大家所知的龙崇拜的形式始于吠陀时期。他们注意到在《梨俱吠陀》中提到的“空中之神”（Ahi-Budhnya）；它是与大气有关的神，在有些经文中被当作中间层即空中层的一个神提到。

25. 有些作者将玛雅大象描述为一只画得极差的鸟。这种混淆似乎是因为玛雅雕刻家显然从未见过大象，并且用手绘图作为雕刻原型而造成的；这种图画反过来又可能是从记忆当中产生的。

26. “主张这种奇怪的理论自发地起源于旧世界或者新世界的不同地方是荒唐的。”D. A. 麦肯齐:《哥伦布之前美洲的神话故事》，第 70 页。

27. 海因-格尔德恩、埃科尔姆和索尔·塔克斯编:《古代美洲的文明》，第 307 页。

28. W. H. 普雷斯科特:《秘鲁征服史》，第 118 页。

29. 迈尔斯·波因德克斯特:《亚利安-印加人》，第 11 卷，第 211—215 页。

30. 同上书，第 271—287 页。

31. 棉属中的染色体组基本上是 N=13；除了一个棉种之外，所有野生棉种都是二倍体。四倍体形式的染色体数是最早的染色体数的二倍（2N=26）。

32. 哈奇森、西娄和斯蒂芬斯:《棉属的发展》，第 98 页。

33. “遗传学和细胞学资料证明，在新世界棉花和与它们亲缘关系最近的植物之间，有比陆地桥的建议者们所猜想的更加接近的同源染色体和更近的异源多倍体起源的假设。首先，所有异源多倍体棉种有毛绒，仅见的其他有毛绒的棉种是旧世界的带母体 A 的棉花。由于母体 A 的分化被证明注定同由文明的人类所造成的绒毛改进相联系，带母体 A、有绒毛的异源多倍体只能在人类文明起源之后出现。第二，雷蒙迪棉属（G. raimondii）在细胞学、形态学和发育遗传学方面的反应，比任何其他带母体 D 的棉种同新世界棉花的关系都更加密切。这也表明新世界棉花最近的起源，因为它暗示美洲的二倍体棉种是在异源多倍体出现之前在其种内分化的。这种最近的起源，排除了任何单靠用可以利用的时间不足来解释二倍体母体巧遇的自然传播的理论。剩下的唯一可供选择的答案是：它们是由带着它们和人类自己的作物、植物种子，以及自己文明的一些工具的人，越过太平洋带来的。”哈奇森以及其他人：《棉属的发展》，第 76 页。

320 34. 约瑟夫·哈奇森爵士，见《努力》，XXI，第 14 页。

35. C. R. 斯托纳和安德森：“阿萨姆山地民族中的玉米”，《密苏里植物园年刊》，XXXVI（3），第 356 页。

36. G. F. 卡特：“越过太平洋的民族和思想的运动”，J. 巴劳编：《太平洋民族的植物和移民》，第 9 页。

37. 阿诺德和弗罗斯提出早期佛教徒最可能的航行到美洲的路线说：“他们循着海流的路线去美洲，并且会在海流最急的地方被抛上海岸。太平洋逆流在北纬大约十度的海岸附近分成两支，一支向南流，一支向北流。如果他们循向南的这支海流而进的话，将会与来自秘鲁的赤道海流发生接触，并且不可避免地再次被带回大海。另一方面，如果他们循向北的这支海流而进的话，将会沿海岸被带走几英里，然后抵达大约纬度 13 度的地方；海流在这里靠近海岸流过，这里就是他们最有可能登陆的地方。”引自 W. 沃科普：《离散的部落和沉没的大陆》，第 95 页。

38.《皇家亚洲学会杂志》，第一卷，第 2 页。约翰·埃德所写的论文和约翰·马尔科姆爵士所作的传述。

39. 沃科普：《离散的部落和沉没的大陆》，第 92 页。

40. 夏威夷语及其方言的对等词，在整个波利尼西亚、新西兰和夏威夷都是一个表示故乡的古代传统词汇。

41. 印度学者查伯拉最近注意到在夏威夷群岛的岩石文字中发现的符号，与在哈拉巴印章上的符号之间的某些相似之处。岩石文字符号中的一部分被说成与早期的婆罗谜字体近似。B. 奇·查伯拉：“夏威夷的印度文化遗迹”，《维斯韦斯瓦拉南德印度学杂志》，第一卷，第 2 部分，第 335—337 页。

42. D. A. 麦肯齐：《哥伦布之前美洲的神话故事》，第 iv 页。

43. 海因-格尔德恩、埃科尔姆和索尔·塔克斯编：《古代美洲的文明》，第 306 页。

第三章

1. 远印度和大印度不是起源于印度的术语，而是起源于法国或者荷兰的术语。

2. 引自 G. 戈岱司：《东南亚历史杂志》，1964 年 9 月，第 1 页。

3. 同上书，第 4 页。

4. P. C. 巴格奇，K. A. 尼拉坎塔·夏斯特里编：《印度通史》，第二卷，第 772 页。

5. B. P. 格罗利耶：《印度-支那》，第 47 页。

6. 漫游记的作者甚至提到在中国和印度之间，通过可能生活在缅甸北部的
原始赛沙太（Sesatai）民族的无意识中介作用的兴旺贸易，包括提到著名的罗马 321
油膏的藤黄叶桂（桂皮），藤黄叶桂无疑是梵文黑叶（*tamalapatra*）的讹误。

7. 保罗·惠特利：《黄金半岛》，第 185—186 页。

8. 阿瑟·韦利：《道及其力量》，第 114 页，参见 B. P. 格罗利耶：《印度-支那》，第 48 页。

9. 现在形式的印度塔，是阿育王时期最初的印度塔的扩大。

10. H. G. 夸里特克·韦尔斯：《大印度的形成》，第 29—31 页。

11. 罗伯特·海因-格尔德恩，引自 K. A. 尼拉坎塔·夏斯特里：《南印度在远东的影响》，第 1—2 页。

12. 同上书，第 3 页。

13. 这个问题还提出了在以古代美洲文明为一方，以东方和东南亚的文明为另一方之间存在许多类似情况的问题。

14. 格罗利耶：《印度-支那》，第 41 页。

15. G. 戈岱司：《东南亚历史杂志》，第 1—26 页。

16. 格罗利耶：《印度-支那》，第 50 页。

17. 有一些证实了锡兰中部山地所有与罗摩和罗婆那的故事有十分密切关系地方的历史学家。见拉加万，《在锡兰历史、社会和文化中的印度》，第 1—8 页。

18. 锡兰的佛教徒在 12 月的一个满月日纪念这棵树的到来。号称有 2300 年历史的这棵神圣的菩提树处于衰萎状态。早先的树枝正在枯朽，人们担心随着时间的流逝，它将枯萎。目前，整个树及其枝干都被用长杆撑起，采用化学方法治疗，以保持其活力。

19. 锡兰已知最早的字体实质上是婆罗谜字体。

20. 按照阿马拉瓦蒂的没有褶层、有薄薄的紧贴感的布料的风格制成褶皱的

阿耨那陀城的这尊美丽的佛陀塑像，使贾瓦哈拉尔·尼赫鲁如此感动，以至于他将这尊佛像的图片多年带在身边。引自拉加万:《在锡兰历史、社会和文化中的印度》，第 93 页。

21. 同上书，第 108—109 页。

22. G. H. 卢斯，缅甸研究学会:《五十周年发表作品》，第 2 册，第 307 页。

23. R. C. 马宗达主编:《印度人民的历史和文化》，第三卷，第 648 页。

24. 薄甘时期的历史还有缅甸早些时候的历史，只是在这个世纪才得到系统研究。开创这种研究主要归功于 G. H. 卢斯和主编《缅甸的碑铭》的佩孟锡（Pe Maung Tin）。

25. 南诏是被蒙古人逐出自己最早家乡的泰人的故乡的说法，最先是由泰里·德拉库佩里提出的。现代作者苏云晓（Hsu Yun Tsiao）对此提出了怀疑。见《南海学会杂志》，Ⅳ（2）。

322 26. 沃尔特·利本塔尔尽管赞成印度影响南诏的说法，还是持有这样的观点，即它在 8 世纪后半期通过迦摩缕波道和吐蕃道抵达大理、南诏，因为他持缅甸道“直到 791 年和 858 年之间”才开通通行的见解。《大印度学会杂志》，ⅩⅤ（1），第 8 页。

27. 马宗达:《印度人民的历史和文化》，第三卷，第 648 页。

28. R. C. 马宗达:《在远东的印度教殖民地》，第 257 页。

29. 引自 R. 勒·梅:《暹罗的佛教艺术》，第 10 页。

30. 勒·梅:《东南亚的文化》，第 63 页。

31. 关于这个国家的确切位置存在一些争论。根据吉打编年史，它位于西海岸。但是，证据有利于东海岸。关于该论点的讨论，见德瓦胡蒂:《印度与古代马来亚》，第 22—31 页。

32. 一位从事佛教艺术的现代作家，对于从印度的不同方向传出却在印度-支那汇合的佛教影响的各种浪潮，做了稍鲜明的描述：“如果我们从总体上考虑佛教艺术和文化的发展的话，那么一方面有一个从印度东北和东南向东南亚的运动，这个运动稍稍转向东北，所以达到了我们所提到的边界线；它在这里即在印度-支那与取道缅甸、来自北方的另一支相遇。另一方面，有大量的移民从印度北部和西北部地区直接越过中亚，远达中国；它在中国分开：一条路线继续向东，经过朝鲜到日本；另一条路线转向南方，直到抵达沿安南-柬埔寨一线的印度影响的范围。这样，一个巨大钳形运动的两个部分在这个地区相汇。”见 D. 塞克尔:《佛教艺术》，第 51 页。

33. 格罗利耶:《印度-支那》，第 41 页。

34. 据认为：湄公河（Mekong）的名字来源于玛–恒加（Ma-ganga），即恒河母亲（Mother Ganges）。

35. 波罗加舍达摩国王的眉山–斯泰尔碑铭年代为 657 年，提到甘孛智的都城提婆普尔的建立。

36. 憍陈如人是公元 1 世纪期间南印度著名的婆罗门阶层。

37. K. A. 尼拉坎塔 · 夏斯特里:《南印度在远东的影响》，第 48 页。

38. 同上书，第 36 页。

39. 见《印度历史杂志》，XLI（2），第 415 页。

40. 格罗利耶:《印度–支那》，第 89 页。

41. 引自勒 · 梅:《东南亚的文化》，第 133 页。

42. 格罗利耶:《印度–支那》，第 170 页。

43. 德瓦胡蒂:《印度与古代马来亚》，第 26 页。

44. 理查德 · 温斯特特爵士:《马来人文化史》，第 26 页。

45. 引自夏斯特里:《南印度在远东的影响》，第 81 页。

46. 然而，这种观点受到夸里特克 · 韦尔斯的质疑，虽然夏斯特里好像赞成埃文思的解释。

47. 温斯特特:《马来人文化史》，第 27 页。

48. 妙项派遣的寻找悉达的搜寻小组去该地的耶婆提（Yavadvipa），是在《摩罗衍那》中提到的梵文名称。印度天文学家圣使在近 5 世纪末时写道：当太阳在锡兰升起时，爪哇（*Yavakoti*）是中午，罗马的国土是午夜。在《太阳悉昙多》中，也提到有金墙和金门的龙爪哇（*Nagari Yavakoti*）。

49. 与黑人混血的印度尼西亚人在马达加斯加被发现，在马达加斯加岛的内地蒙古人种的特征最突出。因此，据认为可能在 1 世纪有从印度尼西亚向马达加斯加的移民。最近一位学者曾经建议：在公元的最初几个世纪，非洲是相当大规模地影响其文化的印度尼西亚殖民地化的所在地。这被在词汇和音乐、文化习俗两方面提到马达加斯加所证明。某些非洲乐器和习俗被拿来与它们的印度尼西亚的对应物作对比，包括鼓木琴、无铃铛的铃、西西（*sese*）、合唱队演唱、欧里基（*oriki*，约鲁巴人的赞歌）、加纳的克拉马（*klama*）歌曲以及与南非文达人本民族的一些与特希科纳（*tshikona*）长笛有关的词汇。作者发现，有说服力的证据是音乐方面的证据。

50. R. C. 马宗达:《印度人民的历史和文化》，第二卷，第 650 页。

51. 根据依靠《马来编年史》的莱因汉的说法，新加普罗（Singapura）即现代的新加坡的建立是在他的统治时期。但是，温斯特特提出质疑。见理查德 · 温斯特特爵士:“关于新加坡建立的短文”,《东南亚历史杂志》,1964 年 9 月。

52. 朱尔·勒克莱尔:《爪哇的生活》,第 147 页。引自 B. R. 查特古,《印度和爪哇》,第 37 页。在东爪哇泗水有一个很受欢迎的佛的神龛,印度尼西亚人成群结队地来到这里崇拜佛的偶像,并且奉献供品——这个佛作为恩惠慷慨施舍者的名望在该地区极高;当看管人员被问及,他作为一个穆斯林怎么可以靠偶像崇拜维持生活时,他只是回答:是穆斯林阿訇要他这样做的。

53. 夏斯特里:《南印度在远东的影响》,第 100 页。

54. F. A. 瓦格纳:《印度尼西亚》,第 126 页。

55. 海因里希·齐墨:《印度亚洲艺术》,第一卷,第 300 页。

56. 这个例子从用它作为相同目的说明的同时代印度尼西亚历史学家的作品中选取。R. M. 苏特吉普多·韦尔乔苏帕多:《印度尼西亚文化简史》,第 22—23 页。

57. 格雷戈里奥·F. 蔡德:《菲律宾政治和文化史》,第一卷,第 36 页。

58. 艾尔弗雷德·L. 克罗伯:《菲律宾的民族》,第 11 页。

59. 这三个人物包括来自中国的老子,代表盎格鲁撒克逊的法律与正义以及西班牙的另外两个人。

60. 夏斯特里:《南印度在远东的影响》,第 144 页。

324 61. 菲律宾的一位著名史学家认为:印度人和菲律宾人之间有民族共通性,因为这种共通性,菲律宾人的某些民族品格——他们忍耐的内在价值、对生活无动于衷的观点和他们对痛苦与不幸的冷淡——是从印度教徒那里继承的。蔡德:《菲律宾的政治和文化史》,第一卷,第 45 页。

第四章

1. 爱德华·C. 萨乔:《比鲁尼的印度》,第 22—23 页。

2. 当印欧语世界处于只有断断续续的光辉闪现的衰落状态的时候,世界的其他部分顺利地走在前进的道路上,这是那些奇怪的历史偶然事件之一。

3. 也据认为,拉杰普特人特别是瞿折罗人是匈奴人或者是尾随其后进来的民族。

4. 然而,许多拉杰普特统治者十分关心社会福利。其中有些人实施了重大的灌溉规划,大多数人鼓励宗教和文化知识。

5. 有证据表明在像卡瑙季、巴纳拉斯、钵罗耶伽和邬阇衍那这样的中部地区，有更大、更精美的寺庙。卡朱拉霍和奥里萨的寺庙幸存下来，是因为它们没有位于穆斯林征服者的道路上，这些征服者摧毁了北印度几乎所有的古代寺庙。

6. 赛义德 · 马茂德:《印度教穆斯林的文化一致》，第 18 页。

7. 同上书，第 21 页。

8. 同上。

9. 该地区的基督教徒也有体面的称呼，但是为了将他们与穆斯林区别开来，他们被称为努萨拉尼-马波达人。

10. 埃利奥特和道森，第一卷，第 115—186 页。

11. 虽然莫卧儿王朝对印度的统治，在名义上继续存在到 1857 年最后一位统治者巴哈杜尔沙二世被英国人放逐到缅甸的时候为止。东印度公司作为莫卧儿皇帝的代理人进行统治。

12. 然而，毗阇耶那伽罗王国在南印度出现，来访问的外国人——波斯人、意大利人和葡萄牙人——留下了对该王国的热情叙述。它与邻近的巴曼王国频繁进行战争，在德干诸苏丹的联合进攻之下在 16 世纪中期崩溃。

13. 今天，印度和巴基斯坦的穆斯林的至多 10% 是外国人的后裔。即使在这些实例中，这也仅仅意味着几个世纪之前他们的许多祖先中的一个是突厥人，或者是阿拉伯人，或者是类似的人。

14. 商羯罗的日期是有争议的问题:“根据泰兰的观点，商羯罗在公元 6 世纪中期或者末期处于全盛时期。R. G. 班达卡尔爵士提出公元 680 年是商羯罗诞生的日期，甚至倾向于更早几年。马克思 · 缪勒和麦克唐奈教授主张他诞生于公元 788 年，死于公元 820 年。” S. 拉达克里希南，《印度哲学》，第二卷，第 447 页。

15. 然而，巴克蒂在商羯罗之前很久发端于南印度（泰米尔纳杜）。最早的 325
泰米尔巴克蒂赞美诗比《古兰经》更早，该崇拜在伊斯兰教在马哈拉斯特拉产生任何影响之前便传到了那里。

16. 他的日期不确定。卡比尔（Kabir）在阿拉伯语中意思是伟大，它在《古兰经》中是安拉的几个名字中的一个。

17. 巴布尔曾经访问纳那克，并且说:“真主正在这个法吉尔（托钵僧）面前现身。”

18. W. H. 麦克劳德最近提出了这个观点：总体上而言古鲁纳那克的宗教和锡克教宗教基本起源于印度教；穆斯林的影响虽然显而易见，却不具有十分重要的意义。锡克教牢固地扎根在北印度的圣者传统之中，牢牢地扎根在所谓无差别的一神论（*Nirguna Sampradaya*）的信仰之中。见 W. H. 麦克劳德:《伊斯兰教对古鲁纳那克思想的影响》(1966 年 9 月，在西姆拉举行的研讨班上宣读的论文)。

19. 目前，在印度大约有一千万锡克教徒，他们以其胆量和勇敢精神著称。

他们的主要经典被称为《格兰特·沙哈卜》(*Granth Sahib*)或者《格兰特》。格兰特是意思为“论著”或者“书籍”的梵文单词。它大约包括两万首赞美诗和韵文，它们主要是由锡克教的第五代古鲁阿尔琼汇编的；从 1581 年至 1606 年被莫卧儿皇帝贾汉吉尔处死为止，阿尔琼一直是这个宗教团体的首领。

20. 尽管有更加大得多的努力和广泛改进的技术设备，即使英语在现代也没有成为大众的语言。

20 a. 然而，一位现代作者，拒绝接受北印度音乐的不同风格是穆斯林时期的乐师们的发明的观点。A. 丹尼卢,《北印度音乐》，第 39 页。

21. 更加著名的艺术家中的一部分人，是米尔·萨伊德·阿利和赫瓦贾·阿布杜斯、设拉子的萨马德、比什瓦纳特、巴萨万、法鲁赫·贝格、贾姆希德、胡思芬·库利、米斯金、扎勒、塔拉、马赫什、贾汉、哈里般斯、马库、盖舒、盖马格南、拉姆·拉勒和穆昆德。

22. 相同的情况是西方服装在现代对印度同样真实的影响。尽管男子们改动欧洲的服装使之适应自己的款式，印度妇女还是保留了传统的纱丽。

23. 例如将印度穆斯林划分成不同集团的萨伊德（*sayyid*）、谢赫（*shaikh*）、帕坦（*pathan*）、马利克（*malik*）、莫明（*momin*）、曼索尔（*mansor*）、拉因（*rayeen*）、卡萨勒（*qassale*）、拉济（*raki*）、哈贾姆（*hajjam*）、托比（*dhobi*）、特利（*teli*）和巴特（*bhat*）之类。

24. 默里·T. 泰特斯:《印度和巴基斯坦的伊斯兰教》，第 173 页。

25. R. C. 扎纳:《印度教和穆斯林神秘主义》，第 93—94 页。

26. “因而，吠檀多影响阿布·亚济德的根据，不仅有他的导师来自信德这一事实，而且还有他的许多演说离开了吠檀多背景就无法说明。”同上书，第 100 页。

27. 默里·T. 泰特斯:《印度和巴基斯坦的伊斯兰教》，第 156 页。

28. D. M. 郎:《巴拉赫瓦尔的智慧》，第 24—29 页。

29. 查尔斯·埃利奥特爵士:《印度教和佛教》，第三卷，第 462 页。

326 第五章

1. W. 罗伯逊:《古代人所具有的有关古代印度知识的历史探究》，第 173 页。

2. 1578—1588 年萨塞蒂曾在印度。引自罗伯特·塞韦尔:《一个被遗忘的帝国》，第 211 页。

3. C. M. 西波拉:《欧洲人扩张早期的枪炮和船只（1400—1700）》。

4. A. A. 麦克唐奈:《印度的往昔》，第 237—238 页。

5. M. 温特尼茨:《印度文学史》，Ⅰ，第一部分，第 8 页。

6. “Gentoo”源出于葡萄牙语之“Gentio”一词，意思是“异教徒”。

7. 福布斯:《东方回忆录》，Ⅱ，212。

8. 引自 A. J. 阿尔伯里:《东方随笔》，第 83 页。

9. 琼斯从“孟加拉语修订本”译出了他的译本，学者们认为前者并不比“天城体修订本”更全。伯特林克首次于 1842 年在波恩编辑了该剧的天城体修订本。直到 1853 年 M. 威廉的第一版问世，这种修订本的其他版本才出版。同一修订本的版本于 1861 年在孟买出了一版，1872 年由布尔哈德在波兰的弗罗茨瓦夫出了一版。

10. 先于琼斯发现印-欧语言之间近似，且不依赖英国的印度研究传统，法国东方学家若瑟弗·迪基内斯在《科学院题铭与文学记录》上发表一篇文章，认为希腊人的散德罗科塔斯就是印度人的月护王，因此而奠定印度编年学的基础，并提出有共同的语言起源。

11. G. T. 加拉特编:《印度的遗产》，第 31 页。

12. M. 缪勒:《德国创作室作品拾零》，Ⅳ，379 页。

13. 爱哲顿认为,《云使》是“一部光辉的爱情诗，确实是人们所知的最美的爱情诗之一”。不过，不列颠却仍在产生印度学家，其中的许多人，例如 G. A. 格里尔逊、莫尼尔·威廉斯爵士、A. A. 麦克唐奈、R. T. 格里菲斯、F. M. 托马斯、拉普逊、A. B. 基思、L. 特纳·拉尔夫爵士、W. 贝利·哈罗尔德爵士和 T. 伯罗等人，都做出了显著的贡献。

14. 让·菲约扎，载《海外印度研究》，第 8 页。

15. A. 斯坦因爵士，德国的冯·莱·科克和格龙韦德尔，及日本的立华（Tachibana）的使命，还发现了其他的经文。片段的梵语经文则伴之以其库车语的译本。

16. 例如，赫尔曼·奥尔登堡的《摩诃婆罗多——它的起源、内容和形式》于 1922 年出版，这部著作是其同类著作中最广博和最引人注目的一部。

17. 马克斯·缪勒努力完成其多卷《梨俱吠陀》译著时，另一德国学者、爱丁堡梵文教授西奥多·奥弗雷赫特（1822—1907 年）于 1861—1863 年用罗马字体出版了《梨俱吠陀》全集。

18.《吠陀语中的不定式，与立陶宛语及斯拉夫诸语的动词体系》，1871 年 327
出版。

19. 阿里昂·罗素:《印度-亚洲文化》，1960 年 1 月，第 189—191 页。

20. 为了更充分地评价西方的印度学研究，见 V. 拉加凡:《欧洲的梵文及有关的印度学研究》，又见《海外印度研究》，孟买，1964 年。

21. 正是在《大史》中出现“皮亚达西”这个词，才帮助普林赛普和其他学者认出敕令中的皮亚达西王即是阿育王。

第六章

1. A. A. 麦克唐奈:《梵语文学史》，第 1 页。

2. M. 威廉斯编:《沙恭达罗》，E. B. 埃斯特维希译。

3. 马里安・冯・黑尔茨菲尔德和 C. 梅尔菲尔・西姆译:《歌德书信集》，第 514 页。

4. 亚历克斯・阿朗逊:《欧洲看印度》，第 61 页。

5. 同上书，第 54 页。

6. 温特尼茨:《印度文学史》，I，第 15 页。

7. 有一些其他的德国政治家，例如冯・蒂尔曼、罗申和朔尔弗，用他们的闲暇时光阅读印度文学作品。

8. 约翰尼・诺韦尔:《中亚——连接东西方的链条》，第 95 页。

9. 亚历克斯・阿朗逊:《欧洲看印度》，第 56 页。

10. 这首诗的英文译文是:

At the Ganges the air is filled	恒河的空气充满
With scent and light	芬芳和明亮
And giant trees are flowering	那些大树繁茂
And beautiful, quiet people	而美丽，闲适的人们
Kneel before lotus flowers。	跪在莲花之前。

11. 亚瑟・叔本华:《作为意志和表象的世界》，R. B. 哈尔丹和 J. 金普译，第Ⅻ—ⅩⅢ页。

12. 威尔・杜兰特:《哲学故事》，第 339 页。

13. 阿朗逊:《欧洲看印度》，第 86 页。

14. G. M. 特里维廉:《英国社会史》，第 391 页。当时来自海外的不列颠另一富裕阶级，是英国的西印度种植园主，被称为奥里克尔人。

15. 乔治・D. 比尔斯前引书，第 23 页。

16. A. J. 阿尔伯里:《东方随笔》，第 82 页。

16 a . S. 福斯特・戴蒙:《威廉・布莱克——他的哲学和信条》，第 365 页。“Tharmas，西方的 Zoa，代表身体和意识。其名称无疑源出于 Tamas（Tama

或者 Tamasee），是印度教徒对欲念取的名称。布莱克一直在读《薄伽梵歌》（伦敦，1785 年），这使他印象十分深刻，于是创作了一幅婆罗门的水彩画——威尔 328
金斯先生译《薄伽梵歌》（罗塞蒂的布莱克绘画表中第 84 号）。在这本书第 X Ⅳ讲中叙述了三个‘质’：‘*Satwa*（真理），*Raja*（激情），*Tama*（不明）；而它们的每一个都限于身体中未玷污的精神’（第 107 页）。据其他对‘质’的说法，似乎是它们与三个较低的 Zoas 几乎完全一致：Satwa 是 Urizen，Raja 是 Luvah，而 Tama 是 Tharmas。第四个也是最高的 Zoa——Urthona，即是上文所引一段文中之‘未玷污的精神’。不必说，布莱克是认为质比婆罗门更高：他所想要的是四 Zoas 的和谐；它们探求三 Zoas 从属于 Urthona。”不过，考虑到 Tharmas 接近于希腊的 Thaumas（二者的词语和象征性），哈柏认为，布莱克可能借用了新柏拉图主义的（经由泰勒）和印度的（经由威尔金斯）资料来源。乔治·米尔斯·哈珀：《威廉·布莱克的新柏拉图主义》，第 181 页。

17. 见《泰晤士报文学副刊》（伦敦）1964 年 4 月 9 日，评戴西雷·埃斯特的《隐藏的财宝》。

18. 宣传坚强刚毅信条的克莱尔，事实上却是软弱的，这非常令人猜疑。

19. L. G. 萨林格，载鲍里斯·福德编：《从布莱克到拜伦》，第 193 页。

20. G. T. 加拉特编：《印度的遗产》，第 33—34 页。

21. 约翰·罗斯金：《艺术讲稿》第 158 页。

22. N. 罗托菲克：《耶稣·基督不为人知的人生》，第 X X X 页。

23. G. 萨巴·拉奥：《英语中的印度词》，第 100 页。

24. 约翰·罗奇："自由主义与维多利亚时代的知识分子"，《剑桥历史杂志》，XIII，1 号，（1957 年），第 64 页。

25. 塞吉·德梅特里安：《印度-亚洲文化》，1965 年 7 月，第 186 页。

26. 图多尔·维阿鲁：《印度-亚洲文化》，1957 年 10 月，第 189 页。

27. 阿朗逊：《欧洲看印度》，第 127 页。

28.《拉尔夫·沃尔多·爱默生日记》，Ⅵ，第 194 页。

29. 同上书，Ⅳ，第 197 页。

30. 罗伯特·森科特：《英国文学作品中的印度》，第 224 页。

31. S. D. 卡莱卡尔："梭罗与圣雄甘地"，《现代评论》，1963 年 6 月，第 460 页。

32. 弗兰克·麦克沙因："沃尔登与瑜伽"，《新英格兰季刊》，XXXVI，3 号（1964 年 9 月），第 323 页。

33. 罗曼·罗兰：《罗摩克利希那传》，第 12—13 页。

34. S. D. 卡莱卡尔："梭罗与圣雄甘地"，《甘地之路》，1964 年 1 月，第 57 页。

35. 艾来亚·查克拉瓦蒂，载《甘地之路》，1964 年 1 月，第 67 页。

36. 罗曼·罗兰，载拉达克里希南编:《圣雄甘地：文章和见解》，第 197 页。

37. R. S. 拉朱，载 S. 拉达克里希南编:《东西方文学史》，Ⅰ，第 534 页。

329 38. A. 阿朗逊:《西方人注目的拉宾德拉纳特》，第XII页。泰戈尔的著作在欧洲十分流行，致使各图书馆都收到各界人民借阅其著作的要求，而其中的许多人甚至不知道他的国籍。有一封向一家伦敦著名图书馆提出要求的信：“请借给我一本犹太作家的书《吉檀迦利》，我想，他名叫泰戈尔。”另一位读者问道：“你们有没有俄国的泰戈尔的最新著述？”第三位读者请求“得到那位阿拉伯诗人的新诗集”。据《印度教徒报》1914 年 3 月 23 日—29 日报道，1964 年 3 月 30 日一期重登。但是却有一位美国的海关官员，曾严肃地问拉宾德拉纳特·泰戈尔，他是否会读与写。

39. W. B. 叶芝:《自传》，第 91—92 页。

40. 拉宾德拉纳特·泰戈尔:《吉檀迦利》，第XIII—XIV页。

41. 同上书，第XVII页。

42. 肯尼特·沃尔克:《人类特征简述》，第 248 页。

43. 尽管他曾得到印度国家的最高职务，尽管他对本民族有过许多伟大贡献，但他从来都不是一个职业政治家。印度尊重知识，因而选择一位哲学家而不是政治家担任这个崇高职务，这是值得称赞的。前任印度总统扎吉尔·侯赛因博士，也主要是一位院士。

44. 爱德华·唐泽：“凯斯特勒博士与东方智慧”,《希伯特杂志》，LIX（1961 年），第 178—181 页。它是凯斯特勒广为阅读的书《莲花与机器人》的评论。

45. 杰弗里·戈雷尔:《探查英国人的性格》，第 259 页。

46. G. T. 加拉特前引书，第 394 页。

第七章

1. A. J. P. 泰勒:《东方的传统》，第 62—63 页。

2. 约翰·普拉梅纳茨:《论外国统治和自治政府》，第 16 页。

3. G. T. 加拉特主编:《印度的遗产》，第 394 页。

4. W. C. 史密斯:《现代印度的伊斯兰教》，第 15 页。

5. I. H. 夸里希、W. Th. 德巴里编:《印度传统资料》，第 740 页。

6. 穆罕默德·哈比卜、哈马雍·卡比尔编:《毛纳拉·阿布勒·卡拉姆·阿扎德》，第 91 页。

7. 卡拉奇大学的一位阿拉伯语的巴基斯坦教授，在比较今天印度和巴基斯坦的伊斯兰教文化知识发展时说："印度在这方面远远走在前面。……极其明显的事实是：阿拉伯-伊斯兰教文化知识在我们国家简直被忽视。……在我们的学校和大学里，伊斯兰教研究不是一种学术研究而是一种空洞的口号，这是多么不幸。……（它）只是到处蔓延的贩卖伊斯兰教的一部分。"S.M. 尤苏夫，"伊斯兰教的世界"，《巴基斯坦时报》，1964 年 6 月 19 日。

8. 尽管在印度有各种各样的早期民主并且每种民主自身的规模不大，它们 330
还是传播到更加宽广得多的地区，在许多世纪之后依然存在。总之，印度教的印度知道各级"辩论政府"，下至家庭委员会。

9. 许多杰出著作中的一些更加著名的著作是：蒙特·斯图尔特·埃尔芬斯通的《印度历史》；文森特·史密斯的《牛津印度史，阿育王和阿克巴》；乔治·格里森爵士的《印度的语言研究》；托德上校的《拉贾斯坦的历史记载和古迹》；罗梅什·昌德拉·杜德的《印度经济史》。

10. 引自罗梅什·杜德：《印度经济史》，第二卷，第 194 页。

11. 弗朗西斯·弗坎南：《从马德拉斯开始的旅行》。

12. 克里斯托弗·道森：《欧洲的形成》，第 6 页。

13. 西班牙的杂役僧侣霍安内斯·戈安萨尔韦兹在 1577 年铸造了一套马来泰米尔字母。他在 1555 年加入耶稣会，并且在 1579 年去世之前出版了几本书。他的出版社在印度印刷的第一本书题名为《天主教信仰的基本原理》。

14. H. N. 布雷斯福德：《受人支配的印度》，第 97 页。

参考文献

Abnan, Soheil M. *Avicenna, His Life and Works*. London: 1958.

Abul-Fazl, Allami. *Ain-i-Akbari*. Edited by Henry Blochmann. Calcutta: 1873.

Acharya, Pasanna K. *Hindu Architecture in India and Abroad*. (Mānsāra Series, Vol. Ⅵ.) London: 1946.

Agrawala, Vasudeva S. *India As Known to Pānini*. Lucknow: 1953.

Ainalov, D. V. *The Hellenistic Origins of Byzantine Art*. New Brunswick: 1961.

Aiyangar, K. V. R. *Considerations on Some Aspects of Ancient Indian Polity*. Madras: 1935.

Akhilananda, Swami. *Hindu Psychology*. New York: 1947.

Akurgal, Ekrem. *The Art of the Hittites*. New York: 1962.

Al Attas, Syed Naguib. *Some Aspects of Sufism as Understood and Practiced Among the Malays*. Singapore: 1963.

Al Beruni's India. Translated by Edward C. Sachau. 2 vols. London: 1888.

Ali, Abdullah Yusub (tr.). *The Holy Quran*. 2 vols. New York: 1966.

Ali, Syed Ameer. *The Spirit of Islam*. London: 1965. First published London: 1891.

Alip, Eufronio M. *Political and Cultural History of the Philippines*. 2 vols. Manila: 1950—1952.

——. *Tagalog Literature*. Manila: 1930.

Allbutt, T. C. (ed.). *A System of Medicine*. London: 1896.

Allen, G. F. *The Buddha's Philosophy*. London: 1959.

Altekar, A. S. *State and Government in Ancient India*. Banaras: 1949.

Andrae, Tor. *Mohammed, The Man and His Faith*. London: 1936.

Anesaki, Masaharu. *Buddhist Art*. Boston: 1915.

——. *History of Japanese Religion*. Tokyo: 1963. First published London: 1930.

——. *Nichiren, The Buddhist Prophet*. Cambridge, Mass.: 1949.

Angus, S. *The Environment of Early Christianity*. London: 1931. First published 1914.

Anthropological Society of Washington. *Evolution and Anthropology*. Washington: 1959.

Anuruddha, R. P. *An Introduction into Lamaism*. Hosiarpur: 1959.

Arberry, A. J. *Aspects of Islamic Civilization*. London: 1964.

——. *Classical Persian Literature*. London: 1958.

——. (ed.). *The Legacy of Persia*. Oxford: 1953.

——. *Oriental Essays*. London: 1960.

——. *Revelation and Reason in Islam*. London: 1957.

——. *Sufism*. London: 1956.

Ardeshir, B., and P. Nanavutty (trs.). *Gathas*. London: 1952.

Armstrong, A. H. (ed.). *Plotinus*. London: 1953. (A volume of selections in a new English translation.)

——. (ed.). *The Cambridge History of Later Greek and Early Medieval Philosophy*. Cambridge: 1967.

Arnold, Channing, and Frederick J. Tabor Frost. *The American Egypt*. New York: 1909.

Arnold, Sir Thomas Walker. *The Caliphate*. Oxford: 1926.

—— and Alfred Guillaume (eds.). *The Legacy of Islam*. London: 1952. First published 1931.

Aronson, Alex. *Europe Looks at India*. Bombay: 1946.

——. *Rabindranath Through Western Eyes*. Allahabad: 1943.

Arrian, F. *History of Alexander; and Indica*. Translated by E. I. Robson. 2 vols. London: 1893.

Ashraf, K. M. *Life and Conditions of the People of Hindustan*. Delhi: 1959. First published 1935.

Aston, W. G. *Shinto: The Way of the Gods*. London: 1905.

Atiya, Aziz S. *Crusade, Commerce and Culture*. Bloomington, Ind.: 1962.

Atiyah, Edward. *The Arabs*. London: 1958. First published 1955.

Auboyer, Jeannine. *Daily Life in Ancient India*. London: 1961.

Badian, E. *Studies in Greek and Roman History*. Oxford: 1964.

Bagchi, Prabodha Chandra. *India and Central Asia*. Calcutta: 1955.

——. *India and China*. 2nd ed.; New York: 1951. First published Calcutta: 1927.

Bailey, Cyril (ed.). *The Legacy of Rome.* Oxford: 1951. First published 1923.

Bailey, H. W. *Indo-Scythian Studies*. Vol. Ⅳ. Cambridge:1961—1963.

Ballantyne, J. R. *A Synopsis of Science from the Standpoint of the Nyaya Philosophy*. Vol. I. Mirzapore: 1852.

Bancroft, Hubert Howe. *The Native Races of the Pacific States of North America*. 5 vols. London: 1875—1876.

Banerjea, Jitendra Nath. *The Development of Hindu Iconography.* 2nd ed.; Calcutta: 1956. First published 1941.

Banerjee, G. N. *Hellenism in Ancient India*. 3rd ed.; Delhi: 1961.

Bapat, P. V. (ed.). *2500 Years of Buddhism*. Dehli: 1956.

Barber, C. L. *The Story of Language*. London: 1964.

Barker, Sir Ernest. *The Politics of Aristotle*. Oxford: 1948.

——, Sir George Clark, and P. Vaucher (eds.). *The European Inheritance*. Vols. Ⅰ, Ⅱ, and Ⅲ. Oxford: 1954.

Barnes, E. W. *The Rise of Christianity*. London: 1948.

Barnett, L. D. *Alphabetic Guide to Sinhalese Folklore from Ballad Sources*. Bombay: 1917.

——. (tr.). *Sañideva*. London: 1947.

Barrau, J. *Plants and the Migrations of Pacific Peoples: A Symposium*. Honolulu: 1961.

Barrere, Albert, and Charles G. Leland (eds.). *A Dictionary of Slang, Jargon and Cant.* London: 1889.

Barthold, V. V. *Four Studies on the History of Central Asia*. Translated from the Russian by V. Minorsky and T. Minorsky. Leiden: 1956—1962.

——. *Le decouverte de L'Aise; histoire de l'orientalisme en Europe et en Russie*. Paris: 1947.

Barua, Benimadhab. *A History of Pre-Buddhist Philosophy*. Calcutta: 1921.

Basham, A. L. *The Wonder That Was India*. London: 1954.

Baynes, Cary F. (tr.). *The I Ching or Book of Changes*. 2 vols. New York: 1950. (The Richard Wilhelm translations rendered into English.)

Baynes, Norman H. *Byzantine Studies and other Essays*. London: 1955.

Beal, Samuel. *Buddhism in China*. London: 1884.

——. (tr.). *Si-Yu-ki: Buddhist Records of the Western World*. 2 vols. London: 1884. (From the Chinese of Hiven Tsiang, A.D. 629.)

——. *Travels of Hiven Tsiang*. Vols. Ⅰ—Ⅳ. Calcutta: 1911.

Beaufort, Duke of, and Alfred E. T. Watson (eds.). *The Badminton Library of Sports and Pastime*. (Volume on Dancing by Lilly Grove). London: 1895.

Bell, Sir Charles. *The Religion of Tibet*. London: 1931.

Bell, Richard. *Introduction to the Quran*. Edinburgh: 1953.

Benfey, T. *Geschichte der Sprachwissenschaft*. Munich: 1869.

——. *Pantschatantra: Fünf Bücher indischer Fablen, Märchen und Erzählungen*. 2 vols. Leipzig: 1859.

Benitez, Conrado. *The old Philippine Industrial Development*. Manila: 1916.

Bernal, Ignacio. *Mexico Before Cortez: Art, History and Legend*. New York: 1963.

Bernal, J. D. *Science in History*. London: 1954.

Bernier, Francois. *Travels in the Mogol Empire: A.D. 1656—1668*. Translated by A. Constable. London: 1891.

Berque, Jacques. *The Arabs, Their History and Future*. Translated by Jean Stewart. London: 1964.

Bevan, E. R. *A History of Egypt Under the Ptolemaic Dynasty*. London: 1927.

——. *Later Greek Religion*. London: 1927.

——. *Stoics and Sceptics*. Oxford: 1913.

Bevan, E. R. and C. Singer (eds.). *The Legacy of Israel*. Oxford: 1927.

Beveridge, A. S. (tr.). *Tue Babar-nama*. London: 1921.

Beyer, H. O., and Jaime C. de Veyra. *Philippine Saga*. Manila: 1952.

Bhargava, K. D. *A Survey of Islamic Culture and Institutions*. Allahabad: 1961.

Bhatia, Balmokand. *Famines in India*. Bombay: 1963.

Bhatt, V. V. *Aspects of Economic Change and Policy in India 1800—1960*. New Delhi: 1963.

Bhattacharya, Benoytosh Vinayanosha. *The Indian Buddhist Iconography*. 2nd ed.; Calcutta: 1956. First published London: 1924.

Bhattachayya, H. (ed.). *Cultural Heritage of India*. Vols. I—IV. 2nd ed.; Calcutta: 1953—1958.

Bible. (Conpateruiz Version). New York: 1957.

Bible. (King James Version). Garden City: 1940.

Bible. (Old Testament). Philadelphia: 1955.

Bible. (Revised Standard Version containing old and New Testaments). New York: 1952.

Bingham, H. *Lost City of the Incas*. London: 1951.

Birnbaum, Henrik, and Jaan Puhvel. *Ancient Indo-European Dialects*. California: 1965.

Black, G. F. *A Gypsy Bibliography*. Edinburgh: 1909.

Bloch, Jules. *Les Tsiganes*. Paris: 1953.

Block, Martin (tr.). *Gypsies*. London: 1938. (The English translation of *Zigeuner:ihr Leben und ihre Seele*. Leipzig: 1936.)

Blofeld, J. E. C. *The Jewel in the Lotus: An Outline of Present-day Buddhism in China*. London: 1948.

Bloomfield, M. *The Religion of the Veda, the Ancient Religion of India*. London: 1908.

Boas, Franz. *Mind of Primitive Man*. New York: 1911. Rev. ed. 1938.

Bode, M. H. *The Pali Literature of Burma*. London: 1959.

Bohtlingt, Otto von, and R. Roth. *Sanskrit-German Dictionary*. 7 vols. St.

Petersburg: 1852—1875.

Bopp, Franz. *A Comparative Grammar of the Sanskrit, Zend, Greek, Latin, Lithuanian, Gothic, German and Slavonic Languages*. 3 vols. London: 1845—1850.

——. *Giossarium Sañscritum*. Berolini: 1830.

Borrow, G. *The Bible in Spain*. 3 vols. London: 1843.

——. *The Gypsies of Spain*. London: 1907. First published in two volumes in 1841.

——. *Lavengro*. 3 vols. London: 1851.

——. *Ramano Lavo-Lil*. London: 1919. First published 1874.

——. *The Romany Rye*. 2 vols. London: 1857.

——. *The Zincaii*. 2 vols. London: 1841.

Bosanquet, Bernard. *Science and Philosophy*. London: 1927.

Bosch, F. D. K. *Selected Studies in Indonesian Archaeology.* Translated by S. Lewis. The Hague: 1961.

Boss, Medard. *A Psychiatrist Discovers India*. Translated by Henry A. Frey. London: 1965.

Bouquet, A. C. *The Christian Faith and Non-Christian Religions*. Welwyn: 1958.

Bowers, Faubion. *Japanese Theatre*. New York: 1952.

Bowle, John. *A New.Outline of World History*. London: 1962.

——. *Western Political Thought*. London: 1961. First published 1947.

Bowra, C. M. *The Greek Experience*. London: 1957.

Boxer, C. R. *The Christian Century in Japan 1549—1650.* Berkeley, Los Angeles, and London: 1951.

Boyer, A. M., E. J. Rapson, and E. Senart (trs. and eds.). *Kharoshthi Inscriptions Discovered by Sir Aurel Stein*. Oxford: 1920—1927.

Braddell, Roland. *Study of Ancient Times in the Malay Peninsula. J. R. A. S.* (M. B.) Vols. XIV, XV, XVII.

Brennan, Louis A. *No Stone Unturned*. New York: 1959.

Briggs, L. P. *The Ancient Khmer Empire*. Philadelphia: 1951.

Brinkley, Captain F., and Baron Kikuchi. *A History of the Japanese People.*

New York and London: 1912, 1914, 1915.

Brinkley, Frank. *Japan—Its History, Arts and Literature*. 8 vols. Boston and Tokyo: 1901—1902.

Brion, Marcel. *The World of Archaeology: Central Asia, Africa and the Near East*. Translated by Neil Mann. London: 1962.

——. *The World of Archaeology: India, China and America*. Translated by Miriam and Lionel Kochan. London and New York: 1961.

British Broadcasting Corporation (compiled by). *The Western Tradition*. London: 1949.

Brown, Irving. *Deep Song*. New York and London: 1929.

Brown, L. W. *The Indian Christians of St. Thomas*. Cambridge: 1956.

Brown, Percy. *Indian Architecture*. Bombay: 1962.

——. *Indian Painting Under the Mughals*. Oxford: 1924.

Brown, T. Burton. *Excavations in Azarbaijan 1948*. London: 1951.

Brown, W. Norman (ed.). *India, Pakistan, Ceylon*. New York: 1950.

——. (ed. and tr.). *The Saundarya lahari* (by Sankaracarya). Cambridge, Mass.: 1958.

Browne, Edward G. A. *A Literary History of Persia*. 4 vols. Cambridge: 1928.

Bruce, Joseph Percy. *Chu Hsi and His Masters*. London: 1923.

Brunton, Paul. *The Hidden Teaching Beyond Yoga*. London: 1962. First published 1941.

——. *Indian Philosophy and Modern Culture*. London: 1937.

Buck, Peter H. *Vikings of the Pacific*. Chicago: 1959.

Bühler, G. *Encylopaedia of Indo-Aryan Research*. Strasbourg: 1896.

——. *Indian Palaeography*. (An appendix to the Indian Antiquary, Vol. XXXIII.) Bombay: 1904.

Bultmann, Rudolf. *Primitive Christianity*. London and New York: 1956.

Burckhardt, Jacob. *History of Greek Culture*. Translated by Palmer Hilty. London: 1964.

Burke, Edmund. *Works*. 16 vols. London 1803—1827.

Burke, Marie Louise. *Swami Vivekananda in America: New Discoveries*. Calcutta: 1958.

Burland, C. A. *Art and Life in Ancient Mexico*. Oxford: 1948.

Burlingame, E. W. (tr.). *Buddhist Parables*. New Haven: 1922.

Burma. Fiftieth Anniversary Publications. Vol. Ⅱ. Rangoon: 1960.

Burrows, Millar. *More Light on the Dead Sea Scrolls*. London: 1958.

Burton, Sir Richard. *The Book of Thousand Nights and a Night*. 12 vols. London: 1897. First published Banares: 1885.

—— and F. F. Arbuthnot (trs.). *The Kama-sutra of Vatsyayana*. London: 1963.

Bushnell, G. H. D. *Peru*. London: 1956.

Butler, A. J. *The Arab Conquest of Egypt*. Oxford: 1902.

Cajori, Florian. *A History of Mathematics*. New York and London: 1894. 2nd ed.; New York: 1919.

Calder, Ritchie. *The Inheritors*. London: 1961.

——. *Medicine and Man*. London: 1958.

The Cambridge Ancient History. Vols. Ⅰ—Ⅻ. London: 1923—1939.

Cannon, Garland, H. *Oriental Jones*. New Delhi and New York: 1964.

Carmichael, Joel. *The Death of Jesus*. London: 1963.

Carpenter, Frederic I. *Emerson and Asia*. Cambridge: 1930.

Carpentier, J. E. *Theism in Medieval India*. Lectures delivered in Essex Hall, London, October-December 1919. London: 1921.

Carter, G. F. "Disharmony between Asiatic Flower-Birds and American Bird-Flowers." *Amer. Antiquity*, XX, No. 2 (1954), 176—177.

——. "Plant Evidence for Early Contacts with America." *Southwest. J. Anthrop.*, Ⅵ (1950), 161—182.

——. "Plants across the Pacific." *Amer. Antiquity* (Mem.), XVIII, No. 3, Pt. 2 (1953), 62—71.

Carter, Thomas Francis. *The Invention of Printing in China and its Spread Westwards*. Revised by L. Carrington Goodrich. New York: 1955. First

published 1925.
Cary, M. *A History of the Greek World from 323 to 146 B.C.* 2nd ed.; London: 1951. First published 1932.
—— and T. J. Harrhoff. *Life and Thought in the Greek and Roman World.* London: 1957.
Cazamian, Louis Francois. *A History of French Literature.* Oxford: 1955.
Chai, Ch'u, and Chai Winberg. *The Changing Society of China*. New York: 1962.
Chakravarti, Chandra. *An Interpretation of Ancient Hindu Medicine.* Calcutta: 1923,
Chakravarti, Chintaharan. *Tantras: Studies on their Religion and Literature*. Calcutta: 1963.
Chan, Wing Tsit. *Religious Trends in Modern China*. Columbia: 1953.
Chand, Tara. *History of the Freedom Movement in India*. Vol. Ⅰ. Delhi: 1961.
——. *Influence of Islam on Indian Culture*. Allahabad: 1936.
Chang, Chia-Sen (Dr. Carsun). *China and Gandhian India*. Calcutta: 1956.
——. *The Development of Neo-Confucian Thought*. London: 1958.
Charlesworth, M. P. *Trade-Routes and Commerce of the Roman Empire*. Cambridge: 1924.
Chaterjee, Ashkok Kumar. *The Yogacara Idealism*. Varanasi: 1962.
Chatterjce, B. R. *India and Java*. 2nd ed. revised and enlarged (parts 1 and 2); Calcutta: 1933.
——. *Indian Cultural Influence in Cambodia*. Calcutta: 1928.
Chatterji, A. C. *India's Struggle for Freedom*. Calcutta: 1947.
Chattopadhyaya, Debiprasad. *Lokayata*. New Delhi: 1959.
Chaudhari, Haridas, and Frederick Spiegelberg (eds.). *The Integral Philosophy of Sri Aurobindo*. London: 1960.
Chen, Kenneth K. S. *Buddhism in China*. Princeton: 1964.
Chen, Shou-Yi. *Chinese Literature*. New York: 1961.
Chhabra, B. Chi. *Expansion of Indo-Aryan Culture*. Delhi: 1965.
Chiang-Kunag, Chou. *Mahayana Buddhism in China*. Allahabad: 1960.
Childe, V. Gordon. *The Aryans—A Study of Iudo-European Origins.*

London: 1926.

Childe, V. Gordon. *The Dawn of European Civilization*. London: 1961. First published 1925.

——. *New Light on the Most Ancient East*. 4th ed.; London: 1952. First published 1934.

——. *Social Evolution*. London: 1951.

——. *What Happened in History*. London: 1954.

Choksi, K. M. *Dentistry in Ancient India*. Bombay: 1953.

Chhabra, B. Chi. *Expansion of Indo-Aryan Culture*. Delhi: 1965.

Chou Hsiang-Kuang.(即前面的 Chiang-Kunag, Chou; 也即译者在上卷第九章底注中加注的周祥光。——译者) *The History of Chinese Culture*. Allahabad: 1958.

Christy, Arthur C. *The Orient in American Transcendentaiism*. (应为 Transcendentalism, 超验主义。——译者)New York: 1932.

Cipolla, Carol M. *Guns and Sails in the Early Phase of European Expansion, 1400—1700*. London: 1964.

Clebert, Jean Paul. *The Gypsies*. Translated by Charles Duff. London: 1963.

Clements, E. *Introduction to the Study of Indian Music*. London: 1913.

Coe, Michael D. *Mexico. London*: 1962.

Coedés, G. *Les Peuples de la Peninsule Indochinoise*. Dunod, Paris: 1962.

——. *The Making of South East Asia*. California: 1966.

——. and E. de Boccard. *Les États Hindoises d'Indochine et d'Indonèsie* Paris: 1948.

Cole, Sonia Mary. *Races of Man*. London: 1963.

Colebrooke, H. T. *Algebra, with Arithmetic and Mensuration from the Sanskrit of Brahmagupta and Bhascara*. 2nd ed.; Calcutta: 1927.

——. *Essays on the Religion and Philosophy of the Hindus*. London: 1927.

Colum, Padraic. *Orpheus. Myths of the World*. New York: 1930.

Congress Commemoration Volume. *To the Gates of Liberty*. Calcutta: 1948.

Conze, Edward. *Buddhism: Its Essence and Development*. Oxford: 1951.

Conze, Edward (selected and tr.). *Buddhist Scriptures*. London: 1959.

——. *Buddhist Texts Through the Ages*. Oxford: 1955.

——. *Buddhist Thought in India*. London: 1962.

Cook, Arthur B. *Zeus—A Study in Ancient Religion*. 3 vols. Cambridge: 1914—1940.

Cook, O. F. "The Origin and Distribution of the Cocoa Palm." *Contr. U.S. National Herbarium* (Washington), Ⅶ, No. 2 (1901), 257—293.

Coomaraswamy, A. K. *The Arts and Crafts of India and Ceylon*. New York: 1964.

——. *Buddha and the Gospel of Buddhism*. Bombay: 1956. First published 1916.

——. *Ceylon Bronzes Chiefly in the Colombo Museum*. Colombo: 1914.

——. *The Dance of Shiva*. New York: 1959. First published in revised form, 1947.

——. *Hinduism and Buddhism*. New York: 1943.

——. *History of Indian and Indonesian Art*. London: 1927. New York: 1965.

——. *Medieval Sinhalese Art*. New York: 1956. First published 1908.

——. *The Origins of the Buddha Image*. New York: 1927.

——. *The Transformation of Nature in Art*. New York: 1934, 1956.

——. and Sister Nivedita (Margaret E. Noble). *The Myths of the Hindus and Buddhists*. London: 1916.

Coulbom, Rushton. *The Origin of Civilized Societies*. Oxford and Princeton: 1959.

Couling, S. *The Encyclopedia Sinica*. London: 1917.

Cowell, E. B. *The Buddha-Charita of Aśvaghosha*. London: 1893.

——. (ed.). *The Jataka*. Vols. Ⅰ—Ⅵ. London: 1957. First published 1895—1913.

Cowley, A. E. *The Hittites*. London: 1920.

Cox, G. W. *Introduction to the Science of Comparative Mythology and Folklore*. London: 1881.

Cox, G. W. *Mythology of the Aryan Nations*. 2 vols. London: 1870.

Cox, M. E. R. *Cinderella*. London: 1893.

Craveri, Marcello. *The LiIe of Jesus*. Translated from Italian by Charles L. Harkmann. New York: 1967.

Crawfurd, John. *History of Indian Archipelago*. 3 vols. Edinburgh: 1820.

Creel, H. G. *Chinese Thought*. Chicago: 1953.

——. *Confucius, The Man and the Myth*. New York: 1949.

Cresson, Andre. *The Essence of Ancient Philosophy*. Translated by Veronica Hull. New York: 1963.

Croce, Benedetto. *History of Europe in the Nineteenth Century*. Translated by Henry Furst. London: 1965. First published 1934.

Crombie, A. C. (ed.). *Scientific Change*. London: 1963.

Crombie, I. M. *An Examination of Plato's Doctrines*. London: 1962—1963.

Crooke, W. *The Popular Religion and Folklore of Northern India*. 2 vols. London: 1896.

Culin, R. Stewart. *Chess and Playing Cards*. Washington: 1898.

——. *Games of the North American Indians*. Washington: 1907.

——. *Games of the Orient*. Rutland, Vt.: 1958. (First published under title *Korean Games*.)

Cumont, Franz Valery Marie. *The Oriental Religions in Roman Paganism*. New York: 1956. First published 1911.

Cunningham, A. *Ancient Geography of India*. Calcutta: 1924.

Cunningham, J. D. *A History of the Sikhs*. Oxford: 1918.

Dabbs, Jack A. *History of the Discovery and Exploration of Chinese Turkestan*. The Hague: 1963.

Dahlquist, Allan. *Megasthenes and Indian Religion*. Stockholm: 1962.

Dani, A. H. *Prehistory and Protohistory of Eastern India*. Calcutta: 1960.

Daniel, Norman. *Islam and the West*. Edinburgh: 1960.

Danielou, Alain. *Introduction to the Study of Musical Scales*. London: 1943.

Danielou, Alain. *Northern Indian Music.* Vols. I and Ⅱ. London and Calcutta: 1949.

——. *Yoga: The Method of Re-integration*. New York: 1956.

Danvers, F. C. *The Portuguese in India*. 2 vols. London: 1894.

Das, M. N. *The Political Philosophy of Jawaharlal Nehru*. New York and London: 1961.

Dasgupta, R. P. *A Study of Hindu and European Political Systems*. Calcutta: 1958.

Dasgupta, S. B. *An Introduction to Tantric Buddhism.* Calcutta: 1950.

Dasgupta, S. N. (ed.). *A History of Sanskrit Literature*. Vol. I. Calcutta: 1962.

Dasgupta, Surama. *Development of Moral Philosophy in India*. Calcutta: 1961.

——. *Indian Idealism*. Cambridge: 1933.

Dasgupta, Surendranath. *A History of indian Philosophy*. Vols. Ⅰ—Ⅴ. Cambridge: 1952—1957. First published 1922.

Datta, B. Vibhuti. *The Science of the Sulba, A Study in Early Hindu Geometry*. Calcutta: 1932.

Datta, K. K. *Dawn of Renascent India*. Nagpur: 1950.

Davar, Firoz C. *Iran and India Through the Ages*. Bombay and New York: 1963.

Davids, T. W. Rhys. *History and Literature of Buddhism*. 4th ed.; Calcutta: 1952. First published London: 1918.

——. (tr.). *The Questions of King Milinda*. 2 parts. New York: 1963.

Davidson, J. Leroy. *The Lotus Sutra in Chinese Art*. New Haven: 1954.

Davies, A. P. *The First Christian*. New York: 1957.

——. *The Meaning of the Dead Sea Scrolls*. New York: 1960.

Davis, Simon. *Race-Relations in Ancient Egypt*. London: 1951.

Dawson, Christopher Henry. *The Making of Europe*. London: 1946.

Dawson, Raymond (ed.). *The Legacy of China*. Oxford: 1964.

Dayal, Hat. *The Bodhisattva Doctrine in Buddhist Sanskrit Literature*. London: 1932.

De Bary, Wm. Theodore. *Sources of Indian Tradition*. New York: 1958.

——. *Sources of the Japanese Tradition*. New York: 1958.

—— *et al. (eds.). Sources of Chinese Tradition*. New York: 1960.

De Burgh, W. G. *The Legacy of the Ancient World*. Vols. I and II. London: 1953. First published 1924.

Defréniery, C., B. R. Sanguinetti, and H. A. R. Gibb (eds. and trs.). *Travels of Ibn Battuta*. Cambridge: 1958.

De Gokuldas. *Democracy in Early Buddhist Samgha*. Calcutta: 1955.

——. *Significance and Importance of Jatakas*. Calcutta: 1951.

De Meester, Marie E. *Oriental Influences in the English Literature of the Nineteenth Century*. Heidelberg: 1915.

Deraniyagala, P. E. P. "Human and Animal Motif in Sinhalese Art." *J.R.A.S. (C.B.)*, IV , Pt. 1.

Desai, A. R. *Recent Trends in Indian Nationalism*. Bombay: 1960.

——. *Social Background of Indian Nationalism*. Bombay: 1948.

Deussen, Paul. *Outline of Indian Philosophy*. Berlin: 1907.

——. *Outline of the Vedañta System of Philosophy*. Berlin: 1907.

——. *The Philsophy of the Upanishads*. Edinburgh: 1906.

Devandra, D. T. *Classical Sinhalese Sculpture*. London: 1958.

Devahuti, D. *India and Ancient Malaya:* Singapore: 1965.

——. *Harsha. A Political Study*. Oxford: in Press.

De Visser, M. W. *Ancient Buddhism in Japan. 2* vols. Leiden: 1925—1935.

Dey, N. L. *Geographical Dictionary of Ancient and Medieval India*. London: 1927.

Dhalla, Maneckji Nusservanji. *Zoroastrian Civilization*. New York: 1922.

Diaz, Bernal. *The Conquest of New Spain*. Translated by J. M. Bohen. London: 1963. First published in Spanish 1632.

Dictionary of National Biography. Edited by Leslie Stephen. London: 1885.

Dixon, Roland B. *The Mythology of all Races: Oceania*. Edited by Louis Herbert Gray. Boston: 1916. (Vol. IX of the thirteen-volume series on world mythology.)

Dobie, M. R.*Ancient Persia and Iranian Civilization.* London: 1927.

Doblhofer, Ernst. *Voices in Stone.* Translated by Mervyn Savill. London: 1961.

Dodd, C. H. *The Parables of the Kingdom*. London: 1956. First published 1935.

Dodds, E. R. *The Greeks and the Irrational.* Berkeley: 1951, 1956.

Dowson. John. *A Classical Dictionary of Hindu Mythology and Religion, Geography, History, and Literature.* London: 1879.

Dreyer, J. L. E. *A History of Astronomy from Thales to Kepler*. Cambridge: 1953.

Driver, Harold E. *Indians of North America*. Chicago: 1961.

Duchesne, Guillemin J. *The Western Response to Zoroaster*. Oxford: 1958.

Duff, Charles (St. Lawrence). *A Mysterious People*. London: 1965.

Dumoulin, Heinrich. *The Development of Chinese Zen*. New York: 1953.

Durant, Will. *The Story of Civilization*. 6 vols. New York: 1942.

——. *The Age of Faith*. New York: 1950.

——. *Caesar and Christ*. New York: 1944.

——. *The Life of Greece*. New York: 1939.

——. *Our Oriental Heritage*. New York: 1942.

——. *The Reformation*. New York: 1957.

——. *The Renaissance*. New York: 1953.

Dutt, Nalinaksha. *Early Monastic Buddhism*. 2 vols. Calcutta: 1941.

Dutt, Romesh Chunder. *The Early Hindu Civilization*. London: 1888. Calcutta: 1908.

——. *The Economic History of India*. 2 vols. London: 1902.

Dutt. R. Palme. *India Today.* London: 1940.

Dutt, Sukumar. *Buddhist Monks and Monasteries of India.* London: 1962.

Eberhard. Wolfram (tr.). *Chinese Fairy Tales and Folk Tales.* London: 1937.

——. *History of China. 3rd ed.; London: 1955.*

Eckardt, A. *A History of Korean Art.* London: 1929.

Edgerton, Franklin. *The Bhagavad Gita.* Cambridge, Mass.: 1966.

——. (ed. and tr.). *The Panchatantra.* London: 1965.

——. *Panchatantra Reconstructed.* 2 vols. New Haven: 1924.

Edmunds, A. J., and M. Anesaki. *The Buddhist and Christian Gospels.* 4th ed.; Philadelphia: 1935.

Edwards, C. R. "Sailing Rafts of Sechura-History and Problems of Origin." *Southwest. J. Anthrop.,* XVI (1960), 368—391.

Edwards, E. D. *Chinese Prose Literature of the Tang Period.* 2 vols. London: 1937—1938.

Ehrenberg, Victor. *The Greek State.* Oxford: 1960.

Ekholm, Gordon F. "A Possible Focus of Asiatic Influence in the Late Classic Cultures of Meso America." *Amer. Antiquity,* XVIII, No. 3, Pt. 2 (1953), 72—89.

——. "A Possible Focus of Asiatic Influence in the Late Classic Culture of Mexico." *Mem. Soc. Amer. Arch.*, 9, 1953.

Eliade, Mircea. *Yoga: Immortality and Freedom.* Princeton: 1958.

Eliot, Sir Charles N. E. *Japanese Buddhism.* London: 1935, 1959.

——. *Hinduism and Buddhism.* 3 vols. London: 1954.

Ellis, William. *Polynesian Researches*. 4 vols. 2nd ed.; London: 1832—1834.

El Mansouri, S. M. *Art Culture of India and Egypt*. Calcutta: 1959.

Elsee, C. *Neoplatonism in Relation to Christianity*. Cambridge: 1908.

Encyclopaedia Britannica. Chicago: 1964.

Encyclopaedia of Islam. Leiden and London: 1960. First published 1911—1938.

Encyclopaedia of Religion and Ethics, 1908—1926. 13 vols. Edinburgh.

Enslin, M. *Christian Beginnings.* New York: 1956. First published 1938.

Epstein, I. (ed. and tr.). *The Babylonian Talmud.* 5 vols. London: 1935—1952.

Ernst, Earle. *The Kabuki Theatre.* Oxford: 1956.

Evans-Wentz, W. Y. *The Tibetan Book of the Dead.* London: 1927.

——. *The Tibetan Book of the Great Liberation.* London: 1954. (With psychological commentary by C. G. Jung.)

——.*Tibetan Yoga and Secret Doctrines.* London: 1935.

Evans-Wentz, W. Y. *Tibet's Great Yogi Milarepa.* London: 1951.

Fabri, Charles Louis. *An Introduction to Indian Architecture.*London and Bombay: 1963.

Fairbank, John K. (ed.). *Chinese Thought and Institutions.* 2nd ed.; Chicago: 1959.

Fairbank, J. K., E. O. Reischauer, and A. M. Craig. *A History of East Asian Civilization.* 2 vols. London: 1960.

Faris, Nabih Amin (ed.). *The Arab Heritage.* Princeton: 1944.

Farnell, Lewis Richard. *Greek Hero Cults Ideas of Immortality.* Oxford: 1921.

Farquhar, J. N. *Modern Religious Movements in India.* London: 1915.

——. *An Outline of the Religious Literature of India.* London: 1920.

Faruqi, Ziya-ul-Hasan. *The Deobund School and the Demand for Pakistan.* London and Bombay: 1963.

Figgis, John Neville. *The Divine Rights of Kings.* New York: 1965. (Introduction by G. R. Elton.) First published 1896.

Filliozat, Jean. *The Classical Doctrine of Indian Medicine.* Delhi: 1966. First published in French in 1949.

——. *India.* Translated from French by Margaret Ledesert. London: 1962.

——. *Political History of India.* Translated from French by Philip Spratt. Calcutta: 1957.

Finkelstein, Louis. *The Jews: Their History, Culture and Religion.* 2 vols. New York: 1955.

Fisher, C. A. *South East Asia.* London: 1964.

Fiske, John. *Myths and Myth-makers*. Boston: 1873.

Fleet, J. F. (ed.). *Corpus Inscriptionum Indicarum, Gupta Inscriptions.* Vol. Ⅲ. Calcutta: 1888.

Forbes, Charles. *Oriental Essays.* London: 1813.

Ford, Boris (ed.). *From Blake to Byron.* London: 1957.

Forke, A. *The World Conception of the Chinese.* London: 1925.

Fosberg, F. Raymond. "The American Element in the Flora of Hawaii."

Pacific Science, V (1951), 204—206.

Fox-Strangways, A. H. *The Music of Hindostan.* Oxford: 1914.

Fradier, Georges. *East and West.* Paris: 1959.

Framjee, Firoze. *English Text Book on Theory and Practice of Indian Music.* Pona: 1938.

Francisco, Juan R. *Indian Influences in the Philippines.* Quezon City: 1964.

Frank, Tenney. *Aspects of Social Behavior in Ancient Rome.* Cambridge, Mass.: 1932.

Frazer, Sir James George. *The Golden Bough.* 12 vols. London: 1911—1927.

Friedrich, R. *The Civilization and Culture of Bali.* Edited by E. R. Rost. Calcutta: 1959. First published 1887.

Furtado, R. de L. *Three Painters: Amrita Sher-Gil, George Keyt and M. F. Hussain.* New Delhi: 1960.

Gallenkamp, Charles. *Maya.* New York: 1959.

Gamio, Manuel. *Cultural Evolution in Guatemala and its Geographic and Historic Handicaps.* Translated from the Spanish by Arthur Stanley Riggs. Washington: 1926.

Gandhi, M. K. *Autobiography.* Washington: 1948.

Gangoly, O. C. *Landscape in Indian Literature and Art.* Lucknow: 1964.

Garbe, Richard (ed.). *The Samkhya-pravacana-bhasya.* Cambridge, Mass.: 1895.

Gard, Richard A. *Buddhist Influences on the Political Thought and Institutions of India and Japan.* Claremont, Calif.: 1949.

Gardiner, Patrick. *Schopenhauer.* London: 1963.

Garratt, G. T. (ed.). *The Legacy. of India.* Oxford: 1937.

Garrison, F. H. *An Introduction to the History of Medicine.* Philadelphia: 1961. First published 1913.

Garstang, John. *The Hittite Empire.* London: 1929.

Gaudefroy-Demombynes, Maurice. *Muslim Institutions.* London: 1950.

Geertz, Clifford (ed.). *Old Societies and New States.* New York: 1963.

Geiger, W. *The Mahavamsa.* Vols. Ⅰ and Ⅱ. London: 1912.

Getty, Alice. *The Gods of Northern Buddhism.* Tokyo: 1962. First published Oxford: 1914.

Gheerbrant, Alain. *The Incas.* New York: 1961.

——(ed.). *The Incas: The Royal Commentaries of the Inca, Garcilaso de la Vega, 1539—1616.* Translated by Maria Jolas. London: 1963.

Ghirshman, Roman. *Iran: Parthians and Sassanians.* Translated by Stuart Gilbert and James Emmons. London: 1962.

Ghosh, Manomohan. *A History of Cambodia.* Saigon: 1960.

Ghosh, P. C. *The Development of the Indian National Congress 1892—1909.* Calcutta: 1960.

Ghoshal, U. N. *A History of Indian Political Ideas.* Bombay: 1959.

Gibb, H. A. R. *Arabic Literature, an Introduction.* London: 1926.

——. *Mohammedanism: An Historical Survey.* New York: 1955.

——. *Studies on the Civilization of Islam.* London: 1962.

——. and Harold Bowen. *Islamic Society and the West.* 2 vols. London: 1950, 1957.

Gibbon, E. *The Decline and Fall of the Roman Empire.* Edited by J. B. Bury. Vols. Ⅰ-Ⅶ. London: 1909—1914. First published 1776—1788.

——. *The Decline and Fall of the Roman Empire.* London: 1960. (An abridgement by D. M. Low.)

Giles, H. A. *Confucianism and Its Rivals.* London: 1915.

——. (ed.). *Gems of Chinese Literature.* New York: 1965. First published 1923 in two volumes.

Giles, H. A. *A History of Chinese Literature.* New York: 1958. First published 1901.

——. *Religions of Ancient China.* London: 1918.

Giles, L. (tr.). *The Book of Mencius.* London: 1942.

——. (tr.). *Lao Tzu.* London: 1926.

——. (tr.). *Tao Tē Chīng.* London: 1954.

Gilkes, A. N. *The Impact of the Dead Sea Scrolls.* London: 1962.

Gladwin, H. S. *Men out of Asia.* New York: 1947.

Glanville, S. R. K. (ed.). *The Legacy of Egypt.* Oxford: 1953.

Glassenapp, Helmuth von. *Kant and the Religions of the East.* Germany: 1954.

Gokhale, B. G. *Asoka Maurya.* New York: 1966.

——. *Buddhism and Asoka.* Baroda: 1948.

Goldenveizer, Aleksandr. *History, Psychology and Culture.* New York: 1933.

Goldin, Judah (tr.). *The Living Talmud.* New York: 1957.

Goldstucker, Theodore. *Sanskrit and Culture.* Calcutta: 1955.

Goldziher, I. *The Influence of Buddhism Upon Islam.* English translation by T. Duka in the *Journal of Royal Asiatic Society,* January 1904, pp. 125—141.

Gomperz, Theodor. *Greek Thinkers.* Vols. Ⅰ—Ⅱ translated by Laurie Magnus; Vol. Ⅳ , by G. G. Berry. London: 1901—1912.

Gonda, J. *Sanskrit in Indonesia.* Nagpur: 1952.

Gordon, Antoinette, K. *The Iconography of Tibetan Lamaism.* New York: 1939. 2nd rev. ed.; Tokyo: 1959.

Corer, Geoffrey. *Exploring English Character.* London: 1955.

Gosvami, O. *The Story of Indian Music.* Bombay: 1957.

Govinda (Lama) Angārika B. *The Psychological Attitude of Early Buddhist Philosophy.* London: 1961.

Granet, Marcel. *Chinese Civilization.* 3rd printing; New York: 1960. First published London: 1930.

Grant. Michael. *Myths of the Greeks and Romans.* London: 1962.

Grant, R. M. (ed.). *Gnosticism: An Anthology.* London: 1961.

——. *Gnosticism and Early Christianity.* New York: 1959.

Grattan, C. Hartley. *The South West Pacific to 1900.* Ann Arbor, Mich.: 1963.

Gray, Basil. *Buddhist Cave Paintings at Tun-Huang.* Chicago: 1959.

Gray, Denis. *Spencer Perceval.* Manchester: 1963.

Gregg, Richard B. *The Power of Non-Violence.* Philadelphia: 1934.

Grellmann, Heinrich. *Dissertation on the Gipsies.* London: 1787.

Griffis, William Elliot. *Corea: The Hermit Nation.* 6th ed.; New York: 1897. First published London: 1882.

Griffiths, Sir Percival Joseph. *The British Impact on India.* London: 1952.

Grimal, Pierre. *The Civilization of Rome.* Translated by W. S. Maguinness. London: 1963.

Grimm, Jacob L. C., and Wilhelm C. Grimm. *German Folk Tales.* Translated by V. P. Magoun Jr. and A. H. Krappe. Carbondale, Ⅲ.: 1960.

Griswold, A. B. *Burma, Korea, Tibet.* London: 1964.

Groenveldt, W. P. *Historicai Notes on Indonesia and Malaya.* Djakarta: 1960. (Compiled from Chinese Sources). The reprint of an article published in 1880.

Groome, F. H. *Gypsy Folk Tales.* London: 1889.

——. *In Gypsy Tents.* Edinburgh: 1880.

Groslier, Bernard Philippe. *Indochina.* Translated by George Lawrence. London: 1962.

Grote, George. *Plato and the Other Companions of Sokrates.* 3 vols. London: 1875.

Grousset, René. *Chinese Art and Culture.* Translated from the French by Haakon Chevalier. London: 1959.

——. *The Civilization of India.* Translated from the French by Catherine Alison Phillip. Delhi: 1964.

——. *In the Footsteps of the Buddha.* London: 1932.

——. *Introduction to the Study of Hindu Doctrines.* London: 1945.

——. *The Rise and Splendour of the Chinese Empire.* Translated from the French by A. Watson Gandy. California: 1953.

Grunebaum, G. E. Von. *Islam.* 2nd ed.; London: 1961. First published 1955.

——. *Medieval Islam: A Study in Cultural Orientation.* Chicago: 1953.

——*.Modern Islam: The Search for Cultural Identity.* Berkeley: 1962.

—— *(ed.). Unity and Variety in Muslim Civilization.* Chicago: 1955.

Gubematis, Angelo de. *Zoological Mythology.* London: 1872.

Gulabkunyerba Ayurvedic Soc., Shree. *The Caraka Sammita.* 6 vols. Jamnagar: 1949.

Gulik, Sidney Lewis. *The East and the West.* Rutland, Vt.: 1963.

Gurjar, L. V. *Ancient Indian Mathematics and Veda.* Poona: 1947.

Guthrie, W. K. C. *The Greek Philosophers from Thales to Aristotle.* London: 1956.

——. *A History of Greek Philosophy.* Vol. I. Cambridge: 1962.

——. *Orpheus and Greek Religion.* 2nd ed.; London: 1952.

Guy, Basil. *The French Image of China Before and After Voltaire.* Geneva: 1963.

Hackin, J. *et al. Asiatic Mythology.* London: 1963. First published 1932.

Haeckel, Ernst H. P. A. *Monism: As Connecting Religion and Science.* Translated by J. Gilchrist. London: 1894.

Hagen, Victor Wolfgang Von. *The Ancient Sun Kingdoms.* Cleveland: 1961.

——. *The Desert Kingdoms of Peru.* London: 1965.

Hall, D. G. E. (ed.). *Historians of South East Asia.* London: 1961.

——. *A History of South-East Asia.* London: 1955.

Hamilton, Angus, *Korea.* 2nd ed.; London: 1904.

Hamilton, Clarence M. *Buddhism, A Religion of Infinite Compassion.* New York: 1952.

Hanayama, Shinsho. *A History of Japanese Buddhism.* Tokyo: 1960.

Hans, H. *Bibliographie Zur Frage nach den Wechselbeziehung Zurschen Buddhismus und Christianismus.* Leipzig: 1922.

Happold, F. C. *Mysticism.* Hammondsworth: 1963.

Harden, Donald. *The Phoenicians.* London: 1962.

Hardie, J. Keir. *India.* London: 1909.

Harper, G. M. *The Neoplatonism of William Blake.* Chapel Hill: 1961.

Hartland, E. S. *Science of Fairy Tales.* London: 1889.

Harvey, G. E. *History of Burma.* London: 1925.

Haskins, Charles Homes. *Studies in the History of Mediaeval Science.* New York: 1960. First published 1924.

Hatt, Gudmund. "Asiatic Influences in America Folklore." *Det. Kgl. Danske Videnskabernes Selskab, Historisk-Filoogiske meddelelser*, XXXI, No. 6 (1949), 1—122.

Hatt, Gudmund. "The Corn Mother in America and in Indonesia." *Anthropos.*, XLVI (1951), 853—914.

——. "Early Intrusion of Agriculture in the North Atlantic Subarctic Region." *Univ. Alaska Anthrop. Pap.*, Ⅱ, No. 1 (1953), 51—107.

Havell, E. B. *The Art Heritage of India.* London: 1964.

Havell, E. B. *The History of Aryan Rule in India.* London: 1918.

Hazrat, Bikrama Jit. *Data Shikuh: Life and Works.* Visvabharati: 1953.

Heath, Sir Thomas L. *Diophantos of Alexandria.* Cambridge: 1885.

Hedin, Sven. *Scientific Results of a Journey in Central Asia 1899—1902.* 6 vols. Stockholm: 1904—1907.

——. *Southern Tibet.* 13 vols. Stockholm: 1916—1922.

Heimann, Betty. *Facets of Indian Thought.* London: 1964.

——. *Indian and Western Philosophy.* London: 1937.

Heimsath, Charles H. *Indian Nationalism and Hindu Social Reform.* Princeton: 1964.

Heine-Geldern, Robert. "Asiatische Herkunft der Sudamerikanischen Metalitechnik." *Paideuma,* Ⅴ (1954), 347—423.

——. "Heyerdahl's Hypothesis of Polynesian Origins: A Criticism." *Royal Geographic Society Journal*, CXVI (1950), 183—192.

Hell, Joseph, *The Arab Civilization.* Cambridge: 1926.

Henke, Frederick Goodrich (tr. and ed.). *The Philosophy of Wang-Yang-Ming.* 2nd ed.; New York: 1964. First published 1916.

Henriques, Fernando. *Prostitution and Society.* 2 vols. London: 1962—1963.

Hermann, *A. Historical Atlas of China.* Cambridge, Mass.: 1935.

Hertel, Johannes. *Das Pancatantra Seine Geschichte und seine Verbreitung.* Leipzig and Berlin: 1914.

Hervieux, Leopold. *Les Fabulistes Latins depuis Le siècle d'Auguste jusqu'à la fin du moyen age.* 5 vols. Paris: 1893—1899.

Heyden, A., A. M. Van Der, and H. A. Schullard. *Atlas of the Classical World.* London: 1963.

Heyerdahl, Thor. *The Kon-Tiki Expedition.* London: 1950.

Hicks, R. D. *Stoic and Epicurean.* London: 1910.

Hiriyanna, M. *The Essentials of Indian Philosophy.* London: 1949.

——. *Outlines of Indian Philosophy.* London: 1932.

Hirst, Désirée. *Hidden Riches. Traditional Symbolism from the Renaissance to Blake.* London: 1964.

Hitti, Philip K. *History of the Arabs.* London: 1956.

——. *Islam and the West.* Princeton: 1962.

Hobson, J. A. *Imperialism: A Study*. London: 1902.

Hocart, A. M. *Kingship.* London: 1941.

Hodgen, Margaret T. *Early Anthropology in the 16th and 17th Centuries.* Pennsylvania: 1964.

Hodous, Lewis. *Buddhism and Buddhists in China.* New York: 1924.

Hoernle, A. F. R. *Manuscript Remains of Buddhist Literature.* Oxford: 1916.

——. *Studies in the Medicine of Ancient India.* Oxford: 1907.

Holtom, D. C. *Modern Japan and Shinto Nationalism*. 2nd ed.; Chicago: 1947.

——. *The National Faith of Japan: A Study in Modern Shinto.* London: 1938.

Honore, Pierre. *In Quest of the White God*. London: 1963.

Hopkins, E. Washburn. *Epic Mythology.* Strasbourg: 1915.

——. *Ethics of India.* New Haven: 1924.

Hottinger, Arnold. *The Arabs.* London: 1963.

Hourani, G. F. *Arab Seafaring in the Indian Ocean in Ancient and Early Medieval Times.* Princeton: 1951.

Hoyland, John. *A Historical Survey of the Customs, Habits and Present State of the Gypsies.* New York: 1816.

Hoyle, Fred. *The Nature of the Universe.* Oxford: 1950.

Hui-li. *The Life of Hsuan-Tsang.* Peking: 1959.

Huizinga, Johan. *Men and Ideas.* Translated by James S. Holmes and Hans van Marle. New York: 1959.

Hull, Denison B. (tr.). *Aesop's Fables.* Chicago: 1960.

Hultzsch, E. (ed.). *Corpus Inscriptionum Indicarum, Inscriptions of Asoka.* Vol. I. Oxford: 1925.

Humboldt, Alexander Von. *Researches Concerning the Institutions and Monuments of the Ancient Inhabitants of America.* London: 1814.

——. and Aimé Bonpland. *Personal Narrative of Travels to the Equinoctial Regions of the New Continent during the Years 1799—I804.* Translated by Helen Maria Williams. London: 1814—1829.

Hume, R. E. *The Thirteen Principal Upanishads.* London: 1934.

Humphreys, Christmas. *Buddhism.* London: 1951.

Hurvitz, Leon (tr.). *Wei Shou: Treatise on Buddhism and Taoism.* Kyoh: 1956.

Hu Shih(胡适). *The Chinese Renaissance.* New York: 1965.

Hutchinson, J. B., R. A. Silow, and S. G. Stephens. *The Evolution of Gossypium.* London: 1947.

Hutchinson, Sir Joseph. "The History and Relationship of the World's Cottons." *Endeavour*, XXI (1962).

Hutchinson, Lester. *European Freebooters in Mughal India.* Bombay: 1964.

Hutton, J. H. *Caste in India*. Cambridge: 1946.

Huxley, Aldous. *The Perennial Philosophy.* London: 1946.

Ikram, S. M. *Muslim Civilization in India.* New York and London: 1964.

Indian Council for Cultural Relations. *Indian Shidis Abroad.* Bombay: 1964.

Indica: The Indian Historical Research Institute Silver Jubilee Commemoration Volume. Bombay: 1954.

Inge, W. R. *Mysticism in Religion.* London: 1947.

——. *The Platonic Tradition in English Religious Thought.* London: 1926.

——. L. P. Jacks, M. Hiriyama, and D. T. Raju (eds.). *Radhakrishnan: Comparative Studies in Philosophy.* New York: 1951.

International Congress of Americanists. *The Civilization of Ancient America.* Chicago: 1951.

Irani, D. J. *Gathas.* London: 1924.

Isherwood, Christopher. *Ramakrishna and His Disciples*. London: 1965.

——. (ed.). *Vedanta for Modern Man*. London: 1952.

——. *Vedanta for the Western World*. London: 1948.

I-tsing. *A Record of the Buddhist Religion as Practised in India and the Malay Archipelago*. Translated by J. Takakausu. Oxford: 1896.

Iyengar, K. R. Srinivasa. *Indian Writing in English*. New York: 1962.

Iyer, Raghavan (ed.). *South Asian Affairs*. No. 1. London: 1960.

Jacobs, Hans. *Western Psychotherapy and Hindu Sadhana*. London: 1961.

Jaffar, S. M. *Some Cultural Aspects of Muslim Rule in India*. Peshawar: 1939.

Jairazbhoy, R. A. *Foreign Influences in Ancient India*. London: 1963.

Jameson, R. D. *Three Lectures on Chinese Folklore*. Peiping: 1932.

Janse, Olov R. T. *Archaeological Research in Indo-China*. Vols. Ⅰ and Ⅱ. Cambridge, Mass.: 1947.

Japanese National Commission for UNESCO. *Theatre in Japan*. Japan: 1963.

Jeans, Sir James. *The Mysterious Universe*. Cambridge: 1948.

The Jewish Encyclopedia. 12 vols. London: 1901—1906.

Johnson, A. H. *Whitehead's Philosophy of Civilization*. Boston: 1950.

Johnson, F. *Hitopadesa*. Revised by L. Barnett. London: 1928.

Johnston, E. H. *Early Samkhya; An Essay on Historical Development*. London: 1937.

Johnston, R. F. *Buddhist China*. London: 1913.

Jolly, Julius. *Indian Medicine*. Translated by C. G. Kashikar. Poona: 1951.

Jones, A. M. *Africa and Indonesia*. Leiden: 1964.

Jones, H. L. (tr.). *The Geography of Strabo. 8 vols.* London: 1917—1954.

Jones, Sir William, and Willard N. Augustus. *Music of India*. 2nd rev. ed.: Calcutta: 1962. First published 1793.

Joseph, John. *The Nestorians and Their Muslim Neighbours*. Princeton: 1961.

Journal of the American Oriental Society.

Journal of the Gypsy Lore Society. Old series, 3 vols., Edinburgh: 1888—1892. New series, 9 vols., Liverpool: 1907—1916. Third series, Edinburgh: 1922 to date.

Journal of Hellenic Studies. London.

Journal of the History of Ideas. Pennsylvania.

Journal of Indian History. Travancore.

Journal of the Royal Asiatic Society. London.

Journal of World History. UNESCO. Paris.

Kabir. Humayun. *The Indian Heritage.* Bombay: 1955.

—— (ed.). *Maulana Abul Kalam Azad.* Bombay: 1959. (A memorial volume.)

Kalhana. *Rjatarangini: A Chronicle of the Kings of Kasmir.* Translated by M. A. Stein. London: 1900.

Kālidāsa. *The Megha-Duta.* Edited by S. K. De. New Delhi: 1959. First published Bombay: 1916.

Kamath, M. A. *Hinduism and Modern Science.* Bangalore: 1947. (Foreword by Kunhan Raja.)

Kane, Pandurang Vaman. *History of Dharmasastra.* 5 vols. Poona: 1930—1962.

Kanga, D. D. *Where Theosophy and Science Meet.* 2 vols. Adyar: 1938—1939.

Kañgle, R. P. (ed.). *The Kantilya-Arthasastra.* Parts 1 and 2. Bombay: 1960—1963.

Karambelkar, V. W. *The Athar-veda and the Ayur-veda.* Nagpur: 1961.

Karlgren, Bernard. *The Chinese Language, an Essay on its Nature and History.* New York: 1949.

——.(tr.). *Shih Ching: The Book of Odes.* Stockholm: 1950.

Kato, Genchi. *A Study of Shinto.* Tokyo: 1926.

Kaul, Gwasha Lal. *Kashmir Through the Ages: 5000 B.C. to 1960 A.D.* Srinagar: 1960.

Kaye, G. R. *Indian Mathematics.* Calcutta and Simla: 1915.

Keay, Frank E. *A History of Hindi Literature.* 3rd ed.: Calcutta: 1920.

Keith, A. B. *A History of Sanskrit Literature.* Oxford: 1928.

——. *Indian Logic and Atomism.* Oxford: 1921.

——. *Sanskrit Drama.* Oxford: 1924.

Kern, H. (ed.). *The Jataka-Mala, by Arya Sura*. Cambridge, Mass.: 1914.

Kessel, Joseph. *Afghanistan.* Translated from the French by Bernadette Folliot. London: 1959.

Kielhorn, F. (ed.). *Mahabhashya* (by Pasañjab). 3 vols. Bombay: 1892—1909.

Kimura, Ryokan. *A Historical Study of the Terms Hinayana and Mahayana and the Origin of Mahayana Buddhism.* Calcutta: 1927.

King, C. T. *The Gnostics and Their Remains.* London: 1864.

King, E. (Viscount Kingsborough.) *Antiquities of Mexico.* London: 1831—1848.

King, Martin Luther. *Why We Can't Wait.* London: 1964.

King, Winston L. *Buddhism and Christianity.* London: 1963.

Kitto, H. D. F. *The Greeks.* London: 1960.

Knight, Richard Payne. *The Symbological Language of Ancient Art and Mythology.* New York: 1892.

Kochanowski, Jan. *Gypsy Studies.* Parts 1 and 2. New Delhi: 1963.

Koebner, R., and H. D. Schmidt. *Imperialism.* Cambridge: 1964.

Kondapi, C. *Indians Overseas (1838—1949).* New Delhi: 1951.

Kosambi, D. D. *The Culture and Civilization of Ancient India in Historical Outline.* London: 1965.

——. *An Introduction to the Study of Indian History.* Bombay: 1956.

Kraemer, Hendrik, *World Cultures and World Religions*. London: 1960.

Kripalani, Krishna. *Rabindranath Tagore.* London: 1962.

Krishna, Isvara. *Sankhya Karika: A Commentary of Gaurapada.* Translated by H. T. Colebrooke and H. H. Wilson. Bombay: 1924.

Kroeber, A. L. *Anthropology*. London: 1924.

——. *The History of Philippine Civilization as Reflected in Religious Nomenclature.* New York: 1923.

——. *Peoples of the Philippines*. New York: 1928.

Kroeber, A. L. *Peruvian Archaeology*. New York: 1954.

—— *et al. Anthropology Today.* Chicago: 1953.

Krom, N. J. *Hindoe-Javaansche Geschiedenis. (Hindu-Javancse History.)* S'Gravenbadge: 1931.

Lach, Donald F. *Asia in the Making of Europe*. Vol. I, Books 1 and 2. Chicago: 1964.

La Fontaine, Jean de. *The Fables*. Translated by Walter Thornbury. London, Paris, and New York: 1867—1870.

La Fontaine, Jean de. *Fables Choisies Mises En Vers*. Paris: 1962.

Lahovary, N. *Dravidian Origins and the West.* Bombay: 1963.

Lal, Chaman. *Gypsies*. Delhi: 1962.

——. *Hindu America*. Bombay, 1960.

——. *India and Japan: Friends of Fourteen Centuries.* Hoshiarpur: 1959.

La Motte, Etienne. *Histoire du Bouddhisme Indien.* Louvain: 1958.

Landau, Rom. *Islam and the Arabs.* London: 1958.

Landon, Kenneth Perry. *South East Asia, Crossroad of Religions.* Chicago: 1949.

Lane, Edward W. *The Thousand and One Nights.* London: 1839—1841.

Lang, Andrew. *Custom and Myth.* London: 1910. First published 1884.

Lang, D. M. *The Wisdom of Balahvar.* London: 1957.

Lang, John Dunmore. *Origins and Migrations of the Polynesian Nations.* 2nd ed.; Sydney: 1877. First published 1834.

Langdon-Davies, John. *A Short History of Woman*. London: 1928.

Latourette, K. S. *The Chinese: Their History and Culture.* London: 1946.

La Vallée Poussin, L. de. *Dynasties et Histoire de l'Inde depuis Kanishka jusqu'aux invasions Musulmanes.* Paris: 1935.

——. *The Way to Nirvana*. Cambridge: 1917.

Law, B. C. *The Historical Geography of Ancient India.* Paris: 1954.

Law, N. N. *Promotion of Learning in India During Muhammadan Rule.* London: 1916.

Lecky, W. E. H. *A History of European Morals.* 2 vols. London: 1869.

Lee, Samuel. *The Travels of Ibn Batuta.* London: 1829.

Leeming, Joseph. *Yoga and the Bible.* London: 1963.

Leeuwen, Arend Th. van. *Christianity and World History.* Edinburgh: 1964.

Legge, J. *The Chinese Classics. 5 vols.* Oxford and London: 1871—1895.

—— (tr.). *A Record of Buddhistic Kingdoms.* Oxford: 1886. (An account of Fa-hie*n*'s travels in India.)

——. *Travels of Fa-hien.* Oxford: 1886.

Legouis, Emile. *A Short History of English Literature.* Oxford: 1934.

Leland, C. G. *The English Gypsies and Their Language.* London: 1873.

——. *The Gypsies.* Boston: 1924. First published 1882.

——. *Gypsy Sorcery and Fortune Telling.* London: 1891.

Le May, Reginald. *Buddhist Art in Siam.* Tokyo: 1963. First published Cambridge: 1938.

——. *The Culture of South-East Asia.* London: 1956.

Leon-Portilla, Miguel (ed.). *The Broken Spears: The Aztec Account of the Conquest of Mexico.* Boston: 1962.

Le Strange, Guy. *Baghdad during the Abbasid Caliphate from Contemporary Arabic and Persian Sources.* Oxford: 1924.

——. *The Lands of the Eastern Caliphate; Mesopotamia, Persia, and Central Asia.* Cambridge: 1905.

Leur, J. C. van. *Indonesian Trade and Society.* 2nd ed.; Sumur Bandung: 1960.

Lévi, S. *Le Nepal.* 2 vols. Paris: 1905—1908.

Levy, Reuben (tr.). *The Epic of Kings.* Shahnama by Ferdowsi. Chicago: 1967.

Lewis, A. R. *Naval Power and Trade in the Mediterranean (500—1100).* Princeton: 1951.

Lewis, Bernard. *The Arabs in History.* London: 1962.

Lewis, H. Spencer. *The Mystical Life of Jesus.* 15th ed.; California: 1962. First published 1929.

Libby, Willard F. *Radio Carbon Dating.* Chicago: 1965.

Lillie, A. *India in Primitive Christianity.* London: 1909.

Lindsay, A. D. (tr.). *The Republic of Plato.* New York: 1950.

Lings, Martin. *A Moslem Saint of the Twentieth Century.* London: 1961.

Littmann. *Tausenduhdeine Nacht in der Arabischen Literatur.* Tubingen: 1923.

Liu, Wu-chi. *Introduction to Chinese Literature.* London: 1966.

Livingstone, R. W. (ed.). *The Legacy of Greece.* Oxford: 1921.

Lloyd-Jones, H. (ed.). *The Greeks.* London: 1962.

Loeb, Edwin M. and Robert Heine-Geldem. *Sumatra.* Vienna: 1935.

Loenen, J. H. M. M. *Parmenides, Melissus, Gorgias.* Asen, Netherlands: 1959.

Lombard, F. A. *An Outline History of the Japanese Drama.* London: 1928.

Lovejoy, Arthur O. *The Great Chain of Being.* Cambridge, Mass.: 1953.

Lowie, Robert. *The History of Ethnological Theory.* London: 1937.

——."Some Problems of Geographical Distribution." *Sudseestudien*, pp. 11—26. Basel: 1951.

Macaulay, Thomas Babington. *Critical and Historical Essays.* 2 vols. London: 1951.

Macauliffe, M. A. *The Sikh Religion.* 6 vols. Oxford: 1909.

McCrindle, J. W. *Ancient India as Described by Megasthenes and Arrian.* Calcutta: 1960. First published London: 1901.

——. (tr.), and S. N. Majundar (ed.). *Ancient India as Described by Ptolemy.* Calcutta: 1927.

MacCulloch, J. A. *The Childhood of Fiction.* London: 1905.

Macdonald, J. Ramsay. *The Awakening of India.* London: 1910.

Macdonell, A. A. and A. B. Keith. *Vedic Index of Names and Subjects.* London: 1912.

Macdonell, Arthur A. *A History of Sanskrit Literature.* London: 1905.

——. *India's Past.* Oxford: 1927.

——. *Vedic Mythology.* Strasbourg: 1897.

Macdowell, Edward. *Critical and Historical Essays.* Boston: 1912.

McEwan, C. W. *The Oriental Origin of Hellenistic Kingship.* Chicago: 1939.

MacGowan, Kenneth. *Early Man in the New World.* New York: 1950.

Mackay, E. J. H. *Further Excavations at Mohenjo-Daro.* Delhi: 1938.

MacKenzie, Donald A. *Myths of Pre-Columbian America.* London: 1923.

Mckenzie, J. *Hindu Ethics.* London: 1922.

McNickle, D'Arcy. *They Came Here First.* Philadelphia: 1949.

Macnicol, N. (ed.). *Hindu Scriptures.* London: 1938.

——. *The Making of Modern India.* London: 1934.

Mactie, J. N. *Myths and Legends of India.* Edinburgh: 1929.

Mahmud, Syed. *Hindu Muslim Cultural Accord.* Bombay: 1949.

Maitra, Susila Kumara. *The Ethics of the Hindus.* Calcutta: 1958.

Majumdar, R. C. *Ancient Indian Colonization in South-East Asia.* Baroda: 1963.

—— (ed.). *The Classical Accounts of India.* Calcutta: 1960.

——. *Hindu Colonies in the Far East.* Calcutta: 1963.

—— and A. D. Pusalker (eds.). *History and Culture of the Indian People.*

Vols. Ⅰ—Ⅵ. London: 1951.

Malalasekera, G. P. *The Pali Literature of Ceylon.* London: 1928.

Mangelsdorf, Paul C. "Ancester of Corn." *Science,* CXⅩⅧ, No. 3335 (28 November 1958).

Mansel, H. L. *The Gnostic Heresies of the First and Second Centuries.* London: 1875.

Markham, C. R. *The Incas of Peru.* London: 1910.

Marlow, A. N. *Radhakrishnan.* London: 1962.

Marshall. John H. *Guide to Taxila.* 4th ed.; London: 1960. First published Calcutta: 1918.

Marshall, John, and Alfred Foucher. *The Monuments of Sāňchi.* Calcutta: 1947.

Martin, P. S. *Indians Before Columbus.* Chicago: 1947.

Mason, John Alden. *The Ancient Civilizations of Pcru.* London: 1957.

Maspero, Henri. *Le Chine Antique.* Paris: 1955.

Mattingly, Harold. *Roman Imperial Civilization.* London: 1959.

Maude, Aylmer. *The Life of Tolstoy. London:* 1953. First published 1908—1910.

Maximoff, Matéo. *Savina.* Paris: 1956.

Mayer, J. P. *Political Thought. The European Tradition.* London: 1939.

Means, P. A. *Ancient Civilizations of the Andes*. New York: 1931.

Meester, Maria E. de. *Oriental Influences in the English Literature of the Nineteenth Century.* Heidelberg: 1915.

Mehta, Dharam Dev. *Some Positive Sciences in the Vedas.* New Delhi: 1959.

Mendis, G. C. *Early History of Ceylon.* Calcutta: 1940.

Menon, V. K. *The Development of W. B. Yeats.* Edinburgh: 1960.

Menon, V. Laxmi. *Ruskin and Gandhi.* Varanasi: 1965.

Merrill, Elmer Drew. "The Botany of Cook's Voyages, and Its Unexpected Significance in Relation to Anthropology, Biogeography and History." *Chronica Bontanica,* XIV (1954), 161—384.

Metraux, Guy S., and Francois Crouzet (ads.). *The Evolution of Science.* New York: 1963.

Miller, Robert James. *Monasteries and Culture Change in Inner Mongolia.* Wiesbaden: 1960.

Miller, William Robert. *Non-Violence. A Christian Interpretation.* London: 1964.

Ming, Lai. *A History of Chinese Literature.* London: 1964.

Mirza, M. W. *The Life and Works of Amir Khusrau.* Lahore: 1935.

Mitra, Sisirkumar. *Resurgent India.* Bombay: 1963.

Mizuno, Seiichi. *Chinese Stone Sculpture.* Tokyo: 1950.

Mode, Heinz. *The Harappa Culture and the West.* Calcutta: 1961.

Momigliano, Arnaldo (ed.). *The Conflict Between Paganism and Christianity.* Oxford: 1963.

Monier-Williams, M. *Hinduism*. Calcutta: 1951.

——. *Indian Wisdom.* 3rd ed.; London: 1876.

——. *Sakuntala by Kalidasa*. 2nd ed.; Oxford: 1876.

——. *A Sanskrit-English Dictionary.* Oxford: 1872, 1899.

Mookerji, R. K. *Indian Shipping and Maritime Activity.* London: 1910.

Moore, Charles A. (ed.). *Essays in East-West Philosophy.* Hawaii: 1951.

Moorhead, J. H., and S. Radhakrishnan (ads.). *Contemporary Indian Philosophy.* Rev. ed.; London: 1952.

Moraes, George. *A History of Christianity in India.* Vol. I. Bombay: 1964.

Morgan, Kenneth W. (ed.). *Islam: the Straight Path.* New York: 1958.

—— (ed.). *The Path of the Buddha.* New York: 1956.

Morley, S. G. *The Correlation of Maya and Christian Chronology.* Washington: 1910.

——. *Guide Book to the Ruins of Quirigua.* Washington: 1935.

——. *The Religion of the Hindus.* New York: 1953.

Morton, A. Q., and James McLeman. *Christianity and the Computer.* London: 1964.

Moscati, Sabatino. *Ancient Semitic Civilizations.* London: 1957.

——. *The Face of the Ancient Orient.* Chicago: 1960.

Mukerjee, Radhakamal. *The Culture and Art of India.* London: 1959.

Mukherji, Probhat K. *Indian Literature in China and the Far East.* Calcutta: 1932.

Müller, F. Max. *Chips from a German Workshop.* 4 vols. London: 1867—1875.

——. *Collected Works of F. Max Miiller.* London: 1898.

——. *Comparative Mythology.* London: 1856.

——. *History of Ancient Sanskrit Literature.* Varanasi: 1964. First published London: 1859.

——. *India, what can it teach us.* London: 1883.

——. *Lectures on the Origin and Growth of Religion.* London: 1891. First published 1878.

——. *Ramakrishna: His Life and Sayings.* London: 1898.

——. *Ram Mohan to Ramakrishna.* Calcutta: 1952.

—— (ed.). *Sacred Books of the East.* 50 vols. Oxford: 1879—1910.

Vedic Hymns, by F. Max Müller and H. Oldenberg (2 vols.).

Hymns of the Atharva-Veda, by M. Bloomfield (1 vol.).

The Satapatha-Brahmana, by J. Eggeling (5 vols.).

The Grihya Sutras, by H. Oldenberg (2 vols.).

The Upanishads, by F. Max Müller (2 vols.).

The Bhagavad gita, by K. Trimbak Telang (1 vol.).

The Vedanta Sutras, by G. Thibut (3 vols.).

The Sacred Laws of the Aryas, by G. Bühler (2 vols.).

The Institutes of Vishnu, by J. Jolly (1 vol.).

The Minor Law Books, by J. Jolly (1 vol.).

Manu, by G. Bühler (1 vol.).

The Gaina-Sutras, by H. Jacobi (1 vol.).

The Saddharma-pundarîka, by H. Kern (1 vol.).

Mahayana Texts, by E. B. Cowell, F. Max Müller, and J. Takakusu (1 vol.).

The Dhammapada and Sutta-Nipâta, by F. Max Müller and V. Fausböll (1 vol.).

Buddhist Suttas, by T. W. Rhys Davids (1 vol.).

Vinaya Texts, by T. W. Rhys Davids and H. Oldenberg (3 vols.).

The Questions of King Milinda, by T. W. Rhys Davids (2 vols.).

The Fo-sho-hing-tsan-king, from the Chinese translation of the Sanskrit, by S. Beal (1 vol.).

The Zend-Avesta, by J. Darmesteter and L. H. Mills (3 vols.).

Pahlavi Texts, by E. W. West (5 vols.).

The Quran, by E. H. Palmer (2 vols.).

Texts of Confucianism, by J. Legge (4 vols.).

Texts of Taoism, by J. Legge (2 vols.).

Analytical Index of Names and Subjects, by M. Winternitz (1 vol.).

Müller, F. Max. *On Sanskrit Texts Discovered in Japan.* London: 1880.

——. *The Six Systems of Indian Philosophy.* London: 1899.

Murdoch, James. *History of Japan.* 3 *vols.* London: 1926.

Murray, Gilbert. *Five Stages of Greek Religion.* London: 1946.

——. *Hellenism and the Modern World.* London: 1953.

Murray, H. J. R. *A History of Chess.* Oxford: 1913.

——. *A History of Board-Games other than Chess*. Oxford: 1952.

Murray, M. A. *The Splendour That Was Egypt*. London: 1954.

Murti, T. R. V. The *Central Philosophy of Buddhism*. London: 1955.

Muzumdar, A. M. *Social Welf are in India.* Bombay: 1964.

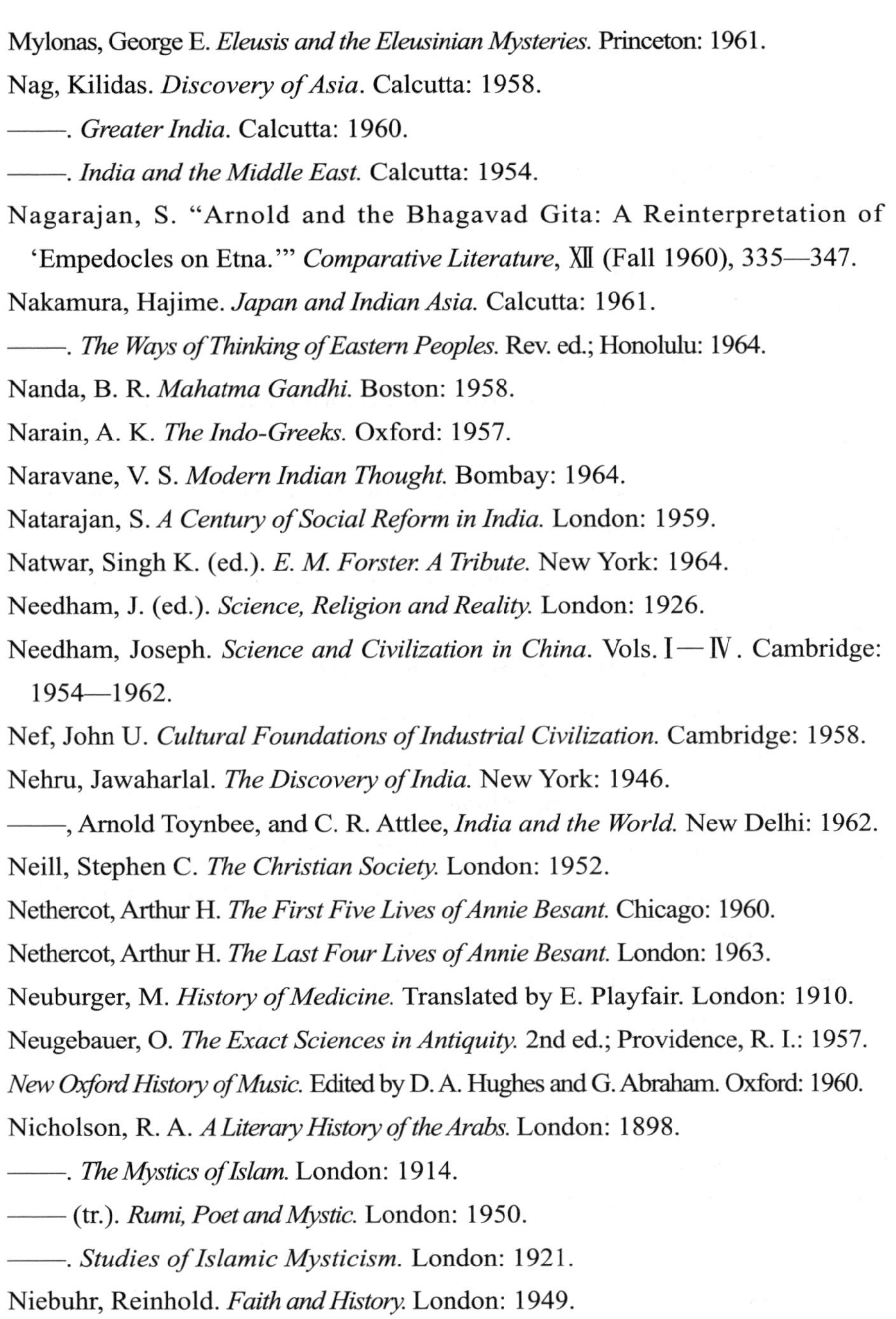

Mylonas, George E. *Eleusis and the Eleusinian Mysteries.* Princeton: 1961.

Nag, Kilidas. *Discovery of Asia*. Calcutta: 1958.

——. *Greater India*. Calcutta: 1960.

——. *India and the Middle East.* Calcutta: 1954.

Nagarajan, S. "Arnold and the Bhagavad Gita: A Reinterpretation of 'Empedocles on Etna.'" *Comparative Literature*, XII (Fall 1960), 335—347.

Nakamura, Hajime. *Japan and Indian Asia.* Calcutta: 1961.

——. *The Ways of Thinking of Eastern Peoples.* Rev. ed.; Honolulu: 1964.

Nanda, B. R. *Mahatma Gandhi.* Boston: 1958.

Narain, A. K. *The Indo-Greeks.* Oxford: 1957.

Naravane, V. S. *Modern Indian Thought.* Bombay: 1964.

Natarajan, S. *A Century of Social Reform in India.* London: 1959.

Natwar, Singh K. (ed.). *E. M. Forster. A Tribute.* New York: 1964.

Needham, J. (ed.). *Science, Religion and Reality.* London: 1926.

Needham, Joseph. *Science and Civilization in China*. Vols. I—IV. Cambridge: 1954—1962.

Nef, John U. *Cultural Foundations of Industrial Civilization.* Cambridge: 1958.

Nehru, Jawaharlal. *The Discovery of India.* New York: 1946.

——, Arnold Toynbee, and C. R. Attlee, *India and the World.* New Delhi: 1962.

Neill, Stephen C. *The Christian Society.* London: 1952.

Nethercot, Arthur H. *The First Five Lives of Annie Besant.* Chicago: 1960.

Nethercot, Arthur H. *The Last Four Lives of Annie Besant.* London: 1963.

Neuburger, M. *History of Medicine.* Translated by E. Playfair. London: 1910.

Neugebauer, O. *The Exact Sciences in Antiquity.* 2nd ed.; Providence, R. I.: 1957.

New Oxford History of Music. Edited by D. A. Hughes and G. Abraham. Oxford: 1960.

Nicholson, R. A. *A Literary History of the Arabs.* London: 1898.

——. *The Mystics of Islam.* London: 1914.

—— (tr.). *Rumi, Poet and Mystic.* London: 1950.

——. *Studies of Islamic Mysticism.* London: 1921.

Niebuhr, Reinhold. *Faith and History.* London: 1949.

Nikhilananda, Swami. *The Bhagavad Gita.* New York: 1944.

—— (tr.). *The Gospel of Sri Ramakrishna.* Madras: 1964.

——. *Upanishads.* New York: 1949.

Nilsson, M. P. *Greek Piety.* Oxford: 1948.

Nivisin, D. S., and A. F. Wright (ed.). *Confucianism in Action.* Stanford: 1959.

Nizami, K. A. *Some Aspects of Religion and Politics in India During the Thirteenth Century.* Aligarh: 1961.

——. *Studies in Medieval Indian History and Culture.* Allahabad: 1966.

Nobel, Johannes. *Central Asia: The Connecting Link Between East and West.* Nagpur: 1952.

Nock, A. D. *Early Gentile Christianity and its Hellenistic Background.* New York: 1964. First published 1928.

Nordenskjold, N. E. H. *Origin of the Indian Civilization in South America.* Gothenburg: 1931.

Norman, Dorothy (ed.). *Nehru: the First Sixty Years.* 2 vols. London: 1965.

Nutt, Alfred. *The Voyage of Bran.* 2 vols. London: 1895.

Nuttall, Zelia. *The Island of Sacrifice.* Lancaster: 1910.

Nyanatiloka. *Buddhist Dictionary.* Colombo: 1950.

Ojha, G. H. *Bharatiya Prachina Lipi-male.* Ajmer: 1918.

Oldenberg, Hermann. *Buddha; His Life, His Doctrine, His Order.* Translated by William Hoey. London and Edinburgh: 1882.

O'Leary, De Lacy. *How Greek Science Passed to the Arabs.* London: 1957.

Olmstead, A. T. *History of the Persian Empire.* Chicago: 1948.

O 'Malley, L. S. S. (ed.). *Modern India and the West.* London: 1941.

Oman. J. C. *The Brahmans, Theists and Muslims of India.* London: 1907.

Orientalia Neerlandica. Leiden: 1948.

Osborne, Arthur. *Buddhism and Christianity in the Light of Hinduism.* London: 1959.

Otto, Rudolf. *The Kingdom of God and the Son of Man.* London: 1951.

Owen, Sidney J. *India on the Eve of the British Conquest.* Calcutta: 1954. First published London: 1872.

Pali Texts Society Translation Series. 13 vols. London: 1909—1925.

Ⅰ. *Psalms of the Early Buddhists*. Translated by Mrs. Rhys Davids. 1909.

Ⅱ. *A Compendium of Philosophy.* Translated, with introductory essay and notes, by Shwe Zan Aung and Mrs. Rhys Davids. 1910.

Ⅲ. The *Mahāvamsa or Great Chronicle of Ceylon.* Translated by W. Geiger, assisted by M. Hayes-Bodes. 1912.

Ⅳ. *Psalms of the Early Buddhists*. Translated by Mrs. Rhys Davids. 1913.

Ⅴ. *Points of Controversy or Subjects of Discourse*. Translation of the Kathā-Vatthu from the Adhidhamma-Pitaka by Shwe Zan Aung and Mrs. Rhys Davids. 1916.

Ⅵ. *Manual of a Mystic*. Translation from the Pali and Sinhalese work entitled the Yogā vachara's Manual by F. L. Woodword. Edited, with introductory essay, by Mrs. Rhys Davids. 1917.

Ⅶ. *The Book of the Kindred Sayings (Sanyutta-Nikāya) or Grouped Suttas. Part I. Kindred Sayings with Verses (Sagātha-Vagga)*. Translated by Mrs. Rhys Davids. 1917.

Ⅷ—Ⅸ. *The Expositor (Atthasālini): Buddhaghosa's Commentary on the Dhammasanganī, the First Book of the Abhidhamma Pitaka*. Translated by Maung Tin, edited and revised by Mrs. Rhys Davids. Vol. I, 1920. Vol. II, 1921.

Ⅹ. *The Book of the Kindred Sayings (Sanyutta-Nikāya) or Grouped Suttas. Part II. The Nidāna Book (Nidtāna-Vagga).* Translated by Mrs. Rhys Davids, assisted by F. L. Woodward. 1922.

Ⅺ. *The Path of Purity*. Translation of Buddhaghosa's Visuddhimagga by Pe Maung Tin. 1923.

Ⅻ. *Designation of Human Types (Puggala-Paññatti)*. Translated by Bimala Charan Law. 1924.

XIII. *The Book of the Kindred Sayings (Sanyutta-Nikāya) or Grouped Suttas.* Translated by F. L. Woodward, edited by Mrs. Rhys Davids. 1925.

Panikkar, K. M. *Asia and Western Dominance.* London: 1953.

Panikkar, Raymond. *The Foundations of New India.* London: 1963.

——. *The Unknown Christ of Hinduism.* London: 1964.

Panini. *The Ashtadhyayi of Panini.* Edited and translated by S. C. Vasu. 2 vols. Delhi: 1962. First published Allahabad: 1891.

Pan Ku. *The History of the Former Han Dynasty.* (The Imperial Annals.) Translated and edited by Homer H. Dubs. Vols. Ⅰ and Ⅱ. Baltimore: 1938, 1955.

Park, No-Yong. *Retreat of the West.* Boston and New York: 1937.

Parker, E. H. *Burma with Special Reference to her Relations with China.* Rangoon: 1893.

Parrinder, E. Geoffrey. *Comparative Religion.* London: 1962.

Parsons, E. A. The *Alexandrian Library*. London: 1952.

Partridge, Burgo. *A History of Orgies.* London: 1964.

Patterson, L. *Mithraism and Christianity.* Cambridge: 1921.

Payne, G. H. (ed.). *Akbar and the Jesuits.* London: 1926.

Pennell, Elizabeth Robins. *Charles Godfrey Leland, A Biography.* London: 1906.

Perry, Ben E. *Studies in the Text History of the Life and Fables of Aesop.* Haverford: 1961.

Petech, L. *Medieval History of Nepal.* Rowe: 1958.

—— (ed.). *Northern India According to the Shui Ching Chu.* Rome: 1950.

Peterson, Peter (ed.). *Hitopadesa by Narayana.* Bombay: 1887.

Philips, C. H. (ed.). *Handbook of Oriental History.* London: 1951.

—— (ed.). *Historians of India, Pakistan and Ceylon.* London: 1961.

Philostratus. *The Life of Appollonius of Tyana.* Translated by F. C. Conybeare. London: 1912.

Piggott. Stuart. *Prehistoric India.* London: 1961.

Pirenne, Jacques. *The Tides of History.* Vols. Ⅰ and Ⅱ. London: 1962.

Pischel, Richard (ed.). *Kalidasa's Sakuntala.* 2nd ed.; Cambridge, Mass.: 1922.

Plamenatz, John. *On Alien Rule and Self-Government.* London: 1960.

Plowman, Max (ed.). *Poems and Prophecies.* London: 1959.

Pococke, E. (ed.). *India in Greece.* London: 1852.

Poindexter, M. *The Ayar-Incas.* 2 vols. New York: 1930.

Polo, Marco. *The Travels of Marco Polo.* London: 1926. (Introduction by John Masefield.)

Pope, G. U. *The Sacred Kurral.* London: 1886.

Popley, H. A. *The Music of India.* Calcutta: 1950. First published 1921.

Post, L. A., and E. H. Warmington (ed.). *The Leob Classical Library Latin and Greek Volumes.* Cambridge, Mass. and London: 1964.

Pothan, S. G. *The Syrian Christians of Kerala.* Bombay: 1963.

Pound, Ezra (tr.). *Confucian Analects.* London: 1956.

Prakash, Buddha. *India and the World.* Hoshiarpur: 1964.

Prakash, Satya. *Founders of Sciences in Ancient India.* New Delhi: 1965.

Prasad, Beni. *The Hindu-Muslim Question.* Allahabad: 1961.

——. *History of Jahangir.* London: 1922.

Prasad, Isvari. *History of Medieval India.* Allahabad: 1925.

Prasad, Rajendra. *India Divided.* 3rd rev. ed.; Bombay: 1947.

Prescott. W. H. *The Conquest of Mexico.* 2 vols. London: 1913. First published in 3 volumes in 1843.

——. *The Conquest of Peru.* 2 vols. London: 1847.

Press, John (ed.). *Commonwealth Literature.* London: 1965.

Priaulx, Osmund de Beauvoir. *The Indian Travels of Appollonius of Tyana and the Indian Embassies to Rome.* London: 1873.

Price, A. F. (tr.). *The Diamond Sutra.* London: 1955.

Prinsep, James. *Essays on Indian Antiquities.* London: 1858.

Prip-møller, J. *Chinese Buddhist Monasteries.* Copenhagen: 1937.

Pritchard, James B. (ed.). *The Ancient Near East.* Princeton: 1950.

Przyluski, J. *La Légende de l'Empereur Asoka.* Paris: 1923.

——. (Tr. into English by D. K. Biswas). *The Legend of Emperor Asoka.* Calcutta: 1967.

Rackham, H., and N. H. S. Jones (trs.). *Natural History* (Plinus Secundus). 11 vols. London: 1945.

Radhakrishnan, S. *The Bhagavad Gita.* New York: 1948.

——. *The Dhammapada*. London: 1950.

——. *Eastern Religions and Western Thought.* Oxford: 1939.

——. *Hindu View of Life*. London: 1927.

——. (ed.). *History of Philosophy, Eastern and Western*. 2 vols. London: 1952.

——. *India and China*. 3rd ed.; Bombay: 1954.

——. *Indian Philosophy*. 2 vols. London: 1948.

——. *The Principal Upanishads.* London: 1953.

——. *Religion in East and West.* London: 1933.

—— and Charles A. Moore. *A Source Book in Indian Philosophy.* Princeton: 1957.

Radin, Paul. *The Method and Theory of Ethnology.* New York: 1933.

——. *The Story of the American Indian.* London: 1928.

Raghavan, M. D. *India in Ceylonese History, Society and Culture.* New Delhi: 1964.

Raghavan, V. *The Indian Heritage*. Bangalore: 1956.

——. *Prayers, Praises and Psalms.* Madras: 1938.

——. *Sanskrit and Allied Indological Studies in Europe.* Madras: 1956.

Raghu Vira (ed.). *Ramayana*. Lahore: 1938.

Raghu Vita and Lokeschandra. *Gilgit Buddhist Manuscripts.* New Delhi: 1959.

Rahula, Walpola. *History of Buddhism in Ceylon.* Colombo: 1956.

Ralston, W. R. S. *Russian Folk-Tales.* London: 1873.

Ramachandra Rao, S. K. *Development of Psychological Thought in India.* Mysore: 1962.

Randhawa, M. S. *Kangra Valley Painting.* Bombay: 1964.

Rao, M. V. Ramana. *A Short History of the Indian National Congress.* Delhi: 1959.

Rao, R. P. *Portuguese Rule in Goa 1510—1961.* Bombay: 1963.

Rapson, E. J. *Ancient India.* Cambridge: 1914.

Rau, G. Subba. *Indian Words in English.* Oxford: 1954.

Rawlinson, H. G. *India: A Short Cultural History.* Rev. ed.; London: 1952.

——. *Indian Historical Studies.* London: 1913.

——. *Intercourse between India and the Western World.* 2nd ed.; Cambridge: 1926.

Ray, H. C. *History of Ceylon.* Vol. Ⅰ. Colombo: 1957.

Ray, Nihar Ranjan. *Introduction to the Study of Theravada: Theravada Buddhism in Burma.* Calcutta: 1946.

Ray, P. (ed.). *History of Chemistry in Ancient and Medieval India.* Calcutta: 1956.

Ray, Sunil Chandra. *Early History and Culture of Kashmir.* Calcutta: 1957.

Raychaudhuri, Hemachandra. *Political History of Ancient India.* Calcutta: 1953.

——. *Studies in India Antiquities.* Calcutta: 1958.

Raychaudhuri, Tapan. *Contributions to Indian Economic History.* Vol. Ⅰ. Calcutta: 1960.

Reed, Howard S. *A Short History of the Plant Sciences.* Waltham, Mass.:1942.

Regmi, D. R. *Ancient Nepal.* Calcutta: 1961.

Reichelt, Karl Ludwig. *Religion in Chinese Garment.* New York: 1951.

——. *Truth and Traditions in Chinese Buddhism.* Shanghai: 1927.

Reischauer, A. R. *Studies in Japanese Buddhism.* NewYork: 1917.

Reischauer, Edwin O. *Ennin's Travels in T'ang China.* New York: 1955.

——. *Japan: Past and Present.* 2nd ed.; Tokyo: 1962.

Renou, Louis. *Religions of Ancient India.* London: 1953.

——. *Vedic India.* Translated by Philip Spratt. Calcutta: 1957.

Rhys, Ernest (Intro.). Aesop's *Fables* (and others). New York: 1913.

Ridley, Michael. *The Seal of Aetea and the Minoan Scripts.* Calcutta: 1963.

Riepe, Dale. *The Naturalistic Tradition in Indian Thought.* Seattle: 1961.

Ritchie, D. G. *Plato.* Edinburgh: 1902.

Rizvi, Saiyid Athar Abbas. *Muslim Revivalist Movements in Northern India in the Sixteenth and Seventeenth Centuries.* Agra: 1965.

—— and Lal Bhargava Motl. *Freedom Struggle in Uttar Pradesh.* Lucknow: 1962.

Roberts, Samuel. *The Gypsies.* London: 1836.

Robertson, William. *An Historical Disquisition Concerning the Knowledge which the Ancients Had of India.* London: 1791.

Robinson, John A. T. *Honest to God.* London: 1963.

Rogers, Millard B. "An Archeological Pilgrimage to Santiago de Compostela." *Science*, CXXXI , No. 3408 (22 April 1960).

Rolland, Romain. *The Life of Ramakrishna.* Translated by E. F. Malcolm-Smith. 6th ed.; Calcutta: 1960.

——. *Prophets of the New India.* Translated by E. F. Malcolm-Smith. New York: 1930.

Rosen, F. *The Algebra of Mohammed ben Musa.* London: 1831.

Rosenthal, Ethel. *The Story of Indian Music and its Instruments.* London: 1929.

Ross, Floyd H. *The Meaning of Life in Hinduism and Buddhism.* London: 1952.

Rostovtzeff, M. *Caravan Cities.* Oxford: 1932.

——. *History of the Ancient World.* Vols. Ⅰ and Ⅱ . Oxford: 1926.

——. *Social and Economic History of the Roman Empire.* Oxford: 1926.

Roth, Cecil. *The Historical Background of the Dead Sea Scrolls.* Oxford: 1958.

Roth, Cecil. *The Jewish Contribution to Civilization.* Oxford: 1943.

——. *A Short History of the Jewish People.* London: 1936.

Rowe, J. Howland. *Inca Culture at the Time of Spanish Conquest.* Washington: 1946.

Rowland, Benjamin. *The Wall Paintings of India, Central Asia and Ceylon.* Boston: 1938.

Roy, Dhirendra N. *The Philippines and India.* Manila: 1930.

Royle, J. F. *Antiquity of Hindoo Medicine.* London: 1887.

——. *The Arts and Manufactures of India.* London: 1852.

——. *An Essay on the Antiquity of Hindoo Medicine.* London: 1837.

Rustum, A. J. and C. K. Zurayk (eds.). *History of the Arabs and Arabic Culture.* Beirut: 1940.

Ryder, A. W. *The Little Clay Cart.* Cambridge, Mass.: 1905.

—— (tr.). *The Panchatantra.* Chicago: 1925.

Sachs, Curt. *The Rise of Music in the Ancient World.* London: 1944.
Sakasena, Rama Babu. *A History of Urdu Literature.* Allahabad: 1927.
Sale, George (tr.). *The Koran.* London and New York: 1888.
Saleeby, Najeeb M. *The Origins of Malayan Filipinos.* Manila: 1911.
Saletore, B. A. *Ancient Indian Political Thought and Institutions.* London: 1963.
——. *India's Diplomatic Relations with the West.* Bombay: 1958.
Salmony, A. *Sculpture in Siam.* London: 1925.
Sambamoorthy, P. *History of Indian Music.* Madras: 1960.
——. *South Indian Music.* 3rd ed.; Madras: 1933.
Sampson, John. *The Dialect of the Gypsies of Wales.* Oxford: 1926.
Samuel, Viscount, and Herbert Dingle. *A Threefold Cord.* London: 1961.
Sanderson, Gorham D. *India and British Imperialism.* New York: 1951.
Sankalia, H. D. *Indian Archaeology Today.* Bombay: 1962.
——. *Prehistory and Protohistory in India and Pakistan.* Bombay: 1963.
——. *The University of Nalanda.* Madras: 1934.
Sankarananda, Swami. *Hindu States of Sumeria.* Calcutta: 1962.
Sansom, Sir George. *Japan; A Short Cultural History. Rev. ed.;* New York: 1943.
Saraswati, S. K. *A Survey of Indian Sculpture.* Calcutta: 1957.
Sarkar, Benoy K. *Hindu Achievements in Exact Science.* London: 1918.
Sarkar, H. B. *Indian Influences on the Literature of Java and Bali.* Calcutta: 1934.
Sarkar, Sasanka S. *Ancient Races of Baluchistan, Panjab and Sind.* Calcutta: 1964.
Sarma, D. S. *The Renaissance of Hinduism.* Banaras: 1944.
——. *What is Hinduism?* Madras: 1945.
Sarton, George. *A History of Science.* Vols I and Ⅱ. Cambridge, Mass.: 1959.
——. *The History of Science and New Humanism.* New York: 1931.
——. *Introduction to the History of Science.* Vols. Ⅰ—Ⅲ. Baltimore: 1953. First published Washington: 1927.
Sarma, D. S. *The Life of Science.* New York: 1948.
Sarup, L. *The Nighantu and the Nirukta.* London: 1920.
Sastri, K. A. Nilakanta (ed.). *Age of the Nandas and Mauryas.* Banaras: 1952.

—— (ed.). *A Comprehensive History of India*. Vol. Ⅱ . Bombay: 1957.

——. *History of Sri Vijaya*. Madras: 1949.

——. *South Indian Influences in the Far East*. Bombay: 1949.

Sastri, Subrahmanya, and R. Bhat (trs. and eds.). *Brihak-Samhitā* (by Varahamihira). 2 vols. Banglore: 1947.

Satomi, Kishio. *Japanese Civilization*. London: 1923.

Sauer, J. D. "The Grain Amaranths:A Survey of their History and Classification." *Annals Missouri Botan. Garden.,* XXXVII (1950), 561—632.

Saunders, E. Dale. *Buddhism in Japan (with an outline of its origins in India)*. Philadelphia: 1964.

Saunders, J. H. *The Wild Species of Gossypium and their Evolutionary History*. London: 1961.

Saunders, J. J. *A History of Medieval Islam*. London: 1965.

Schilling, Harold K. *Science and Religion*. New York: 1962.

Schilpp, Paul Arthur (ed.). *The Philosophy of Sarvepalli Radhakrishnan*. New York: 1952.

Schlegel, Frederick. *Lectures on the History of Literature Ancient and Modern*. London: 1818.

——. *Uber die Sprache und Weisheit der Inder*. Heidelberg: 1808.

Schopenhauer, Arthur. *The World as Will and Idea*. Translated and edited by R. B. Haldane and J. Kemp. 3 vols. London: 1883.

Schrödinger, Erwin. *Nature and the Greeks*. Cambridge: 1954.

Schwab, Raymond. *La Renaissance Orientale*. Paris: 1950.

Schweitzer, Albert. *The Quest for the Historical Jesus*. London: 1910.

Seckel, Dietrich. *The Art of Buddhism*. London: 1964.

Séjourné Laurette. *Burning Water. Thought and Religion in Ancient Mexico*. New York: 1956.

Selincourt, Aubrey de (tr.). *Arrian's Life of Alexander the Great*. London: 1962.

——. *Herodotus, the Histories*. London: 1954.

Sen, Surendra Natha (ed.). *Indian Travels of Thevenot and Careri*. New Delhi: 1949.

Sencourt, Robert. *India in English Literature.* London: 1925.

Sewell, Robert. *A Forgotten Empire.* London: 1900.

Shah, C. L. J. *Jainism in Northern India.* London: 1932.

Sharif, M. M. (ed.). *A History of Muslim Philosophy*. 2 vols. Wiesbaden: 1963 and 1966.

Sharma, Bishan Sarup. *Gandhi As A Political Thinker.* Allahabad: 1956.

Sharma, Chandraddhar. *A Critical Survey of Indian Philosophy.* London: 1960.

Sharma, Dashratha. *Early Chauhan Dynasties.* Delhi: 1959.

Sharma, S. R. *The Crescent in India*. Bombay: 1937.

Sharp, Andrew. *Ancient Voyagers in the Pacific.* Wellington: 1956.

——. *Ancient Voyagers in Polynesia.* Auckland and Hamilton: 1963.

Shastri, D. *A Short History o Indian Materialism and Hedonism.* Calcutta: 1930.

Sherrard, Philip. *The Pursuit of Greece.* London: 1964.

Shinn, Roger L. *Christianity and the Problem of History.* New York: 1933.

Shorey, Paul. *Platonism Ancient and Modern.* California: 1938.

Shoso-In Gyobotsu Zuroku. Pictures of the Imperial properties in the Shoso-in, Nara. 18 vols. Tokyo: 1951.

Shukla, P. N. *Vastu-Sastra: Vol. I. Hindu Science of Architecture.* Lucknow: 1960.

——. *Vastu-Sastra: Vol. II. Hindu Canons of Iconography and Painting.* Lucknow: 1960.

Sila, Brajendranath. *The Positive Sciences of the Ancient Hindus.* Delhi: 1958. First published London: 1915.

Singerist, H. E. *A History of Medicine*. London: 1951.

Singh, A. N., and B. Dutta. *The History of Hindu., Mathematics.* Lahore: 1935.

Singh, Karan. *Prophet of Indian Nationalism.* London: 1963.

Singh, Rajendra (Brig.). *History of Indian Army.* New Delhi: 1963.

Singhal, D. P. *Nationalism in India and other Historical Essays*. Delhi: 1967.

Sircar, D. C. *Select Inscriptions bearing on Indian History and Civilization.* Calcutta: 1942.

Siren, O. *Chinese Painting. Leading Masters and Principles.* 7 vols. New

York: 1956.

Siren, O. *Chinese Sculpture.* London: 1925.

——. *A History of Early Chinese Art.* 4 *vols.* London: 1929.

Smith, D. E., and L. C. Karpinski. *The Hindu Arabic Numerals.* Boston and London: 1911.

Smith, G. E. *Elephants and Ethnologists.* New York: 1924.

Smith, Stephenson Percy. *Hawaika: The Original Home of the Maori.* Christchurch, New Zealand: 1904.

Smith, Vincent, A. *A History of Fine Art in India and Ceylon.* Oxford: 1911.

——. *A History of Fine Art in India and Ceylon.* Revised and enlarged by Karl Khandalwala. 3rd ed.; Bombay.

Smith, Wilfred Cantwell. *Islam in Modern History.* Princeton: 1957.

——. *Modern Islam in India.* London: 1946.

Society of Antiquarians. *Archaeologia.* Vol. XCVII. Oxford: 1959.

——. *Miscellaneous Tracts Relating to Antiquity.* London: 1785.

Somadeva Bhatta. *Katha Sarit Sagara.* English translation entitled *The Ocean of Story* by C. H. Tawney in ten volumes, edited by N. M. Penzer. London: 1927.

Soothill, W. E. (tr.).*Saddharmapundarika.* Oxford: 1930.

——. *The Three Religions of China.* London: 1913.

Sorabji, Kaikhusrau. *Around Music.* London: 1932.

——. *Mi Contra Fa.* London: 1947.

Soustelle, Jacques. *The Daily Life of the Aztecs.* Translated by Patrick O'Brian. London: 1955.

Spargo, J. W. *Linguistic Science in the Nineteenth Century.* Cambridge, Mass.: 1931.

Spence, Lewis. *The Myths of Mexico and Peru.* London: 1913.

——. *The Myths of the North American Indians.* London: 1914.

Spengler, Oswald. *The Decline of the West.* Translated by Charles F. Atkinson. 2 vols. New York: 1957.

Spinden, H. J. *Ancient Civilizations of Mexico and Central America.* New York: 1917.

Spinden, H. J. *Maya Art and Civilization.* Colorado: 1957.

——. *Maya Dates and What They Reveal.* Brooklyn: 1930.

Sridharan, L. *A Maritime History of India.* Delhi: 1965.

Starkie, Walter. *Raggle-Taggle.* London: 1964. First published 1933.

——. *Scholars and Gypsies.* London: 1963.

Stcherbatsky, Th. *Central Concepts of Buddhism.* London: 1924.

——. *The Conception of Buddhist Nirvana.* Leningrad: 1927.

Steiger, G. N., H. O. Beyer, and C. Benitez. *A History of the Orient.* Boston: 1926.

Stein, Sir Mark Aurel. *Ancient Khotan.* 2 vols. Oxford: 1907.

——. *Innermost Asia.* Oxford: 1928.

——. *Memoirs on Maps of Chinese Turkestan and Kansu.* Dehradun: 1923.

—— (tr.). *Rejatarangini.* London: 1900.

——. *Ruins of Desert Cathay. 2* vols. London: 1912.

——. *Sand-Buried Ruins of Khotan.* London: 1903.

——. *Serindia.* 5 vols. Oxford: 1921.

——. *Wall Paintings from Ancient Shrines in Central Asia.* Vols. I and Ⅱ . Delhi: 1933.

Steinilber-Oberlin, E. *The Buddhist Sects of Japan.* London: 1938.

Sternbach, Ludwik. *The Hitopadesa and its Sources.* New Haven: 1960.

Stevens, Halsey. *The Life and Music of Bela Bartok.* New York: 1953.

Stevenson, S. *The Heart of Jainism.* London and New York: 1915.

Steward, Julian H. (ed.). *Handbook of South American Indians.* Vols. Ⅰ-Ⅶ . Washington: 1946—1959.

Stobart, J. C. *The Glory That Was Greece.* 3rd ed.; London: 1960. First published 1911.

Stockley, V. *German Literature as Known in England: 1750—1830.* London: 1929.

Stokes, Eric. *The English Utilitarians and India.* Oxford: 1959.

Stonor, C. R., and E. Anderson. "Maize among the Hill Peoples of Assam." *Annals Missouri Botan. Garden.,* ⅩⅩⅩⅥ (1949), 355—396.

Stutfield, H. E. M. *Mysticism and Catholicism*. London: 1925.

Stutterheim, W. F. *Studies in Indonesian Archaeology*. The Hague: 1956.

Subrahmanya, Aiyyar. *The Grammar of South Indian Music*. Bombay: 1939.

Sukthankar, V. S., et al. (ed.). *Mahabharata*. Poona: 1933—1958.

Sutherland, Lucy S. *The East India Company in Eighteenth Century Politics*. Oxford: 1952.

Suzuki, Beatrice Lane. *Mahayana Buddhism*. London: 1948.

Suzuki, D. T. *A Brief History of Early Chinese Philosophy*. London: 1914.

——. *Essays in Zen Buddhism*. 3 vols. London: 1934—1949.

——. *An Introduction to Zen Buddhism*. New York: 1949.

——. *Living by Zen*. Tokyo: 1949.

——. *A Miscellany on the Shin Teaching of Buddhism*. Kyoto: 1949.

——. *Studies in Zen*. New York: 1955.

——. *Zen Buddhism and its Influence on Japanese Culture*. Kyoto: 1938.

——. *The Zen Doctrine of No-Mind*. London: 1949.

——. Erich Fromm, and Richard de Martino. *Zen Buddhism and Psychoanalysis*. London: 1960.

Swain, Joseph Ward. *The Ancient World*. 2 vols. New York: 1950.

Swamikannu, Pillai. *An Indian Ephermeris*. 7 vols. Madras: 1952.

Sydow, C. W. V. *Selected Papers on Folklore*. Copenhagen: 1948.

Symonds, J. A. *Studies of the Greek Poets*. 3rd ed.; London: 1920. First published 1873.

Tachibana, S. *The Ethics of Buddhism*. London: 1926.

Tagore, Avanindranath, and Stella Kramrisch. *A, D. Coomaraswamy Commemoration Volume*. Calcutta: 1961.

Tagore, Rabindranath. *Drawings and Paintings*. Calcutta: 1961.

Takakusu, Junjiro. *The Essentials of Buddhist Philosophy*. Bombay: 1956.

——. *A Record of the Buddhist Religion as Practised in India and the Malay Archipelago*. Oxford: 1896.

Tarn, W. W. *Alexander the Great* (Narrative). Cambridge: 1948.

Tarn, W. W. *Alexander the Great* (Sources and Studies). Cambridge: 1958.

Takakusu, Junjiro. T*he Greeks in Bactria and India.* 2nd ed.; Cambridge: 1951.

——. *Hellenistic Civilization.* London: 1927.

Taton, Rene (ed.). *History of Science: Vol. I. Ancient and Medieval Science.* London: 1963.

——. (ed.). *History of Science:* Vol. Ⅱ. *The Beginnings of Modern Science.* London: 1964.

Tattwananda, Swami. *Ancient Indian Culture at a Glance*. Calcutta: 1962.

Taylor, F. Sherwood. *Science: Past and Present.* London: 1958.

Taylor, Lily Ross. *The Divinity of the Roman Emperor. Middletown,* Conn.: 1931.

Taylor, Thomas (tr.). *Porphyry on Abstinence from Animal Food.* London: 1823.

Tax, Sol, and W. C. Bennet (ed.). *The Civilizations of Ancient America.* (Selected papers of the XXIX International Congress of Americanists.) Chicago: 1952.

Tello, J. *Andean Civilizations*. Edited by Julian H. Steward. New York: 1930.

Thapar, Romila. *Asoka*. Oxford: 1961.

Thomas, Edward J. *Early Buddhist Scriptures.* London: 1935.

——. *The History of Buddhist Thought*. 2nd ed.; New York: 1951.

——. *The Life of Buddha as Legend and History*. London: 1949.

Thomas, P. *The Story of the Cultural Empire of India*. Ernakulam: 1959.

Thompson, Edward. *Suttee*. London: 1928.

Thompson, John E. S. *The Rise and Fall of the Maya Civilization.* London: 1956.

Thompson, Stith. *The Folktale.* New York: 1946.

Thornbury, George Walter. *Life in Spain: Past and Present*. 2 vols. London: 1859.

Thornton, A. P. *The Imperial Idea and its Enemies*. London: 1959.

Tilak, B. G. *The Orion, or Researches into the Antiquity of the Vedas.* Bombay: 1893.

Titus, Murray T. *Islam in India and Pakistan*. Calcutta. 1959. First published 1930.

Tod, James. *Annals and Antiquities of Rajasthan*. 2 vols. London: 1829—1832.

Toynbee, Arnold. *An Historian's Approach to Religion*. New York: 1956.
——. *A Study of History. 12 vols.* London: 1934—1959.
Trevelyan, G. M. *English Social History*. 3rd ed.; London: 1955.
Tripathi, Rama Kanta. *Spinoza in the Light of the Vedanta.* Banaras: 1957.
Tripathi, R. P. *The Rise and Fall of the Mughal Empire.* Allahabad: 1960.
Tritton, A. S. *Islam: Beliefs and Practices.* London: 1951.
Trivedi, D. S. *Indian Chronology.* Bombay: 1959.
Tucci, Giuseppe. *Minor Buddhist Texts*. Rome: 1956.
——. *Preliminary Report on Two Scientific Expeditions in Nepal.* Rome: 1956.
——. *The Tombs of the Tibetan Kings*. Rome: 1950.
Turner, R. L. *The Position of Romani in Indo-Aryan.* Edinburgh: 1927. (Gypsy Lore Society Monograph No. 4.)
Tweedie, M. W. F. *Prehistoric Malaya.* Rev. ed.; Singapore: 1955.
Tylor, Edward B. *Anthropology*. London: 1881.
——. *Primitive Culture. 2 vols.* London: 1871.
——. *Researches into the Early History of Mankind and the Development of Civilization.* London: 1865.
Tzu, Lao. *The Way of Life*. London: 1946.

UNESCO. *Humanism and Education in East and West.* Paris: 1953.
Urwick, E. J. *The Message of Plato*. London: 1920.
Vacherot, M. *Histoire Critique de l'école d'AIexandrie*. Paris: 1846.
Vahir, Syed Abdul. *Iqbal. His Art and Thought.* London: 1959.
Varma, V. P. *The Political Philosophy of Sri Aurobindo.* Bombay: 1960.
Vatsyayana. *Kamasutra*. Bombay: 1905.
Vermaseren, M. J. *Mithras, the Secret God*. London: 1963.
Verrill, A. Hyatt. *Old Civilizations of the New World.* Indianapolis: 1929.
Vesey-Fitzgerald, Brian. *Gypsies in Britai*n. London: 1944.
——. *Gypsy Borrow*. London: 1953.
Vidler, A. R., et al. *Objections to Christian Belief.* London: 1963.

Vidyarthi, Mohan, Lal Venkateswana, and S. Vaidyanatha. *India's Culture through the Ages*. Bombay: 1928—1932.

Visser, M. W. De. The *Dragon in China and Japan.* Amsterdam: 1913. First published 1858.

Vlekke, Bernard H. M. *Nusantara.* Cambridge, Mass.: 1944.

Waddell, L. Austine. *The Buddhism of Tibet*. Cambridge: 1959.

——. *The Buddhism of Tibet or Lamaism.* Cambridge: 1959.

Wagner, Richard. *My Life*. London: 1963.

Wales, H. G. Quaritch. *The Making of Greater India*. 2nd ed.; London: 1961.

——. *Prehistory and Religion in South-east Asia*. London: 1957.

——. *Siamese State Ceremonies*. London: 1931.

Waley, Arthur (tr.). *The Analects of Confucius*. London: 1956.

——. *Ballads and Stories from Tun-Huang*. London: 1960.

—— (tr.). *The Book of Songs*. London: 1954.

——. *An Introduction to Chinese Painting*. London: 1923.

——. *Monkey*. London: 1942.

——. *The No Plays of Japan*. London: 1921.

——. *The Real Tripitaka*. New York and London: 1952.

——. *Three Ways of Thought in Ancient China*. London: 1939.

——. *The Way and Its Power.* London: 1942.

Walzer, Richard. *Greek into Arabic*. Oxford: 1962.

Wang, Kung-hsing. *The Chinese Mind*. New York: 1946.

Warmington, E. H. *The Commerce Between the Roman Empire and India*. Cambridge: 1928.

Warner, Langdon. *The Enduring Art of Japan*. Cambridge, Mass.: 1952.

Warren, Henry Clarke. *Buddhism in Translations*. Cambridge, Mass.: 1922.

Watson, Burton. *Early Chinese Literature*. New York and London: 1962.

——. *Records of the Grand Historian of China*. Translated from the *Shih-Chi* of Ssu-Ma Ch'ien. Vols. Ⅰ and Ⅱ. New York and London: 1961.

Watson, Burton. *Ssu-Ma Ch'ien Grand Historian of China.* New York and London: 1963.

Watt, W. Montgomery (tr.). *Al-Ghazali. The Faith and Practice of al-Ghazali.* London: 1953.

——. *Islam and the Integration of Society*. Evanston. Ⅲ .: 1961.

Watters, Thomas. *On Yuan Chwang's Travels* in India. Delhi: 1961. First published London: 1904.

Watts, Alan W. *The Legacy of Asia and Western Man.* London: 1937.

——. *Psychotherapy, East and West.* New York: 1961.

Wauchope, Robert. *Lost Tribes and Sunken Continents.* Chicago and London: 1962.

Waxman, Meyer. *A History of Jewish Literature*. 4 vols. New York: 1938—1947.

Webb, G. C. E. *Gypsies: The Secret People.* London: 1960.

Weber, Albrecht. *The History of Indian Literature*. Translated by John Mann and Theodor Zachariae. 6th ed.; Varanasi: 1961. First published 1878.

Webster, T. B. L. *From Mycenae to Homer*. London: 1960.

Weigall, Arthur. *The Paganism in our Christianity*. London: 1928.

Welch, Holmes. *The Parting of the Way.* Boston: 1957.

Wells, H. G. *The Outline of History.* London: 1925.

Wells, Henry W. *The Classical Drama of India.* London: 1963.

Wells, Kenneth E. *Thai Buddhism: Its Rites and Activities.* Bangkok: 1934.

Wertheim, W. F. *Bali-Studies in Life, Thought, and Ritual*. The Hague and Bandung: 1960.

Westcott, G. H. *Kabir and the Kabir Panth.* Cawnpore: 1907.

Wheatley, Paul. *The Golden Khersonese*. Kuala Lumpur: 1961.

Wheeler, J. A. *Geometrodinamica*. New York and London: 1962.

Wheeler, J. T., and M. Macmillan. *European Travellers in India.* Calcutta: 1956.

Wheeler, Sir Mortimer. *The Indus Civilization*. Cambridge: 1953.

Wheeler, Post (ed. and tr.). *The Sacred Scriptures of the Japanese.* London: 1952.

Whitehead, Alfred N. *Adventures of Ideas.* New York: 1959. First published Cambridge: 1933.

——. *Science and the Modern World.* New York: 1959. First published 1926.

Whittaker, Thomas. *The Neo-Platonists : A Study in the History of Hellenism.* Cambridge: 1901.

Wichmann, Hans, and Siegfried Wichmann. *Chess: The Story of Chesspieces from Antiquity to Modern Times.* London: 1964.

Wickramasinghe, Martin. *Landmarks of Sinhalese Literature.* Colombo: 1963.

Wiener, Philip p., and A. Noland (ods.). “Ideas in Cultural Perspective.” *Journal of the History of Ideas.* New Brunswick, N.J.: 1962.

Wilhelm, R. *A Short History of Chinese Civilization.* London: 1929.

Wilke, G. *Kulturbeziehungen Zwischen Indien, Orient and Europa.* 2nd ed.; Leipzig: 1923.

Wilkins, H. T. *Secret Cities of Old South America.* London: 1950.

Willetts, William. *Chinese Art.* 2 vols. London: 1958.

Willey, Gordon R. “New World Prehistory.” *Science,* CXXXI, No. 3393 (8 January 1960).

Williams, Raymond. *Culture and Society*, 1780—1950. London: 1958.

Wiilson, A. Leslie. *A Mythical Image: The Ideal of India in German Romanticism*. Durham, N.C.:1964.

Wilson, Anne C. *A Short Account of the Hindu System of Music.* London: 1904.

Wilson, Edmund. *The Scrolls from the Dead Sea.* London: 1955.

Wilson, Horace H. *Works.* 12 vols. London: 1862—1871.

Winstedt, Richard. *The Malays: A Cultural History.* 5th ed.; London: 1958.

Winter, H. J. J. *Eastern Science.* London: 1952.

Winternitz, M. *A History of Indian Literature* Translated by S. Ketkar. Vol. I. 2nd ed.; Calcutta: 1927.

Wood, W. A. R. *A History of Siam.* London: 1926.

Woodcock, George. *The Greeks in India.* London: 1966.

Woods, J. H. (tr.). *The Yoga-System of Patañ jali.* Cambridge, Mass.: 1914.

Woodward, F. L. *Some Sayings of the Buddha.* London: 1925.

Woolley, Sir Charles Leonard. *Mesopotamia and the Middle East.* London: 1961.

Wormington, H. M. *Ancient Man in North America.* 4th ed.; Denver: 1939.

Wright, Arthur F. *Buddhism in Chinese History.* Stanford: 1959.

—— (ed.). *Studies in Chinese Thought.* Chicago: 1953.

—— and Denis Twitchett (eds.). *Confucian Personalities*. Stanford: 1962.

Wright, Daniel *History of Nepal.* Calcutta: 1877.

Wright, Elizar Jr. (tr.). *Fables of La Fontaine.* 2 vols. New York: 1841.

Yang, C. K. *Religion in Chinese Society.* Berkeley: 1961.

Yates, D. E. (ed.). *A Book of Gypsy Folk-Tales.* New York and London: 1948.

Yeats, W. B. *Autobiography*. London: 1926.

Yesudian, Selvarajan, and Elisabeth Haich. *Yoga: Uniting East and West.* London: 1956.

Yi-Pao Mei (tr.). *The Ethical and Political Works of Morse.* London: 1929.

Young, T. C. (ed). *Near Eastern Culture and Society*. Princeton: 1951.

Yu-Lan Fung (tr.). *Chuang Tzu.* Shanghai: 1933.

——. *A History of Chinese Philosophy*. Translated by Derk Bodde. Vols. I-Ⅲ. Princeton. 1956.

——. *A Short History of Chinese Philosophy.* London: 1948.

Yu-Lan Fung (tr.). *The Spirit of Chinese Philosophy.* London: 1947.

Yutang, Lin (ed.). *The Wisdom of China and India.* New York: 1942.

——. *The Wisdom of Laotse.* New York: 1948.

Zaehner, R. C. *Hindu and Muslim Mysticism*. London: 1960.

——. *The Teachings of the Magi.* London: 1956.

Zaide, Gregario F. *Philippine Political and Cultural History.* Vols. Ⅰ and Ⅱ. Rev. ed.; Manila: 1957.

Zeller, Eduard. *Outlines of the History of Greek Philosophy.* New York: 1960.

Zimmer, Heinrich R., and J. Campbell. The *Art of Indian Asia*. 2 vols. New York: 1955.

Zimmer, Henry R. *Hindu Medicine*. Baltimore: 1948.

——. *Myths and Symbols in Indian Art and Civilization*. New York: 1953.

——. *Philosophies of India*. New York: 1951.

Zoete, Beryl D. E. *Dance and Magic Drama in Ceylon*. London: 1957.

——. *The Other Mind*. London: 1953.

Zürcher, E. *The Buddhist Conquest of China*. 2 vols. of text and notes respectively. Leiden: 1959.

索　　引

（索引后的页码为原书页码，即本书边码）

图书在版编目(CIP)数据

印度与世界文明. 下卷/(印)D. P. 辛加尔著;庄万友等译. —北京:商务印书馆,2017
(汉译世界学术名著丛书:120 年纪念版:珍藏本)
ISBN 978-7-100-14273-1

Ⅰ. ①印… Ⅱ. ①D… ②庄… Ⅲ. ①文化史—印度②世界史—文化史 Ⅳ. ①K351.03 ②K103

中国版本图书馆 CIP 数据核字(2017)第 140232 号

汉译世界学术名著丛书
(120 年纪念版·珍藏本)
印度与世界文明
下卷
〔印〕D. P. 辛加尔 著
庄万友 等译

商 务 印 书 馆 出 版
(北京王府井大街 36 号 邮政编码 100710)
商 务 印 书 馆 发 行
北京中科印刷有限公司印刷
ISBN 978-7-100-14273-1

2017 年 12 月第 1 版 开本 710×1000 1/16
2017 年 12 月北京第 1 次印刷 印张 33½
定价:148.00 元